·外国法与比较法文库· 何勤华 主编

2010年度教育部人文社会科学研究一般项目《义工组织法人制度研究》（项目批准号10YJA820004）资助

- 国家重点学科华东政法大学
  法律史学科建设项目
- 上海市人文社科基地华东政法大学
  外国法与比较法研究院项目

义工组织法人制度研究
The Legal Person System of Volunteer Organizations

陈婉玲 / 著

北京大学出版社
PEKING UNIVERSITY PRESS

图书在版编目(CIP)数据

义工组织法人制度研究/陈婉玲著. —北京:北京大学出版社,2014.1
(外国法与比较法文库)
ISBN 978-7-301-23532-4

Ⅰ.①义… Ⅱ.①陈… Ⅲ.①社会服务-群众组织-法人-制度-研究 Ⅳ.①D913

中国版本图书馆 CIP 数据核字(2013)第 287990 号

书　　名:	义工组织法人制度研究
著作责任者:	陈婉玲　著
责 任 编 辑:	黄　蔚　王业龙
标 准 书 号:	ISBN 978-7-301-23532-4/D·3466
出 版 发 行:	北京大学出版社
地　　　址:	北京市海淀区成府路 205 号　100871
网　　　址:	http://www.pup.cn
新 浪 微 博:	@北京大学出版社
电 子 信 箱:	law@ pup.pku.edu.cn
电　　　话:	邮购部 62752015　发行部 62750672　编辑部 62752027
	出版部 62754962
印 刷 者:	三河市博文印刷厂
经 销 者:	新华书店
	880 毫米×1230 毫米　A5　15.375 印张　428 千字
	2014 年 1 月第 1 版　2014 年 1 月第 1 次印刷
定　　　价:	39.00 元

未经许可,不得以任何方式复制或抄袭本书之部分或全部内容。
版权所有,侵权必究
举报电话:010-62752024　电子信箱:fd@ pup.pku.edu.cn

序

  义工群体是一个充满仁爱之心的群体,有着强烈的怜悯、助人情怀,义工自愿贡献个人时间及精力,在不受私利驱使和法律强制的情况下,基于某种道义、信念、良知、同情心和责任感,为改善社会,促进社会进步提供服务,其服务方式常常表现为无偿贡献知识、体能、劳力、经验、时间等。义工服务的本质是一种慈善活动,即以人性之爱为基础对他人的同情、怜悯和帮助,折射的是互爱互助的人性光辉和"我为人人、人人为我"的合作主义精神,义工服务已经成为现代各国弥补政府公共服务缺失、促进社会和谐进步的重要形式。

  受国情和体制的影响,我国"Voluntary Organization"(志愿者组织)分化为政府与民间两股力量,无论是生成路径、社会认知、价值追求、服务方式还是生存环境均呈现明显的差异。政府支持、推动的志愿者组织带有浓厚的行政色彩和官方背景,其资金来源、服务项目、挂靠领属、人员设置、工作方式以及财务管理、绩效考评等都受到政府的直接控制,是一种自上而下设立、半官方形态的非营利性公益组织;而民间自主发起和草根参与的义工组织的生成则是社会环境需求与志愿奉献精神共同作用的结果。

  我国义工组织起步较晚,国内公众对于义工服务的了解还不广泛、也不深刻,全民参与比率很低,义工组织的社会影响力、号召力不足,这与义工组织外在资源尤其是法律资源供给乏力有关。法律资源缺失导致义工组织行动能力弱化,因为任何一个社会组织的行动能力都与其法律确认的地位和组织形式、规范的治理机制、明确的权责体系和必要的监管制度有着密切的联系。缺乏法律支撑的义工组织既不可能取得广泛的社会认同,也不可能获得政府持续的鼓励和扶持,更不可能实施有效的服务行动。我国目前没有一套明确的法律法规界定义工及义工组织的权责,规范义工组织的运作,义工组织无法作为一个整体受到法律政策的关注和必要的监管,也难以享受政府在财政和税收上提供的支持和优惠,他们"像一盘散沙,几乎没有浮出水面,没有人知道它的真实面貌",其行动能力不可能获得充分的发挥。

在我国,"volunteer"常常被译为"志愿者",以至于人们往往将义工与志愿者等同起来,甚至认为只是不同地域的不同习惯而已。陈婉玲教授敏锐地洞察到了义工组织与志愿者组织间的差异,以民间义工组织为对象,以义工组织法人形态的制度供给为契入点,对广东、上海、浙江、江苏、宁夏等地义工组织进行了广泛的调查研究,并收集了英、美、德、日诸国和我国两岸三地相关的法律资料和理论成果,形成了《义工组织法人制度研究》一书。

从总体上看,该书由三部分构成:第一部分以"困惑与探索:义工组织法人制度导论"为题,辨析了义工、志愿者、社工以及义工服务与志愿服务、社团法人与社会团体法人的关系,分析了义工组织发展的现状、法律属性和生存环境,在阐述义工组织合作互助精神的基础上,论证了义工组织的价值和定位,提出了扶持、规范和合作的发展观点;第二部分选择了英、美、德、日、加拿大、新加坡诸国以及我国台湾、香港地区的义工服务立法和法人制度进行了深入分析;第三部分以"代结语:义工组织法人制度的构建"为题,对我国义工组织法人形态、成立条件、设立程序、权利义务配置以及组织运营、监管等问题提出了系统的立法建议。该书资料翔实、结构合理、论证充分,对我国义工服务立法和义工组织法人制度建设具有重要的参考价值。

陈婉玲教授勤奋治学,其研究视角独特开阔,研究工作具有规划性,在从事经济法理论研究的同时,对社会组织法也给予了高度的关注,本书是其继合作社、独立监管组织之后又一新的研究成果。相信在她的努力下,将有更多、更好的作品问世。在此著作出版之际,特以序为贺。

何勤华
于华东政法大学
外国法与比较法研究院
2013年12月5日

目 录

困惑与探索：义工组织法人制度导论 …………………………… 1
  一、辨析 ………………………………………………………… 2
    （一）义工和志愿者 ……………………………………… 3
    （二）义工服务与志愿服务 ……………………………… 5
    （三）义工与社工 ………………………………………… 7
    （四）社会团体法人与非企业法人 ……………………… 9
  二、现状 ………………………………………………………… 11
    （一）义工组织发展状况 ………………………………… 11
    （二）义工组织法律属性 ………………………………… 14
    （三）义工组织生存环境 ………………………………… 19
  三、定位 ………………………………………………………… 27
    （一）义工组织的认知 …………………………………… 27
    （二）义工组织的定位 …………………………………… 30

第一章 英国义工组织法人制度 ………………………………… 36
  一、英国义工组织的演进及其特质 …………………………… 36
    （一）英国义工组织的演进 ……………………………… 36
    （二）英国义工组织的发展特质 ………………………… 42
    （三）英国义工组织运行的基本法律依据——
        2006年《慈善法》………………………………… 45
  二、英国义工组织的法人属性 ………………………………… 48
    （一）英国的法人观念及其制度构建 …………………… 49
    （二）慈善法人：英国义工组织的法人机理 …………… 51
    （三）英国义工组织慈善法人化的功效 ………………… 54
  三、英国义工组织注册与治理 ………………………………… 55
    （一）义工组织的注册登记 ……………………………… 56

（二）义工组织的内部治理结构……………………… 57
　　（三）义工组织资财管理结构…………………………… 59
　四、英国义工组织与政府的关系…………………………… 60
　　（一）"关系协议"框架下的基本理念………………… 61
　　（二）"关系协议"框架下的基本准则………………… 64
　　（三）"关系协议"框架下的志愿服务………………… 66
　　（四）"关系协议"框架下的政策支持………………… 68
　　（五）"关系协议"框架下的义工组织监管…………… 70
　　（六）"关系协议"框架下的政府辅助………………… 73
　五、英国义工组织慈善法人化的经验……………………… 75
　　（一）明确法人地位，增强独立性……………………… 75
　　（二）构建联盟载体，提高公信力与服务能力………… 77
　　（三）支持、辅助、监管的政府定位…………………… 78

第二章　美国义工组织法人制度…………………………… 80
　一、美国义工组织的成长环境与特质……………………… 80
　　（一）志愿文化：美国义工组织成长的思想源泉……… 81
　　（二）结社生态：美国义工组织成长的社会基础……… 83
　　（三）第三方治理：美国义工组织成长的政治条件…… 85
　　（四）从疏离到合作：美国义工组织的发展轨迹……… 87
　二、美国志愿服务组织体系………………………………… 96
　　（一）国家与社区服务公司……………………………… 96
　　（二）联邦政府其他机构的志愿服务计划……………… 99
　　（三）义工组织的协作与完善…………………………… 102
　三、美国义工组织的法治环境……………………………… 105
　　（一）美国志愿服务立法概览…………………………… 105
　　（二）美国1997年《联邦义工保护法》………………… 110
　　（三）《爱德华·肯尼迪服务美国法》………………… 116
　四、美国义工组织的法人地位……………………………… 118
　　（一）非营利法人：义工组织的法人机理……………… 119
　　（二）特殊法人：志愿服务计划主管机构……………… 120

（三）义工组织的资金来源 …………………………… 121
（四）义工组织的税收减免 …………………………… 123
（五）义工组织的捐赠激励 …………………………… 126
五、美国义工组织的政府监管与自主管理 ………………… 127
（一）义工组织的政府监管 …………………………… 127
（二）义工组织的自我规范 …………………………… 130
（三）义工组织的行业规范 …………………………… 134

第三章 加拿大义工组织法人制度 …………………………… 137
一、加拿大义工组织的现状与社会定位 …………………… 138
（一）义工组织的伞状结构 …………………………… 138
（二）义工组织的社会定位 …………………………… 140
二、加拿大义工组织法人制度 ……………………………… 143
（一）义工组织类型 …………………………………… 143
（二）义工组织的法人资格 …………………………… 144
（三）义工组织法人治理结构 ………………………… 148
三、加拿大《义务工作法》………………………………… 154
（一）义工服务的路径 ………………………………… 155
（二）义工组织的行为标准 …………………………… 157
（三）义工的权利义务 ………………………………… 163
四、加拿大政府与义工组织的合作关系 …………………… 166
（一）《政府与志愿部门协议》 ……………………… 167
（二）政府对义工组织的监管 ………………………… 169
（三）义工组织的税收优惠 …………………………… 170

第四章 德国义工组织法人制度 …………………………… 174
一、德国义工组织的发展与特质 …………………………… 174
（一）德国义工组织的演进 …………………………… 175
（二）德国义工服务在20世纪末的复兴 ……………… 176
（三）德国义工服务活动的特质 ……………………… 179
二、德国义工组织的政策促进与立法保障 ………………… 185
（一）辅从性原则：义工组织与政府合作中的优先

　　　　负责性 ………………………………………… 186
　　　（二）基本权利：结社权 ……………………………… 187
　　　（三）保障及奖励义工服务特别法 …………………… 189
　三、德国义工组织法人制度 ………………………………… 192
　　　（一）德国法人制度供给 ……………………………… 192
　　　（二）德国义工组织法人制度 ………………………… 199
　　　（三）德国义工组织法人治理 ………………………… 203
　四、德国义工组织的社会保护 ……………………………… 208
　　　（一）德国义工组织的政府支持 ……………………… 209
　　　（二）德国义工组织的税收优惠 ……………………… 213
　　　（三）德国义工组织的监管 …………………………… 215

第五章　日本义工组织法人制度 ……………………………… 219
　一、日本义工组织立法 ……………………………………… 220
　　　（一）日本《特定非营利活动促进法》的制定 ……… 220
　　　（二）日本《特定非营利活动促进法》的框架 ……… 222
　　　（三）日本《特定非营利活动促进法》的修改 ……… 226
　二、日本义工组织法人地位 ………………………………… 229
　　　（一）日本非营利法人制度 …………………………… 229
　　　（二）日本公益法人制度改革 ………………………… 233
　　　（三）日本义工组织特定非营利活动法人地位 ……… 237
　　　（四）义工组织结构与运作 …………………………… 242
　三、日本义工组织与政府关系 ……………………………… 246
　　　（一）日本政府对义工组织的监管体制 ……………… 246
　　　（二）日本义工组织的税收优惠 ……………………… 249
　　　（三）日本政府对义工组织的辅导与合作 …………… 254

第六章　新加坡义工组织法人制度 …………………………… 257
　一、新加坡义工组织现状 …………………………………… 258
　　　（一）新加坡义工组织界定 …………………………… 258
　　　（二）新加坡义工组织状况 …………………………… 261
　　　（三）新加坡义工服务政策 …………………………… 265

目录

二、新加坡义工组织法人制度 ……………………… 268
 （一）新加坡义工组织立法 ………………………… 268
 （二）新加坡义工组织注册 ………………………… 270
 （三）新加坡义工组织结构 ………………………… 275
 （四）新加坡义工组织慈善地位 …………………… 277
三、新加坡义工组织治理机制 ……………………… 282
 （一）新加坡义工组织内部治理机制 ……………… 282
 （二）新加坡义工组织政府监管机制 ……………… 287
 （三）新加坡义工组织社会监管机制 ……………… 291
四、新加坡政府的角色定位 ………………………… 292
 （一）角色发展——政治文化和国家意识的变迁 … 293
 （二）角色定位——从政府主导到政府引导 ……… 294
 （三）角色功能——培育服务型政府 ……………… 296

第七章　中国台湾地区义工组织法人制度　300
一、台湾地区义工组织的演进与特质 ……………… 300
 （一）台湾义工组织的演进 ………………………… 301
 （二）台湾义工组织的特质 ………………………… 304
 （三）台湾义工组织与宗教因素 …………………… 306
 （四）台湾义工组织立法体系 ……………………… 307
二、台湾地区"志愿服务法" ………………………… 311
 （一）台湾志愿服务与义工 ………………………… 311
 （二）台湾志愿服务的主管机关 …………………… 314
 （三）台湾志愿服务运用单位的职责 ……………… 316
 （四）义工的权利、义务 …………………………… 318
三、台湾地区义工组织法人结构 …………………… 322
 （一）二元构造：台湾义工组织的法人制度供给 … 322
 （二）台湾义工组织治理结构 ……………………… 325
 （三）台湾义工与义工组织的关系 ………………… 329
四、台湾地区义工组织的外部关系 ………………… 332
 （一）台湾义工组织与政府的良性互动 …………… 333

  （二）台湾义工组织与捐赠者的关系 …………………… 337
 五、台湾地区义工组织的税收减免 ………………………… 339
  （一）"所得税法"的附条件税收减免 …………………… 339
  （二）商业所得的税收减免 ……………………………… 340
  （三）台湾义工组织的捐赠扣除 ………………………… 340

第八章　中国香港地区义工组织法人制度 … 342
 一、香港地区义工运动与义工组织 ………………………… 343
  （一）香港义工与社工 …………………………………… 343
  （二）香港义工组织演进 ………………………………… 346
  （三）香港义工运动 ……………………………………… 348
  （四）香港义工组织类型 ………………………………… 349
 二、香港地区义工组织发展路径 …………………………… 352
  （一）香港义工组织运作模式 …………………………… 353
  （二）香港义工组织立法架构 …………………………… 355
  （三）香港义工组织制度建设 …………………………… 358
  （四）香港义工组织资金运作 …………………………… 361
 三、香港地区义工组织法人制度 …………………………… 364
  （一）香港法人制度 ……………………………………… 365
  （二）香港义工组织法人地位 …………………………… 367
  （三）香港义工组织的独立性 …………………………… 372
 四、香港地区义工组织的法人治理 ………………………… 373
  （一）香港义工组织架构 ………………………………… 373
  （二）香港义工组织与义工的关系 ……………………… 375
  （三）香港义工组织准入制度 …………………………… 376
 五、香港地区政府的功能定位 ……………………………… 377
  （一）香港义工立法的推动者 …………………………… 378
  （二）香港义工事业的支持者 …………………………… 379
  （三）香港义工组织运作的监督者 ……………………… 382

代结语　义工组织法人制度的构建 …………………………… 386
　一、义工组织法人形态的选择 ………………………………… 386
　　（一）义工组织法人形态供给 ……………………………… 387
　　（二）我国义工组织法人制度检讨 ………………………… 391
　　（三）社团与财团二元构造：义工组织法人形态
　　　　　最优选择 …………………………………………… 393
　二、义工组织法人成立的条件 ………………………………… 396
　　（一）境外义工组织的成立条件 …………………………… 396
　　（二）我国现行义工组织成立条件及其局限 ……………… 398
　　（三）我国义工组织成立条件的修正 ……………………… 403
　三、义工组织获得法人资格的程序 …………………………… 403
　　（一）主管机关前置审查程序之反思 ……………………… 404
　　（二）登记机关登记程序 …………………………………… 406
　　（三）拒绝登记的法定情形 ………………………………… 408
　四、义工组织的运营 …………………………………………… 411
　　（一）义工组织机构 ………………………………………… 411
　　（二）义工组织权利义务 …………………………………… 413
　　（三）义工组织外部关系 …………………………………… 415

附录 ……………………………………………………………… 419
　一、美国1997年《联邦义工保护法》 ………………………… 419
　二、日本《特定非营利活动促进法》 …………………………… 425
　三、新加坡《社团法》 …………………………………………… 443
　四、西班牙《志愿服务法》 ……………………………………… 459
　五、中国台湾地区"志愿服务法" ……………………………… 464

参考文献 ………………………………………………………… 470

困惑与探索：
义工组织法人制度导论

义工组织是市民社会的重要团体，也是社会公益服务的重要力量。现代各国政府非常重视义工组织在社会公共福利领域的作用，一方面加强对义工组织的扶持、引导和保护，在尊重义工组织民间、自愿、独立发展的基础上，强化政府与义工组织合作机能，以实现提升民众参与素质、促进公共福利发展的目标；另一方面运用法律手段健全义工组织制度、规范义工组织运营、保护义工及义工组织合法权益。但是，无论是社会实践还是理论研究，对义工组织的名称与属性均还缺乏明确统一的定位，义工组织经常因某种需要被界定为非营利领域、非政府领域、慈善领域、独立领域或者免税领域，而这往往会引起人们不同的理解，甚至发生误解。[①]名称的纠结一直是个困扰。我国义工组织发育相对迟缓，居无定所、行无常态，有关义工组织的理论研究分散、零星，定位模糊，而南"义"北"志"社会现象[②]折射的不仅

---

① 参见〔美〕莱斯特·赛拉蒙：《非营利领域及其存在的原因》，载李亚平、于海编选：《第三域的兴起——西方志愿工作及志愿组织理论文选》，复旦大学出版社1998年版，第31页。"莱斯特·赛拉蒙"有些地方又译为"莱斯特·M.萨拉蒙"。

② 我国大陆对义工的称谓源于珠江三角洲，深圳市"义工联合会"最早使用了"义工"或"义务工作"的概念，主要受港澳地区义工文化影响，香港采用"义工"这个概念是有其特定内涵的。一方面强调职业之外的服务，业余时间的服务，让人将之与职业挣钱区别开来；另一方面，用"义"字强调仁义、仗义、义气，突出了中国传统的正直、友善。深圳市援用"义工"概念是特区区位特征和文化要素的表现。与南方对"义工"称谓的坚持相对应，北方开展志愿服务较早的天津直接使用了"志愿者"这个称谓，团中央也成立了"中国青年志愿者协会"，统筹和指导全国的青年志愿服务。由此出现了南"义"北"志"的社会现象。

仅是称谓的差异,更是义工组织定性不准、发展思路不清的必然表现。笔者对义工组织法人制度的研究,正是在这种困惑和迷茫的窘境中探索前行的,2008年暑期为期两个月的福建、广东、浙江、上海等地义工组织调查,在感受义工奉献精神、义工组织困境求存的尴尬之余,深感正本清源,明晰义工组织法人构造,为我国义工组织的健康发展提供可借鉴的制度框架之紧迫性。

一、辨　析

义工群体是一个充满仁爱之心的群体,他们有强烈的将自己的知识、技能、经验和智慧奉献给社会公益服务的愿望,也有帮助、同情、怜悯、助人的慈爱情怀。义工服务"并不是简单的无偿劳动,而是为了正确的理由而实施的无偿劳动。激发'善行'的是美德,像慷慨、博爱、感恩、忠诚、勇气、同情心和对正义的渴望",[①]在本质上是一种慈善活动。慈善是指以人类之爱为基础对他人的同情、怜悯及帮助,表现为以捐赠款物、志愿服务等形式关爱他人、奉献社会的自愿行为。现实中人们从事慈善活动存在不同的动机,或以善和爱本身为动机,或以获得救赎(或善报)为动机,或以获得名誉(荣誉)为动机,甚至以获得商业利益或其他物质利益为动机(获得免税或广告效应等)。法律在认定慈善活动或慈善行为时,并不考虑其背后的动机,只要有捐赠行为或志愿行为的意思表示即可认定为慈善。[②]慈善活动的结果有助于公益的实现,但慈善活动并不等同于公益活动。慈善活动以救助弱者为重心,其活动主体以非政府组织中从事捐助和志愿行为的组织为基础,不包括政府组织从事的公益性活动。因此,公益慈善类组织可以界定为以从事慈善活动为目的,自愿而无

[①] 参见〔美〕马克·A.缪其克、约翰·威尔逊:《志愿者》,魏娜等译,中国人民大学出版社2013年版,第15页。

[②] 例如俄罗斯《慈善活动和慈善组织法》第1条规定:慈善活动是指公民和法人不图私利地(无偿或以优惠条件)将财产转交给他人或法人的志愿活动,包括提供现金或提供劳动服务以及给予其他方面的援助。

偿(或以优惠条件)地对受益人(受助人)提供帮助的非政府、非营利性组织,对弱势群体的救助是公益慈善类组织的重要使命。① 慈善资源既包括财产资源,也包括人力资源,慈善活动主要表现为慈善捐赠与志愿服务两种形式。所谓慈善捐赠(charitable giving),即慈善捐助,指捐赠人对需要帮助的人无偿给予资金或财产帮助的慈善行为;而所谓慈善服务(charitable service),也称义工服务(volunteer service),指任何人自愿贡献个人的时间和精力,不以物质报酬为目的而实施的改善社会、帮助他人的慈善行为。前者以钱物捐助为主要内容,后者以奉献时间、劳务为主要特征。现代各国以公益服务为中心,普遍鼓励义工直接参加或加入慈善组织从事义工服务,把义工服务纳入慈善活动范围,以法律形式规范和监管公益慈善服务活动。

(一) 义工和志愿者

义工和志愿者具有同源性,均源自英语 volunteer,其拉丁文为 valo 或 velle,基本含义是"希望、决心或渴望"。但"volunteer"在华语世界却有不同的译名,东南亚国家的华语有称志工的,也有称义工的。我国各地区对"volunteer"的称谓也不尽相同,港澳地区称为"义工",台湾地区称为"志工",且这两个称谓均早于大陆地区,而"volunteer service"也以"义务工作"或"志愿工作"相对应。大陆地区改革开放前的"学雷锋、做好事"运动,"一方面由于政治色彩较浓而难以吸引新一代人参与,另一方面由于服务内容陈旧而难以适应新兴需求",② 因此,20 世纪 80 年代末,珠江三角洲各地借鉴香港义务工作社团的经验,探索参与社会服务方式,于 1990 年 6 月宣告成立"深圳市义工联合会"。而一直关注珠江三角洲义工现象的共青团中央开始启动"中国青年志愿者行动",1994 年"中国青年志愿者协会"成立,统筹和指导全国的青年志愿服务。可以说,志愿服务与义务工

---

① 参见李芳:《慈善性公益法人研究》,法律出版社 2008 年版,第 18—24 页。
② 参见谭建光、朱莉玲、李霞:《志愿服务与义务工作:从分化到多元——中国珠江三角洲志愿事业发展的一个案例》,载上海市慈善基金会、上海慈善事业发展研究中心编:《志愿服务与义工建设》,上海社会科学出版社 2007 年版,第 16 页。

作的选择来自同一渊源、具有同一目的,但却产生了不同的理解,由此也形成了义工和志愿者名称并用、义工服务和志愿服务并存的格局。

义工和志愿者具有共同的质的规定性。西方各国普遍认为志愿者是在职业之外,不受私人利益的驱使,不受法律的强制,为改进社会、提供福利而付出劳动的人,如联合国前秘书长科菲·安南认为"志愿者是指不为物质报酬的情况下,基于道义、信念、良知、同情心和责任,为改进社会而提供服务,贡献个人的时间和精力的人或人群"。①《中国注册志愿者管理办法》第 2 条规定:"志愿者(Volunteer,也称志愿人员、义工、志工)是不以物质报酬为目的,利用自己的时间、技能等资源,自愿为社会和他人提供服务和帮助的人"。②而香港义务工作发展局也把义工定义为"在不为任何物质报酬的情况下,为改进社会而提供服务,贡献个人时间及才能的人"。③

义工和志愿者的定义并无实质性的差别,它们的质的规定性均表现为:(1)自愿,没有任何法律或道德上的义务,因而不受任何法律或道德上的强制。一个人是否做义工或志愿者完全取决于其自由的意志、自主的选择,任何以法律或道德的方法强迫特定的或不特定的人从事义工或志愿者,即使能够在一定期间内达成一定的社会目标,但并不能激发其对义工或志愿者的热爱。④(2)不计物质报酬。不计物质报酬并不意味着无偿,但人们通常更愿意用无偿界定义工

---

① 参见冯英、张惠秋、白亮:《外国的志愿者》,中国社会出版社 2008 年版,第 1 页。
② 为正确引导、鼓励广大青年和社会公众参与志愿服务,进一步规范志愿者注册工作,加强注册志愿者管理,实现志愿者注册和服务的"两个便利化",为和谐社会建设贡献力量,共青团中央在 2002 年颁行的《中国青年志愿者注册管理办法(试行)》的基础上,结合志愿服务事业的新发展,于 2006 年 12 月颁行《中国注册志愿者管理办法》。
③ 详见香港医务工作发展局制定的《香港义工约章》,http://www.avs.org.hk/charter/cht/,2013 年 7 月 6 日访问。
④ 德国政府自 1964 年起实施《兵役替代服务法》,许多适龄青年被迫做义工或志愿者,以替代服兵役的义务,形成了数十万的义工队伍。2011 年德国废除强制服兵役制度,参加或加入的义工或志愿者锐减,其公共福利机构旋即陷入"义工荒","德国政府不差钱,但只有 3000 人愿意做义工"的事实证明长效的义工或志愿者机制必须以尊重人的自主和自由为基础。

或志愿者的属性,如"作为一种无偿工作,志愿服务与类似'帮助'、'照顾'之类的术语在意义上有相同之处";"志愿服务不仅包括直接给需要帮助的人提供无偿服务……"。① 但无偿的界定并不完全准确,且有可能使义工或志愿者沦为不需付费的劳动力。不计物质报酬的表述既区别于职业劳动的追求物质利益,也符合义工或志愿者为弥补一定的成本支出而接受补贴的实践。(3)服务。义工或志愿者向社会奉献的是自己的知识、经验、技能和智慧,这直接表现为以服务为特质的劳动,换言之,义工或志愿者贡献的是自己的劳动,而不是金钱或财产。(4)利他。即义工或志愿者对社会不特定的人或事提供服务,既不是互助、共济,也不是互益、自助。

对义工和志愿者的概念和质的规定性分析,证明义工和志愿者并无质的差异。基于这一结论,本书对义工和志愿者的概念除在我国区别使用外,在其他国家或地区均作为同一概念使用。

(二)义工服务与志愿服务

志愿服务在我国的实践由两股基本力量主导和推动,一种是民间社会力量主导、民众自发参加、自愿结社、无偿奉献,这种服务主要由义工组织或义工团体提供,本书称为义工服务;另一种是政府力量主导、青年自愿参加、无偿奉献,这种服务主要由团中央及地方各级团组织倡导、青年志愿者协会推动,具有浓厚的官方色彩,本书称为志愿服务。义工服务与志愿服务的划分完全是中国特殊的社会实践所形成的特有现象,西方发达国家由于不存在义工与志愿者的区分,因而也不存在义工服务与志愿服务的区分。本书对英、美、德、日以及新加坡、加拿大诸国以及我国港、台地区义工法人制度的研究,如涉及志愿服务的概念和范畴,只是根据这些国家或地区的使用习惯,视情况或称为义工服务,或称为志愿服务,两者不存在实质性差异。

志愿服务与义工服务具有同一渊源,但志愿服务在我国的实践

---

① 参见〔美〕马克·A.缪其克、约翰·威尔逊:《志愿者》,魏娜等译,中国人民大学出版社2013年版,第21、24页。

却被深深地打上官方的烙印。1993年团中央启动了"中国青年志愿者行动",并借助全国铁路系统"春运志愿服务"将志愿者行动推向社会,1994年成立"中国青年志愿者协会",统筹和领导全国的青年志愿服务。志愿服务在我国主要由共青团中央或地方组织负责策划和领导。2008年北京夏季奥运会和残疾人奥运会、2010年上海世博会以及广州亚运会,数百万志愿者为这些盛会的成功举办作出了巨大的贡献。① 中国的志愿服务受到各级政府的高度支持,不仅其组织机构为事业单位编制,直接由各级团组织领导,经费也由政府统一拨款,而且许多地方政府均通过地方立法的方式明确了志愿者、志愿者组织的性质、地位、经费来源、权利义务等,对志愿者从事志愿服务所需的专业培训、岗位培训、必要的物质保障以及安全、卫生条件、社会保险等进行了明确的规定。各地政府对志愿者组织态度明确,提倡、鼓励、支持、引导、促进、表彰、奖励成为地方志愿服务立法惯用的词汇,志愿者组织在中国从事志愿服务,政府的庇护和庞大的社会资源优势,决定了志愿者组织极为适合开展大型社会公益服务计划,适合承担重大社会活动的志愿服务。

义工服务与志愿服务既然在我国已经成为两股不同的社会公益服务,强行糅合不如尊重现实。一方面,义工组织积极开展义工服务,为公民参与社会公益服务提供了机会,为新时期社会道德风尚确立了具体的行动化标准和有益的探索,能够在一定程度上降低国家和政府公共服务的压力;另一方面,义工组织作为一种公民自组织,具有一定的去政府化、去政治化的倾向。② 义工组织与民间社会公益力量存在天然的联系,能够动员不同阶层、不同地位、不同职业的群体最大限度地参与社会建设和社会服务,其常态化的公益服务机

---

① 2008年北京奥运会期间,共有10万赛会志愿者、40万城市志愿者和上百万社会志愿者提供了奥运会所需的各种志愿服务;2010年,上海世博会仅园区志愿者就高达79965名,这些志愿者提供了129万班次、1000万小时约4.6亿人次的服务;同年广州亚运会共招募59万志愿者,报名的志愿者人数高达151万人。

② 参见陈婉玲:《论义工组织法人化的制度障碍》,载《福建行政学院学报》2012年第4期,人大复印资料《政治与社会学》2013年第1期全文转载。

制能够满足多元化社会群体的不同需求,强行糅合则可能会严重挫伤公民参与社会公益服务的积极性,扭曲义工组织自发、独立、自主的灵魂,被政治化、被强制依附化,也不能降低政府对义工组织引导、扶持、规范、监管的责任。同样,志愿者组织与官方关系密切,各类媒体宣传力度强劲,能够满足大型公益事业要求。但志愿者组织过度依赖官方特别是各级团组织,不仅"人员不够多元化",而且"由于政治化因素、形式化色彩的影响较大,志愿服务缺乏日常化、人性化的影响力"。① 因此,尊重社会现实、维持义工服务与志愿服务并存发展的格局,可以使志愿服务与义工服务实现优势互补的双赢局面。

(三) 义工与社工

社工和义工虽同为社会公共服务领域的重要服务力量,但两者具有质的差异。社工,即社会工作者,指从事社会工作的人。社工的定义取决于社会工作的范畴。社会工作是"运用个人潜能与社会资源,以协助个人调适环境的一种方法和技术,社会工作是一种活动,用以帮助个人与其社会环境获得更好的相互调适"。② 美国"国家社会工作者协会"(National Association of Social Worker, NASW)认为社会工作"是一种专业活动,用以协助个人、群体、社区去强化或恢复能力,以发挥其社会功能,并创造有助于达成其目标的社会条件",它把社会工作者描述为:每个社会工作者都受过特别训练,他们考虑人们的生活环境和文化氛围,设身处地帮助别人,确保人们的健康,预防危机,对个人、家庭和社团提供咨询,保证人们从最恰当之处得到他们所需的帮助;③ 英国"普遍社会关怀委员会"(General Social Care Council)作为主管英国社会工作的政府职能部门,明确规定了

---

① 参见谭建光、朱莉玲、李霞:《志愿服务与义务工作:从分化到多元——中国珠江三角洲志愿事业发展的一个案例》,载上海市慈善基金会、上海慈善事业发展研究中心编:《志愿服务与义工建设》,上海社会科学出版社2007年版,第21页。
② 参见联合国1960年出版的《国家社会服务计划的发展》关于"社会工作"的定义。
③ 美国是世界上社会工作专业水平和专业组织最发达的国家之一,美国社会工作者协会是世界上人数最多、最著名和影响力最大的专业组织,其历史发展、组织结构、功能作用和运作模式代表世界社会工作专业组织的最高水平和发展方向。

包括职业目标、职业范围、职业责任和职业权力等在内的社会工作者及其代理机构职业准则,其向社会工作者提出的要求是"社会工作的目的是使儿童、成人、家庭、群体和社区能够发挥自身作用,参与社会,在社会中得到发展";香港社会工作注册局1998年的《社会工作者专业守则》确认社工的首要使命为协助有需要的人士及致力于处理社会问题,社工的基本守则是应尊重每一个人的独特价值和尊严、相信每一个人都有发展的潜质、有责任维护人权及促进社会公义、相信任何社会都应为其公民谋取最大的福祉以及有责任运用本身的专业知识和技能去推动个人和社会进步。加拿大《社会工作者协会伦理守则》也要求社工应把服务对象的期待、希望、动机和计划作为处理相应问题的基本点,确保最大限度地实现服务对象利益最大化。①

从这些关于社会工作的定义和目的的描述中可以看出,社会工作的本质是一种道德实践,社工是以助人自助为宗旨,运用专业知识、技能和方法处理和预防社会问题的人。从某种意义上看,社工与义工具有非常密切的关系,社会工作源于早期的慈善服务,19世纪末20世纪初,英美等国为解决工业化带来的社会问题,鼓励义工进入社区为贫民服务,寻求改善个人和社会生活的最佳方法,并在这一过程中,社会工作逐步由自愿性向行业性转化,因此,早期的社工主要是义工充任的,后来,社会问题复杂化和严重化催生了专业的社工,社工逐步从义工中分离出来并迈向独立的专业化发展之路。义工与社工的主要区别有三:一是义工是无偿的,不计物质报酬,社工是受薪工作人员,实行按劳取酬;二是社工必须接受专业训练,具有专业知识和技术,义工一般没有这种强制性要求;三是社工作为一种

---

① 《加拿大社会工作者伦理守则》规定,任何一个人、家庭、团体、公司、企业界、组织或社区,都可能成为社工的服务对象,社工所从事的社会工作必须保证服务对象利益最大化,服务对象的"期待、希望、动机与计划在任何介入计划发展中都被社工视为是最基本的考虑点",只有当服务对象的计划被认为不切实际、不合理或者是假设性时,社工才能试图改变其计划。社工所有的活动及介入计划被视为对服务对象是有益的,社工应当考虑服务对象是独立个人、家庭单位的成员、有特殊家族或文化的人,因为这些因素都会对服务对象产生影响。资料来源:http://wenku.baidu.com/view/49038ffd770bf78a6529542b.html,2013年5月29日访问。

职业,有专门的职业标准,需要有从业资格认证,义工一般没有专业资格限制。① 正因为社工是有偿从事社会工作的专业人员,因此必须遵守更严格的专业伦理和价值。

义工与社工的关系在不同的国家和地区有着不同的表现,概括起来可分为四种类型:一是指导型,社工普遍受过系统的专业教育,具有丰富的专业实务经验,拥有先进的助人理念、完备的知识体系和科学的助人方法,而普通的义工并不具备这些素质。社工运用专业知识指导、培训义工,提升社会服务质量。我国香港地区每个社区均配备社工,义工从事公益服务必须接受社工的指导和评估,取得了良好的社会效果。二是互补型,社工和义工各具优势,在人力资源、知识结构和社会资源等方面具有明显的互补性,社工拥有专业知识但力量薄弱,义工力量庞大、人数众多但专业能力、服务理念相对落后,社工与义工相互配合,可以有效地拓展服务空间,延伸服务范围,扩大服务影响,提升服务质量。三是服务型,社工基于专业知识和科学方法为义工提供咨询服务和专业培训,对义工服务社会提供支持和倡导,并利用和整合社会资源,为义工提供服务机会和服务环境。四是管理型,即社工管理义工服务计划,评估、考核义工服务计划的执行情况。②

(四) 社会团体法人与非企业法人

义工组织的法人形式,在不同国家有着不同的制度供给。英国义工组织可以选择的法人形式有公司、商业公会、特殊事业团体和慈善组织,在实践中,其义工组织多以公司形式取得法人资格,以非营利目的和公益服务的性质获得慈善法人地位。德国法为义工组织提供了社团和财团两种组织形式,虽然不排斥义工组织以财团方式取得法人资格,但德国义工组织几乎将社团作为其唯一的组织形式。

---

① 参见冯英、张惠秋、白亮:《外国的志愿者》,中国社会出版社2008年版,第3页。
② 参见民政部社会工作司编:《社会工作与志愿服务关系研究》,中国社会出版社2011年版,第73—76页。

以社团为组织形式的义工组织依法办理社团登记后,即取得权利能力,享有独立的法人地位。日本法最早以公益法人和营利法人统揽其法人制度,其义工组织在性质上只能是公益法人,但并非所有的公益法人均以追求公益目的为目标,其公益法人框架内的法人目的可谓五花八门。1998 年日本《特定非营利活动促进法》创设了独立的法人形式,即特定非营利活动法人,自此,日本义工组织的法人形式多为特定非营利活动法人。我国台湾地区为义工组织提供了典型的二元化法人制度,义工组织可选择社团法人,也可选择财团法人为其法人形式,然后根据其目的获得非营利社团法人和非营利财团法人地位。香港地区义工组织既可依据《公司条例》,以私人公司为其组织形式,也可依据《社团条例》注册为社团,无论私人公司还是社团均具有法人资格。不论义工组织采取何种组织形式,其目的只是赋予义工组织法人资格,以便于义工组织开展义工服务。

我国现行法对义工组织的法人形式尚无明确、统一的规范。《民法通则》将法人划分为机关法人、事业单位法人、社会团体法人和企业法人。就法人类型而言,社会团体法人成为义工组织获得法人资格的唯一组织形式。国务院于 1998 年 9 月 25 日颁行《社会团体登记管理条例》,[①]规范社会团体登记管理。

《社会团体登记管理条例》制定的目的在于保障公民的结社自由、维护社会团体的合法权益和加强对社会团体的登记管理,所谓"社会团体,是指中国公民自愿组成,为实现会员共同意愿,按照其章程开展活动的非营利性社会组织"。国务院制定《社会团体登记管理条例》的依据有两项,一是《宪法》第 35 条关于"公民有言论、出版、集会、结社、游行、示威的自由"的规定,结社自由是每一个公民享有的宪法权利;二是《民法通则》第 50 条第 2 款之规定,即"具备

[①] 关于社会团体立法,最早可追溯至 1950 年 9 月,当时中央人民政府政务院颁行《社会团体登记暂行条例》,旨在清理民国政府时期遗留的各种社会团体,但在相当长的时间里,既未废除,也未执行。1989 年 10 月 25 日,国务院颁行《社会团体登记管理条例》,确立了社会团体行政管理制度。1998 年 10 月 25 日颁行的《社会团体登记管理条例》对 1989 年条例的内容进行了相当多的修改,但基本制度没有大的变化。

法人条件的事业单位、社会团体,依法不需要办理法人登记的,从成立之日起,具有法人资格;依法需要办理法人登记的,经核准登记,取得法人资格"。我国社会团体法人与传统法人分类中的社团法人相类似,但传统意义上的社团法人是基于人的自愿结合而成立的法人,并根据目的的不同,可进一步划分为营利性的社团法人如公司和非营利性的社团法人。在我国,凡以营利为目的从事经营活动的法人组织,均归入企业法人范畴。因此,社会团体法人在性质上应当更接近西方各国的非营利的社团法人,它们均基于公民的结社自由的宪法权利,均不以营利为目的,均由公民基于共同的价值观自愿结合形成的社会组织。

民办非企业法人是否有可能成为义工组织的法人形式,这是一个需要慎重考虑的问题。依据1998年9月25日国务院颁行的《民办非企业单位登记管理暂行条例》,民办非企业单位是指企业事业单位、社会团体和其他社会力量以及公民个人利用非国有资产举办的,从事非营利性社会服务活动的社会组织,凡依法登记并获得法人资格的民办非企业单位,即为民办非企业法人。在解释上民办非企业法人虽然从事非营利性社会服务,与义工组织活动具有一定的内洽性,能够满足义工组织法人形式的需求,但民办非企业法人系社会力量利用非国有资产创办,其设立的基础更接近财产的结合,而不是人的结合,因此,即使不排斥其作为义工组织的法人形式,也不可能成为主要形式。民办非企业法人更多地是为了满足民办医院、学校、博物馆等社会组织的法人需求。

二、现　　状

(一) 义工组织发展状况

我国义工组织发展相对迟缓,在计划经济时代,政治色彩浓厚的"学雷锋、做好事"曾是义工服务存在的表达方式。真正意义上的义工服务是改革开放的产物,也是社会服务方式创新的结果。1987

年,广州市热心青年借鉴香港义工社团的经验,创办"手拉手青少年服务热线",1989年深圳市民众探讨社会服务参与方式,逐步认同了香港社会"义工"的提法,"一方面强调职业之外的服务,业余时间的服务,让人很快就与职业挣钱区别开来;另一方面,用'义'字强调仁义、仗义、义气,突出了中国传统的正直、友善",①于1990年正式创立了深圳市义工联合会。与深圳市民众探索社会服务参与方式同时,天津市和平区民政局倡导建立的第一个"为您服务"志愿者小组于1988年诞生,1989年3月18日于新兴街成立了街道志愿者联合会。1993年共青团中央启动"中国青年志愿者行动",并借助全国铁路系统"春运志愿服务"推向社会,1994年成立"中国青年志愿者协会",统筹和领导全国的青年志愿服务,义工服务在政府和民间力量的共同推动之下得以迅速发展,南"义"北"志"的格局基本形成。

2001年中国青年志愿者协会借"国际义工年"之机,正式与联合国义工组织建立了合作关系,红十字会、慈善会扩大了公益义工组织的力量,民众自发参与社会服务的热情空前高涨,公益服务的社会力量迅速遍及全国各个城市,甚至是边远县城和部分农村社区。2008年5月12日汶川大地震成为民间社会力量的总动员,数百万义工奔赴灾区,自觉地参与抗震救灾和灾后重建的全过程。"汶川地震,开启了中国的'志愿者元年'。这是人道主义、人性光芒的一次井喷,也是公民责任、道德意识的一次觉醒。在承受了物欲主义、信仰缺失、人性冷漠等种种苦闷后,一场巨大的灾难激发了一次精神'革命'"。美国《时代》周刊这样写:"人们对普通中国人更有信心了,信任他们拥有建立一个更具美德的社会的能力和责任"。② 2008年北京奥运会展现了官方色彩浓厚的志愿组织的巨大魅力,集结了10万赛会志愿者、40万城市志愿者和上百万社会志愿者,出色地完

---

① 参见谭建光、朱莉玲、李霞:《志愿服务与义务工作:从分化到多元——中国珠江三角洲志愿事业发展的一个案例》,载上海市慈善基金会、上海慈善事业发展研究中心编:《志愿服务与义工建设》,上海社会科学出版社2007年版,第17页。
② 参见《汶川地震 中国志愿者元年》,http://city.ifeng.com/cskx/20110224/41396.shtml,2013年5月18日访问。

成了奥运会公益服务任务;2010年上海世博会和广州亚运会亦以不同方式证明了政府主导的志愿服务能够迅速形成巨大的社会力量投入特定的目的事业,这种旋风式的短期志愿服务可以满足政府举办大型赛会或者大型公益活动的服务需求。

2008年注定要成为我国志愿事业的分水岭。汶川地震震裂了大地、震塌了房屋,却修复了社会的道德裂痕,铸造了国民的人性丰碑;奥运会吹响了社会力量的集结号,响应政府号召、参与赛会服务、奉献自己的力量成为每一个公民的自觉行动。它们促进了义工服务与志愿服务的进一步融合和分化,更唤醒了中国人的公民责任和公民意识。义工服务和志愿服务已经成为具有中国特色的志愿事业中两支不可或缺的基本力量。截至2011年12月,中国注册青年志愿者人数达到3392万人,建立各类志愿服务站17.5万个,全国社区志愿者组织已达28.9万个。① 全国义工组织及注册义工数量目前尚无权威的统计,且义工组织及注册义工在实践中与志愿者存在重叠现象,但义工总量却蔚为壮观,如深圳市注册义工人数达35万,至2015年预计将突破百万。② 深圳市正在致力于打造"志愿者之城",这里的义工与志愿者实际上应当是同一概念。其他城市注册义工数量则不包含志愿者,如南昌慈善义工协会公布的注册慈善义工人数2万人,计划年末达2.5万至3万人,义工站93个;③南京慈善总会注册的义工达5万人,浙江省慈善总会注册义工超20万,济南注册志愿者为38.35万人、注册义工10万人。根据各义工组织网站公布的义工数据分析,全国注册义工总数高达一千余万人。④

---

① 参见《中国注册青年志愿者总数逾3000万》,http://news.xinhuanet.com/politics/2012-12/18/c_114073391.htm,2013年5月19日访问。
② 参见《深圳注册义工人数已破35万,未来3年将扩至百万》,http://sz.people.com.cn/n/2012/0723/c202846-17269288.html,2013年5月19日访问。
③ 参见《南昌慈善义工人数两年来翻20倍,涵盖面广泛》,http://www.jxcn.cn/2869/2012-2-21/30186@1045429.htm,2013年5月19日访问。
④ 针对注册义工数量问题,我们根据全国各义工组织网站公布的数据进行统计,尽可能扣除那些只参加政府组织的志愿服务的注册志愿者。但是,这个数据并不准确,只能大概反映现阶段我国义工发展的概况。同时,我们认为如果要准确统计注册义工人数,必须充分考虑志愿者与义工的重叠关系。

（二）义工组织法律属性

义工组织是由公民自发组成的以社会公益服务为目的的民间组织。现代各国宪法均赋予公民拥有自由结社的基本权利，如《德意志联邦共和国基本法》第 9 条规定："所有的德国人都有结社的权利"，我国宪法也确认公民有结社的自由。所谓结社，指由两个以上的法人或自然人依照同一宗旨组成社团的行为，社团是指多数的自然人或法人为共同目的而长时期内自愿地结合在一起，不问其法律形式如何，能够有组织地表达其意思的一切团体。因此，义工组织系由其成员基于结社权集合而成的共同体，旨在满足其成员即义工向社会奉献其知识、经验、技能和智慧以促进社会服务、提升公益服务水平的价值需求。义工服务社会是公民意识觉醒和公民社会发展的产物，源于人类爱的本性和仁义传统，是对"人人为我、我为人人"的互爱互助合作精神的弘扬。义工组织以扶贫帮困、乐善好施、急公好义为价值目标，这种社会共同体既非建立于特定的地缘或血缘关系，也非特定利益的结合体，既不是依靠某种外部力量或在外部利益驱使下结成的带有强迫性的组织，也不是以营利或其他个人利益为目的的社会团体，而是社会成员基于共同利益或信仰自愿结成的非政府、非营利的民间社会组织。

义工组织作为一种新兴的公民社会组织，正在引发巨大的社会变革和社会管理创新。事实上，无社团，无公民，结社既是公民维护自己权利的强力凭借，也是公民团结进取、向社会无私奉献自己力量的舞台，还是社会权力制约、监督政府权力滥用、资本权力侵凌的利器。[①] 任何一个私权不彰、法治尚未健全的国家，如无必要的社会团体力量充分行使社会权力，政府权力、资本权力就会轻易越界。"古往今来对社团力量的过度管制，最大的原因就是对组织起来的社会

---

① 参见郭道晖：《社会权力与公民社会》，凤凰出版传媒集团、译林出版社 2009 年版，第 223—225 页。

力量的不放心,总担心他们会破坏社会秩序,胡作非为。"①秉承贡献知识、体能、劳力、经验、技术、时间等服务社会为宗旨的义工组织,从全球范围看,已经改变了公共权力垄断公共服务的格局,政府部门、私人资本对义工组织积极支持与合作,共同致力于拓宽公共福利服务渠道、提升公共福利服务质量应当成为将来社会发展的基本态势。

但是,结社自由必须遵守法律以及法律所为的限制。任何人均不得滥用结社自由,成立有损于公共安全和秩序的社团,义工组织也不例外。如《联邦德国结社法》第3条第1款规定:"如果社团管制机关认为,社团的目的和活动是与刑法相抵触的,该社团的宗旨是不利于宪法秩序的、不利于国际团结友好思想的,并且经社团管制机关以命令加以确定后,对这个社团应予禁止"。日本《特定非营利活动促进法》也规定义工组织如果为暴力团或其成员控制,则必须强制解散。新加坡1966年《社团法》严格控制和限制在册社团的目的和活动,禁止一切涉及非法或不利于新加坡公共安全、公共福利、公共秩序等的组织。

义工组织作为以奉献社会、服务社会为己任的义工自愿结合所形成的社会组织,具有自己独特的法律属性。

1. 非政府性

义工组织作为一种非政府组织,完全是义工的自组织体,它发乎爱心、起诸民间,既不代表国家或政府的立场,也独立于任何党政权力系统,它以自己的运行机制、运行方式保持高度的社会责任感,在社会秩序框架内推动和促进社会公益事业发展。同时,义工组织具有去政治化的属性,不受任何政治势力控制,也不受任何宗教势力左右,义工组织存在的价值就在于增进社会公共利益,离开公益服务目的,义工组织也就失去其存在的价值。因此,各国法律均禁止义工组织参与宗教和政治活动,如日本《特定非营利活动促进法》明文规定义工组织作为特定非营利活动法人,是"不以宣传宗教教义、支持或

---

① 戴志勇:《放松社团登记有利长治久安》,载《南方周末》2011年12月1日第F29版。

反对某政治主义或政党、推荐特定公职候选人或政党为目的的团体",应当远离宗教势力、政治力量,不得服务于政府公职人员,以维持义工组织由民众自由、自愿加入的民间属性。义工组织是和谐社会关系的重要力量,是社会服务与社会管理创新的重要手段,它不排除国家或政府的干预和监管,需要国家提供其运行的秩序框架以及给予必要的鼓励和一定的物质帮助。

2. 非营利性

义工组织作为公民社会组织,聚集了以谋求公共利益和提供公共服务为共同价值目标的社会各界人士,对特定的公益事业、特定的服务对象奉献自己的知识、经验、技能和劳动。义工组织不以营利为目的是各国法律的普遍要求,这里的"营利"亦即营利法人的目的,谓以一定的资本运营谋求团体成员经济利益的增长。因此,义工组织非营利性的本质属性决定了其不以谋取经济利益为目的,从而排除了义工组织在传统市民社会私人领域谋取经济利益的可能性。从各国法律规定看,义工组织的非营利性通常包括三个层次的内容:一是不以营利为目的,因而不得从事经营性活动,如德国《民法典》授权社团登记机关发现注册非营利社团违反章程规定的目的限制从事经营活动时,有权撤销其注册登记,剥夺其权利能力;二是不得向其成员分派盈余,以任何形式对其成员分配盈余的行为均为非法。义工组织不以营利为目的,在解释上仅仅指不得以任何形式谋取私人利益,并不意味着义工组织不能收取任何费用、接受任何资助,而是指义工组织如果以适当的方式获得一定的经济利益如完成政府委托的公共服务活动获得政府一定的经济资助时,即使有盈余,也不得向其成员分配盈余;三是义工组织解散时,其剩余财产应以章程规定的方式移交给具有相同或近似性质的其他组织,继续用于公益目的,即使章程没有规定剩余财产的归属,也应移交国库或政府指定的公益组织。德国法规定义工组织作为注册社团,如违反规定向其成员分配剩余财产,税务机关有权要求其补交10年的税款。

3. 独立性

义工组织的独立性是指其自行管理、自主运营,独立享有权利、承担义务。从法律实践看,义工组织作为一种民众自主结社而成的社会组织,不得依附于任何宗教组织或政治团体,也不得为任何私人机构所控制,尤其不得为任何有组织犯罪及其主要成员所控制。这些积极、明确的禁止性要求在本质上就是要保持义工组织的独立性,防止义工组织为某些利益团体、宗教势力、政治组织所利用,进而影响到国家公共秩序安全和社会稳定。关于这一点,新加坡法严格控制包括义工组织在内的注册社团的目的和活动,禁止一切涉及非法或不利于新加坡公共安全、公共福利、公共秩序的组织进行社团注册;日本法禁止义工组织参与宗教活动、宣传宗教教义,禁止义工组织举办任何政党或政治人物发表支持或反对的活动。即使对义工组织非常宽松的美国,也严格限制义工组织开展游说和产生政治影响力的活动。

义工组织的独立性还表现在义工组织的法人制度供给上。各国法律对义工组织是否强制取得法人资格持有不同的态度和立场,如德国义工组织作为非营利社团,不论是否注册登记,均可以从事义工服务,而新加坡法却要求所有的社团都必须到政府部门注册,否则即为非法。但不论采用何种方式,各国法律对义工组织的法人制度供给,其目的均在于保持义工组织的独立地位。义工组织作为法人组织,拥有自己的组织机构和管理机制,以自己的名义开展义工服务并独立地享有权利和承担义务,要防止义工组织因对其成员(自然人)的过度依赖而影响其有效地存续。义工组织在法律范围的活动不受政府干预。

在我国现阶段,义工组织受诸多因素影响,在实践中难以实现真正的独立。其中有两个因素最为重要,一是政府控制,我国对义工组织设立实行双轨制,即"成立社会团体,应当经其业务主管单位审查同意,并依法向登记管理机关申请登记",[①]国务院民政部门和县级以上地方各级人民政府民政部门是本级人民政府的社会团体登记管理机关,国务院有关部门和县级以上地方各级人民政府的有关部门、

---

① 参阅《社会团体登记管理条例》第3条、第4条以及第13条之相关规定。

国务院或者县级以上地方各级人民政府授权的组织,是有关行业、学科或者业务范围内社会团体的业务主管单位。义工组织要取得法人资格,必须经主管机关审查同意,在一定程度上导致义工组织对政府的依赖。不过随着双轨制的终止,相信义工组织由此形成的依赖将有一定程度的缓解。另一是资金困扰,经费不足、资金短缺是我国义工组织面临的最大的发展障碍,义工组织对资金或经费的资助者也同样存在相当的依赖,我国志愿者组织经费由财政拨款,结果基本丧失了其应有的独立性就是明显的例证。义工组织要实现真正意义上的独立,必须有独立的发展政策,正如美国罗伯特·沃森所说:"世界上从来没有足够的资金、足够的工作人员和志愿者来长期担任救援者的角色去帮助受害者,更好的办法是集中力量制定一个有效的策略,把自己从受援助者的角色中解放出来,提供切断那种愤世嫉俗的情绪,把接受者变成给予者,从而达到事半功倍的效果"。①

4. 自愿性

义工组织为民众自组织体,任何社会成员是否参与义工组织、从事何种义工服务完全出于自愿,任何组织、任何团体或个人均不得强迫加入。义工成员对义工组织的运营、管理不满意时也可以根据自己意愿自由退出。加入自愿、退出自由是义工组织自愿性最显著的表现,各国法均围绕加入和退出建立相应的法律机制,确保义工组织自愿性的实现,如日本《特定非营利活动法》规定,义工组织作为特定非营利活动法人,对会员的加入或退出不得赋予不当条件,尤其不得以任何条件或方式限制退出。德国法虽然曾对适龄人群强制以义工服务替代服兵役②,但解释上一个适龄者究竟服兵役还是做义工,仍是其自主选择的结果,仍在一定程度上满足自愿性的要求,只是德

---

① 参见〔美〕罗伯特·A.沃森、本·布朗:《美国最有效的组织》,彭彩霞、席瑞雪译,中信出版社2002年版,第64页。

② 德国实行义务兵役制,凡拒绝服兵役的适龄人群均必须到社会福利机构完成替代性服役即做义工,并逐步扩大到生态环境保护等领域。2011年德国废除义务兵役制,结束了以义工服务替代服兵役的历史,但由此也导致德国的"义工荒"。参见史春树:《德国社会组织闹"义工荒"》,载《青年参考》2011年9月21日第15版。

国法允许义工组织有条件地暂时限制义工的自由退出,如义工接受义工组织委派任务尚未完成时不得退出,但此种限制最长不得超过两年。义工组织的加入自愿、退出自由的自愿性表现出公民社会对私人参与社会服务、社会建设的尊重,归根到底反映了社会对人的尊严的尊重。①

义工组织为公民参与社会服务与社会建设提供了机会和手段,也为新时期社会道德风尚确立了具体的行动化标准。因此,义工组织越发达,公民自组织水平就越高,就越有利于社会的良性互动与繁荣发展,越有利于社会的和谐稳定,减轻国家或政府公共服务的压力。然而,从社会现实的角度审视,义工组织的生存处境相当堪忧。

(三)义工组织生存环境

志愿者组织和义工组织在我国分别代表着志愿领域里政府与民间两股不同的力量,无论是社会认知、价值追求、服务方式还是发展路径、生存环境均呈现明显的差异。政府支持、推动的志愿者组织带有浓厚的行政色彩和官方背景,其资金来源、服务项目、挂靠领属、人员设置、工作方式以及财务管理、绩效考评等都受到政府的直接控制;依靠民间自主发起和草根参与建立的义工组织却始终因缺乏独立性和规范性而发育不良,相当多的义工组织游离于灰色地带,其合法性不断遭受质疑,生存环境不容乐观。

1. 法人形态环境

如前所述,社会团体法人是《民法通则》的一项制度创新,也是我国义工组织取得法律主体资格的唯一的组织形式。但是,社会团体法人的制度供给并不是为纯粹的民间组织设计的,而是为基于各种需要必须存在的社会组织保留的。社会团体法人资格取得的难易程度往往取决于每一个社会组织离政治核心价值远近和与公权力的亲疏程度。人民团体、艺术团体以及各类主流职业团体、宗教团体或因其直接服务于政治核心价值或围绕政治活动的统战需要,或这些

---

① 参见沈敏荣:《市民社会与法律精神》,法律出版社 2008 年版,第 44 页。

团体的成员或多或少掌握一定的权力资源,其取得社会团体法人资格并无法律障碍。义工组织作为由不同专业、不同职业背景的人群构成的纯民间组织,既与政治核心价值保持一定的距离,①也不愿意与国家权力体系保持某种联系,这在客观上导致其对社会团体法人的制度供给的不适应性。

我国《社会团体登记管理条例》对社会团体的设立确立了"双轨制"程序。义工组织在现行法律框架下要取得社会团体法人资格,必须依附于相对应的业务主管机关。但是"双轨制"的制度设计并不周密,社会团体相应的业务主管机关指向不明确。实践中义工组织与业务主管机关的关系并不融洽,存在相当大的隔阂。业务主管机关担心去政治化、去政府化的义工组织难以驾驭,不愿意充任义工组织的业务主管机关,义工组织的业务审查因而成为相互推诿、扯皮的"游戏";而义工组织也担心挂靠业务主管机关会妨碍组织的自由活动与发展,在心理上也不愿意积极寻找登记所必需的业务主管机关。这种复杂、纠结、潜在对立的心态在客观上使"双轨制"的可操作性相当有限,义工组织注册难仅仅是"双轨制"效果不佳的表征而已。

许多人把义工组织注册难归结为"双轨制"本身,其实并不合理。对包括义工组织在内的非营利组织实施双轨制管理是许多国家和地区的基本方法。以我国台湾地区为例,义工组织设立由法院登记,前提是申请设立的义工组织必须取得目的事业主管机关许可。大陆的业务"审查同意"与台湾的"行政许可"称谓有所差异,但都道出了一个共同的理念,即义工组织设立必须纳入行政管理范畴。但台湾义工组织的设立并无注册难的现象,原因在于台湾义工组织设立的事业主管机关职责十分明确,在"中央"为"内政部";在直辖市

---

① 如许多义工或义工组织尽管乐于助人、扶贫帮困,向社会无偿提供服务,却非常不愿意被冠为"学雷锋"或"雷锋精神",自认为应当与政治保持一定的距离。参见上海市慈善基金会、上海市慈善事业发展研究中心编:《志愿服务与义工建设》,上海社会科学院出版社 2007 年版,第 24—27 页;赵海东:《一个义工团体的成长烦恼》,载《中国青年报》2011 年 7 月 5 日第 3 版。

为直辖市政府;在县(市)为县(市)政府,①政府对义工组织发展负总责,目的事业机关具体办理执行,当义工组织所从事的志愿服务涉及两个或两个以上的目的事业时,由政府统一协调。这种制度设计既方便了台湾义工组织设立,调动民众参与志愿服务的积极性,又能够避免政府主管部门之间互相扯皮、相互推诿。由此可见,"双轨制"并不是造成义工组织注册难的真正原因,"双轨制"的设计粗陋所产生的负面结果与政府对义工组织的不信任,才是义工组织注册难的根本原因。

义工组织设立"双轨制"的障碍正在被清除。第十二届全国人民代表大会第一次会议审议通过《国务院机构改革和职能转变方案》,对社会组织管理制度提出"重点培育、优先发展行业协会商会类、科技类、公益慈善类、城乡社区服务类社会组织。成立这些社会组织,直接向民政部门依法申请登记,不再需要业务主管单位审查同意"的改革措施。"双轨制"制度设计带给民间义工组织的合法性困境有望得到破解,但是,登记核准制仍是义工组织获得合法性资格的前提,而且《社会团体登记管理条例》关于成立社会团体的条件规定对义工组织过于苛刻,这不仅体现于社会团体成立需要"3万元以上活动资金和固定的住所"的要求,而且还必须符合具有50名以上注册成员的条件限制。② 同时,《社会团体登记管理条例》还规定"在同一行政区域内已有业务范围相同或者相似的社会团体",登记机关有权以"没有必要成立"为由不予登记,③这意味着剥夺了规模小、松散灵活的义工组织的生存空间。显然,在目前的法律框架下,社会

---

① 参见台湾"志愿服务法"第4条:"本法所称之主管机关:在中央为内政部;在直辖市为直辖市政府;在县(市)为县(市)政府。本法所定事项,涉及各目的事业主管机关职掌者,由各目的事业主管机关办理。前二项各级主管机关及各目的事业主管机关主管志工之权利、义务、招募、教育训练、奖励表扬、福利、保障、宣导与申诉之规划及办理,其权责如下:一、主管机关:主管从事社会福利服务、涉及两个以上目的事业主管机关之服务工作协调及其他综合规划事项。二、目的事业主管机关:凡主管相关社会服务、教育、辅导、文化、科学、体育、消防救难、交通安全、环境保护、卫生保健、合作发展、经济、研究、志工人力之开发、联合活动之发展以及志愿服务之提升等公众利益工作之机关。"

② 参见《社会团体登记管理条例》第10条。
③ 参见《社会团体登记管理条例》第13条。

团体的生成方式是政府选择模式,符合条件能够合法登记的社团往往不是半官半民的组织就是已在政府严密的掌控之下,而真正从民间自发形成的社团恰恰由于现行制度的限制无法"合法地"纳入体制中。①

2. 社会信任环境

公信力是义工组织赖以持续、有效地从事义工服务的社会基础。义工组织向"无合同关系、无亲属关系、无友情义务的个人或团体提供无偿服务"②,意味着义工组织与服务对象之间既无法律上的约束关系,也无传统的血缘或情谊联系,提供义工服务与接受义工服务完全基于彼此间的社会信任。所谓社会信任,指社会活动过程中各主体彼此之间对于对方能作出符合普遍规则或规范行为的相互期望。社会公信力就是义工组织的社会影响能力,它是社会信任的结果。

义工组织以其无偿、自愿、有效的义工服务赢得社会信任,并因社会公众的认同和信任而形成影响力。从理论上看,义工服务的本质是一种慈善活动,每一个从事慈善活动的义工,其动机存在差异性,或以善和爱本身为动机,或以获得救赎(或善报)为动机,或以获得名誉(荣誉)为动机,甚至以获得商业利益或其他物质利益为动机(获得免税或广告效应等)。但法律认定义工服务为慈善活动并不考虑义工或其组织的动机,同样,人们对义工组织的社会信任也只是对其行为的认同和信任。从某种意义上说,社会公信力是义工组织的生命源泉,义工组织必须以善良、勤勉、持续、有效的义工服务,换取社会公众的高度认同和信赖。然而,现实中义工组织的社会公信力并不令人满意,缺乏必要的社会信任环境。

第一,社会信任文化缺失使人们失去基本的互信。信任文化的生成条件是历史经验的积累,"一旦不信任文化出现了并牢固地扎根于社会的标准系统中,它就会变成一个强有力的因素,在很多情景

---

① 参见郭剑平:《社团组织与法律秩序研究》,法律出版社2010年版,第230页。
② 〔美〕马克·A.缪其克、约翰·威尔逊:《志愿者》,威娜等译,中国人民大学出版社2013年版,第4页。

中,对于各种社会角色,既影响人们去信任的决心,也影响人们达到信任的要求或很多行动者相互给予或达到信任的要求的决心"①。

第二,一些重大的恶性慈善事件未获有效处理,破坏了留存于社会公众心中的脆弱的信任,不信任文化形成一种强迫性的、妄想狂式的玩世不恭的外部社会氛围,社会生活在很大范围内遍布阻碍人们行动的复杂、焦虑、慢性且弥漫的恐惧、怀疑、阴谋诡计、忧处和不祥的预感。② 从人们对慈善等引发的不信任情绪看,"生活世界"的不确定、不安全、不清晰和不透明是诱发"信任危机"的症结,而慈善组织的无效率、腐败和缺乏诚信管理更使其陷入社会整体的消极对抗中。义工组织作为公民社会迸发出来的新型社会力量,虽具有强烈的公益使命特性,但其正当性仍立足于社会需要,即他们的作为必须对于特定或不特定对象有所助益,必须以受助者的积极认同为前提。

第三,义工组织过于关注自身行为的影响引发人们的反感,进而诱导人们的不信任。有些义工组织开展活动时"作秀"的成分远高于服务本身,如在"学雷锋做好事"纪念日或者重阳节等节日帮贫助残、探视老弱病幼、清理环境等,或请记者宣传或集体合影更新网站内容,义工服务本身则敷衍了事、草草收场,助人者轻佻、受助者厌烦;有些个别义工组织帮助患有残疾儿童募捐,竟将写有"我有罪"的纸牌子挂在儿童身上引人关注,助人者标新立异、行为乖张,受助者尊严尽失、颜面无存;还有些义工组织帮助贫困儿童,每次都要受助儿童感激涕零,助人者高调施舍,受助者卑颜蒙羞。凡此种种,不胜枚举。义工组织的社会公信力是善行积累的结果,是社会对其无私地服务社会、奉献社会的价值观的认同和肯定。

3. 组织建设环境

以组织建设环境为基点考察义工组织的生存环境,其实质是考

---

① 〔波兰〕彼得·什托姆普卡:《信任——一种社会学理论》,程胜利译,中华书局2005年版,第90页。

② See Banfield, E. C., The Moral Basis of a Backward Society, New York: Free Press, 1967, p. 106.

察义工组织自身能力的建设状况。义工组织的生存环境并不能仅限于对组织产生影响的外部因素,也应当包括组织的自身建设。能力是义工组织为实现其价值目标完成一定的义工服务活动必须具备的条件,它直接影响着义工服务活动的效率。"当今社会的快速变迁对志愿机构的工作提出了越来越多的需求。需求的增长使志愿机构的有限资源面临巨大的压力。需求与资源的矛盾促使志愿机构具备灵活变通性,从而适应环境"①。义工组织作为一个由义工自发结社构成的社会组织,建立一种能够反映义工成员共同价值观念和价值目标的组织体系,确立每个义工的活动和相应的责任以及各项活动的关联规则,直接影响到义工组织的行动效率和结果。因此,义工组织能力建设同样是对其生存环境构成重大影响的要素,其中,组织章程、机构和义工素质决定着义工组织的能力。

对义工组织而言,章程是义工组织经过特定程序制定的有关组织的宗旨、性质、目标、任务以及组织机构、活动方式、活动原则、成员权利、义务的规范性文件,是义工组织最基本的法律文件和最重要的行为规则。在现行法框架内,章程是每一个义工组织申请成立登记必须提交的法律文件。我国《社会团体管理条例》明确要求社会团体章程应包括名称、住所、宗旨、业务范围、活动地域、会员资格及其权利义务、组织机构管理制度、执行机构产生程序、负责人的条件和产生、罢免的程序、资产管理和使用的原则以及章程的修改程序、终止程序和终止后资产的处理等。从内容上看,我国法律关于义工组织章程应记载事项的规定与其他国家法律要求并无太大的差别,但对义工组织章程归纳分析发现,实践中的义工组织章程缺乏明显的针对性和个性,许多义工组织章程只是名称、地址存在差异,其他几乎完全一致。章程对宗旨的描述过于笼统、对业务范围的规定过于宽泛,且几乎均未涉及组织具体目标和使命、义工服务开展的方法和

---

① 〔美〕玛丽莲·泰勒:《影响志愿机构工作的基本要素》,载李亚平、于海编选:《第三域的兴起——西方志愿工作及志愿组织理论文选》,复旦大学出版社1998年版,第164页。

途径等,章程内容不同程度地存在大而空的问题,缺乏可操作性。在目前立法匮乏的条件下,作为义工组织最基本的法律文件和行为规则,不具有操作性的章程很难让义工组织的活动落到实处,做秀式的义工服务有可能成为义工组织不可克服的问题,义工组织能力建设也只能成为一种奢谈。

义工组织机构由章程规定,但因缺乏相应的立法,实践中的义工组织从名称到机构设置,可谓五花八门,呈现"八仙过海、各显神通"的态势,如有的叫义团,负责人称团长;有的称义工队,负责人称队长;有的叫义工联合会,负责人称会长;有的叫义工志愿团,负责人称总牵头人……"义工组织太乱"、"机构不统一"、"管理混乱"几乎成为每一个义工组织或多或少必须面对的问题。即使是最早开展义工服务的深圳义工联合会,其组织机构仍有相当的不适应性。深圳义工联合会(以下简称"义工联")的最高权力机构是义工代表大会,每五年召开一次;理事会是义工代表大会的执行机构,由代表大会民主选举产生;秘书处由秘书长、副秘书长、干事若干名组成,是理事会的办事机构,负责义工联的日常工作;秘书长是义工联的法定代表人。在这里,义工代表大会作为义工联最高权力机构,并不能切实担负起自身的责任,理事会作为其执行机构,拥有义工联所有重大事务决定权,其权力缺乏基本的监督。理事会会长不是法定代表人,秘书长却是义工联的法定代表人,这种机构设置令人费解。深圳义工联49.1%的义工认为其"义工活动常常'变味',沦为有关部门的免费劳动力","活动变味、偏离自身目标不仅是义工面临的主要困难之一,而且也严重打击义工参与志愿服务的积极性"。[①]由此可以看出,义工组织机构设置不合理同样会导致组织的行为偏离组织的目标和使命。深圳义工联理事会和秘书处作为义工代表大会的执行机构和办事机构,其执行活动让近半义工感到变味、偏离目标却得不到

---

① 参见《政府如何"给力"义工组织》,http://epaper.oeeee.com/F/html/2010-11/28/content_1237523.htm,2013年5月24日访问。

纠正，与其组织机构设置有着密切的关系。①

　　义工素质是衡量义工组织能力最重要的因素。义工从事社会服务是一种自发、自愿行为，不能被迫或附有任何强制因素，也不能有任何功利色彩或者追名逐利的动机。否则，必然会对义工组织的目标和使命产生不利的影响。义工既然被定义为自愿无偿向社会贡献自己的知识、技能、经验和劳动的人，那就不应该有丝毫勉强的意思。从实践情况看，许多人注册为义工并非完全出于自愿，甚至存有投机取巧、博取名声、获得政治资本的心理，义工队伍整体素质参差不齐、从事义工服务质量有高有低也就不足为怪了。据《广州日报》2013年5月10日报道："全市三分之二义工机构因没有服务时数，成为'僵尸机构'，市区21万余义工中八成没有服务时数，成为'僵尸义工'。"②注册义工成为"僵尸义工"原因是多种多样的，其背后故事无论如何不应该被忽略。"注册义工多、活动义工少"比较恰当地诠释了我国现阶段义工组织的生存环境。而影响义工组织能力的另一个突出问题是义工整体技能低。没有项目、没有资金、没有培训、没有保险，甚至没有知识、经验和技能，有的只是一腔热血。但是，只有热血的激情到底能持续多久呢？没有正常的义工心态，怎么能有正常的义工服务？没有基本培训的义工，怎么能有胜任岗位的能力？没有基本技能的义工，又怎么提升义工服务的质量？显然，义工组织要想获得良性发展，尚须提升义工的整体素质，创造出一套适合自身发展的运行机制。

---

　　①　深圳市义工联成立于1990年，其章程定性为民间团体，具有独立工作机制，虽挂靠深圳市团市委，但不是团市委或政府的附属机构。事实上深圳义工联并不是真正意义上的民间组织，其执行机构之外另设办事机构，法定代表人不是理事长而是秘书长，折射的仍是官方权力控制的阴影。这或许是其蜕变或沦为免费劳动力的深层次原因。如果政府不正视义工组织成长和发育所面临的刚性资源约束和其他主体不认可的窘境，必将降低甚至消解义工组织提供社会服务的能力。它不仅关乎义工组织的自身建设和监督问题，更影响服务型政府的构建路径与质量。

　　②　参见《唤醒那些僵尸义工》，http://gzdaily.dayoo.com/html/2013-05/10/content_2239510.htm，2013年5月24日访问。

三、定　位

影响和制约义工组织发展的最重要因素还是政策和法律。义工组织在全球百余年的发展历史证明，不同国家基于不同的社会公共服务政策，对之确立了不同的法律制度。这些政策和法律直接决定了义工组织的功能和地位，同时，义工组织在社会公共福利领域所扮演的角色和所发挥的作用也完全不同。德国作为一个社会福利国家，基于辅助性理论确立其公共福利服务政策，义工组织为承接国民公共福利服务的民间公共福利机构提供了丰富的人力资源，从而成为德国公共服务领域最重要的力量；日本政府早期把义工组织视为政府或公共企业的廉价劳动力，阪神大地震彻底改变了日本政府的政策和义工组织的地位，1998年的《特定非营利活动促进法》不仅创设了特定非营利活动法人，以满足义工组织的法人化要求，而且明确了国家鼓励义工组织致力于公共利益政策，固化了义工组织奖励和促进政策；1995年英国布莱尔政府推行公共部门现代化改革，重新定位了政府公共部门、私人企业和包括义工组织在内的非政府组织间的关系，以契约形式确立了英国政府与义工组织间的合作伙伴关系。综上，一个国家的义工组织发展的深度和广度取决于国家对待义工组织的政策和法律，不同的政策和法律决定着义工组织不同的发展质量和水平。

（一）义工组织的认知

正视义工组织的蓬勃兴起是解决其社会定位问题的前提。人们很难相信一个对义工现象和义工组织熟视无睹的国家或者政府，能够有效地界定义工组织的性质。推而广之，一个无视各种非营利组织在公共领域里所作的变革性创新的国家，同样也不可能真正认识这些非营利组织所具有的"独特的社会变革和技术变革，以及公众长久以来积累的对国家能力的信任危机"。① 这种信任危机的缓解只能以社会管理创新和社会服务政策改革来实现,任何对包括义工组织在内的社会组织实施禁止、限制和围堵的方法都不可能奏效,疏导、定位、规范和支持是政府顺应义工组织发展潮流的应有之策,根据公共服务领域需要,以必要的法制度供给构建义工组织的良性发展机制,顺势而导,必将事半而功倍;逆势设限,堵一穴而溃长堤。因此,各国针对新兴的社会运动②、各种层出不穷的社会组织③和不同形式的非营利组织④所采取的基本方针就是疏导、规范和扶持,因势利导并逐步纳入统一的社会管理体系,发挥其弥补政府能力缺失的功能,同时排除极端的反社会的、危害公共

---

① 参见〔美〕莱斯特·赛拉蒙:《第三域的兴起》,载李亚平、于海编选:《第三域的兴起——西方志愿工作及志愿组织理论文选》,复旦大学出版社1998年版,第7页。

② 日本20世纪60年代后期爆发了各种各样的诸如公害防治运动、自然保护运动、消费者保护运动等社会运动,这些运动均催生了多元化、多层次的具有一定的去政府化、去政治化色彩的社会组织。德国20世纪60年代也爆发了反抗政府、反抗大型公共福利机构控制公共福利资源的新社会运动,在新社会运动中,人民组织各种社团和协会,以慈善公益目的走向街头,由此形成了各种自助集团,人们不愿等待国家政府来研究处理问题,而是自发地参与处理和解决社会问题。美国几乎所有的重要的社会运动如民权运动、环保运动、消费者运动,均以民众不满政府的社会公共政策为契点,均以不同程度的社会对抗为表现形式。由此可见,各种社会运动均有不同程度的反政府倾向,是疏导还是对抗是各国政府处理各种社会运动时必须面临的抉择。实践证明,以疏导方式处理社会组织与政府关系,引导社会运动服务于促进社会发展是政府处理各种社会运动的最佳选择。

③ 在传统的二元社会结构中,无论是公权组织还是私权组织,往往都有清晰可辨的组织形态,都有明确的可以清晰界定的属性。国家对其政策也具有相当的规律性,如公权组织免税、私权组织纳税。但介于公权组织和私权组织之间的社会组织,其性质却非常复杂,如互益型社会组织、共益型社会组织,有各种各样的社团组织,也有不同形式的财团组织。国家基于社会公平,既不能实施整齐划一的政策,也不能将其完全归于私权组织或公权组织。因此,对"团体革命"所带来的社会组织的妥善处理需要智慧、需要公平、需要稳健。

④ 对于非营利组织的复杂性,诚如莱斯特·赛拉蒙所描述的那样,"非营利组织之庞杂多样令人难以置信,分析其在全球范围的迅速发展并非易事。缺少系统的资料,术语意涵的多变,以及各个相异的功能,使得我们难以对这些组织逐一地加以辨认。困难的定义问题还混合了由于各国法律结构的不同而对这些组织的不同对待,一些国家明确地以慈善性质或非营利性质定义这些组织,另一些国家则区别为慈善组织和非营利,还有的国家则完全另有一套规定,官方公布的这类组织自然极不完整,国家经济统计对它们的处理也很草率"。参见〔美〕莱斯特·赛拉蒙:《第三域的兴起》,载李亚平、于海编选:《第三域的兴起——西方志愿工作及志愿组织理论文选》,复旦大学出版社1998年版,第9页。

秩序或国家安全秩序的组织,坚决取缔和严格禁止各种危及社会秩序或国家安全秩序的极端势力。

义工组织的价值认知是义工组织定位的基础。义工组织不同于一般的非营利组织,人们习惯于把义工组织的基本特征归纳为非政府性、非营利性、独立性和自愿性,这种一般性的归纳并没有错误,问题在于这种认识可能忽略了义工组织与其他非营利组织的具体差别,如义工组织是非政府组织,但更是民间草根组织,义工组织不以营利为目的,是非营利组织,但它既不是互益组织,也不是共益组织,而是纯粹的利他组织。义工组织的这些特性因其组织形态过于庞杂而不得不服从于更具有一般性的属性概括。① 政府对义工组织的定位必须基于对其价值的认知,缺乏价值认知的定位不稳固,也不科学。从实践看,基于义工组织的价值认知确立其在社会公共服务领域的地位是各国的普遍做法。加拿大《义务工作法》充分承认并肯定了义工参与对社会正义、民主建设的价值,并确认这些价值与加拿大人、加拿大政府追求的民主、平等、包容、社会公正和多样化的价值观相吻合,加拿大政府与义工组织正是基于这种共同的价值认知,构建了合作互惠、独立发展的关系框架,政府承诺尊重义工组织的独立性并建立相应的机制确保"关系协议"的遵守和执行。英国政府于1998年11月与全英慈善与社区中心签署了一项具有划时代意义的《政府与志愿及社区组织关系协议》,建立了政府与义工组织关系处理的共同的"认知、独立、合作、辅助"的基本理念,以契约的形式确立了合作、互惠的新型政府与社会组织的关系。

尊重义工组织的个性化发展是义工组织健康运行的关键。义工组织的基础是义工,每一个义工都具有鲜明的个性化特质,从事义工

---

① 义工组织相对于一般非营利组织的特殊性往往被其复杂的组织状况所掩饰,也可能被不同的法律文化和义工服务政策所掩盖。如义工组织为非政府组织,但我国志愿服务却由官方主导,由各级团组织创建、政府强力支持的志愿者组织,很难归入民间草根社会组织的范畴。义工组织公益、利他的属性也会因不同的法律制度而有所变异,如德国义工组织严禁从事经营性活动,但英国义工组织却可以支付对价的交易获得费用,只要其不向其成员分配即为合法。因此,我们在归纳义工组织法律属性时没有使用"特征"一词,而是用"法律属性"一词,以示区别。

服务具有多样化的动机,或基于政治或宗教的信仰,或基于人性或道德中的善行;或基于怜悯,或基于奉献。不同的动机、不同的个性在一定程度上决定了义工的差异化志愿需求,在结社自由、平等、民主的法治框架和社会土壤中必然孕育出个性化发展的义工组织。因此,对义工组织个性化发展的尊重在一定程度上也是对人的个性化尊重。另外,经济社会的迅速发展在带来经济高速增长的同时,也衍生出各种各样的社会问题,贫富差距扩大、生态环境恶化、社会福利供给减少、养老服务匮乏……多样化的社会问题伴随着多样化的社会需求,这些社会需求具有多元性和层次性,如有人需要物质救济,有人需要精神慰藉,有人需要心理辅导,有人需要康复训练,有人需要良好的居住环境,有人需要改善基本的生存条件。凡此种种,都说明一个共同的道理,即多元化、层次化的社会需求必须以个性化、多样化的方式满足。这些社会服务的供给显然不能依靠政府和大型公共福利机构,因此,尊重义工组织个性化发展归根到底是由社会需求多样化决定的。

(二) 义工组织的定位

作为一种社会现象,义工组织乃至非营利组织的存在"是一种历史的偶然,但是也有其坚固的基础——市场机制局限中对公共需求的回应,政府机制局限中作为另一种独立的对市场缺陷的回应机制,民主社会所需要的在平等的个人中推进合作多元主义和自由的价值"。[①] "非营利领域包含千百万市民的活动和支持,提供了人们自我帮助的机制,使有需要的人得到志愿帮助,使广泛的信念和利益得以实现"。[②] 不过,义工组织作为一种非营利组织,其存在与其说是一种历史的偶然,还不如说是市场经济高度发展的必然。因为市场与政府都存在失灵的危险,市场失灵必然导致公共物品的欠缺,政府向

[①] 参见〔美〕莱斯特·赛拉蒙:《非营利领域及其存在的原因》,载李亚平、于海编选:《第三域的兴起——西方志愿工作及志愿组织理论文选》,复旦大学出版社1998年版,第40页。

[②] 同上书,第28页。

社会提供公共物品,但政府也会失灵,政府行为"往往伴随着臃肿、不负责任和官僚化,人们仍然存在着更倾向于由非政府机制提供服务和回应公共的需求"。① 义工组织以奉献社会、服务社会的精神提供公共领域服务,国家准确地定位义工组织,有助于增进社会公益、弥补政府公共领域服务缺失、矫正私人领域利益最大化追求的危害。

义工服务最核心的原则是"非强制的个人行动",且这种行动对社会有益无害,②相对于传统观念中的做好事或者助人活动,义工服务是一种正式的,有组织、有计划的活动,这种正式的活动把个人纳入共同事业中一起行动,不再是散兵游勇式的零星的单独行动,通过组织及计划的实施可以最有效地获得社会信任,最有效地组织社会服务,最有效地达成一定的社会目标。义工在自愿参与义工服务的过程中实现精神的愉悦,心灵的满足和知识、经验、技能及劳动的奉献,义工组织则能够实现义工正式的活动目标。

义工组织是正式创立的组织,无论其是否注册登记,至少都是具有共同制定的章程的独立组织,能够自我管理并具有控制自己活动的能力。注册登记只是获得法人资格的条件,对其组织的正式性没有影响,关于这一结论,我们可以从德国《民法典》关于社团的规定中获得。③ 义工组织是义工自由结社的结果,这意味着义工组织的创立是特定群体的社会需要,而不是法律规定的要求,同时也意味着它完全独立于政府和法律控制。换言之,国家或政府通过立法可能鼓励义工

---

① 参见〔美〕莱斯特·赛拉蒙:《非营利领域及其存在的原因》,载李亚平、于海编选:《第三域的兴起——西方志愿工作及志愿组织理论文选》,复旦大学出版社1998年版,第38页。

② 参见〔美〕斯蒂芬·奥斯本:《"志愿"概念对于志愿性和非营利领域意味着什么?》,载李亚平、于海编选:《第三域的兴起:西方志愿工作及志愿组织理论文选》,复旦大学出版社1998年版,第99页。

③ 德国《民法典》第21条规定:以非营利为目的的社团,因登记到有管辖权的区法院的社团登记簿中而取得权利能力。义工组织作为非营利社团因登记获得法人资格,未登记的义工组织为无权利能力的非营利社团,该法第54条规定"无权利能力的社团,适用关于合伙的规定。以此种社团的名义对第三人实施的法律行为,行为人亲自负责任;两人以上实施行为的,行为人作为连带债务人负责任"。该规定清楚地表明即使未取得法人资格,仍为正式的组织,能够以组织名义独立开展义工服务活动,唯对第三人形成责任时按合伙组织形式承担责任而已。

集结，但却不是义工组织创立的原动力，真正激发义工结成义工组织的动力"不应建立在经济利益上，而应恪守规范的志愿价值观"。正因为如此，义工组织"面对的是多元化的社会"，"在此社会中折射出社会的多样化，反映各种不同意见和愿望，并且提供对服务的选择，这与国家服务庞大和集中化趋势形成鲜明的对照，这种集中趋势使社会的多样化最低限度降低至同一标准而提供一系列毫无个性的服务"。①

义工组织的差异化、个性化发展使得不同国家对其有着不同的定位，并建立起差异化的义工服务发展策略。因此，任何一个国家发展义工服务的政策都不能照搬其他国家的经验、方法和法律制度。就我国义工组织和公共服务状况而言，尤其需要根据中国义工组织发展的具体状况和公共服务政策，在正视、认知和尊重义工、义工组织及其所提供的义工服务的前提下，准确地定位义工组织，确立我国应有的义工服务发展政策，并以法律的形式建立义工服务机制，政府对义工组织的基本定位应当是扶持、规范和合作。

扶持在汉语中有挽扶、照顾、帮助、支持的意思，对于义工组织来说，既没有私人部门拥有的强大资本优势，也不像公共部门那样控制着国家权力资源，义工组织存在于半私人化领域，介于市场和政府之间，毋庸置疑，需要获得私人部门和政府的扶持。更值得关注的是，我国非营利部门极其弱小、极不发达，相较于西方义工组织百余年的发展历史，我国义工组织可谓稚嫩、孱弱，尚处于发育状态，根本经不起风吹雨打。但是，多元化的社会需要多样化的服务，义工组织灵活多样、扎根于民间、基层的草根属性更能够适应和满足多元化的社会需求，尤其它能够有效地弥补政府公共服务无差别化的缺陷，也能在一定程度上矫正私人部门唯利是图的道德堕落，净化市场经济条件下利益追逐中的灵魂。政府既然认同义工服务的精神，当然就应当从物质和精神上扶持义工组织发展。

---

① 参见〔美〕斯蒂芬·奥斯本：《"志愿"概念对于志愿性和非营利领域意味着什么?》，载李亚平、于海编选：《第三域的兴起：西方志愿工作及志愿组织理论文选》，复旦大学出版社1998年版，第113页。

根据政府对义工组织的定位,扶持至少应当具有包容、指导、帮助、支持等基本含义。政府应当培育和孵化义工组织,促进义工组织健康成长。政府应当认同义工服务价值、倡导"人人为我、我为人人"的合作互助精神,包容、呵护义工组织,指导和帮助其解决探索发展中的问题。我国义工组织发展史上第一个被撤销的潮州市阳光义工协会,①反映了政府职能部门对义工组织的处理方式过于简单、粗暴、苛求。从报道来看,阳光义工是一个"能做好事、为政府分忧,但是管理混乱、纠错不力的义工组织",《社会团体登记管理条例》第33条规定的处理方法包括了"由登记管理机关给予警告、责令改正,可以限期停止活动并可以责令撤换直接负责的主管人员;情节严重的,予以撤销登记",但阳光负责人过于缺乏敏感,主管机关和登记机关的约谈,虽使其撤换三次财务人员,却没有引发足够的重视,"管理混乱、纠错不力",最终导致阳光义工被直接剥夺了生命而"夭折"了。阳光义工被作为包袱甩掉了,因为约谈并不是法定的处罚措施,如果登记机关发现问题时依法予以警告、正式责令改正,作出限期停止活动或责令其撤换直接负责人的处罚,阳光义工或许不会

---

① 2008年3月17日潮州市民政局在《潮州日报》上发布公告,称潮州市阳光义工协会违反《社会团体登记管理条例》第33条和《民间非营利组织会计制度》的规定,予以撤销登记。潮州市阳光义工协会作为一个拥有120名义工和1000名志愿者的义工组织,仅仅存活11个月,成为中国义工服务历史上第一个被撤销登记的义工组织。从有关报道披露的内容看,"涣散的财务制度要了阳光义工的命"。被主管机关潮州市团委定性为"性质恶劣"的第一个问题是有资助人反映阳光义工协会扣留了1000元善款,阳光义工的解释是负责跟进的义工离开了潮州,"所以一直没有送到";另一个问题是由阳光义工艺术团2001年2月主办的"吴越之夜"筹集善款133791元,这笔善款"有没有用到实处,遭到现场捐款的企业家的怀疑",潮州市团委与民政局联合派出检查组对阳光义工协会的财务进行了一次彻底的核查,"管理财务的人员,连财务基本知识都不知道","摆在核查人员面前的有发票、普通收据,账目收支和用项混乱不全","面对一堆乱七八糟的理不清的账目",潮州市团委作为主管机关在审查结束时态度坚决地提出要注销阳光义工协会。潮州市民政局认为阳光义工是一个"能做好事、为政府分忧,但是纠错不力的义工组织",潮州市团委"作为业务主管部门,对于阳光义工协会主要是要起到'监督指导'的作用,'出于支持的态度,也不想过多干涉阳光义工的内部事务,本来打算让其自由发展'"。而潮州市团委和民政局主要负责阳光义工处理的负责人的共同结论是"作为义工团队的领导人,必须要有过硬的经济基础,在他们看来,这也是避免义工团队出现财务问题的办法"。参见陈正新、杜安娜:《广东第一个注册义工团体被撤背后》,载《广州日报》2008年5月1日A8版。

被直接"剥夺生命"。从阳光义工被撤销一事可以看出,无论是作为业务机关的潮州市团委,还是作为登记机关的潮州市民政局,均表现出相当的无情和不按程序操作。

规范的本质在于确立义工团体的组织和行为标准并通过标准的实施达成义工组织规范运行、健康发展的目标。从实践看,现阶段我国各地义工组织因缺乏具体的可操作的法律依据,无论是法人组织构造还是法人组织活动,均存在极大的任意性和脆弱性,组织机构设置不规范,缺乏健全的权力运行和监督约束机制,组织活动不能围绕其章程规定的目标和任务,财务管理混乱、资金使用随意性大等,这些是所有的义工组织普遍存在的问题。阳光义工被撤销,其中一个"性质恶劣"的问题是私自扣留了1000元善款,而阳光义工负责人总结的原因却是"隐忍、宽容导致了团队的溃散",理事会形同虚设,以至于"到最后,支撑协会的是会员骨干,而不是理事会成员"。[①] 因此,规范不仅仅是要监管义工组织,更是一种指导、一种治理、一种确保义工组织健康的准则。遗憾的是除《社会团体登记管理条例》外,国家并未对义工服务和义工组织提供更多的制度供给,义工组织机构设置,业务活动开展,财务规则,国家鼓励、扶持政策等均没有更系统的规范,全国二十多部地方志愿服务立法中,除南京及深圳地方立法涉及工服务外,都未涉及义工服务。缺乏规范的义工组织,无论是组织机构还是业务活动,都失去了基本的标准和依据。

合作是一种相互配合的行动。政府与义工组织间的关系定位取决于一个国家社会组织的成熟程度、公共服务政策以及民主法治的进程。英、美、加拿大诸国把政府与义工组织间的关系定位为合作伙伴关系,并以契约的方式确立政府与义工组织间的权利、义务,在政府与义工组织间建立起一种紧密的、包容的、相互促进而不是分离、疏远或对立的关系,义工组织内部积极发展责信机制,通过建立长期优良的信用资本来提高自身在公共服务领域与政府合作的优势;政

---

① 参见陈正新、杜安娜:《广东第一个注册义工团体被撤背后》,载《广州日报》2008年5月1日A8版。

府在尊重义工组织独立性的原则上,以信任、宽松的态度使义工组织尽早介入项目设计,并根据义工组织的长期信用标准决定公共服务的分配。德国将公共服务完全交由包括义工组织在内的公共福利机构承担,政府对其实施财政援助。相对于这些国家,我国义工服务尚处于发育、成长阶段,其能力尚不足以与政府展开全面、有效的合作,且我国政府相当强势,社会组织极为弱小,在客观上也缺乏相互合作的社会基础。不过,从长远发展的角度看,政府在社会管理创新过程中其公共服务职能将逐步减弱,政府与义工组织间的有限的适度合作有助于探索和积累新的社会管理经验。

第一章

英国义工组织法人制度

义工组织在英国属于"志愿与社区部门"(Voluntary and Community Sector, VCS),即所谓的"第三部门"(The Third Sector)或者"公民社会"(Civil Society)。① 英国具有悠久的民间慈善历史,慈善组织作为一支独特的社会力量在英国的经济、政治和社会生活中扮演着重要角色,它们帮助解决困难的社会问题,占据了一个与政府和私人部门企业分离的单独空间。② 英国构建了以《慈善法》为核心,单行法为补充的完善的慈善立法体系,义工组织作为慈善活动的重要载体,其组织运行受慈善立法的规范和约束,在救助弱者、环境保护、社区进步、医疗健康以及青少年发展等方面发挥着重要作用。

一、英国义工组织的演进及其特质

(一)英国义工组织的演进

英国的慈善组织采用自由成立模式,义工组织作为人们自由结

---

① 英国的 VCS 除包括经过注册、正式的义工组织外,还包括合作社、住房协会、社会企业、宗教团体、体育俱乐部以及没有注册的"社区组织"(Community Sector)或草根组织(Grassroots Association)等。VCS 所包含的组织可以采取"互助会""慈善信托""商业公会""专业协会""社区利益企业""担保责任公司"等形式。

② See Adrian Sargeant, Stephen Lee, Trust and Relationship Commitment in the United Kingdom Voluntary Sector: Determinants of Donor Behavior, Psychology & Marketing, Vol. 21 (8), August 2004, pp. 613—635.

社的结果,既可以选择非法人的组织形式活动,也可以通过一定程序登记为法人组织,前者根据合意设立,有自己的章程即可;后者则根据法人类型的不同有明确的准入资格要求和登记程序,并享有特定的法律地位。但无论是法人型还是非法人型组织,英国义工组织均有以下三个共同的法律属性:一是非政府性,即具有民间自主的特征;二是公益性,即强调为社会公益服务,以社会公益为使命,面向整个社会为实现特定公益目标而开展活动[①];三是志愿性,即参与群体基于自愿、自发和自下而上的自由意志。

英国的志愿活动与从事救济贫困、残障等慈善事业的宗教活动有很长的历史关联。中世纪基督教普及背景下,信徒往往将财产捐赠予教会以证明自己的信仰,教会将信徒捐赠的财产一方面用做布教活动,一方面用于救济穷人与医疗活动等公益目的,如12世纪至13世纪的非营利医院、民办学校等非营利公益机构的兴起。[②] "出钱"而非"出力"是英国早期志愿活动的特点。由于向教会捐赠财产并由教会管理和支出这一财产管理制度非常盛行,为了赋予这一社会现象法律上的意义和地位,防止慈善目的滥用,1601年,英国颁布了世界上第一部慈善法——《慈善用途法》,在其"序言"中列举了具有"公益性"的十项活动,明确了慈善的范围包括:(1)对老人、残疾者和贫民的救济;(2)对病患、伤兵与水手之照顾;(3)与技艺学习之学校、义务学校及大学学者有关之事项;(4)对桥梁、码头、港湾、堤防、教堂、海防线及公路之修护;(5)对孤儿之教育与辅导;(6)对感化院所需之救济、补给或生计之协助;(7)对贫困女子婚姻之协

---

① 英国2008年1月通过的《慈善组织公益性指南》认定的公益性有两个标准,一是有益性,即慈善行为必须且只能通过特定的公益性产品或服务得到体现,其给社会带来的好处必须超过其给社会带来的害处;二是公众性,尽管可以采用多种标准将受益对象区分为多种不同的群体,但公益组织的受益者必须足够多,且具有开放性和公众性,而不是一个人数固定的封闭性群体。

② 如由温彻斯特主教、征服者威廉之孙 Henry de Blois 建立于1133—1136年之间的英国圣十字医院,是英国可知最早的慈善团体,同时也是最大的中世纪公立救济院,至今这一医院仍提供无偿照料老人的服务(条件是单身、离异或鳏居的超过六十岁的老人),并且延续古老习俗向过路商旅提供其所需的面包及麦芽酒。

助;(8)对创业青年及耗弱人之协助;(9)对囚犯或俘虏之接济及赎身;(10)有关贫民纳税之协助。在以上慈善目的中,有八项是直接针对孤老病残等弱势群体提供救济和服务的,涵盖了志愿服务的绝大部分活动范畴。该法确认了慈善组织的法律地位,宣告了现代慈善事业的开端。

英国现代意义上的志愿服务缘起于工业革命时期公民独立、自尊、自立、自助的社会价值观,这种价值观的核心是"助人自助","助人"就是在个人、家庭、群体、组织和社区有需求时,志愿从事公共服务的义工组织或其他志愿组织提供专业性、志愿性的支援;"自助"则是通过社会工作来整合社会资源和挖掘个人潜能,推动服务对象走向自救、自立、自助和自强。① 工业革命为新生的资本主义制度奠定了坚实的物质基础,为英国提供了历史性的发展机遇,同时,"圈地运动"、社会财富迅速集中也使英国社会矛盾日趋尖锐,劳工境遇悲惨、贫困人口激增,基于对政府的不信任,民众在自救与救人的共同需求中形成了各种义工组织。②

20世纪初期,英国政府受经济危机、经济萧条的影响,无法满足民众的公共服务需求,被迫向社会力量转移传统上应由公共部门提供的公共服务职能,而承接政府公共服务职能的社会力量主要有两类:一类是私人部门,另一类是在社会变革过程中迅速发展起来的各种义工组织,这些私人部门与义工组织逐渐充当第三部门的角色与政府合作提供服务。大量以非营利为宗旨、以公益服务为主业志愿参与社会生活的社会组织对社会公益服务的供给发挥了重大作用,直接推动了英国社会福利的发展。1942年,英国伦敦经济学院院长贝弗里奇起草了《社会保障及相关服务》(Social Insurance and Allied

---

① 参见李迎生、方舒:《现代社工、义工事业兴盛的条件与机制——基于西方及中国港台地区的经验》,载《河北学刊》2010年第5期。
② 如Chalmers牧师发起的"睦邻运动"(Neighborhood Movement,1819年)、Henry Solly发起的"慈善组织协会"(Charity Organization Society,COS,1868年)、William Booth组建的"救世军"(The Salvation Army,1878年)等。19世纪80年代,慈善活动中被认为最成功的"母亲集会"每周都吸引大约一百多万的妇女和儿童参加活动。

Service)的报告,针对战后可能出现的贫困、疾病、无知、肮脏和懒惰五大巨症,提出了一套对英国全体公民实行福利制度的指导原则,设计了"从摇篮到坟墓"的福利措施。英国于1948年宣布建成世界上第一个福利国家。

　　福利国家对包括义工组织在内的英国慈善组织的发展带来了冲击。英国工党政府对社会公共政策实施了重大调整,①以"国有化"方式,将原来由许多慈善机构提供的社会公益服务,重新纳入政府的公共服务范畴,一方面,社会福利的国家责任扩大,另一方面,义工组织等慈善机构的公共服务功能被弱化。这种公共服务政策"国有化"的结果不仅使得英国政府公共服务机构臃肿、效率低下,而且加重民众对国家的依赖程度,"削弱了个人的进取和自立精神"②。保守党上台后为提升社会福利水平,根据"福利多元主义"理论,③实施社会福利的"民营化",承认义工组织在社会福利方面的积极作用,将义工组织引入社会福利和公共服务领域,从而使得义工组织又有了很大发展。但是,由于视义工组织为政府公共服务部门的公平竞争对手,以"市场竞争"原则将公共服务通过竞标的方式"外包"给义工组织,结果造成包括义工组织在内的非营利部门和政府之间关系的紧张,同时也在一定程度上使得公、私部门的界线变得越来越模糊,义工组织因接受太多契约外包的公共服务供给而伤害了其使命

---

　　① 英国政府开始怀疑慈善组织在社会服务中的作用,甚至认为义工组织"常常是在帮倒忙,因为与国家拨款的社会服务机构相比,这些组织往往都是非专业水平的,变幻莫测的,每每在接受其服务的人们面前摆出一副大恩人的姿态"。参见〔英〕安东尼·吉登斯:《第三条道路——社会民主主义的复兴》,郑戈译,北京大学出版社、三联书店2000年版,第10页。
　　② 〔英〕安东尼·吉登斯:《第三条道路——社会民主主义的复兴》,郑戈译,北京大学出版社、三联书店2000年版,第14页。
　　③ "福利多元主义"(Welfare Pluralism)也称"混合福利经济"(Mixed Economy of Welfare),它主张社会福利来源的多元性,既不能完全依赖市场,也不能完全依赖国家,福利是全社会的产物,国家、私人部门、家庭和志愿机构等都是社会福利的提供部门。"福利多元主义"概念源自于1978年英国沃尔芬德(Wolfenden)的《志愿组织的未来报告》,他主张将义工组织也纳入社会福利提供者的行列。"福利多元主义"理论不仅有利于对福利国家危机现状作出解释,而且提出了福利国家转型的发展方向,受到广泛的认同。

与价值。①

1995年重新上台的工党开始推行公共部门"现代化"改革,重新定位了政府公共部门、私人企业部门和公民社会三者的关系,特别是国家和义工组织之间的新型合作伙伴关系,认为义工组织与政府福利机构不应该是互相竞争的关系,而是官方或非正式组织的有益补充和延续,双方各自取长补短,尽最大努力为社会弱者服务。英国政府于1995年出版《英国志愿服务策略大纲》,就鼓励与发展义工组织、改善政府与义工组织关系问题提出了81种策略建议,这些建议包括提供一个有效能的机制、帮助各地方政府志愿服务工作的推动与进行,并且强调在公共服务领域的各种不同层面,发展各种不同的志愿性服务行动。1998年,英国政府签署了《政府与志愿及社区组织关系协定》,着重提高志愿和社区部门的公共服务能力,由此英国进入公民社会的复兴时代,义工组织获得政府高度重视和政策支持,得到长足发展。② 目前,许多历史久远、起步早、规模大、社会效益好,在国内有着较高的公共参与程度和良好社会声誉的义工组织已逐渐步入组织正规化、系统化的轨道,形成比较成熟、科学的一整套运营模式。③

---

① 1997年在英国志愿研究所的委托下,由内政部和英国慈善救助基金资助,BMRB Ltd.(British Market Research Bureau Limited)曾对英国全国的志愿活动进行过一次调查。这次调查显示:在1991—1997年间,志愿活动的水平已经缓慢下降,从1991年占成年人口的51%下降到1997年的48%。更多的退休人员参加志愿活动,但是年轻人参加志愿活动的比例下降,70%的志愿者对其参与的志愿活动的组织方式表示不满意。

② 根据英国全国志愿组织联合会(The National Council for Voluntary Organizations,NCVO)最新发布的《2010年公民社会年鉴》的统计数字,2007—2008年,英国每年有2040万人参加志愿服务,他们提供了相当于120万专职人员、价值215亿英镑的工作量。

③ 在社会性目标的指引下,义工组织作为一种非营利的组织体,对其成员不进行利益的分配,但志愿服务的非营利性并不意味着志愿服务是无成本的,无论义工组织采取何种组织形式和运营模式,都将产生组织体系的运营成本问题。"社会企业"的蓬勃发展为义工组织摆脱对传统捐赠和资助的依赖,走可持续发展之路提供了新的路径。"社会企业"是指"拥有基本社会目标而不是以股东和所有者的利益最大化为动机的企业",以解决社会问题、实现社会目标为宗旨,利用企业方式运作,高效整合资源但不聚敛财富,所获得的利润再投入企业或社会扶助活动。这是一种给公益事业可持续发展带来生机和动力的创新,2005年英国政府出台《社会利益企业法》,为促进社会企业发展提供了法律保障,社会企业运作方式的兴起成为推动义工组织成长的动力。

英国义工组织也跨越国门寻求与国际市场的进一步发展与合作。为向世界人民展示志愿者作出的卓越成就,并在全球范围内倡导志愿精神和推进志愿服务事业,1997年11月召开的第52届联合国大会通过了关于将2001年定为国际志愿者年(IYV 2001)的决议。这一举措促使得英国义工组织跨越国界的限制,成立了多个海外志愿服务部门,在世界范围内发挥其特有的积极性和创造性,形成了一条本土与海外相互支持、相互借鉴的全球化网络发展道路。① 不过,2008年金融危机以及由此爆发的欧盟债权危机对英国志愿服务产生了巨大的影响,根据英国全国义工组织联合会的统计数据:2010至2015开支审查阶段,英国慈善组织将面临2800万英镑的财政缩减,同时,政府公共服务领域投资每年减少910万英镑,这意味着英国义工组织资金来源面临重大的困难。

英国志愿服务历史悠久,志愿文化发达。早期的英国志愿服务只是神职人员和社会精英人士从事公共服务活动的零星实践,因其在解决社会问题、缓和社会矛盾、化解劳资冲突方面具有独特的优势而获得政府的认可。虽然政府对志愿服务的认同和支持是英国志愿服务事业发达的重要因素,但英国社会重视慈善、强调互助的传统精神才是始终推动志愿服务事业发展的原动力。这种精神传统归纳起来有四:一是基督教的伦理思想,无论是传统的基督教的原罪观,还是新教的"入世禁欲主义",其劝人为善、多做善事、助人自助的精神均与志愿服务的价值观相契合;二是人道主义精神,以人格的平等作为构建一切社会关系的基础,提倡博爱、平等待人,特别强调平等对待那些在身体、心智和财富上处于弱势的人并及时为他们提供一定

---

① 如成立于1957年的"英国海外志愿服务社"(VSO)是在志愿服务领域领先的国际发展组织,其宗旨是派遣志愿者到需要帮助的国家,从事农业和自然资源、卫生保健、文化教育、科技和商业开发等方面的咨询、服务和培训,通过志愿者的行动消除全球贫困和劣势,为建立一个更加公正的世界而努力。现在已经有四万余人通过VSO参与了国际志愿服务,每年约有一千六百名VSO国际志愿者活跃在项目地区,与当地的人们分享技能,共同创新。VSO自1981年在中国开展项目以来,已经通过其在中国的代表处派遣了七百五十多名国际专家志愿者,致力于教育、卫生、扶贫等工作,并积极倡导志愿精神,推广志愿服务活动。

的必要的帮助;三是个人主义理念,其本质在于强调个体的权利、价值、尊严和利益,前提是人生而平等,由此衍生的"助人"与"自助"构成志愿服务事业的核心价值;四是公民权利观念,在自然权利观念下,个人应对自己负责并通过自身努力实现改变,但公民权利观念是把个人看成社会的一分子,把享有福利当做人们自身应有的权利。可以说,公民权利观念改变了传统的志愿服务事业的慈善救济性质,体现了现代社会追求公平、平等、自由和正义的思想,进而促使政府重新考虑其在公共社会服务和社会福利中的角色定位。[①]

(二) 英国义工组织的发展特质

虽然政府的政策导向一直改变或左右着英国义工组织运转的空间和方向,但悠久的志愿传统积蓄的社会资本以及在社会服务领域的独特优势使得义工组织成为英国社会中不可忽视的治理主体。在强劲的政府支持和民众志愿精神推动下,英国志愿服务事业呈现繁荣、规范和不断发展的局面,志愿组织对公共服务供给的参与度大幅提升,2010年,英国志愿部门的雇佣人数为765000人,其中617000为全日制员工,比2001年同期增长40%。在2002年到2008年期间,每年的增长率都维持在1.7%至4%之间,2008年到2009年以及2009年到2010年间增长速度加快,分别是8%和6.1%。同时,整个义工组织的就业人数总量占整个就业市场的2.7%,超过57%的就业人口分布在卫生和社会生活领域,总数大约为437000人。[②] 从总体上看,英国义工组织一百多年的实践形成了其以自由、自主、协作为核心的发展特质。

1. 独立运行

英国志愿服务观念深入人心,虽然人们对志愿服务有着不同的

[①] 参见李迎生、方舒:《现代社工、义工事业兴盛的条件与机制——基于西方及中国港台地区的经验》,载《河北学刊》2010年第5期。

[②] See Jenny Clark, James McHugh, Stephen McKay, The UK Voluntary Sector Workforce Almanac 2011, http://www.tsrc.ac.uk/LinkClick.aspx.fileticket = tBYav7aiQf8%3D&tabid = 849,2013年5月2日访问。

理解,但独立、自愿、非营利、公益服务、社区发展已是公众普遍接受的认识。英国义工组织独立发展的特质首先表现为义工组织与政府之间不存在任何隶属关系,不管是慈善法人,还是非法人社团、信托组织,抑或社会企业,在法律上均具有自己独立的意思能力与行为能力。在法律规定的范围独立开展公益服务,组织自治是一条不可逾越的法律原则,政府与义工组织作为合作伙伴关系,不存在管理与被管理的关系。其次,义工组织彼此之间相互独立,英国志愿服务遍及所有的公共服务领域,涵盖社区服务、扶贫与福利、环保与可持续发展、紧急救援、卫生健康、文体娱乐、教育与就业、建筑住宅以及青少年发展等各种社会服务。义工组织唯须根据自己的备忘录、章程以及登记所依据的法律开展公共服务活动,各义工组织可能业务存在一定的交叉、重叠,也可能在公共服务活动中实施一定的联合行动,甚至可以接受政府、其他义工组织的业务或行动指导,但每一个义工组织完全以自己的名义独立参与社会服务,不受其他义工组织约束、限制。最后,完善的组织结构、资金结构和治理结构是义工组织生命力的保障。

2. 伞状结构体系

伞状结构体系是英国严密的志愿服务组织系统的第二个特质。所谓伞状组织,又称代言组织,是会员制组织,其会员中又有各种联盟、网络、伞状组织,联盟中再有联盟,网络再联网络,形成葡萄串似的结构,不过葡萄的珠、节等,并不隶属于伞状组织,它们之间是相互独立、多元、松散的关系,伞状组织只起到代表会员进行政策倡导、战略前瞻研究、促进第三部门法律政策环境建设等倡导性作用。除伞状结构外,义工组织还可以形成松散的网络、计算机路由器一样的发散中心、多个类似组织的联盟、特许经营式的节点等结合形式,从而构成一个多层次的志愿部门社会网络体系。[①]

组成众多的伞状组织以及志愿部门联合体,构筑多层次志愿部

---

① 参见王名、李勇、黄浩明编著:《英国非营利组织》,社会科学文献出版社 2009 年版,第 141 页。

门社会网络体系,以此作为一个部门的行动主体和整体的发声器,是英国义工组织迅速发展的成功经验之一。伞形组织一方面联合起多个志愿和社区组织,提升其影响力,增强其凝聚力,另一方面也能保障彼此的独立性,促进竞争和个性化发展。创立于 1919 年的英国全国义工组织联合会(National Council for Voluntary Organisations, NC-VO)是英国最大的志愿服务伞形组织,它以扩大义工组织对社会问题的参与、成为义工组织的资源中心、保护义工组织的利益和独立性为目标,追求"独立性"、"创新性"、"合作性"、"包容性"和"激情",成为英国义工组织的"代言人",积极推进了义工组织在英国社会中的地位。NCVO 作为会员制组织,主要功能是向所有会员组织提供咨询、顾问服务,同时,在代表会员与私人部门接洽和对政府政策制定的影响力方面都发挥着重大作用。① 在英国,地方性义工组织往往通过志愿服务理事会等中介网络,或者通过义工组织联合理事会等全国性机构联系在一起。

3. 与政府的合作伙伴关系

英国志愿服务的实践证明:义工组织与政府之间的关系是影响其发展的至关重要的因素。英国义工组织一直与其政府有着千丝万缕的联系,特别是 1997 年英国工党执政以来,"公民社会"和"大社会、小政府"作为其执政理念被提上日程,并开始着手建立政府与义工组织的合作伙伴关系。《政府与志愿及社区组织关系协定》正是这一日程的阶段性成果,并成为义工组织与政府之间的合作伙伴关系良性互动的基础。新世纪伊始,义工组织与政府的伙伴关系在协议的基础上进一步迅速发展。在政府计划和政策方面,英国出台的一系列政府计划意在提高义工组织的效率以及增加其参与协作伙伴关系的能力。其中最具代表性的就是"建设者"计划,该计划的对象主体为未来建设者、能力建设者和社区建设者,实现方式主要是为义工组织提供各类资源,目标是让各组织能够根据发展规划进行投资,

---

① 关于 NCVO 的具体运营情况,可具体参阅王名、李勇、黄浩明:《英国非营利组织》,社会科学文献出版社 2009 年版,第 175—198 页。

招募新成员,进行培训、改善管理,并制定远景规划。2004年以来,英国已经向这些计划投入超过一亿英镑,并指导各组织建立它们的行政基地,增强其参与协作伙伴关系的能力;在财政政策方面,政府也逐步认识到了以正确的形式提供足量的财政支持的重要性,制定了一系列的财政优惠政策。正是政府以伙伴的身份,不断地为志愿和社区组织提供资金支持、法律保障和完善监督体系,才使得义工组织得到迅猛的发展。

(三)英国义工组织运行的基本法律依据——2006年《慈善法》

英国的公益慈善法是世界上最古老的,早在1601年,英国就颁布了《慈善用途法》(The Charitable Uses Act of 1601),该法首次界定了慈善活动的范围,明确政府应该鼓励和支持民间慈善事业的发展,并提供了鼓励和支持措施的法律依据,这项法规对于英国民间公益事业的发展起到了重要的作用。随着时代的发展,一方面,英国志愿部门和慈善组织的发展呈现出新的特点,公益慈善的活动领域不断扩大;[①]另一方面,政府相关部门的服务与管理也不断面临挑战,1601年《慈善用途法》已经不能有效地为慈善组织的发展提供法律保障。[②] 20世纪后半期,英国政府和议会开始致力于相关法律的修改和更新工作,1993年,英国议会在1853年《慈善信托法》、1872年《慈善受托人社团法》、1888年《永久营业和慈善促进法》、1958年《休养慈善组织法》、1960年《慈善法》和1992年《慈善法》第一章的基础上,制定了新的《慈善法》;2006年又对1993年《慈善法》进行了修订,形成了目前的慈善基本法——2006年《慈善法》。

英国2006年《慈善法》"适用于英格兰和威尔士慈善委员会和

---

① 与1601年《慈善用途法》共同作为"公益性"判断基准的还有"1891年特殊用途所得税专员诉帕姆萨尔案"(Income Tax Special Purpose Commissioners v. Pemsel [1891] AC 531),麦纳顿勋爵(Lord MacNaghten)在该案判决中列明的"何谓慈善用途"包括救助贫困、促进教育、推广宗教及除上述之外其他有益于社会而具慈善性质的内容。

② 1888年英国《永久营业与慈善用途法案》(Mortmain and Charitable Uses Act 1888)第13条第1款废止了1601年《慈善用途法》,但《慈善用途法》的精神仍被沿用至今并影响着英国《慈善法》的制定和修改。

慈善法庭的建立和功能的实施;适用于有关慈善组织法的其他修正,包括注册慈善组织的条款;制定有关公共募捐和其他筹集资助金的条款,使用于有关建立此类组织的筹集资金和相关目的"。该法于2006年10月25日由英国议会三读通过,并于11月8日获英国女王御批,全文共计四个部分八十个条文和附录,具体架构如下:[①]

  第一部分 慈善组织及慈善目的的含义
  第二部分 有关慈善组织的规定
   第一章 慈善委员会
   第二章 慈善法庭
   第三章 慈善组织的注册
   第四章 捐赠财产的应用
   第五章 法庭和委员会对慈善的协助和监督
   第六章 非公司的慈善组织的审计或者检查
   第七章 慈善公司
   第八章 慈善法人组织
   第九章 慈善组织理事
   第十章 不是法人的慈善组织的权利
   第十一章 花费资金及合并的权利
  第三部分 慈善组织的集资
   第一章 公共慈善募捐
   第二章 筹集资金
   第三章 财政帮助
  第四部分 杂项及其一般
  附录

  根据2006年《慈善法》的定义,"为慈善目的而设立并从属于最高法院管辖"的民间公益性组织即被法律认定为慈善组织。该法案首次对"慈善目的"以列举的方式作了具体界定,即为了公共利益从

[①] 英国2006年《慈善法》具体条文中文版参见杨道波等译校:《国外慈善法译汇》,中国政法大学出版社2011年版,第1—161页。

事下列活动均为法律认可的慈善目的事业:(1)预防或消灭贫困;(2)推进教育;(3)推进信仰①;(4)增强健康和挽救生命(包括预防或治愈疾病或人类痛苦);(5)推进公民或社区进步(包括在农村及城市发展中为促进公民责任、志愿者、志愿部门或者慈善效率的目的);(6)推进艺术、文化、遗产和科学的进步;(7)推进业余运动的进步②;(8)推进人权、解决冲突或和解、促进宗教或种族的和谐或平等及多样性的进步;(9)促进环境保护和改善;(10)解决由于年幼、年老、生病、残障、财政困难或者其他缺陷的需要(如为相关人员提供住宿及关照);(11)推进动物福利;(12)促进王室武装力量的效率、警力的效率、火警及救生服务或者救护车服务;(13)符合该法案相关条款规定的其他目的。上述慈善目的中包含了"自愿贡献时间和精力,不为任何报酬,为推动人类发展、社会进步和社会福利事业而无偿为社会弱者提供帮助"的义工组织活动范畴,因此,该法案也成为英国义工组织运行的基本法律依据。

2006年《慈善法》在首次实现对慈善事业进行定义的基础上,撤销了原来的"慈善委员会办公室",明确了"英格兰及威尔士慈善委员会"(简称"慈善委员会")是"不受内阁阁员及其他政府部门任何指导和控制"的独立的慈善事业主管机构,其主要职能包括:(1)对符合条件的慈善组织进行登记;(2)鼓励和促进慈善组织更好地运作,为需要帮助的慈善组织提供信息、技术、法律政策咨询等方面的支持;(3)辨认即调查慈善组织运作中的明显错误行为或管理行为,并采取相应的积极保护措施;(4)发放公共募捐证书并决定其效力;(5)为政府部门提供信息、建议和提议。2006年《慈善法》把"慈善委员会"定位为"独立的、单一的、公民监管机构",以达成"提高公众对慈善团体的信心、守法、影响力和责任以及公共利益"的战略目标。③ "慈

---

① 这里涉及的宗教包括信仰超过一个神的宗教和不信仰上帝的宗教。
② 这里的运动指涉及促进体力及脑力或者劳力健康的各种运动和游戏。
③ 参见〔英〕肯尼斯·蒂博:《英格兰和威尔士的慈善管理:慈善团体与非政府组织的最佳管理制度》,载民政部法制办公室:《中国慈善立法国际研讨会论文集》,中国社会出版社2007年版,第125页。

善委员会"制度的建立为英国的慈善监管奠定了坚实的体制和组织基础。

在英国社会慈善组织迅速发展的实际背景下,2006年《慈善法》不只是对过去法规的简单修订和扩展解释,而是历经十余年对慈善的概念、组织结构等方面深入探讨,以期有效地管理、保护、促进慈善事业的发展,因此,2006年《慈善法》以"一个新表替代了1601法案的前言,这个表描述了慈善目的的类型,这能让21世纪的读者更容易了解";"要求所有慈善机构证明在某种意义上能给公众带来益处"。[①]"该项法规在多方面均具有开创性,开创了税收调节制、慈善事业世俗化、援助对象社会化以及有效的管理监督体制等,因此,在公益事业史上被认为具有里程碑的作用,是现代公益事业的先声"[②]。

二、英国义工组织的法人属性

英国义工组织按照法律地位可以分为具有法人人格的义工组织和不具有法人人格的义工组织。选择怎样的形式作为运行的载体是义工组织基于利益必须考量的问题,慈善法人和慈善信托是目前英国社会力量选择从事志愿服务最重要的两种组织形式,慈善法人作为独立的法律主体,适用于长期从事慈善活动,规模大、稳定性强的义工组织,而慈善信托的存续则较具弹性,由于"两者终极目标的一致性,很多慈善法人也开展了慈善信托的业务"[③],而且还有志愿服务逐步向市场化延伸的倾向。

---

① 参见〔英〕贝琳达·普莱顿:《论英国慈善机构相关法律制度以及慈善机构与政府的关系》,载民政部法制办公室:《中国慈善立法国际研讨会论文集》,中国社会出版社2007年版,第115页。

② 资中筠:《财富的归宿——美国现代公益基金会述评》,上海人民出版社2006年版,第11页。

③ 王雪琴:《慈善法人研究》,山东人民出版社2013年版,第24页。

(一) 英国的法人观念及其制度构建

英国法人制度的演变历史悠久,可以追溯到罗马法复兴时期,并且随着政权的更替,逐渐从教会领域扩展到城市管理和世俗领域。① 由于复杂的政治变革和社会重建,英国在其社会发展过程中逐步形成了国家法人的观念。在这种观念里,国家是一个具有完整人格的法人,它是绝对的、独立的。托马斯·霍布斯从自然法哲学出发,把法人观念和国家观念结合起来,明确地把国家视为"一个人格","承担这一人格的人就称为主权者,并被说成是具有主权,其余的每一个人都是他的臣民"②。但早期的英国法人观念并没有冲破自然人的限制,法人的具体内容未完全脱离自然人的概念,在其财产和配套机制方面的法律规定模糊不清。

布莱克斯通在其《英国法释义》中首次系统阐述了英国法人问题,这标志着英国法人观念的形成。布莱克斯通在人的法律分类中明确提出,人包括自然人(natural person)和拟制人(artificial person),"拟制人是指从社会和政府的角度由人类法律创造设计的主体,通常被称为法人团体和政治团体"③。由此,布莱克斯通对法人的本质、特征及其分类进行了系统的阐述。法人就是保持永久连续、在法律上具有不死性质的拟制人,"出于推动宗教、学术和商业发展的不同目的,法人的形式多种多样,但其都是为了永久地完整保留团体所享有的权利和豁免权。这些权利与特权若仅仅被授予组成法人团体的个人的话,那么一旦此人死亡,不仅这一团体将就此失去这些权利,而且事实上这些权利本身将就此不复存在"④。法人的成员及其继承人在法律上被视为一个人,他们具有一个意志,这个意志来自

---

① 关于英国法人观念的起源,参见张乃和:《近代英国法人观念的起源》,载《世界历史》2005 年第 5 期。
② 〔英〕霍布斯:《利维坦》,黎思复、黎廷弼译,商务印书馆 1985 年版,第 132 页。
③ 〔英〕威廉·布莱克斯通:《英国法释义》(第一卷),游云庭、缪苗译,上海人民出版社 2006 年版,第 143 页。
④ 同上书,第 523 页。

多数成员并为全体确立规则和秩序。在法人的分类上,英国的法人按照组成人数可以划分为集体法人和独体法人;按照教俗两界则可以划分为教会法人和世俗法人,后者又可分为民事法人和慈善法人。①

在明确法人的本质、特征及其分类以后,布莱克斯通分别就法人的创设、法人的各种权利和资格、法人的监管和法人的解散等方面,作出了系统而深入的阐释。(1)关于法人创设的条件。国王默示或明示的同意对于任何法人的设立而言都是"绝对必要的"。尽管议会可依法设立法人,但国王有权阻止。法人一旦设立,就必须具备一个专有名称,否则它就不能履行法人的职责;法人以其名称起诉、应诉以及从事所有其他法律行为。(2)关于法人的权利能力和行为能力的范围与限制。所有法人共同具有的权利包括:永久连续;以其名称起诉及被起诉、控告及被控告、赠予及接受赠与以及从事自然人可从事的所有行为;购买并占有土地;拥有共同的印章;制定旨在改善法人治理的法规或私人规章,只要不与国家法律相抵触,在其内部即为有效。但是,集体法人具有某些特权和无行为能力,如它不能从事叛国、重罪或其他犯罪行为,也不能被监禁,因为它只是法律意义上的无形的存在;集体法人为了其成员及继承人的利益可以接受动产,而独体法人则不可以。(3)关于法人的监管方法。教会法人的监管人是宗教推事,世俗法人则由其设立人、创办人的继承人或由设立人所指定的人作为监督人。由于国王的同意是创设任何法人的绝对必要条件,因此,国王成为所有法人的最高监管者。但是,慈善法人由财

---

① 根据布莱克斯通的解释,集体法人(法人团体)由结合成一个团体的许多人共同组成,通过永不间断的成员更替得以维持并永远存在下去。属于法人团体的有一市的市长和下议院议员、一个学院的院长和所有成员、大教堂的教长和教会会议成员等;独体法人是在特定情况下由一个人或者他的继任者组成的法人,其依据法律设立,目的是赋予他们一些作为自然人无法获得的法律身份和优势,尤其是永久存在这一优势,国王、主教、牧师均是独体法人;教会法人是为了促进宗教发展,使教会能够永久保留权利而设立的,其成员全部由宗教人员组成;慈善法人则是以分发免费救济品和施舍物为目的而设立的。参见〔英〕威廉·布莱克斯通:《英国法释义》(第一卷),游云庭、缪苗译,上海人民出版社2006年版,第525—527页。

产的捐赠者或其委托人监督,并接受王座法庭的管辖。(4)关于法人撤销的条件。法人的成员因其行为违犯社会或国家法律而被剥夺权利或丧失在该法人中的地位,或出于自愿行为而放弃其法人成员资格。法人的撤销条件则是:通过议会法令撤销;集体法人因其所有成员自然死亡而被撤销;把法人特许权利交还给国王,这是一种法人自杀行为;法人因特许权利过失或滥用而被取消特许状,在这种情况下,法官判定该法人违犯创设条件而无效。①

不论是从实践还是理论的角度上考虑,在自然法和社会契约论基础上发展而来的英国法人观念,特别是国家法人制度,不仅成为改造传统国家形态的重要手段,而且成为建设新型民主国家的基本原则。在法人观念的基础上,国家的理性化和法制化促使英国走向近代宪政制度,从而创立了近代民族国家政体中的君主立宪模式,各种社会团体法人成为英国社会经济生活中的重要活动主体。布莱克斯通所阐释的英国法人观念和原则不仅反映了英国社会经济生活的近代特征,而且成为公民社会形成的重要标志。

(二)慈善法人:英国义工组织的法人机理

在英国,从事志愿服务可以是法人、非法人组织或者自然人。自然人如果要从事志愿服务,必须由社区工作者指导进行。从历史演进的角度看,协会和信托是义工组织最早、最基本的非法人组织形式。英国法律中,协会是最松散的法定形式,它的组成非常简单,只要一群人为了追求共同的目标集合在一起即可,但可能有一个书面章程,章程规定了协会的目标、权利和会员制度。协会的成员就是协会的受托人。法定义务则由成员个体或集体承担。协会反映了结社自由的原则,便于人们进行自发的组织和活动,具有深厚的群众基础,是公民社会建设不可或缺的一种组织形式。

慈善信托是英国早期最重要的慈善方式,英国1597年的《慈善

---

① 参见〔英〕威廉·布莱克斯通:《英国法释义》(第一卷),游云庭、缪苗译,上海人民出版社2006年版,第528—540页。

信托法》、1601年的《慈善用途法》、1872年的《慈善受托人社团法》及1960年的《慈善法》均对慈善信托作出调整。与法人型的慈善组织不同,慈善信托是在特定慈善目的之下,委托人将信托财产置于受托人控制,受托人按照有关信托协议的规定,将信托财产用于信托文件所指定的慈善事业而形成的一种法律关系,其"仅仅表明一种关系或者一种行为而不是组织体的概念"。[①] 慈善信托的设立方式较为简便,主要适用于资助型、不涉及雇佣许多员工或进行商业活动,负责运营的人数少,不依赖会员关系进行管理的慈善活动,随着义工服务组织化、专业化、规模化的发展,以慈善信托关系组织义工服务已经不能适应义工组织发展的需要。

绝大多数的义工组织均以注册为法人的形式从事志愿服务。在选择怎样的法律形式上,义工组织也是基于利益考虑而作选择的。实际上,登记注册不仅是一项义务,同时也是一项权利。注册获得慈善法人资质后能享受到的最大利益,就是可以免交各种形式、绝大多数的直接或间接税。除此之外,法人形式使其受到法律和相关管理条例的规范,所有权和管理权界限分明,既可以提升志愿服务的效率和服务质量,也有利于志愿服务的延续,实现志愿服务制度化、连续化,不仅可以彰显义工组织的形象,给人感觉更加可靠,也更容易获得信任和机会,有利于提高志愿服务的公信力。

从总体上看,英国义工组织可以任意成立,不需要特别的法人资格。如果希望注册为法人,在本质属性上属于世俗法人中的慈善法人,必须向慈善委员会申请,通过严格的审查才能获得资格。[②] 英国《慈善法》对慈善法人的设立、章程、解散、财产交易、财务管理、信息公开等作出了详细的规定,这意味着选择法人形式运行的义工组织在设立条件、权利能力和行为能力的范围与限制、法人监督和撤销以

[①] 参见杨道波:《公益性社会组织约束机制研究》,中国社会科学出版社2011年版,第39页。

[②] 英国2006年《慈善法》规定,任何一个或者一个以上的人可以向慈善委员会申请组建一个慈善法人组织,申请者必须向委员会提供拟组建的慈善法人组织章程的副本、其他被内阁部长预先制定的档案或者信息以及委员会认为为申请之目的而需要的文件和信息。

第一章 英国义工组织法人制度

及内部治理结构等方面必须遵守《慈善法》关于慈善法人的相关规定。对于志愿服务的法人组织形式，英国法采取了较为宽松的态度，义工组织可以基于自己的章程定位以及效益的最大化和资源的最优化配置的考量，选择最适合其发展的法人组织形式。

公司制的义工组织是目前法人型义工组织主要的组织形式。[①] 慈善公司组织（the Charitable Incorporated Organization，CIO）是2006年修改的《慈善法》专门为英国慈善组织设计的具有正式法律地位的公司制组织形式，是一种全新的法人概念。[②] 义工组织以公司作为其组织形式时，就成了一种社会企业，即"不以营利为目的的企业或者将营利用于社区利益而非私人利益的企业"，[③] 必须在政府的注册登记处注册，其业务活动要受英国《公司法》的制约。义工组织以公司为其组织形式时，可以具体选择股份有限公司和有限（担保）责任公司。事实上，股份有限公司作为义工组织形式的情形极少，有限（担保）责任公司是义工组织较常采用的形式。这种组织形式的内部组织结构与其他营利性质的公司基本相同，发起人必须制定公司的章程，章程由备忘录和公司章程组成，具体规定义工组织成立的条款、理事的权利和职责、年度大会的召开以及审计员的任命等具体事项；依法选任理事或者委员负责日常的运营活动并对公司的债务承担有限责任；公司的股权资本只是赠予人给予的象征性个人担保。义工组织采取有限（担保）责任公司形式，主要是利用公司制度的优

[①] 从事特殊事业领域的义工组织可以选择特殊事业团体法人的形式，义工组织取得这种特殊的法人资格，必须根据英国国会特别法案或者皇家特许令，并根据特别程序注册登记。不过，这种组织形式因注册登记繁杂，义工组织在实践中极少采取这种方式取得法人资格。

[②] 2006年英国《慈善法》明确引入慈善公司——从事慈善事业的公司的概念，并作为一项全新的民间公益性组织形式。当义工组织以公司作为其组织形式时，必须同时受《公司法》和《慈善法》的制约，具体的活动要接受慈善委员会的监管和认同，任何关于公司目的条款、公司财产使用或运用方式的修改必须经慈善委员会事先同意，涉及慈善公司相关交易是否无效的裁决也必须取得慈善委员会的认定。

[③] 参见〔英〕贝琳达·普林顿：《论英国慈善机构相关法律制度以及慈善机构与政府的关系》，载民政部法制办公室：《中国慈善立法国际研讨会论文集》，中国社会出版社2007年版，第113页。

势,以人们非常熟悉的公司治理规范义工组织运行,便于实际操作与管理。

(三) 英国义工组织慈善法人化的功效

根据英国《慈善法》的规定,义工组织法人化设立之后,可以以法人的名义起诉或被诉,可以独立持有、取得和处置其财产,解决资产不清、责任不明以及信誉方面的困扰。尤其是以公司形式成立义工组织,更能够充分且具体地运用法人治理结构,避免因组织运营风险带来的个人压力,有利于义工组织的可持续发展。

1. 公司制慈善法人地位使义工组织财政状况更明晰

基于法人的独立人格,英国义工组织获得了稳定、规范、独立自主的发展空间,独立人格使得其能够对外以自己的名义独立地开展公益性志愿服务,并享有权利和承担义务,不受成员及其内部管理人员的人格限制。义工组织独立财产制度则是独立人格的必然结果,义工组织法人化决定了其拥有与其成员财产相区别的、权利界限清晰的、可以独立支配的财产,其财产权是一个完整的、独立的产权概念,而不是指某一项或几项权利,它包括财产的所有、占有、使用、处置、转让、收益等系统的权利。① 同时,义工组织法人化也使得其所开展的社会公共服务不会因发起人的死亡或变动受到直接的影响,即法人化的实质意义在于构筑起组织与其发起人、成员以及债权人等利害关系人之间的法律屏障——公司法人的独立人格一旦确立,债权人不能越过法人直接向成员义工追究债务责任,而成员也不能取代法人的地位直接与法人的债权人发生法律关系,这种约束使得义工组织内部的财政状况更加清晰和便于控制。

2. 公司制慈善法人地位使义工组织运行风险降低

英国作为发达的福利国家,政府的公共服务以授权或外包等形式让渡给各种社会力量,政府提供政策扶持或者财政补贴,支持和鼓励社会组织从事公共服务。义工组织实际上也是公共服务市场的一

---

① 参见权锡鉴:《论企业法人财产权的完整独立性》,载《东方论坛》1997年第2期。

种社会力量,与市场化经营的公共服务企业相比,只是不得以营利为目的,不得向其发起人(股东)分配盈余而已。为促进义工组织高效运行,2006年的英国《慈善法》明确规定慈善组织可以以公司方式从事公共服务。一般来说,公司法人人格制度经济价值的根源在于独立人格和有限责任,这两者的结合就使得公司制度成为社会经济发展的强有力的杠杆。而公司法人的独立人格决定了它能够承担独立责任,这样就不需要公司背后的股东对公司债务承担无限责任,而仅以股东的出资额为限对公司债务承担有限责任,这样就降低了股东的投资风险,刺激了股东的投资积极性,可以使得资本迅速集中、使资本得到有效控制、使得股东投资风险减少和实现利润最大化,真正实现了法人制度的社会经济价值目标。义工组织以公司制方式取得法人地位,即以组织本身对志愿服务承担无限责任,而义工组织的发起人或者捐赠人仅仅在特定范围内承担相应的有限责任,这种组织形式确实降低了个人的经营风险,也鼓励个人积极参加慈善活动。

3. 公司制慈善法人地位使得义工组织获得更好的信誉度和公信力

从实践看,义工组织从事公共服务最大的障碍是社会公信力不足,不能有效保证志愿服务的效率和质量。由于法人形式受到相关法律和管理条例的严格规范,所有权和管理界限分明,不管是内部理事会和慈善委员会的监督,还是政府部门的支持体系,都有规范化的制度体系。义工组织获得法人资格,可以使其内部管理运营更为科学,外部监督更为严格,国家促进举措的效果更为明显,客观上提高了志愿组织的信誉度和公信力。义工组织具有法人资格,当它需要资金和帮助时,可以迅速地获得社会资源,更容易取得各种慈善基金或信托财产,因为严格的法人制度监管可以确保基金或钱款用于法人社会性目标条款规定的范围和用途。

三、英国义工组织注册与治理

就英国公共服务产业化政策而言,与其说义工组织是一种法律形式,不如说是一种社会机构。社会机构的内部治理结构至关重要,它直接关系着整个社会机构能否实现社会资源的最优配置。特别是作为公共服务生力军的义工组织,其法人治理结构是否健康合理、是否规范高效,直接影响到英国作为社会福利国家的公共服务领域的健康和发展。

(一) 义工组织的注册登记

根据英国 2006 年《慈善法》的规定,除了免税组织、临时存在的慈善组织[①]以及净收入不超过 5000 英镑的慈善组织以外,任何慈善组织都必须进行登记注册。注册登记是将组织的形式以法律模式固定下来。从总体上,一个国家对慈善组织采取何种法律模式固化其组织形态,并不是简单的行为。它涉及国家对慈善组织的基本政策和基本态度,同时,也是政府与公民社会组织基于特殊的利益关系博弈的结果。事实上,登记既是一种义务,也是一项权利。作为以提供服务为特征从事慈善事业的义工组织依法注册登记,是实现理性意愿的一种自觉规划,通过这种规划,具有共同愿望的人们自愿为达到目的而联合,这种理性意愿在本质上是一种思想体系,是一种"控制选择意志的东西",它促成具有共同价值观的人群"努力奋斗"。[②] 只有依法登记注册,才能取得所期待的独立的合法资格,实现志愿服务合法化,并由此获得公众和政府的认可和信赖,同时在登记之后自动获得政府提供的各种相关的优惠政策(包括税收减免和财政资助),如国内税收署应慈善委员会的要求承认并且优待所有经注册的慈善组织。

根据英国 2006 年《慈善法》的规定,英国义工组织注册登记的条件是:第一,必须具有《慈善法》上认可的"公共利益"性的慈善

[①] 这里的临时组织是指根据国务卿的决议或慈善委员会的命令长期或临时被接受并且净收入不超过十万英镑的慈善组织。
[②] 参见〔德〕费迪南·滕尼斯:《共同体与社会——纯粹社会学的基本概念》,林荣远译,商务印书馆 2010 年版,第 138 页。

目的。① 第二,必须具有备忘录和章程(在标准章程不适用的范围内),备忘录只需简单载明设立该组织的愿望,章程可以是理事会的文件、组织宪章或相应的法规。第三,必须具有理事会及其秘书的声明(没有秘书的私人公司除外),依照英国《托管人管理法》组成托管理事会,理事会成员应包括来自政府公共部门、所在社区、私人企业部门的代表。第四,必须具有以下一项或多项财产:(1)年度经费超过1000英镑;(2)使用或占有土地或建筑物;(3)拥有永久性资产。

义工机构的注册过程很简单,申请人依法提供以下各项文件资料:备忘录、章程、登记申请表,被采纳并依照行使事务的组织管理文件两份,过去三年间的财务账目副本,经所有理事签名的理事宣言表格以及支持本机构进行注册的信息,例如专家独立评估、营业计划、回顾、宣传文献、新闻剪报等。注册不需缴费,所有申请者在发出申请后15日内将得到委员会的答复。如果委员会认为某组织不具备慈善性质将会书面回信告知;如认为具备慈善性质将发信确认注册及注册代码,并把该组织详细信息存入公开的慈善机构注册中心。②

(二)义工组织的内部治理结构

治理结构既是一种管理运营方式,也是一种组织自我约束、自我监督的手段。现代组织内部治理结构源于以追求利润为目的的企业内部权力制衡的讨论,"是指由所有者、董事会和高级执行人员即高级经理三者组成的一种组织结构。在这种结构中,上述三者之间形成一定的制衡关系。通过这一结构,所有者将自己的资产交由公司董事会托管。公司董事会是公司的决策机构,拥有对高级经理人员

---

① 为了判断组织的目标是否是为了"公共利益",《慈善法》要求慈善委员会制定公共利益目标指南,并以此对提出申请的组织进行公共利益测试(Pubic Benefit Test)。公共利益测试主要掌握两个原则:一是必须有一种或多种可辨别的利益且与目标相关;利益必须针对公众或一部分公众。

② 参见王名、李勇、黄浩明编著:《英国非营利组织》,社会科学文献出版社2009版,第73页。

的聘用、奖惩和解雇权;高级经理人受雇于董事会,组成董事会领导下的执行机构,在董事会授权范围内经营企业"。① OECD《公司治理结构原则》指出:公司治理结构明确规定了公司各个参与者的责任和权利分布,诸如董事会、经理层、股东和其他利害相关者,并且清楚地说明了决策公司事务所应遵循的规则和程序。同时,它还提供了一种结构,使之用以设置公司目标,也提供了达成这些目标和进行监控运营的手段。

法学意义上的公司治理结构则是连接并规范股东会、董事会、监事会、经理等公司组织机构之间权利、利益、责任关系的法律制度安排。其追求的目标在于"通过这种法律制度安排,达到相关利益主体之间权力、责任和利益的相互制衡,实现效率和公平的合理统一"②。义工组织以志愿精神为基础,以"公益"的实现为价值目标,担负着更为高远的社会责任。一方面,相对于营利性的公司组织或互益性社会组织,社会公众对义工组织等慈善组织抱有更多、更高的期望;另一方面,义工组织以志愿者为不可或缺的人力资源,唯有良好的治理才能吸引更多、更高素质的志愿者加入,因此,义工组织也需要建立治理机制来科学决策、有效运行和提高业绩。

义工组织的法人治理结构主要针对的是采取公司制的义工组织。其内部治理机构依据英国《公司法》设置。公司制义工组织内部往往采取理事会领导制,由理事会集中行使权力机构、执行机构和监督机构的职能。所谓理事会领导制,就是对义工组织承担责任的不是政府官员、股东或专业管理人员,而是由来自社会上有一定经济基础和社会声望的知名人士组成理事会。理事会是整个义工组织的最高决策部门,由组织的全体成员或成员代表选举产生,任期一般为三至五年。理事会的责任在于:(1) 在组织管理方面,在坚持本组织慈善目的的前提下,组织具体的活动计划,选定组织的总干事并支

---

① 参见吴敬琏:《现代公司与企业改革》,天津人民出版社1994年版,第191—196页。
② 周江洪、范晓宇:《构建有效的中国公司治理结构——从法学与经济学的角度考察》,载《兰州大学学报》(社会科学版)2001年第4期。

持、评估其工作,从而实现组织的使命和未来的规划;(2)在资产管理方面,确保组织的经济来源以便保障公共资产的延续并提供良好的财务管理等。实践中,理事会更强调对整个组织实施战略领导而不是干预具体工作。理事会下设若干专门工作委员会或任务小组来分担其工作。此外,理事会因总管整个组织的各项事务,为了更有效地发挥其监管职能,可视需要设立专门的监事会,负责对整个组织(包括各个成员、各职能部门)的业务活动、财政收支状况等进行专项监管,确保理事会的监管作用落到实处。这样,既能加强组织内部的自律机制,防患于未然,又能有效配合政府部门和社会各界的外部监督,确保义工组织健康发展。[①] 概括起来说,英国义工组织的理事会对其义工组织的行为和资产负有完全的责任,这种集统权与分权于一身的义工组织内部治理机构,对保障英国社会公益服务、防止公共资产滥用发挥着关键作用。

(三) 义工组织资财管理结构

英国义工组织作为慈善法人,具有多样化的资金来源渠道,主要是政府资助、社会捐赠、商业收入和投资收入。从实际分布看,政府资助在整个资金结构中占据相当大的部分,而基于英国深厚的志愿文化和国家税收优惠政策,社会捐赠特别是公司捐赠也不断为慈善组织注入新的动力。同时,社会企业在英国的兴起促使部分义工组织引入商业模式,商业收入也因此在义工组织收入中占有相当的比重。[②]

英国义工组织特别重视其资财管理。在流动资金管理方面,托管人理事会必须制定财务管理报告,严格分类记录组织的各项资金

[①] 参见葛伟军译:《英国2006年公司法》,法律出版社2008版,第104—107页。
[②] 捐赠收入包括个人捐赠、遗产捐赠、企业捐赠等;商业收入是指义工组织通过开展收费性商业活动获得的收入;投资收入主要包括房租、利息和股息等。根据英国全国义工组织联合会(NCVO)《2010年公民社会年鉴》的统计,2007—2008年义工组织通过商业活动获取的收入占到总收入的49%,捐赠收入占42%,投资收入占9%,这表明良好的商业运作能力是义工组织成长的动力。

开支,明确划分募集资本的成分和基金,并真实披露各种不规则的资金动向;理事会每年的年度报告也必须指出资金的发放情况、投资方向和资产的保留计划。在资金管理方式上,理事会的每项报告都必须采用严格的记账方式,对于大型组织,一律要求实行推荐会计制度。在捐赠财产的管理方面,托管理事会在捐赠财产已经达到预期目的且有剩余的情形下,可对剩余财产适用近似原则,保障其达到慈善目的。

在固定资产管理方面,义工组织持有或者信托持有的土地一般情况下不允许处置,不论是以买卖、租赁和其他方式。但在满足下列条件时,该土地可以正常进入流通领域:(1)拥有法院或者慈善委员会的命令,(2)标明该土地为义工组织持有或信托持有,(3)标明该义工组织是否为豁免组织。

四、英国义工组织与政府的关系

英国政府长期致力于社会管理创新,即通过发展新产品、新服务和新机构实现就业、扶贫、社区服务、医疗卫生、教育等各个领域的社会目标,满足公民在公共服务领域不断扩展的社会需求。早在上世纪初,英国政府为改革公共服务管理、解决政府公共服务乏力问题,开放公共服务领域,允许私人机构或社会机构从事非营利的公共服务。[①] 布莱尔领导的工党政府提出了公共服务领域"现代化"政策,通过政府和义工组织的合作、由地方主导的社区重建以及推进义工组织的发展来实现多元的包容性社会。1998年11月,英国政府和全英义工组织联合会(NCVO)工作小组共同签署了著名的《政府与志愿及社区组织关系协议》(The Compact on Relations between Gov-

---

① 由于英国义工组织所提供的服务大都是政府的均一化服务或者以营利为主要目的的商业企业所无法触及的领域,英国政府越来越热衷于在官僚体制以外寻求义工组织的合作以解决政治、经济以及文化上的顽疾。但受自由经济和市场竞争的影响,因大量接受政府以竞标的方式提供的公共服务外包,义工组织活动出现市场化倾向,可能导致对其使命和价值的背离。

ernment and the Voluntary and Community Sector,COMPACT,以下统称"关系协议"),"关系协议"充分肯定了包括义工组织在内的民间公益组织在英国社会的巨大作用,明确了政府与义工组织在价值观上的一致性和功能上的互补性以及"合作伙伴关系"。①

(一)"关系协议"框架下的基本理念

《政府与志愿及社区组织关系协议》并不是一部法律,只是英国中央政府、地方政府与民间公益组织之间签署的合作指南与工作备忘录,其效力源自于政府与民间组织之间的磋商。② "虽然它不是一个有法律约束力的文件,但它的确为双方互利的积极的工作关系提供了基础"。③ "关系协议"在充分肯定义工组织对公共服务贡献的前提下,通过政府与义工组织之间磋商达成五条原则,即:(1)一个健康的义工组织是民主社会的必要组成部分;(2) 与义工组织发展合作伙伴关系将有利于制定更好的政策,提供更好的服务以及取得更好的社区治理效果;(3) 合作伙伴关系需要较强的关系纽带,例如整合和开放的关系;(4) 政府对义工组织扮演资助者的角色;(5) 充分尊重义工组织的独立性,从而形成了政府与义工组织关系"认知、

---

① Compact 包括全国 Compact 和地方 Compact 两个层次,全国的 Compact 于 1998 年由布莱尔首相签署,作为国家政策在英格兰和威尔士地区全面推广,而大多数地方政府也于 2000 年左右签署了地方版的 Compact。Compact 在 2010 年作了重新修订,但其核心原则没有变化,主要是引入更加严格的政府问责机制,加强对政府履约状况的检查力度,并强化了对政府违反协议行为的责任追究。关于 Compact 框架,国内从事社会组织研究的知名专家王名教授领衔的团队作了详尽的考察和介绍,参见王名、李勇、黄浩明编著:《英国非营利组织》,社会科学文献出版社 2009 年版,第 120—144 页。

② Compact 是英国政府与民间志愿和社区部门长期广泛协商的结果,其原型是英国全国义工组织联合会(NCVO)组织起草的一份调研报告。从 1995 年起,NCVO 组建迪肯委员会(Deankin Commission)用一年时间在全英范围内对义工组织的发展展开调查,并提出《迎接挑战——21 世纪的志愿行动》的报告,该报告中提到的政府与民间组织合作的一些基本原则成为后来 Compact 的雏形。该报告建议政府和义工组织之间建立合作伙伴关系,并呼吁就未来关系的基本原则出台正式协议,这一建议契合了重获执政地位的工党的执政理念,1998 年被作为一项国家政策正式签署。

③ 参见〔英〕贝琳达·普莱顿:《论英国慈善机构相关法律制度以及慈善机构与政府的关系》,载民政部法制办公室:《中国慈善立法国际研讨会论文集》,中国社会出版社 2007 年版,第 118 页。

独立、合作、辅助"的基本理念。

1. 认知理念

所谓认知,就是肯定义工组织在公共服务领域不可替代的作用,强调志愿服务是公民精神的重要表达形式,是民主的基础,促进义工组织的发展是"公民社会"建设的重要要素。志愿服务具有自愿性、多样性、互利性和认可性特点,这些特点同时构成志愿服务的基本原则。政府与义工组织应当共同努力消除志愿服务的障碍,便利更多的人能够从事志愿服务,也能让更多的个人、组织以及志愿服务事业受益。

"关系协议"明确界定政府与义工组织"对于志愿服务的理解":(1)志愿服务是为了社会公益性而贡献时间和精力,其形式可能各有不同。志愿服务可以包括政府、企业和公益组织的多种活动,也包括非正式的社区参与和倡导活动,"关系协议"确认"志愿服务指的是为了环境或非本人的亲属之外的个人、团体的利益而付出时间,并不为谋取经济利益的行为";(2)人们参与志愿服务的动机各不相同,可能是为了发展技能、增长经验,交友或回馈社会,也有可能是为了某一项事业的追求或道义上的责任,但志愿服务应该出于自愿,不以取得物质利益为目的。不为志愿服务支付费用作为核心价值,也是义工组织和社会对于志愿服务的核心认识。由于英国到目前为止尚无关于义工组织的专门法律,因此,"关系协议"对志愿服务的上述"认知"无疑是处理义工组织及志愿服务的基本准则,而政府对义工组织包括公共服务、社区治理和公共政策在内的社会意义的肯定,也无疑会积极促进志愿服务的发展。

2. 独立理念

"关系协议"充分认识到独立对于合作伙伴关系的重要性,维持义工组织"独立发展、独立运行"是政府与义工组织合作伙伴关系建设的核心。从"关系协议"的内容和描述看,独立理念的具体内涵包括但不限于义工组织的独立地位,独立理念的实质是强政府与强社会并存的公民社会建设,强调政府尊重对义工组织的承诺,具体内容包括:(1)无论是自然人、非法人团体还是法人,均可以独立地从事志愿服务,政府充分认知并尊重其独立存在的价值,即每一种形式的志愿服务均会对社会服务产生贡献;(2)志愿者、义工组织与政府保持彼此的独立能够满足多样化的社会服务需求,并有利于建立公平的关系,因此,志愿者可以同时服务于不同的义工机构,为不同的机构提供支持、专业技术和创新变革,增加价值,加深影响;(3)义工组织根据其章程可以独立地运作和决策组织内的事务,政府提供的志愿服务最佳指导意见并不是专门针对管理的,而是对义工组织的志愿服务所为的必要的引导或倡导;(4)政府与义工组织作为合作伙伴关系的主体,彼此是相互平等、互相独立的个体,相互间不是一种雇佣、依附的关系;(5)政府认可志愿服务的独立性,且志愿服务不能以受薪工作替代。

3. 合作理念

所谓合作,就是明确英国政府与义工组织的关系是紧密、相容,互相促进的,而不是分离、疏远,或对立的。从"关系协议"内容看,政府与义工组织关系上所贯彻的合作理念包括:(1)政府与义工组织为支持和倡导志愿服务、从事公益事业所需共同遵守的努力;(2)政府与义工组织相互间明确各自的职责范围,相互理解、相互支持,共同建设公民社会,全面提升并满足民众政治、经济、文化等社会公共服务的需求;(3)政府与义工组织共同宣传志愿服务的成就、寻找和开拓志愿服务的范围、强化民众对志愿服务的认识,为志愿服务营造良好的环境;(4)政府与义工组织共同致力于消除某些可能阻止人们从事志愿服务的重大障碍,为不同的志愿者提供平等、公平的机会。不论在慈善服务、政策参与还是公共服务的提供领域,合作理念都使得政府与民间的关更加和谐、更加坚实,更有利于促进义工组织对社会作出贡献。

4. 辅助理念

辅助具有辅佐、帮助、配合、协助的意思,"关系协议"所强调的辅助,指的是英国中央及地方各级政府在处理与义工组织关系时的角色定位,即政府在与义工组织的合作伙伴关系中居于辅助的地位,帮助义工组织支持社会公共服务供给、协助志愿组织解决社会问题、克服志愿服务障碍。从"关系协议"内容看,其辅助理念主要表现为:(1)政府承认并尊重义工组织以及志愿者对社会性目标实现所为的巨大贡献,政府协助义工组织向公众提供更多的宣传如志愿服务的作用、发展状况和影响范围等,增加公众对志愿服务的认识,为义工组织活动营造良好的环境。(2)政府保障义工组织的独立地位,不干预义工组织正常的志愿服务,政府向义工组织提供的最佳实践方案仅仅是对义工组织的引导,而不是管理,且政府所为的指引的目的在于促进志愿服务、解决潜在的问题。(3)政府充分认识到志愿服务是免费提供的,但志愿服务不是没有成本的。政府将努力为志愿者提供必要的资源、支持、发展机会和宣传推广等产生的一定的费用与成本。(4)政府通过相应的政策和行动,帮助志愿者和义工组织消除某些可能阻碍人们从事志愿服务的重大障碍。因此,"关系协议"所提倡的辅助理念,就是要明确在保证义工组织独立性的提前下,政府在资金、咨询和监管等方面的帮助义务。

(二)"关系协议"框架下的基本准则[①]

英国政府与义工组织"关系协议"框架下的基本准则分别由资金与政府采购准则、咨询和政策评价准则、志愿服务准则、黑人和少数民族义工组织准则以及社区组织准则五个方面构成,每一个准则都设计了相应的基本原则,明确了政府和义工组织为了实现这些原则所应该作出的承诺,从而构成了双向的、互为承诺的协议。其中,资金与政府采购是核心,咨询和政策评价是服务,志愿服务准则强调参与,黑人和少数民族的志愿服务准则是公平对待,社区组织分别指向不同的特定群体。"关系协议"框架下的基本准则基于各种主体的特殊性,分别强调其职能和义务,同时也为各主体之间的互相促进提供了指导意见。

[①] 参见王名、李勇、黄浩明编著:《英国非营利组织》,社会科学文献出版社2009年版,第124—130页。

1. 资金和政府采购准则

资金和政府采购准则主要规定了政府和义工组织在公共服务购买和政府资金提供领域各自的承诺和义务。一方面，义工组织内部积极发展责信机制，通过建立长期优良的信用资本来提高自身在公共服务领域与政府合作的优势；另一方面，政府在尊重义工组织独立性的原则上，以信任、宽松的态度使义工组织尽早介入项目设计，并根据义工组织的长期信用标准决定公共服务的分配。资金与采购准则的实施也涉及一些原则和关键性的技术，其中最核心的是结果引导原则，以及提前介入、简化流程、联合评估等关键技术点。结果引导即强调服务的结果，将对结果的评估作为公共服务中绩效管理的重要标准，不再全面要求管理的过程，该原则与责信机制相对应，保证责信与自主性的平衡。

2. 咨询与政策评价准则

咨询与政策评价准则主要规定了如何使政府针对义工组织的政策产生更多的正面、积极的效果和影响。政府为义工组织提供咨询和政策支持是"关系协议"框架下的具体承诺。为了使政府提供的咨询和制定的政策达到最优化的效果，咨询与政策评价准则对包括时间、信息可及性、沟通有效性、反馈性等在内的关键技术环节作了规定，使得政府的咨询和政策更具有实际的操作性和指导意义，也提高了义工组织的参与度。

3. 志愿服务准则

志愿服务准则规定了政府和义工组织在共同创造良好的志愿条件、保护志愿者的权利、促进志愿活动的开展等领域的义务和责任，特别强调政府和义工组织的各项决策对志愿者和志愿活动的影响，并提供了具体评价这些政策的标准。

4. 黑人和少数民族义工组织准则

黑人和少数民族裔志愿组织准则主要针对黑人与少数民族裔的特殊群体。第一，它承认黑人和少数民族义工组织在提供公共服务和管理社区建设方面的积极作用，明确其在咨询和政策评价过程中不可缺少的地位。第二，强调公平对待少数民族义工组织，保证其在政策参与、获得公共资源等方面具有的公平机会。第三,倡导义工组织为志愿者提供满足各自需要及技能的志愿服务机会,这些机会应当是多样化、非歧视的;同时,政府与义工组织均承诺努力消除歧视,让志愿服务成为人人可以参与的事业。第四,对黑人和少数民族裔群体内部的自我发展和能力建设提出了更高的要求和指导性意见。

5. 社区组织准则

社区组织准则主要针对的是社区部门和更广泛的义工组织,包括那些以自然人或非法人团体形态从事志愿服务的领域。需要指出的是,社区组织(部门)与义工组织(部门)是一个有交叉但层次不同的概念,社区组织主要是指依托社区发展的各种规模较小、数量繁多、形式灵活多样的志愿团体;广泛的义工组织包括伞形组织和各种义工组织联盟,作为单个志愿组织的联合体,它具有更广泛的代表性。2003年发布的社区组织准则,概述了社区部门和更广泛的义工组织不可替代的作用,明确政府对特定国家伞状组织和社区团体的资助和支持,并提出采取多种措施保证社区团体的技能和经验融入或参与政策和服务发展,尤其是社区性志愿服务。

(三)"关系协议"框架下的志愿服务

英国没有集中统一的关于志愿服务的专门法律,"关系协议"虽然仅仅是英国中央政府、地方政府与义工组织之间的一个约定,但这种约定旨在改善政府与义工组织之间的关系并推动公共服务领域"现代化"改革,因此,"关系协议"对志愿服务的概念、理念、核心价值的阐述具有极高的权威性,反映了英国政府对志愿服务的主流观点和看法。

1. 志愿服务的界定与核心价值

"关系协议"对志愿服务给出了具有法律意义的定义,即志愿服务是指为了环境或非本人的亲属之外的个人或团体的利益而付出时间,并不为谋取经济利益的行为。虽然,从概念的角度看,这一定义并不严谨,却反映了英国政府与义工组织"不为志愿服务支付费用"的核心认识。同时,在"关系协议"框架下,志愿服务是公民精神的重要表现形式,是民主的基础。志愿服务是为了社会公益而贡献时间和精力,虽然形式可能有所不同,但志愿服务不以谋取经济利益为目的、必须出于自愿是不能改变的基本规则。

2. 志愿服务的特点

"关系协议"明确指出志愿服务具有自愿性、多样性、互利性和认可性,这些特点构成志愿服务的原则,也是英国政府制定《志愿服务最佳实践指导意见》的思想基础。对于志愿服务的特点,"关系协议"逐一予以诠释:(1)自愿性,志愿服务必须出于志愿者个人的自由选择,志愿者有参与志愿服务的自由,同时也有不参加志愿服务的自由;(2)多样性,志愿服务应该是人人可以参与的,无论他们的背景、民族、婚姻状况、性别取向如何或者身体是否残疾;(3)互利性,志愿者不为经济利益而贡献自己的能力和经验,但也应当得到一定的回馈,如志愿者在自愿付出时间的同时会感到自己有所收获,且从中获得成就感;(4)认可性,明确认可志愿者的贡献对于志愿者、志愿服务组织与政府之间建立公平的关系是至关重要的,它包括认可志愿服务对于组织、社区、社会经济以及其他社会目标的贡献。

3. 志愿服务的范围

志愿服务在英国遍布社会的各行各业,"关系协议"明确志愿服务的范围包括但不限于下列行为:(1)作为志愿者在义工组织或政府部门中提供服务;(2)在社区中采取行动,倡导或者采取具体行动来改变社会或者发现并筹划解决某些社会问题;(3)交友;(4)组织体育、娱乐活动;(5)作为一个志愿服务或社区组织的理事会成员、监事等;(6)在公共事业机构中担任顾问或民意代表;(7)作为一个社区或者义工组织的一部分,领导一个志愿服务活动,从而提高一个或几个社区的居民的生活质量;(8)为社区举办的集体活动或者提供服务,或为公益事业进行宣传倡导;(9)通过倡导和提供政策建议来参与政策制定;(10)到海外从事志愿服务;(11)为某家义工组织筹资。上述范围显然包含了义工组织固有的帮扶孤寡、扶贫济弱、环境保护、救灾救助等公益事业活动。从志愿服务的范围看,英国志愿服务发展已经达到极高的水平。

(四)"关系协议"框架下的政策支持

"关系协议"既适用于中央政府、地方政府及其下属机构、事业单位,也适用于义工组织。"关系协议"的实施在政府方面由英国内政部负责,在义工组织方面以 NCVO 为基础组建工作小组作为义工组织代表负责在义工组织内部推行。地方政府与义工组织的关系协议由各种地方公共机构和地方义工组织联合签署。

"关系协议"在英国并非仅仅是政府与义工组织建立合作伙伴关系的系列法律文件,更重要的是这种法律文件确认下的政府对义工组织的支持体系。同时,"关系协议"充分认知到志愿者付出的实践具有重要价值,能够创造重大贡献;认知到志愿服务拥有强大的力量,可以形成多元性和问责机制,强化公民社会建设,可以为不同的机构提供专业技术和创新变革,通过志愿服务以及义工组织建设,可以实现和谐的社会关系。当然,"关系协议"也充分认识到志愿服务的免费提供并不意味着志愿服务不需要成本,义工组织可持续发展需要政府的支持。下面以"关系协议"的内容为基础,结合英国具体的法律实践,讨论"关系协议"框架下政府对义工组织以扶持、资助、补贴、税收优惠为核心的支持体系。

1. 资金资助

资金是义工组织有效运行的关键因素,也是义工组织实现其社会性目标的根本保证。英国政府在历史上就有着资助慈善组织的良好传统。20 世纪 80 年代,由于自愿捐赠主义的盛行以及慈善组织对政府的游说活动,英国政府每年提供给慈善组织(包括义工组织)的资助总额约 33 亿英镑,相当于慈善组织每年营业总额的 1/3。"关系协议"进一步明确了政府的资金资助责任,政府将采取合理的政策,以帮助专业的志愿服务基础设施争取到实际的、可持续的长期资金支持。义工组织可以根据志愿服务需要向政府申请资金资助,以消除资金不足造成的志愿服务发展障碍,但在向政府申请资金资助时应当提供合理的资金预算。此外,义工组织申请政府资金资助时可以申请预留专项资金,用于使更多的人参与志愿服务。

2. 财政补贴

"关系协议"指出:志愿者从事志愿服务需要一定的成本,志愿者不应当因为从事志愿服务而变得不名一文。政府有责任为志愿者提供必要的资源、支持和发展机会,同时,政府应当为志愿者提供其支出的成本费用。英国政府明确承诺政府将制定明确的政策,规定有关志愿者的相关费用的安排,对志愿服务实施财政补贴,确认志愿者有权报销从事志愿服务所有必要的费用。

3. 服务采购

英国作为市场化国家,非常重视义工组织的长期信用机制和问责机制,同时,政府向社会组织和私人部门转移公共服务,以提高行动和决策效率。公共服务领域的公益事业由社会组织运营,政府以特定公共服务项目外包或直接向社会组织购买相应的公共服务的方式实现社会关系稳定和持续发展。

4. 税收优惠

在"关系协议"中,政府承诺对志愿服务实施税收扶持的优惠政策。这种优惠政策的基本操作方式是认定义工组织的慈善组织属性。英国法将法人形态的志愿组织归属于慈善法人,义工组织作为慈善法人应享有的税收优惠与慈善组织完全相同,实践中的义工组织也往往被直接称为慈善组织。政府向义工组织提供的税收优惠包括两个方面:一是针对公益捐助减免税制度,二是针对慈善组织本身的税收优惠政策。英国政府对包括义工组织在内的慈善组织的税收优惠政策主要体现在增值税的一定数额减让以及税收技术方面的宽容政策,比如营业税方面强制救济的期限延长等。增值税的减让主要在"首要目的交易"和"非首要目的交易"中予以明确:"首要目的交易"是指为了实现慈善机构的主要目的而进行的交易,这种交易是慈善组织存在的内部要求,对"首要目的交易"的收益,英国法给予了除增值税(VAT)以外均免税的优惠待遇;"非首要目的交易"针对该慈善机构主要目的以外的领域,英国慈善机构不得擅自进行实质意义上的非主要目的交易,但"资产近似原则"在捐助资本上运用的结果,使英国法对"非首要目的交易"的税收减免进行了特别规定:(1)小数额的非主要目的交易收入,最高不超过 5 万英镑的,享受免税待遇。所谓小数额指年度交易收入总额不超过 5000 英镑,或不超过慈善机构年收入总额的 25%。(2)募捐活动收入享受免税待遇。即活动举办的主要目的是募集资金,并且这一目的已被在场者清楚了解。

5. 捐赠鼓励

英国有着历史悠久的捐赠文化传统,为支持志愿服务发展,"关系协议"明确规定政府应鼓励捐赠行为,推行公益捐赠减免税制度。公益捐赠是除政府资金供给以外的另一种资金来源方式,它主要包括公司捐助和个人捐助两个部分。政府的税收优惠政策在这两个方面分别作出了不同的规定。在公司捐赠方面,根据英国公司法的规定,针对公司账目上明确的公益捐助,英国税收署会免去捐赠部分的公司所得税。该项优惠政策一方面鼓励公司的捐助热情,从根源上保障捐赠主体的积极性,另一方面也保障了捐助资金最大限度地保留在慈善组织内部。在个人捐赠方面,根据英国法律规定,个人向慈善组织捐赠时慈善组织可获得免税待遇,也就是说接受个人的捐赠后,英国慈善组织还可以向政府索要退税的部分。英国税收署根据个人捐助类型的不同,分别制定了"立约捐助计划"、"礼物捐助计划"以及规模较小的工资扣除捐助计划等。其中立约捐助主要针对的是有契约依托的比较固定和正式的个人捐助;礼物捐助属于特定形式的一次性捐助,具有灵活性和随意性等特点;工资扣除计划的对象仅限于规模小的工资,比较明确具体。由此可见各项计划之间的对象主体不尽相同,但都着重在放宽复杂的减税流程,给予慈善组织最大的优惠。

(五)"关系协议"框架下的义工组织监管

英国政府对义工组织的监管具有支持与管理的双重功能。一方面,政府对义工组织的监管可以改善志愿服务的环境,提高义工组织的公信力,进而提升慈善组织声誉、提升义工组织的社会地位;另一方面,政府监管要求义工组织托管人更加审慎决策,更加关注受益人并对捐助人负责,对内部的资金和开展的志愿活动更加严谨。因此,英国义工组织监管并非单纯的监督与管理,而是一种辅助、支持与监督、管理的综合措施。

1993年前的英国,不存在任何法律要求审计义工组织的账目或者直接对义工组织实施相应的监管。因为在当时自由经济的盛行以及20世纪60年代末英国兴起的抵制政府官僚作风潮流的影响下,人们更倾向于相信市场固有的调节机制比政府的干预更能解决社会问题,但这种对义工组织不干预的结果是慈善丑闻频发、志愿服务杂乱无章。为了改善志愿服务管理,提升义工组织公信力,英国政府以1993年《慈善法》修改为契机,增加了政府对义工组织监管以及监管措施的规定,这是自1960年以来第一次对包括义工组织在内的慈善组织监管进行的主要立法工作。根据1993年《慈善法》,义工组织被纳入慈善组织体系,并接受慈善委员会、政府的行政监管与法院的司法监管。其中,慈善委员会由法院领导,通过注册登记环节的初步审查、资金监管的年度审查以及特殊情况的随时调查等方式系统而有效地实现对义工组织的监管,是英国义工组织监管体系中最微观和最直接的监管机构,与行政机关和司法机关的监管相互配合和支持,共同构建了"关系协议"框架下的义工组织监管支持体系。

1. 慈善委员会监管

英国慈善委员会是慈善法人的登记注册和监督管理机关,"在英格兰和威尔士","慈善委员会具有准司法职能,能够解释法律,以决定一个组织是否是慈善机构"。[①] 作为一个特设机构,英国慈善委员会虽由英国财政拨款,但其运作管理独立于政府机构和议会之外,不隶属于任何部委,也独立于任何党派和政治权力。英国慈善委员会对法院负责。因此,英国慈善委员会是一个依法设立、依法对慈善组织实施全方位监管的独立机构,其主要职能包括慈善法人的登记

---

① 参见〔英〕贝琳达·普莱顿:《论英国慈善机构相关法律制度以及慈善机构与政府的关系》,载民政部法制办公室:《中国慈善立法国际研讨会论文集》,中国社会出版社2007年版,第116页。

注册、咨询监督、法规的制定和修正等。

　　作为慈善法人的登记注册机关,登记注册行为本身就是一种全面有效的监管,因为对于慈善法人注册资格的审查涉及志愿组织的运行、管理,若没达到法律规定的要求,慈善委员会有权作出不予注册的决定,保障义工组织具备注册慈善法人所应有的能力。义工组织申请注册的条件符合法律规定且通过了慈善委员会的评估,即取得注册慈善法人资格,依法展开志愿服务。义工组织注册为慈善法人后,必须向慈善委员会开放,及时和诚实地回答委员会的质询;必须每年在其财政年度结束后的 10 个月内向慈善委员会提供它们的账目;必须向慈善委员会提供其制作的会计账目、年度报告以及年度报表且必须在年度回报表中记录过去一年活动的详细情况。不同规模的慈善组织,其回报表的内容也有所不同,规模越大,要求提供的信息就越多。慈善委员会通过注册前的审核以及注册后的跟踪监测实现全面具体的监管,并将这些监管结果公布在其网站上,在增加透明度的基础上,也间接推动了社会监督的进展。

　　慈善委员会对义工组织的资金使用监管,主要是通过对慈善托管人理事会每年提交的年度报告和财务管理报告进行的,这些报告明确记录该组织的资金流向、开支状况,以及下步的计划和安排。因此,慈善委员会的报告审查能够清晰、有效地达到资金监管的效果。同时,慈善委员会还会定期对大型民间组织进行风险评估、资产评估和财务评估,并与其他相关的政府部门密切配合进行相关调查和联合执法。

　　英国慈善委员会还可以通过展开调查的方式来进行监管。根据英国《慈善法》规定,慈善委员会可以不定时地调查所有的慈善组织、某个特定的慈善组织或者某类慈善组织,但是此种调查不得针对豁免慈善组织进行。第一,调查的主体可以是委员会,也可以由委员会任命某人进行调查并要求该人提交一份调查报告。第二,启动调查的客观情形主要有:慈善组织未提交账目或年度回报表且未给出合理理由;在审查慈善组织的账目或年度回报表后,委员会会对某些事项表示关注;地方议会、警察局或其他监管者向委员会移交的问题;委员会对公众的投诉进行评估后决定进行调查的情形等。第三,慈善委员会在调查过程有权冻结银行账号、免去托管人职务、没收文件以及委任外部人员管理慈善组织等,对于违规操作或出现腐败行为的志愿组织,慈善委员会有权撤销其托管人理事会,并限期组建新的托管人理事会。

2. 政府的行政监管

英国1993年《慈善法》同时确认政府的内务部负责对民间公益组织的指导、推进、支持、协调,以及时促进相关法规及政策的制定与修改。内务部具体分设负责活跃社区司(Active Community Unit)、公民社会振兴司(Civil Renewal Unit)以及慈善法人司,分别监管义工组织。2006年5月,英国政府内务部专设了第三部门办公室,主要负责推动以社区为基础的民间公益活动与志愿服务的推广,通过政府"购买式服务"等方式与民间公益组织签订公共服务方面的协议,监督和评估这些协议的执行情况。

3. 法院的司法监管

英国《慈善法》还规定了法院对慈善组织的管辖权,且这种监督管辖主要表现在法院对慈善委员会的领导和对"慈善诉讼"的管辖方面。英国《慈善法》授予法院特别是高等法院对包括义工组织在内的慈善组织有很大的监督和管理权限,法院可通过对慈善委员会的领导以命令的形式将一些事项交给其负责和管理;在"慈善诉讼"中,法院可以对慈善组织的活动进行更严密的监管。所谓慈善诉讼是指在英格兰和威尔士的法院中提起的关于确定慈善组织或基于慈善目的信托的管辖权的诉讼。该诉讼的诉讼主体可以是慈善委员会、慈善组织、慈善受托人以及其他利益相关者,当慈善组织是一个地区慈善组织时,该慈善组织所在地区的两个或者更多居民也可以提起诉讼。如此,慈善组织的活动被纳入英国司法体系,通过管辖和审理强化对志愿组织的司法监管。

(六)"关系协议"框架下的政府辅助

英国公共服务政策不断调整的结果是各种公益性服务事业完全由公民社会组织承担,政府对于公共服务,更多是筹划宏观服务政策,在鼓励、扶持志愿服务的发展上扮演至关重要的战略角色。但这种角色转换并不意味着英国政府彻底脱离公共服务领域,也不意味着英国政府可以完全不考虑公共服务领域的具体事务。从英国志愿服务实践看,英国政府在公共服务领域恪守着有所为、有所不为的游戏规则:积极提供公共服务领域的制度供给,为包括义工组织在内的慈善机构提供政策支持,对义工组织实施动态监控,建立义工组织信用评估机制和问责机制,但不干预义工组织的独立性,不限制义工组织的社会性目标。英国政府与义工组织之间的"关系协议"在一定程度上就是这种游戏规则系统化的成文版。不过,"关系协议"也并未完全固守这些传统,政府对义工组织的辅助不再局限于资金资助、政策支持、税收优惠、考核激励,它集中体现在政府与义工组织关于"志愿服务的基础设施"的约定上。

"关系协议"对志愿服务的基础设施范畴进行了明确的界定,强调志愿服务的基础设施的组成部分包括有形设施、结构、系统、关系、人员、知识和技能等,这些因素支持和推动在社区直接提供服务的组织更有效地实现目标。志愿服务基础设施的组织包括志愿者中心。鉴于志愿服务基础设施在支持志愿者及其服务的组织开展志愿服务项目方面具有独特的作用,政府与义工组织一致同意政府应该投入公共资金以创造和保持一套现代化、有活力的志愿服务基础设施,政府承诺采取合理的政策,以帮助确保专业的志愿服务基础设施能够争取到实际的、可持续的长期资金支持,同时,英国政府承诺在国家层面上建立系统的支持性组织以保证义工组织职能正常运转,地方层面则至少有一家专业义工发展组织提供、协调志愿者发展职能。

"关系协议"确认国家和地方的志愿服务支持性组织(即志愿服务基础设施)将以互补的方式从不同角度实现义工组织的职能:(1)建立志愿服务的中介平台,建立志愿服务需求信息,为各种潜在的志愿者提供匹配其动机的合适的志愿服务机会,以及无障碍的支持和咨询;(2)建立志愿服务营销机制,促进和激励公众对义工组织活动的兴趣,推广和促进志愿服务;(3)发展最佳实践,志愿服务的基础设施致力于在所有的义工组织中推动最佳实践,持续支持义工组织实施最佳实践;(4) 开发志愿服务机会;(5) 政策回应和宣传倡导;(6) 志愿服务的战略发展。英国国家志愿服务基础设施应对支持和发展地方和区域的基础设施、最佳实践的发展以及网络的建设承担战略责任并支持互利的社会政策的制定和发展。

五、英国义工组织慈善法人化的经验

英国义工组织的发展与公共服务政策改革有着极大的联系,公共改革的结果造就了发达的公民社会组织。志愿服务是英国社会公益服务最基本的力量,是公民社会建设的核心要素。基于政府与义工组织的合作伙伴关系,义工组织不仅承担了大量的公共服务,为各种不同的社会组织、社会机构提供服务支持、专业技术和创新改革,而且创造了巨大的经济、社会价值,形成了积极的民众参与意识和问责机制,发现和化解各种潜在的社会问题,为英国的和谐社会建设积累了成功的经验。

(一) 明确法人地位,增强独立性

英国义工组织的成功经验之一就是引入公司制,确立义工组织慈善法人的法律属性。慈善法人属性反映了义工组织自愿性、多样性、互利性和认可性的法律特征。志愿者基于个人的选择自由,不为自己谋取经济利益,而是贡献时间和精力,服务于社会的公共事业。因此,义工组织并非一般的非营利法人,而是以服务公益事业为目的的慈善法人。英国法赋予义工组织慈善法人地位,并视其为与政府完全平等、公平合作的社会组织,又引入公司制,强化义工组织的内部治理结构,为义工组织能够担负巨大的社会服务重任奠定了组织基础。

1. 突出独立地位,立足自身发展

义工组织的独立法人地位是其与政府的合作伙伴关系的前提,因为政府作为公权力主体,居于组织指挥、决策领导的地位,义工组织如无独立的法人地位,必然会在合作伙伴关系中沦为被指挥、被领

导的附庸地位。因此,义工组织必须培养自养、自立、自治的独立意识,与政府、企业保持相对的独立性,清楚地认识到志愿服务源于社会需要,而不是政府需要;认识到自己是政府的"伙伴"而不是"代理",才能真正确立平等的法人关系。义工组织能够成为英国公民社会建设的重要要素,正是其坚持独立法人地位、自主发展的结果。英国通过以《慈善法》为基础的一系列法律明确了义工组织的独立法人地位,使其可以独立享有权利和承担义务,"关系协议"进一步巩固了义工组织独立法人的地位,为英国义工组织的独立自主发展提供了另一道法律屏障。

英国各级政府在"第三部门"建设中的角色定位尤其值得关注。英国政府在公共服务领域改革的进程中,培育了大量的以义工组织为代表的"第三部门"即公民社会组织。政府在推进公民社会组织发展的进程中,完全抛弃了固有的管理、控制、干预、依赖、附庸等思想和行为模式,以平等、独立、自愿、非营利、公益服务、社区发展作为行动的基础,避免公民社会组织对政府的过度依赖。政府与义工组织是职能差异化的平等法人:政府为所有的义工组织提供平等的志愿服务机会,在宏观层面强化制度供给、提供政策支撑、实施税收优惠,在微观层面加强志愿服务基础设施建设,积极辅导、辅助义工组织规范化运作,构建志愿服务中介、宣传推广志愿服务精神、激励优秀的志愿者及义工组织;义工组织以服务于公益性事业为己任,独立、规范、自主发展,规模化与系统化是义工组织承担巨大的社会公共服务的前提,专业化、多元化是义工组织能够满足多层次、全方位的社会需求的基础,信用机制与问责机制则是其社会公信力、认可度的保障。由此,英国形成了政府、经济组织、社会组织齐头并进的现代国家的三元结构。英国政府与义工组织合作伙伴关系的建构正是这种相互间平等的法人的角色定位的结果。

2. 借鉴理事会,建立内部治理机制

英国义工组织除具有独立的慈善法人地位外,还具有独特的法人内部治理结构。英国法对义工组织既导入法人制度,也引入公司制组织形式,理事会领导制是在法人框架下义工组织自我内部治理的模式:理事会的责任在组织管理方面,表现为保证组织慈善目的,策划具体的活动计划,选任理事会总干事并支持、评估其工作,以实现组织的使命和未来的规划;在资产管理方面,要确保组织的经济来源以保障公共资产的延续并提供良好的财务管理等。一般来说,理事会更强调对整个组织实施战略领导而不是干预具体工作。理事会对义工组织的行为和资产负有完全的责任,可以视工作需要设有专门工作委员会或任务小组,用以分担志愿组织的工作或任务。因此,英国义工组织理事会是集权与分权的统一体,集权的目标是提高志愿服务的效率,保障松散的志愿者群体具有保持高效率的行动能力,分权的目标是对理事会集权实施限制与制衡,同时也是适应志愿服务专业化、技术化的多层次需求,英国义工组织理事会这种独特的领导模式对于保障其社会公益性目标的实现、防止公共资产滥用发挥着重要的作用。

英国义工组织完善而系统的组织制度是其自律管理、健康运行的保障。在英国,义工组织在长期的自我发展进程中逐渐形成一套外部保障机制,如独立的财会、审计制度,完善的票据体系和发达的志愿者社会保障体系等,这些外部制度使志愿组织融入整个社会结构和法律框架之中,也使得志愿组织自身不断获得发展和成熟。

(二) 构建联盟载体,提高公信力与服务能力

严密的伞状组织结构是英国义工组织最显著的特色。以这种伞形结构为依托的英国义工组织形成了纵横交叉、层级清晰的志愿服务立体网状体系。这种独特、严密的义工组织系统得益于英国政府的强力支持。从"关系协议"看,包括有形设施、结构、系统、关系、人员、知识和技能在内的志愿服务的基础设施是英国政府与义工组织合作伙伴关系的建设重点,英国政府承诺投入公共资金以创造和保持一套现代化、有活力的志愿服务的基础设施,这是英国义工组织能够担当本由政府承担的公共服务职能的根本原因。

根据"关系协议",英国成立了全国志愿服务组织联合会,以领导、协调、指导、评估、监督全国所有的义工组织和志愿服务,英格兰、

苏格兰、威尔士、北爱尔兰也分别成立了自己的大型伞形组织,对志愿组织进行管理和服务。英格兰有全国志愿组织联合会(NCVO),苏格兰也有志愿组织联合会(SCVO),威尔士和北爱尔兰则建立了志愿行动理事会,即威尔士志愿行动理事会(WCVA)和北爱尔兰志愿行动理事会(NICVA)。这些国家层面的伞形组织是姊妹组织,具有类似的组织结构和功能,使全国的义工组织形成系统,对英国志愿和社区组织的建设作用巨大:第一,以伞形组织结构将所有的义工组织联结成为系统的整体,不仅在组织内能够完善治理结构,提高管理效能,而且在组织外也可以提升组织整体实力,从而在与政府的合作关系中能够反映更多的意愿;第二,伞形组织既便于建议、信息、教育、培训机能的发挥,也能改善义工组织的运转状况,改善组织的人才结构、技能水平和活动能力;第三,伞状组织联盟能够提高英国义工组织在公共服务领域的竞争力,从政府获得更多的资源,也能够在市场获得更多的购买优惠。

(三) 支持、辅助、监管的政府定位

现代治理理念认为,公共治理主体是多元的,义工组织也是重要的治理主体。一个良性的治理结构,需要不同治理主体的合理分工、合作努力,从而形成一种良性的伙伴关系。英国政府在与志愿组织合作伙伴关系的建设中,以义工组织为公民社会建设的重要要素为基本认识,来建立义工组织的活动空间、合法性及其法治环境,确认政府的角色定位不应当只是监督者、管理者,更应当是义工组织的支持者和辅助者,政府作为行政法人,与义工组织慈善法人的地位是平等、互补的合作伙伴关系,共同承担着向社会公众提供公共产品和准公共产品的职责。[①]

英国政府以支持、辅助、监管的角色定位为行动基础,建立与义工组织的合作伙伴关系。"关系协议"确认了志愿组织对于社会的

---

① 参见刘俊月、邓集文:《当代国外政府对非政府组织的管理考察》,载《长春市委党校学报》2004年第5期。

重大贡献,明确了志愿组织的活动对于发展一个民主、包容的社会来说至关重要,志愿组织对于满足社会公共服务多样化需求、化解社会潜在问题、建设和谐社会具有重要作用,由此确立了处理政府与义工组织之间关系的基本原则。基于这些基本原则与基本认识,"关系协议"明确了支持、辅助、监管的政府定位,其中,政府的责任主要包括:(1)承认和支持志愿及社会部门的独立性;(2)以参与、明确、透明的原则提供资助,并需要就融资方式、签署合同、承包等方面征询志愿及社会部门的意见;(3)制定可能影响志愿及社会部门的政策时需要征询志愿组织的意见;(4)促进互惠的工作关系;(5)政府和志愿及社会部门一起建立评估系统,每年对协议的实施情况进行评估。志愿组织也应承担相应的责任,包括:(1)保持高度的治理与责任;(2)遵守法律和相应规范;(3)在参与政策制定过程中与服务对象和其他利益相关者进行协商;(4)促进互惠的工作关系;(5)同政府一起对协议的实施情况进行评估。在由此建立的英国政府与义工组织的合作伙伴关系框架下,英国政府加强对义工组织的信任和支持,有意识地引导支持义工组织,赋予其合法、合理的市场主体地位,将其视为公共治理的重要治理主体之一,并进一步为其培育土壤、拓展空间,促进其健康成长。

第二章

美国义工组织法人制度

义工组织在美国属于"非营利组织"(Non-profit Organization)中的公益服务组织。[①] 美国是世界上非营利组织最为发达的国家,根深蒂固的结社精神和结社生态以及完善的法律制度保障和规范为美国的非营利组织提供了良好的发展空间,造就了美国世界上独一无二的非营利组织部门。志愿活动是美国公民重要的社会参与途径和社会行为方式,义工组织及其活动是美国社会中的普遍现象,他们活跃于政治、经济、文化、体育、宗教、环保,尤其是社会福利和慈善领域,为调节政府与社会之间的关系发挥重要作用,成为美国非营利组织中不可或缺的组成部分。

一、美国义工组织的成长环境与特质

美国是一个义工的国度,正如美国前总统尼克松所言:"志愿服

[①] 美国约翰·霍普金斯大学莱斯特·M.萨拉蒙教授将美国的非营利组织分为四种类型:(1)筹款组织(Funding Agencies),主要是为那些从事服务活动的组织提供或筹集资源,包括私人基金会、联合劝募协会(United Way)、红十字军(Blue Cross)和蓝盾(Blue Shield)、宗教资金筹募联合会等;(2)互益性会员服务组织,主要是为直接会员而不是整个社会或社区提供商品或服务,包括专业组织(如律师协会)、工会、合作社、同业公会、互助保险公司等;(3)公益组织,主要为需要帮助的大众提供商品和服务,是致力于慈善、教育或提升社区福利目标的组织;(4)宗教组织或其他执行神圣的、宗教功能的组织。参见〔美〕莱斯特·M.萨拉蒙:《公共服务中的伙伴——现代福利国家中政府与非营利组织的关系》,田凯译,商务印书馆2008年版,第55—56页。

务是美国生活方式的标志之一",①当美国人遇到困难的时候,首先想到的不是政府,而是他们身边的义工组织,他们更信任这些组织。美国人生活的每一个领域都闪现着志愿者的身影,凝结着他们的努力。美国志愿服务及其组织兴盛发达并保持着可持续发展的势头,得益于美国悠久深厚的志愿文化、自由开放的社会环境和政府为非营利组织发展所作出的努力。

(一) 志愿文化:美国义工组织成长的思想源泉

志愿精神是美国文化的核心要素和重要标志,在美国,基于"互帮互助"的传统信任文化哺育了美国的志愿精神,造就了公众广泛参与和政府积极支持的发达的义工组织。"信任不能在一个等级文化中生根"②,早期来自不同地方的人们移居美洲大陆,共同组建一个没有等级分化的"互帮互助"的国度,人人都具有同等的重要性,人人都是自己命运的主人,没有强势的阶级划分和称霸的群体,基于彼此的信任解决聚居和依赖问题,构建了美国居民社会化和共同生活的网络。③"当人们相互之间视为具有平等社会地位时,他们就感到易于相处,而且更容易相信陌生人,更容易形成社会凝聚力,这种凝聚力对各种合作力量的形成有促进作用。"④美国社会这种互帮互助的信任文化,源自于英格兰社会的乡镇自治传统。

美国志愿文化在某种意义上与英国具有同源性,"知道民族的来源,有利于理解其社会"。作为一个移民国家,英国传统文化像血

---

① See Richard Nixon: Proclamation 4288-National Volunteer Week, 1974, April 20, http://www.presidency.ucsb.edu/ws/index.php.pid=77158,2013 年 1 月 6 日访问。
② Seligman, Adam B., The Problem of Trust, Princeton: Princeton University Press, 1997, pp.36—37.
③ 1620 年 11 月,第一批来自英国的清教徒乘坐"五月花"号船登陆科德角开始新的生活,为了建立一个大家都能受到约束的自治基础,他们在上岸之前签订了"五月花号公约",作出了通过互助合作达到建设新家园的承诺,签署人立誓创立一个自治团体,这个团体是基于被管理者的同意而成立的。该公约成为人们所有行动的准则,这是美国历史上第一份重要的政治文献。
④ 〔美〕埃里克·尤斯拉纳:《信任的道德基础》,张敦敏译,中国社会科学出版社 2006 年版,第 66、110 页。

液一样影响着美国社会的肌体,"新英格兰的居民依恋他们的乡镇,因为乡镇是强大的和独立的;他们关心自己的乡镇,因为他们参加乡镇的管理;他们热爱自己的乡镇,因为他们不能不珍惜自己的命运"。① 先有州镇而后才有国家的特质决定了美国的任何重大决策均不得不优先考虑地方利益,乡治品质与宗教精神是美国人最早的思想基础,这种思想传统使得美国先天具有独立、自愿、平等、互助的土壤。

乡镇自治的传统孕育着乡镇精神。每个居民都觉得自己是乡镇的主人,都有权利和机会参与乡镇的管理和公共事务。乡镇的管理形式根据全体居民的喜好来决定。每个居民对乡镇都有强烈的认同感,他们不仅认识到自己和自己家庭的责任,也对社区和乡镇的发展有着强烈的责任感,乡镇的繁荣、安宁与他们的幸福紧密相连,"因为没有人不会感到公众相互照顾的好处,谁都要致力于相互照顾,以博得也要同自己一起去治理国家的人们的尊敬和好评"。② 虽然乡镇自治、乡镇精神都源自英国,但乡镇精神的移植不仅创造了美国人的民主共和精神,而且这种精神与宗教伦理的教化更坚定和强化了美国人的志愿服务精神。

北美独立战争更培养和升华了人们对志愿精神的认识和认同,推动了志愿服务的发展。由民兵和志愿人员组成的大陆军拉开了独立战争的序幕,针对战士的志愿服务也因此广泛地开展起来。那时,医院还没有建立起来,居民就把自己的家当做医疗场所。通过战争,几乎所有的人都理解了互助合作是保证团结、和谐、坚强与自治的法宝。共同的需求和目标,使人们高度认可无偿、自愿、合作与互助的志愿精神,并落实到无处不在的志愿奉献行动中。正如托克维尔所说:"一旦人们都去参加公共的工作,每个人都会发现自己不能像最初以为的那样可以离开他人而独立,而为了得到他人的帮助,自己就

---

① 参见〔法〕托克维尔:《论美国的民主》(上卷),董果良译,商务印书馆2013年版,第84页。
② 参见〔英〕詹姆斯·布莱斯:《现代民治政体》,张慰慈等译,吉林人民出版社2001年版,第514页。

得经常去帮助他人","他们的头脑里经常想到,为同胞效力不但是人的义务,而且对自己也有好处。同时,他们没有任何私人理由憎恨同胞,因为他们既非他人的主人,又非他人的奴隶,他们的心容易同情他人。他们为公益最初是出于必要,后来转为出于本意。靠心计完成的行为后来变成习性,而为同胞的幸福进行的努力劳动,则最后成为他们对同胞服务的习惯和爱好"①。"为了全社会的利益,每个人都应该负起责任"成为美国志愿文化的核心价值观。② 独立战争的胜利直接推进了志愿精神的发展,成为美国志愿服务的催化剂。在传播的过程中,报纸、铁路乃至废奴运动都对志愿服务的兴盛起到了推波助澜的作用。人们通过铁路到有危机的地区去开展志愿服务,报纸则大量发表免费文章;北美银行就是费城的一些居民为了帮助因独立战争而导致贫困的退役士兵们的生活而建立的。1813年,妇女慈善团体组织了第一批义工护理那些贫困的病人。废奴运动中,数以千计的义工为此事奔波,全美成立了130个废奴义工组织,在解放奴隶的斗争中发挥了巨大的作用。③

(二)结社生态:美国义工组织成长的社会基础

现代公民社会是市场经济发展到一定阶段的产物。20世纪后期再次兴起的公民社会的理念,基于政府、市场、社会的三元结构,是对政府失灵与市场失灵双重困境的应对。美国义工组织能够不断繁荣发展还得益于美国是一个成熟的公民社会。美国是先有社会后有国家,在发达公民社会的基础上建立国家是美国特有的历史现象。公民社会组织被视为公民社会的核心,而自由结社是公民社会组织的基础,即结社自由是公民社会重要的制度环境之一。美国人向有

---

① 〔法〕托克维尔:《论美国的民主》(下卷),董果良译,商务印书馆2013年版,第688、691页。
② 参见〔美〕米歇尔·莱施:《美国慈善捐赠与志愿活动基础》,载民政部法制办公室:《中国慈善立法国际研讨会论文集》,中国社会出版社2007年版,第325页。
③ 参见北京志愿者协会:《走进志愿服务》,中国国际广播出版社2006年版,第9—10页。

结社的传统,"不论年龄大小,不论处于什么地位,不论志趣是什么,无不时时在组织社团。在美国,不仅有人人都可组织的工商团体,而且还有其他成千上万的团体。既有宗教团体,又有道德团体;既有十分认真的团体,也有非常无聊的团体;既有非常一般的团体,又有非常特殊的团体;既有规模庞大的团体,又有规模甚小的团体。为了举行庆典,创办神学院,开设旅馆,建立教堂,销售图书,向边远地区派遣教士,美国人都要组织一个团体。他们也用这种办法设立医院、监狱和学校。在传播某一真理或以示范的办法感化人的时候,他们也要组织一个团体。"① 英国人在传来英国法制和乡镇自治精神的同时,也传来了具有英国民族主义色彩的自由思想。不过,这种自由思想并没有沿袭英国贵族自由的传统,而是异化为一种共和主义思想,自由被理解为对公共生活的积极参与,甚至被理解为一个人抛弃个人利益而追求共同福利是实现人生最高成就的途径。② 这种异化了的自由传统造就了美国人钟情于结社自治,因为"在民主国家,全体公民都是独立的,但又是软弱无力的。他们几乎不能单凭自己的力量去做一番事业,其中的任何人都不能强迫他人来帮助自己,因此,他们如不学会自动地互助,就将全部陷入无能为力的状况"。③ 在新英格兰地区,英裔移民一开始就创建了许多不属于任何共同中心管辖的小社区,每个小社区有自行管理自己事务的生活习惯,并以社团的形式开展公益服务或助人自治,④成千上万的,或专业或非专业、或无聊或严肃的民间社团构成了美国特有的景象。

美国公民社会以自治、独立、自愿、互助为思想基础。美国不存在公民社会对抗国家,也不存在公民社会制衡国家,而是公民社会参

---

① 〔法〕托克维尔:《论美国的民主》(下卷),董果良译,商务印书馆2013年版,第692—693页。
② 参见江汛清:《与世界同行——全球化下的志愿服务》,浙江人民出版社2005年版,第51—52页。
③ 参见〔法〕托克维尔:《论美国的民主》(下卷),董果良译,商务印书馆2013年版,第694页。
④ 参见北京志愿者协会:《走进志愿服务》,中国国际广播出版社2006年版,第7—8页。

与国家。在国家尚未诞生前,美国人对独裁和专制怀有强烈的担忧与抵制;国家建立后,崇尚自由主义的美国公民仍然强调言论、结社自由是公民的天赋人权。美国宪法中虽然没有明确载明公民有结社自由,但作为普通法国家,法的精神和法院判例对公民的结社自由推崇备至,对民间结社组织的信任以及对国家权力的警惕和防范使得美国人普遍认为"必须使社会的活动不由政府包办"。开展志愿服务,依靠自身强大的公民社会来处理一些涉及社会公正和公共福利的问题,体现了美国人倾向于运用私人办法解决公共问题的公民精神,义工组织成为美国民众结社生态的一部分正是这种公民精神的表现。

(三)第三方治理:美国义工组织成长的政治条件

萨拉蒙认为,美国非营利组织之所以发达,是因为历经时代变迁和政策选择,美国这个福利国家存在一个"第三方治理模式",即基于"市场失灵""政府福利不足"和"志愿失灵"的现实,选择建立政府与非营利组织合作的"第三方治理"体系来解决公共服务需求,这使得美国在"保持较小政府规模的情况下,有效地完成了政府的福利责任"。[1]

工业革命后,西方国家的经济结构发生了很大的变化,阶级对立加深,贫富差距加大,社会问题日益严重,罢工事件层出不穷。在这种情况下,统治者不得不改变方针,用建立保险福利制度的手段来稳定人们的情绪,安定社会秩序。但是,经济状况不景气使失业和贫困人口剧增,美国政府根本无力承担全部的社会福利,政府的机能是有限的,大部分劳工家庭并没有得到享受任何福利和保障的机会,而公民通过联合和组织的方式却往往能很快地解决许多具体的社会服务问题。非营利组织的存在,就是"市场失灵"与"政府失灵"相结合的产物,政府提供公共物品能力不足的现实促使了政府职能的变革,其

---

[1] 参见〔美〕莱斯特·M.萨拉蒙:《公共服务中的伙伴——现代福利国家中政府与非营利组织的关系》,田凯译,商务印书馆2008年版,第2页。

主要特点是将社会福利、社会保障、社会服务的职能交给社会上的志愿部门,政府式福利减少。但是,"志愿制度的一个主要缺陷在于,它无法产生充足的、可靠的资源,来处理发达工业社会中的人类服务问题"。而"志愿失灵"将导致义工组织和慈善活动在公共服务覆盖面的严重缺口以及服务的重复和浪费,同时,慈善的特殊主义、慈善的家长式作风和慈善的业余主义也都构成"志愿失灵"问题。[①] 萨拉蒙指出:"志愿部门的弱点正好是政府的长处,反之亦然。至少政府有潜力提供更为可靠的资源,可以在民主政治程序的基础上,而不是根据富人的希望,确立优先考虑的事情,可以通过建立权利而不是特权来抵消慈善制度的家长式作风,可以通过建立质量控制标准保证照顾的质量。但是,出于同样的原因,志愿组织比政府更能提供个人化的服务,可以在更小范围内运作,可以根据客户的需求而不是政府机构的结构来调整服务,可以允许服务提供者之间一定程度的竞争。无论是志愿部门代替政府还是政府替代志愿部门,都没有二者之间的合作有意义。承认了美国福利国家中广泛存在的第三方治理模式,并假定志愿部门是提供集体物品的主要机制,但存在某些固有的局限性或'失灵',那么政府与非营利部门之间的合作,就不是作为毫无根据的市场现象出现的,而是一种逻辑和理论上都很明智的方案"。[②]因此,发展志愿服务、提升社会福利,为社会的弱势群体提供各式各样的服务就成为民间与政府的共同选择。

可见,美国福利国家政策的一个特点是利用大量第三方机构来实施政府职能,由此出现一个精巧的"第三方治理"体系,"它反映了根深蒂固的美国治理传统以及近年来对服务成本和质量的关注……强调公共和私人机构之间大量的责任共享,以及公共部门和私人作用的大量混合,……他把公共项目的实际运作留给了小规模的组织,这些组织更了解要解决的问题"。在这个体系中,

---

① 参见〔美〕莱斯特·M.萨拉蒙:《公共服务中的伙伴——现代福利国家中政府与非营利组织的关系》,田凯译,商务印书馆 2008 年版,第 47—50 页。
② 同上书,第 51 页。

"政府与第三方执行者在很大程度上共享对公共资金支出和公共权威运用方面的裁量权",非营利组织成为联邦政府挑选第三者时的天然候选人。① 目前,在很多领域(如医疗卫生和社会服务领域),服务的主要提供者是非营利组织,政府自己的机构处于配角地位。在那些现有的非政府组织还未曾涉足,政府又不愿直接插手的领域,政府干脆再扶植起一批新的非营利组织。美国广泛存在的"第三方治理模式"为义工组织生存和发展提供了优越的政治条件。

(四) 从疏离到合作:美国义工组织的发展轨迹

扎根于乡镇自治和乡镇精神的思想、社会、经济、政治的混合环境对志愿服务事业与义工组织的发展产生了深远的影响,美国义工组织的高度发达是美国特殊的文化和历史发展的结果。但是,纵观美国义工组织的发展进程,决定美国义工组织发展状况最关键的因素还是其与政府结成的伙伴关系。义工组织的发展过程实际上是组织与政府相互作用的过程,是国家与社会之间张力的表现。目前,政府与义工组织的合作网络,已经成为这个国家人类服务供给系统的支柱,成为私人非营利部门生存的主要资金来源。②

1. 自由结社、疏离抵制

移居北美的英格兰人基于乡镇自治与乡镇精神,将自己组织起来,"为自己的利益、情感、义务还有权利而努力奋斗",他们认识到,"乡镇自由最容易受到国家政权的侵犯,全靠自身维持的乡镇组织,绝对斗不过庞然大物的中央政府。为了进行有效的防御,乡镇组织必须全力发展自己,使乡镇自由为全国人民的思想和习惯所接受。"③由此,自由结社和自治的传统成为美国发展进程中特有的元

---

① 参见〔美〕莱斯特·M.萨拉蒙:《公共服务中的伙伴——现代福利国家中政府与非营利组织的关系》,田凯译,商务印书馆2008年版,第43—45页。
② 同上书,第35页。
③ 〔法〕托克维尔:《论美国的民主》(上卷),董果良译,商务印书馆2013年版,第50、74页。

素。美国发展的历史是先有社团而后有国家,先有乡镇自治而后有照料公共需要和执行公共事务的政府,这种独特的发展历程使得美国人极力倾向于自由结社、实现自治管理,并认为结社的目标就是为私人利益服务,不需要政府干涉,也不依赖于政府来解决问题,私人利益也只有依靠建立起有效的社团才能得到保障。1896年美国马萨诸塞州出现了以"到最需要我们的地方去,做任何需要我们做的事"为宗旨的公益社团。一百多年来,基于自我治理、相互帮助的志愿精神而组织起来的社团一直活跃在社区服务、捐献钱物、扶贫济弱等各个社会领域。

独立前的美国民间结社兴盛,公民社会组织发达。这些组织发挥着自主管理私人利益和某些社会事务的功能,极力排除政府对社团的干预,以免自由受到政府公权的侵害。不过,北美殖民时期新英格兰建立的民间社团本质上属于合作互助组织,虽然在一定程度上也有助人、济贫的功能,但更多的是自救、互助与合作,与现代的志愿服务仍有相当的距离。这种社团敌视殖民政府,具有强烈的反国家意识。即使是因独立战争胜利建立起来的美国政府,也只是充当"守夜人"的角色。在美国人看来,宣布独立是为了生命、自由和对幸福的追求,制定和通过宪法也是为了获得自由、幸福,联邦制的确立正是对政府权力进行约束的制度选择。因此,早期的美国政府职能范围受到严格限制,规模也相当小,政府只保障民众某些不可转让的权利,它是人们用以保障人民自由和权利的工具,是受人们控制的。① 这种职能少、规模小并受到严格限制的政府对社会影响极其有限。弱政府的结果虽然为民间社团提供了广阔的自由发展空间,却也导致政府与民间社团关系的疏远甚至抵制。例如包括义工组织在内的非营利组织争取法人地位的行动就受到政府的严厉抵制,直到1844年,非营利组织的法人地位才获得联邦法律的承认,对公民自由结社权的宪法判例的确认则更是迟

---

① 参见〔美〕詹姆斯·M.伯恩斯、杰克·W.尔塔、托马斯·E.克罗宁:《民治政府:美国政府与政治》,吴爱明等译,中国社会科学出版社1996年版,第30—31页。

至 20 世纪中期。① 而联邦政府也并不主办任何志愿服务计划,仅仅是在特殊情况下大规模征召和组织公民参与一些带有志愿性质的工作,这也可以用来解释在英国志愿服务如火如荼、迅速发展时,美国政府为什么却在 170 年后才重视志愿服务。以志愿服务为目的的社会组织如果与政府疏离甚至对抗,既无法实现自身的社会性目标,更无法达成社会和谐与发展。②

2. 稳固发展、协作互助

20 世纪初的经济危机引发的经济大萧条彻底宣告了美国自由放任主义时代的结束,以《反垄断法》为代表的政府干预经济所取得的重大成就使得美国政府逐步摆脱了弱势的形象。罗斯福政府摈弃了以自由放任为特征的保守主义治国政策。罗斯福于"新政"实施前要求国会通过了 13 项重要法案,拨款 40 亿美元作为联邦救济金,成立民间资源保护队;建立政府对穷人的公共资助机制,增加了对直接提供服务的义工组织的资助。尽管罗斯福政府的这些措施与资助还只是临时性安排,但这些改革政策和立法使政府的政治面貌焕然一新,政府的职能范围和权利获得巨大的释放,而美国政府职能的扩张同时也决定了其必须为社会安全、失业保障、工资待遇、社会福利承担更大的责任。

---

① 1958 年,美国最高法院在"全国有色人种民权促进会诉阿拉巴马州案"(NAACP v. Alabama)中正式确认"结社自由"是一项第一修正案和第十四修正案保障的宪法权利。美国"全国有色人种协进会"是美国的第一个民权运动组织,成立于 1909 年。协会的主要目标是为美国少数种族争取政治、经济、社会和教育等方面的平等权利。该协会已经成为美国最大的民权组织。阿拉巴马州的一项法律要求任何企业或协会向州政府申请并获得批准后才能在州内合法活动。"全美有色人种协进会"未获得阿拉巴马州允许,即在州内活动,被阿拉巴马州起诉至法院。州法院要求协会提供有关信息以及成员名单。根据前述阿拉巴马州有关条例,如果拒绝交出会员名单,全美有色人种协进会可以被罚款 10 万美元,并由司法部门禁止其活动,这将使该团体的民权运动丧失活动能力。鉴于以前的类似要求曾给黑人成员带来人身威胁与经济制裁,协会提供了所有其他被要求的信息及其领导成员名单,但拒绝提供普通成员名单。阿拉巴马州法院因而判决协会犯有民事蔑视罪。联邦最高法院推翻了这一判决,认为美国宪法第一条修正案蕴含了"结社自由"原则,从而创设了结社自由这一宪法权利。

② 参见〔美〕奥利维尔·如恩斯:《为什么 20 世纪是美国世纪》,闫循华等译,新华出版社 2002 年版,第 176—184 页。

随着政府职能、权限的扩张,美国政府的经济、社会的管理角色被强化。具有现代意义的志愿服务社团作为一种均衡的力量也日益昌盛,有组织的社会力量不断对政府提出福利性、权利保障性公共政策要求,既扩展了政府对社会的渗透,也对政府和义工组织的互动提出了现实的要求,推动了政府与义工组织间的合作。20世纪初,民间义工组织——儿童福利机构或邻里活动中心在全国大量涌现,大多数的目标是帮助社会中贫穷和处境不好的人,政府为缓和社会矛盾开始对这些义工组织提供一定的资助。[1] 在以后的数十年间,美国政府为了建设福利国家,对经济、社会生活更加全面深入的渗透和干预,由此引发社会保险、政府援助、医疗健康、住房等福利开支急剧增加,客观上增加了政府职能部门的负担。

为了缓解美国在公共服务领域的压力,提高政府职能机构的工作效率,美国政府调整了社会公共政策,在向社会福利对象进行救助的同时,更多地依靠各种民间义工组织提供社会福利服务,这在客观上成为义工组织迅速发展的契机,社会福利资金成为义工组织最重要的经济来源。政府对民间义工组织的年度拨款也超乎寻常,特别是在一些特殊的领域,如儿童福利领域,而向贫穷开战和伟大社会计划是民间义工组织与政府之间关系的转折点。1964年,几个重大的联邦创新之举注入千万美元给现存的和新建立的民间义工组织,以推动消除贫困和增加社会公益服务。根据义工组织雇佣情况调查,1965年至1970年间联邦政府每年投入社会公益服务的资金从8120万美元增加到22亿美元。[2] 政府资助占义工组织收入的一半以上,而且各州在公共部门和义工部门之间都有数百项合同协议。公共部门与义工组织之间形成了相互依赖的关系,政府依靠各种民间义工组织向社会提供福利服务,义工组织则通过接受政府资助获得了持

---

[1] 参见〔美〕理查德·霍夫斯达特:《改革时代:美国的新崛起》,俞敏洪等译,河北人民出版社1989年版,第253—256页。

[2] See Annie E., Speak Up: Tips on Advocacy for Publicly Funded Nonprofits, Casey, Foundation, http://www. aecf. org/KnowledgeCenter/Publications. aspx. pubguid = % 7B6698A49A - 80DF - 4107 - 83BE - 568DAEE0181A%7D, Visited on May 13th, 2013.

续发展的机会。民间义工组织发挥着以下三项关键功能:(1)补充政府的福利供给;(2)增强政府重视工作规范、自足能力和市场等方面的通行政策的力度;(3)作为推动和扩大政府的福利供给的工具发挥作用。①

3. 自主发展、政府伙伴

美国政府对社会的全面渗透和干预带来了严重的后果。人们担心政府的扩张会威胁人的自由,逐渐产生抵制思想,反对政府加强对私人领域的渗透,其结果是促使美国的意识形态向新保守主义转变。20世纪80年代初,罗纳德·里根政府面对日益恶化的新的"滞涨"危机和新自由主义路线的失灵,毅然转向新保守主义,全面推进以"自由市场"和"还权于州""还政于民"为特征的社会政治经济改革。受新保守主义的影响,美国政府开始放松对市场和社会发展的规制。里根政府成立了以乔治·布什副总统为首的放松管制领导小组,统一领导对管制规章的制定和修正工作,撤销了1/3以上的联邦法规,废除了几百种清规戒律,极大地拓展了市场与社会的自主发展空间。新保守主义强调自主、自由的社会发展机制,并将志愿服务事业纳入还政于民的政策体系。里根总统声称:"凭借着与富兰克林·罗斯福寻求政府来解决问题的相同的激情,我们将探求民间组织的解决方式。我们面临的挑战是再次发动人民及其社区的独立精神……志愿主义是我们还政于民计划的必不可少的部分"。②在政府与民间义工组织的关系问题上,里根政府致力于"推动民间部门在解决公共需求中发挥领导作用、承担责任,并采取多种方式培育更好的公—私伙伴关系"。③ 当然,减少政府干预、推动民间自主发展并不意味着政府可以袖手旁观、推脱责任,而是致力于建立一种伙伴

---

① 参见李亚平、于海:《第三域的兴起——西方志愿工作及志愿组织理论文选》,复旦大学出版社1988年版,第224页。

② 参见扶松茂:《开放与和谐——美国民间非营利组织与政府关系研究》,上海财经大学出版社2010年版,第120页。

③ See Lester M. Salamon, Parteners in Public Service: Government-Nonprofit Relations in the Modern Welfare State, The Johns Hopkins University Press, 1995, p.193.

关系。所以,里根政府成立了"白宫私人部门主动行动办公室"(White House Office for Private Sector Initiatives),希望以此推动民间和私人的首创精神和自主行动,促进民间义工组织与政府的伙伴关系的发展。而在乔治·布什担任总统期间,他向国会申请了42亿美元预算资金,在全社会发起了"光明行动",目的就是要扶助和促进民间义工服务组织在提高人民生活质量和解决社会实际问题方面发挥作用。

里根政府反对动用过多的联邦资金维持庞大的社会福利计划,主张减少社会福利开支,缩减社会保障的范围和规模,同时实施还权于州的改革遏制联邦集权的趋势,将许多社会福利计划转移给州和地方政府,并由州和地方政府直接支持和推动社区建设,激励社区志愿行动和精神的发展。联邦政府直接社会福利支出预算的减少,促使民间义工组织积极拓展自主发展的资源。① 自主发展的首要表现就是收入构成比例的变化。民间义工组织在接受政府资助的同时,通过收费和其他方式的收入超过了政府资助的增长幅度,表明其相对于政府的自主性逐步增强。

新保守主义改革迫使民间义工组织改变依附政府发展的方式和观念,并在美国新公共管理改革的进程中逐步形成了政府与民间义工组织平等协作的伙伴关系运行机制。新公共管理改革将政府与民间义工组织看做提供社会服务的平等主体和工具,他们各自具有不同的服务优势和最适合的任务。政府最适合从事政策管理、管理实施、保证公平、防止歧视和剥削、保证事业的连续性和稳定性、加强社会凝聚力的任务,着重在执行复杂的任务、提供需要迅速适应变化的服务事业、向纷繁复杂的人群提供公共服务等方面发挥作用;而民间义工组织的优势是向不同的人等提供细致的志愿服务、具有同情心、

---

① 里根政府在公共服务财政上的紧缩政策对包括义工组织在内的非营利组织的影响利弊共存。一方面,政府将更多处理公共问题的责任返还给义工组织,扭转了在过去政府长期扩张过程中,义工组织普遍只是被委托做些琐碎工作的局面,义工组织得以从依附发展状况中拯救出来;另一方面,它也使得义工组织面临严重的财政压力,削弱了义工组织满足新需求的能力。

责任心和对问题进行全面处理并产生信任的能力。政府与民间义工组织在公共服务领域的能力与优势可谓各有所长,这是双方合作的现实基础。① 而政府与义工组织之间的平等合作可以不断强化相互间的伙伴关系建设。应当指出的是,美国政府与义工组织之间的伙伴关系建设,其前提是必须基于对个人自由和公民各种权利的充分尊重和保护,否则就不可能形成足以制约政府的社会张力,而缺乏制约政府的社会张力,义工组织随时有被吞没的危险。

美国是一个由义工建立起来的国家,志愿精神深入人心,公众广泛志愿参与已经成为维持美国社会运转的支柱之一,如果没有以义工组织为核心的第三方伙伴关系的介入,政府有限的财政资源不可能支撑国家的正常运行。② 在美国,"政府与第三部门合作而不是对立,才是历史的主流"。义工组织在保证社会顺利运转、为美国提供优质的公共服务方面发挥了巨大的作用。但是,相较于英国义工组织,美国义工组织的独立性较弱,由于其活动资金的来源过多依赖于政府的资助,其任务的组织过分依赖于政府的支持③,这种客观现实决定了美国志愿服务及其组织运行呈现政府主导的发展趋势。作为现代意义上的志愿服务,美国这一阶段政府主导下的志愿服务,大致又经历了以下三个不同的发展时期和发展方式:④

(1) 美国政府主导志愿服务的初创与扩张(1961—1971)

---

① 参见〔美〕戴维·奥斯本、特勒·盖布勒:《改革政府:企业家精神如何改革着公共部门》,周敦仁等译,上海译文出版社1996年版,第327—330页。

② 据美国国家与社区服务机构公布的《2010年美国志愿服务简况》显示,美国人已经将志愿服务作为应对金融危机的一种方式,奥巴马说:"面对挑战,美国人民不是问题的起因,而是解决问题的力量",他希望通过强化美国人对志愿精神的基本信念,帮助美国克服经济难关。目前,约6340万义工所奉献的服务时间总数为81亿小时,创造经济价值近2000亿美元。

③ 在美国的公共服务中,联邦政府更多的是以资金的提供者和监管者的角色,而不是以服务提供者的角色来出现的,由此,有些学者对政府资助给非营利组织发展带来的影响表示担忧,他们认为政府资助可能破坏非营利组织的独立性,使其偏离基本目标,产生过多的专业化而使非营利组织丧失志愿根源。

④ 中国社会科学院美国研究所徐彤武研究员以《联邦政府与志愿服务的兴盛》为题,对美国志愿服务的演变、现状与成就、管理体系特点进行了系统的研究。参见徐彤武:《联邦政府与美国志愿服务的兴盛》,载《美国研究》2009年第3期。

美国政府对志愿服务首次以"出资人"和"主办者"的身份,采用积极引导的方式,吸引义工参加国家各种志愿服务计划,目的在于解决美国社会出现的新情况,适应新变化和新的服务需求,提升志愿服务精神。1961年3月肯尼迪总统创建和平队海外志愿服务计划,美国国会于同年9月通过《和平队法》,批准了对和平队计划的管理授权及相关拨款。和平队吸引了一批对外部世界怀有强烈好奇心、身负美国式理想主义治理方案的年轻人到发展中国家从事教育、卫生和发展援助工作。1964年约翰逊政府仿照"和平队"计划、以"向贫困宣战"为目标,成立了"服务美国志愿队",参与志愿队的义工为贫困地区居民提供帮助的同时,也获得了教育和接受培训的机会。此外,美国政府还主导创办了"养祖父母计划"(1965)、"退休老年人志愿者计划"(1969)和"老年伴侣计划",吸引退休人员发挥潜力投身社区服务事业。[①]

(2)美国政府主导志愿服务的调整与巩固(1971—1993)

美国联邦政府通过系统的行政和立法措施,从根本上改善对联邦志愿服务计划的领导,确立了完善的联邦志愿服务体系的法律框架和组织机构。1971年尼克松政府成立了统一管理所有联邦志愿服务计划的机构——"行动",即美国改善邻里委员会(American Council to Improve Our Neighborhoods,缩写 ACTION),"行动"作为志愿服务组织制度的大胆创新,其职能一度包括和平队计划。1973年美国国会通过《国内志愿服务法》,授权"行动"机构领导全国志愿服务,并对当时已有的联邦志愿服务计划确定了涉及定义、目标、管理、执行、拨款、志愿者权利等相关事宜的法律依据,具体涵盖了"服务美国志愿队"、老年志愿者计划以及新出台的专门服务于小企业的"在职建立服务队""退休经理服务队"。

---

① 1965年8月28日启动的"养祖父母计划"(Foster Grandparent Program),旨在动员老年义工与有特殊需要的孩子结对,关爱与照顾那些需要特别照顾的残障、孤幼儿童;而1968至1971年之间由美国联邦卫生、教育和社会福利部等合作试点的、福特政府时期正式创立的"老年伴侣计划",旨在吸引义工陪伴鳏寡孤独和病残老人,为他们提供心理慰藉和生活服务。

1990年11月16日,老布什总统签署了《国家与社区服务法》,并成立联邦独立机构"国家与社区服务委员会"(Commission on National and Community Service)。《国家与社区服务法》旨在弘扬志愿者精神,发动青少年积极参加志愿服务计划,引导志愿服务深入基层社区、解决实际社会问题,其最重要的特色是详细地规定了义工的工作时间、年龄、报酬和培训要求,首次授权联邦政府选定并资助一家民办非营利基金会,以便执行服务义工、传播义工精神的"光点计划"。

1993年时任总统克林顿实施联邦志愿服务体系的总体改革。根据1993年《国家与社区服务机构法》,美国政府设立了新的联邦志愿服务全国性机构——"国家与社区服务公司"(Corporation for National and Community Service,CNCS)。CNCS由一个高级别理事会领导,理事和首席执行官均需由总统任命,经参议院批准,作为一个独立的联邦志愿服务机构,它合并了"行动"和"国家与社区服务委员会"的全部职能,统管了所有国内的联邦志愿服务计划。同时,《国家与社区服务机构法》提出了组建各州志愿服务委员会的要求。

(3)美国政府主导志愿服务的提高与发展(1994—2008)

1994年美国"国家与社区服务公司"的正式运转推动了各种联邦志愿服务计划的规范化发展,而各种重大突发事件如"9·11"恐怖袭击、卡特里娜飓风、金融海啸等迫使联邦政府迅速扩张志愿服务计划,强化应急志愿服务能力。2001年1月小布什在就职演说中号召美国人应该做"有责任心的公民",力求提升美国民众参与志愿服务的精神。从总体上看,此阶段美国政府强化志愿服务的措施主要有两项:一是强化联邦政府最高层对志愿服务工作的协调,如白宫设立"美利坚自由服务团",以协调国家志愿服务行动;二是配合国家安全战略扩展联邦志愿服务计划,除大幅度增加原有计划的规模外,还创设了"公民服务队计划"与"缔造繁荣义工计划"。

二、美国志愿服务组织体系

美国现任总统奥巴马曾说:"我国的历史始于对义工的召唤"①。公众对社会公共事业的主动参与和义工精神是美国文化传统的重要组成部分,北美殖民地早期的社区服务主要就是通过居民的志愿性互助方式实现的。但是,从实践看,美国现代意义的志愿服务事业却表现为政府主导的志愿服务计划与义工组织自主发展有机结合的特质,两者既分立又统一。政府通过主导各种志愿服务计划并以财政援助或财政拨款的方式吸引义工组织加入;义工组织则通过参与国家志愿服务计划获得自主发展的资金,与政府主导的志愿服务计划具有一定的依赖关系。由此,美国建立了以开展各种联邦志愿服务计划为中心,义工组织为主体的志愿服务组织体系。

(一)国家与社区服务公司

1."国家与社区服务公司"的创建

美国联邦政府以志愿服务计划提升社会福利和公共服务事业,因此,建立全国性的志愿服务领导机构统筹实施各种志愿服务计划是美国政府改革和完善志愿服务事业的重要内容。1971年7月1日,尼克松政府成立了统一管理所有联邦志愿服务的机构——"行动"②;1990年11月16日,老布什总统签署了《国家与社区服务法》,建立志愿服务事业的联邦独立机构"国家与社区服务委员会"③;1993年,克林顿政府再次对联邦志愿服务体系实施总体改革,并以《国家与社区服务机构法》为依据,设立新的联邦独立机构"国

---

① Barack Obama, Proclamation: National Volunteer Week, 2009, Office of the Press Secretary, the White House, http://www.whitehouse.gov/the-press-office/2011/04/07/presidential-proclamation-national-volunteer-week,2013年5月13日访问。

② Domestic Volunteer Service Act of 1973, http://www.law.cornell.edu/uscode/text/42/chapter-66, 2013年5月13日访问。

③ National and Community Service Act of 1990, http://en.wikisource.org/wiki/National_and_Community_Service_Act_of_1990, 2013年5月13日访问。

家与社区服务公司"。"国家与社区服务公司"合并了"行动"和"国家和社区服务委员会"的全部职能,统管所有国内的联邦志愿服务计划,包括当年新创建的"美国志愿队"计划。《国家与社区服务法》调整了有关义工年龄、服务时限、奖励机制等规定的细节,提出了在各州组建志愿服务委员会的要求。① 1994年"国家与社区服务公司"的运行标志着美国志愿服务事业开始有了全国统一的领导机构。

2. "国家与社区服务公司"的目标与职能

"国家与社区服务公司"是联邦政府打造的一个独立的"航空母舰"式的志愿服务组织,具有自己的战略目标,即通过志愿服务满足基层社区的关键性需求;加强社区和其他社会组织吸引公民参与志愿活动的能力;大力倡导终生志愿服务的理念和道德,为来自各种背景和年龄段的美国人创造志愿服务的机会。这些战略目标既相互联系又互相区别。作为志愿服务事业的整体战略,美国"国家与社区服务公司"的基本职能是建立适当的志愿服务计划,与各种民间义工组织、教育机构和其他公共部门建立密切的合作关系,并对志愿服务计划实施统一规划管理,统一拨付资助款项,提供专业性的协调指导、信息咨询、技术支持和研究分析服务,保障各种志愿服务计划达成相应的战略目标。美国"国家与社区服务公司"正在开展的"老年志愿服务计划"、"美国志愿队计划"与"学习与服务美国计划"吸引了约177.5万义工参加,还带动了另外约226万名义工,两项合计共动员义工400万。②

(1) "老年志愿服务计划"(Senior Corps)

"老年志愿服务计划"是由约翰逊总统启动"服务美国志愿队"向贫困宣战系列措施的核心组成部分,是一项旨在吸引特定年龄结构群体的义工参与社区服务事业的长期志愿服务计划。"老年志愿

---

① See National and Community Service Act of 1990, http://en.wikisource.org/wiki/National_and_Community_Service_Act_of_1990, Visited on May 13th, 2013.

② 参见徐彤武:《联邦政府与美国志愿服务的兴盛》,载《美国研究》2009年第3期。

服务计划"由美国"国家和社区服务公司"组织实施、民间义工组织参与,由"退休老年志愿者计划"、"养祖父母计划"和"老年伴侣计划"构成,涵盖1300个具体的志愿服务项目,每个计划的服务重点不同:"退休老年义工计划"由《国家和社区服务机构法》确认,把大批没有退休的老年人纳入该计划的适宜人群,凡年满55周岁的老年义工可以根据自身情况选择志愿服务的时间、地点和服务岗位,该计划服务内容没有限制,只要是适宜自己的活动就可以申请;"养祖父母计划"要求义工年龄在60岁以上,其服务和照料的对象是在学校、医院、戒毒中心和托儿所里有特殊需要的孩子;"老年伴侣计划"招收的义工也应在60岁以上,其负责陪护和照料的对象是因身体虚弱或有病无法出门的老年人,义工应持续地接受关于老年病和预防中风知识的培训。① "老年志愿服务计划"经过其后的历届政府支持和法律的确认,至今仍是美国最重要的志愿服务计划之一。

(2) "美国志愿队计划"(America Corps)

"美国志愿队计划"是约翰逊总统向贫困宣战计划的重要措施,是一个由政府拨款支持的覆盖全国的大型服务系统,每年招收7.5万名17岁以上的专职或兼职义工,工作重点是为社会公共领域如教育、公共安全、卫生环境等提供志愿服务。其合作伙伴是各州的公立机构和义工组织。"美国志愿队计划"具体包括:(1)州和全国计划,这是一个复杂的分层拨款计划,旨在资助各地公共机构、非营利组织、义工组织、学校和其他组织吸收各种背景的美国人参与志愿服务。(2)服务美国志愿队。以扶贫为主要任务,每年约有7000名专职义工驻扎在美国最贫穷的乡村和城镇社区,协助当地的公民信仰组织、义工组织、公立机构创办各种扶贫自救项目,帮助低收入的城乡社区开设新的、急需的服务项目,使困难的个人、家庭或社区最终脱贫。"服务美国志愿队"招收的对象是18岁以上的公民,服役期为一年。参加者在项目结束后,在选择联邦职业时有免试资格。该计划的义工需要克服许多常人难以想象的困难,他们的奉献精神备

---

① 参见冯英、张惠秋、白亮:《外国的志愿者》,中国社会出版社2007版,第103页。

受美国人民称道。(3)全国公民社区服务队计划,这是一个全日制的计划,招收 18 至 24 岁的青年义工,以服兵役的形式,由 10 至 12 人组成一个小组,在专用营地接受编组和培训,创建各种小分队,然后以团队为单位被派遣到急需志愿服务的目的地执行各种任务,为保护自然资源、促进公众安全、满足社区儿童和老年人的教育及其他人生需求提供服务。① 该项目为期 10 个月,参加者在服役期间可获得 6000 美元的津贴,带孩子者还可以选择一个为该项目设立的配套基金,用以支付看护费用。服役结束时还可获得一笔一次性的奖学金,用以抵学费,也可领取一定量的现金。

(3)"学习和服务美国计划"(Learn and Serve America)

"学习和服务美国计划"是一个建立在择优竞争基础上的辅助性资助计划。它通过各州、印第安部落和海外领地的公立机构和跨州的志愿服务组织的参与,为从幼儿园到大学的各种与志愿服务相结合的学习活动提供资助与指导,其根本目的是把有关公民意识和志愿服务精神的教育贯穿于青少年成长的各个阶段,同时力求让他们的志愿服务为所在社区解决一些实际问题,如清理环境、恢复居民区绿地、循环利用废弃物品等。这套计划也包括许多项目,如给中小学校和幼儿园有关项目拨款,资助贫困学校学习和志愿服务项目的拨款,扶持印第安部落和美国海外领地有关项目的拨款,资助基层社区和公民信仰组织相关活动的拨款,给高等院校有关志愿活动拨款等。学习和服务美国计划已向全国一百多个机构提供了资助,带动了 120 万人参与各种志愿服务。

(二)联邦政府其他机构的志愿服务计划

1. 国土安全部联邦紧急措施署主管的"公民服务队计划"

"公民服务队计划"(Citizen Corps)的宗旨是通过教育、培训和志愿服务,使居民社区更加安全,更好地为应对恐怖主义威胁、犯罪、

---

① 参见江汛清:《与世界同行——全球化下的志愿服务》,浙江人民出版社 2005 年版,第 228—230 页。

公共卫生事件和各种灾害做好准备。联邦紧急措施署是"公民服务队计划"的总协调机构,与联邦司法部、卫生部、公众服务部、环保署、国家与社区服务公司、全国性非营利性组织以及各个州和地方的政府机关、急救机构、义工组织保持密切联系。目前,美国所有的州和海外领地都建立了州级公民服务委员会,每个州都设有一名经州长任命的公民服务队计划协调员。全国州级以下的地方政府建立了2395个公民服务委员会,一个由公民服务队义工和相关组织支撑的全国性应急系统已经基本形成。①

"公民服务队计划"具体包括"社区应急服务队"(Community Emergency Response Teams, CERT)、"消防服务队"(Fire Corps)、"医疗服务预备队"(Medical Reserve Corps, MRC)、"守望美利坚计划"(USA on Watch)和"警务志愿服务队"(Volunteers in Police Service, VIPS)五个子计划,②所有这些志愿性的服务加起来大约覆盖了79%的美国人口。"社区应急服务队计划"通过有组织的培训,使受训的公民掌握基本的应急、自救和搜索救援的常识和技能。参加服务队的义工负责加强居民社区或工作场所的应急准备状态,并在第一时间对突发事件作出反应。为引导青少年的参与,联邦紧急措施署还发起了配套计划"少年社区应急服务队"和"校园社区应急服务队"。"消防服务队计划"是鼓励和组织公民参与志愿消防工作,协助专业消防与救援部门在社区和青少年中普及防火和安全常识。"医疗服务预备队计划"把居民中具有医疗和公共卫生专业知识的义工组织起来,形成团队,这些团队不仅成为本地应急计划的组成部分,在平时还参与辅助性的社区公共医疗服务,协助卫生部门实施免疫计划和开展鲜血动员工作,"守望美利坚计划"是美国司法部资助的"邻里守望计划"的扩充版,目的是提高居民对可疑的人和情况的警觉性,预防犯罪和恐怖袭击,并随时作好应对紧急事态的准备。"警务志愿服务队计划"为符合条件的义工提供培训和支持,使他们能够

---

① 参见徐彤武:《联邦政府与美国志愿服务的兴盛》,载《美国研究》2009年第3期。
② 资料来源:http://www.ready.gov/about-citizen-corps,2012年1月30日访问。

参与地方警察部门中的行政、后勤等岗位的辅助性警务工作,以腾出正规警力增援保障社会治安的一线工作。① 目前,"公民服务队计划"已经组建了3325支社区应急服务队,933支消防服务队,825支医疗服务预备队和1928支警务志愿服务队。全国有两万多个社区实施了"守望美利坚计划"。②

2. 内政部主办的"为美国骄傲计划"

内政部的业务管辖范围涉及美国国土面积的1/5,包括2.56亿英亩的国有土地,9620万英亩的水面和湿地,8460万英亩的国家公园、历史遗址和纪念地等。"为美国骄傲计划"由时任内政部长唐·霍德尔于1985年提出。它主要针对各类在校学生,特点是把宣传、教育、培训、服务和对大自然之美的享受融为一体,激发青少年义工的工作热情,将青少年爱国主义情结凝结于保护美国的文化历史遗产、野生动物栖息地、国有土地、国家公园和其他自然资源的志愿服务中。

3. "和平队计划"

"和平队计划"的宗旨是"促进世界和平与友谊",是联邦政府主办的第一个海外志愿服务计划,1961年3月1日由肯尼迪总统创建。和平队的义工在发展中国家从事教育、卫生和发展援助工作,通常的工作领域涉及教育、健康和艾滋病、环境、商业发展、农业及青年发展,以促进东道国与美国间相互了解;"和平队计划"的主任和副主任由总统任命、参议院批准。它的实际运作服从于美国外交战略的需要。冷战的结束一度导致该计划的停滞和缩减。"9·11"事件发生后,美国政府需要调整与外部世界的关系,"和平队计划"得以重振,迎来了自创办以来的第二个兴旺时期。该计划的志愿者多为年轻人,平均年龄25岁,94%的人拥有至少一个本科学位,11%的人是在读或者研究生毕业。经历严格的选拔和培训程序后,合格者将

---

① 参见徐彤武:《联邦政府与美国志愿服务的兴盛》,载《美国研究》2009年第3期。
② See FEMA: Citizen Corps: A Guide for Local Officials, 2002, http://www.fema.gov/library/, Visited on May 17th, 2013.

被派遣到某个发展中国家服务两年。

4. 美国国际开发署主管的"缔造繁荣义工计划"

"缔造繁荣义工计划"由小布什总统于2003年5月31日启动，目的在召唤具有高度技能的美国专业人士投身国际志愿服务，以"支持美国为促进全球健康和繁荣而作出的主要努力"。参与计划的除了提供有关项目拨款的美国国务院、商务部、卫生部等联邦部门以及美国国际开发署主管机构，还有成为合作伙伴的约三百家美国企业和各种民间志愿服务团体。其义工多为医生、护士、工程师、计算机专家、管理人员等，他们被派往众多发展中国家，特别是中东和非洲国家，服务期限从数周到一年不等。该计划的具体任务涉及美国政府"全球健康与繁荣议程"中关注的问题，包括防治艾滋病、经济增长、贸易与投资、妇女权益、农业发展、洁净水资源以及计算机与通信服务。目前，该计划已经累计派遣了12万名义工到海外服务。[①]

(三) 义工组织的协作与完善

美国联邦志愿服务组织体系的基础是义工组织，联邦政府机构开展的全国性志愿服务计划并非仅仅依靠政府的行政力量，在一定程度上，缺乏义工组织的支持，美国政府各项志愿服务计划就可能是空中楼阁。从实践看，联邦政府志愿服务计划的实施除依赖联邦州、地方政府系统的必要协助外，动员、组织、协调一切社会力量积极参与联邦政府的志愿服务计划是美国志愿服务的特色，社会企业、各种义工组织的参与直接决定着计划的成败。以美国"国家与社区服务公司"负责实施的"老年志愿服务计划"为例，政府招募义工的基本条件是55周岁以上的老年义工，没有义工及义工组织的积极配合，"老年志愿服务计划"就不可能取得理想的效果。"公民服务队计划"所依靠的紧急动员能力和物质资源，也依赖于包括"美国红十字会"、"消防义工组织"、"退伍军人组织"及"全国救灾义工组织联

---

① See Office of Volunteers for Prosperity, Volunteers for Prosperity Annual Report 2008, http://pdf.usaid.gov/pdf_docs/PDACM414.pdf, Visited on May 17th, 2013.

盟"等在内的 23 个全国性义工组织的支持。在"缔造繁荣义工计划"中,义工的报名、选拔和派遣工作全部由参与该计划的义工组织和社会企业完成。

义工组织除与联邦政府结成合作伙伴关系,积极参与、协助联邦志愿服务机构完成全国性的志愿服务计划外,也根据当地、社区的现实需要开展各式志愿服务活动。

1. 太阳城——完全由义工管理的城市

太阳城位于美国中西部亚利桑那州,居民有 48000 人。城市最特殊的是没有政府管理机构,所有的公共服务领域都由义工负责。太阳城有一组很有特色的被太阳城人视为自己城市精神的雕塑,这组雕塑由四个人和一只小狗组成,他们分别代表了负责公共清洁的义工、警察义工、老年义工、儿童义工,而小狗作为美国人最喜爱的宠物,代表着动物义工。

亚利桑那州是沙漠戈壁地区,巨大的仙人掌是整个州的主要植物。"太阳城骄傲"是负责城市公共区域清洁绿化的义工组织,共由 400 名义工构成,城市的绿化工作全部由该组织的义工做。义工会有计划地对公共区域进行绿化,他们自己动手搬石除草,整理土壤,甚至租来机器,买来合适生长的树木种植。太阳城的"警察义工组织"(The Sheriff's Posse of Sun City)可以体现出当地志愿服务的重要性以及居民对义工的信任。该组织执行着警察的大部分职能,完全由 166 名义工组成。这些义工有专门的警服、警车,如果要配枪,只要通过考试即可。"警察义工组织"的设施和政府警察局完全一致,警察义工按照公共治安需要进行分工,负责具体的监视、内务、巡逻等警务活动,以共同维护城市的治安并预防犯罪,他们拥有除逮捕之外的警察的所有的权力。

太阳城所有的公益服务项目,如为残疾人服务、帮助生活贫困和无家可归的人等,均由特定的义工组织负责。为实现特定的公益性目标,太阳城的义工组织也经常开展联合行动,而针对某些需要长期服务的公益事业,太阳城会成立相对应的义工组织,这些专门的特殊义工组织长期向特定的人群提供志愿服务或为推动社会发展作贡献。①

2. 美国全球义工组织

"美国全球义工组织"是由美国的民间人士于1984年创立的非营利性公司,在世界范围内开展一系列志愿活动,其主要业务是策划、实施国际志愿服务活动。"美国全球义工组织"的总部设在美国的明尼苏达州,其分支机构遍及美国和加拿大的主要城市。"全球义工组织"的宗旨是争取世界的持久和平和促进正义。该组织认为人类持久和平与繁荣需要建立在共同富裕的基础之上,应该通过国际性的志愿活动来消除穷人和富人之间的不信任状况,帮助穷国和穷人走上自力更生的道路。通过义工的行动,在经验、智能、财力、物力上对贫困地区的人民进行援助,这样可以增强贫困人民的信心,调动他们自力更生的积极性,减少向城市灾难性大移民。

"全球义工组织"要求义工开展一种"仆人学习者"式的交流。每个义工都要有一种公仆的精神,以高尚的奉献意识和仁爱观念投身于各项志愿服务活动。② 同时,也注重向每个义工介绍其服务的地区所具有的独特的文化地域风情和民族习惯,引导人们将参加志愿服务行动定位为一个学习的过程,每个参加者可以以少量的物质付出来获得崇高的精神享受与充实,从而升华自己的人生观和价值观。参加该组织,是生活在富裕的北美地区的人们展现自我才能、进行自我开发的绝好机会。

3. 全国救灾义工组织联盟

美国"全国救灾义工组织联盟"(National Voluntary Organizations Active in Disaster, NVOAD)成立于1970年,其全国性会员组织49个,此外还吸收了大批的二级会员。该联盟总部设在弗吉尼亚州的阿灵顿,在美国所有州和海外领地都建立了分支机构,已形成覆盖全

---

① 参见王艳蕊:《谁在推动美国的志愿精神》,载《民间》2006年秋季刊。
② 参见江汛清:《与世界同行——全球化下的志愿服务》,浙江人民出版社2005年版,第230—231页。

第二章　美国义工组织法人制度

国的救灾网络,与联邦紧急措施署保持紧密的联系。为提升效率,减少重复劳动,合理利用资金、材料与劳动力,NVOAD 以合作(Cooperation)、交流(Communication)、协调(Coordination)、协作(Collaboration)4C 准则作为救灾运作过程中的指导,活跃于包括预警、反应、救援、恢复、减灾等救灾的各个阶段。①

三、美国义工组织的法治环境

美国是一个法治国家,积极扶持和促进志愿服务的法律框架营造了良好的法治环境,为义工组织的蓬勃发展发挥了重要作用。在不断积累和逐步完善的过程中,美国形成了一整套体系完备、内容丰富、规范严谨的志愿服务立法体系,主要涉及志愿服务组织的法人制度、志愿服务的政策扶持与税收优惠、义工权益保护以及国会针对联邦志愿服务计划的特别法等。

(一) 美国志愿服务立法概览

1. 非营利组织立法

从总体上看,义工组织属于非营利组织范畴②。美国的非营利组织主要有三种形式,即公益信托、非营利法人和非法人非营利组织③。

---

① 资料来源:http://crm.foundationcenter.org.cn/html/2012-04/156.html,2013 年 5 月 13 日访问。

② 美国的非营利组织必须符合三个条件:一是该机构的运作目标完全是为了从事慈善性、教育性、宗教性和科学性的事业,或者是为达到税法明文规定的其他目的;二是该机构的净收入不能用于使私人受惠;三是该机构所从事的主要活动不能影响立法,也不干预公开选举。符合以上条件且能够享受免税资格的组织便是非营利组织。

③ 为解决非法人非营利组织因无独立的法律主体地位而导致在财产、诉讼、责任等方面法律问题的困境,美国统一州法全国委员会(The National Conference of Commissioners on Uniform State Laws)于 1996 年通过《统一非法人非营利性社团法》并向各州推荐适用。该法适用于非法人的"关于慈善事业、教育、科学和文学的俱乐部、协会、商会、政治团体、合作社、教会、医院、共同管辖区协会、小区协会和其他非法人非营利社团"。《统一非法人非营利性社团法》基于给予上述目的非法人组织独立法律主体的基本态度,在取得、占有和转让财产(特别是不动产)的权限;作为独立法律主体起诉和被诉的权限;主体和成员的合同责任和侵权责任三方面对传统的非法人非营利组织判例法进行了改革。

在美国,凡以公共或慈善为目的而设立的组织均可依法注册备案为非营利法人,非营利性法人由《非营利性法人示范法》(1987年)规范、调整。针对非营利法人服务的对象和性质,美国《非营利法人示范法》将非营利法人进一步区分为公益法人、互益法人和宗教法人,供不同的非营利组织取得法人资格时选择适用。美国《非营利法人示范法》对公益法人、互益法人以及宗教法人的注册条件、注册程序、治理结构、财产运用、法人解散、撤销、终止等进行了详细的规定,具体架构如下:①

第一章　一般规定
第二章　组织机构
第三章　目的和权力
第四章　名称
第五章　办事处和代理人
第六章　成员和成员资格
第七章　成员大会和投票
第八章　董事和执行官
第九章　(保留)
第十章　章程和章程细则的修改
第十一章　合并
第十二章　财产的出售
第十三章　分配
第十四章　解散
第十五章　外州(国)法人
第十六章　档案和报告
第十七章　过渡性规定

---

①　详细内容可参阅金锦萍、葛云松主编:《外国非营利组织法译汇》,北京大学出版社2006年版,第1—70页。

2. 非营利组织税收减免制度

在美国,非营利组织即"免税组织"[①](Exempt Organization),其法律依据为美国1986年的《国内收入法典》(以下简称《税法典》)、美国《联邦所得税法》及《税法实施条例》。[②]

美国国税局编号的免税组织类型[③]

组织描述	条款编号
依《国会法案》组成和获得免税权的法人社团	501(c)(1)
对其他具有免税资格组织拥有财产权的法人社团(Corporation)	501(c)(2)
为以下目的而成立和运行的组织:慈善、宗教、科学、公共安全试验、文学、教育、促进业余体育竞技或预防虐待儿童、动物	501(c)(3)
社会福利组织(包括进行游说的组织)和地方雇员协会	501(c)(4)
劳工、农业和园艺组织	501(c)(5)

---

① 美国的"免税组织"即自身收入无需纳税,且其捐助者因其捐助而享受税收减免的组织。在具体的税法条款中,501(C)(3)条提到的组织是"免税组织"的主力军,税收优惠较多,并形成了非营利组织和慈善捐助扣除相关税收法律的中心条款。501(C)(3)条所规定的组织是指"专为以下目的的成立和经营公司、社区福利基金、基金或基金会:宗教、慈善、科学、公共安全测试、文学、教育,或为促进全民和国际业余体育竞争,或为防止对小孩和动物的虐待。其净收益不是为了保证私人股东或个人收益,其行为的实质目的不是进行大规模宣传或企图影响立法,不支持或反对任何公职候选人参与或干涉任何政治竞选活动的组织"。

② 美国《国内收入法典》(Internal Revenue Code)是世界上最庞大、最复杂、最难懂的法律,整部法典有24兆字节,包括340多万个英语单词,主要内容包括:所得税、遗产税与赠予税、雇佣税、征收程序与行政管理、总统竞选运动的资金筹集等。美国著名法官Learned Hand 就曾在《自由的精神》(The Spirit of Liberty)中这样描述繁杂、晦涩、难懂的《美国税法典》:"在我看来,所得税一类的法案语言,不过是排着没有意义的队伍在我眼前跳动着的符号;相互参照又相互参照,例外之上又有例外——只是一些抽象的术语,没有线索可以把握——脑海中只对一些极其重要但又成功隐藏起来的观点有一个模糊的印象。我的责任是尽我所能去概括它们,当然只有在经过长时间的努力之后才能做到。"我国学者翟继光出版的《美国税法典(精选本)》中译本为我国学者学习和研究美国税法提供了重要的基础资料,详见翟继光编:《美国税法典(精选本)》,经济管理出版社2011年版。

③ 参见〔美〕贝希·布查尔特·艾德勒、大卫·艾维特、英格理德·米特梅尔:《通行规则:美国慈善法指南》,金锦萍、朱卫国、周虹译,中国社会科学出版社2007年版,第2—3页。

续表

组织描述	条款编号
商业联盟、商会、房地产同业会、贸易协会和职业足球协会	501(c)(6)
社会俱乐部	501(c)(7)
为其成员提供保险或类似福利的互助团体(兄弟会)	501(c)(8)
志愿雇员受益人协会	501(c)(9)
不为成员提供保险的互助团体	501(c)(10)
教师退休基金协会	501(c)(11)
地方慈善人寿保险协会、共有沟渠或灌溉公司以及合作电话公司	501(c)(12)
墓地公司	501(c)(13)
信用合作社联盟和互助保险基金	501(c)(14)
某些小型保险公司	501(c)(15)
提供农作物融资的法人	501(c)(16)
辅助失业福利信托组织	501(c)(17)
某些1959年前雇员建立的养老金计划	501(c)(18)
退伍军人组织	501(c)(19)
团体法律服务计划	501(c)(20)
矽肺疾病福利信托	501(c)(21)
某些ERISA+(职工退休所得保障)信托组织	501(c)(22)
某些为退伍军人提供保险的组织	501(c)(23)
某些ERISA信托组织	501(c)(24)
持有名义上财产权的法人	501(c)(25)
给投保困难的人提供医疗保险的会员组织	501(c)(26)
某些州立工人薪酬组织	501(c)(27)
具有统一财务的宗教或传道组织	501(d)
医疗合作组织	501(e)
运作型教育机构的合作服务组织	501(f)
501(c)(3)项下组织成员为抵御风险而建立的集体慈善风险基金	501(n)
农民合作社	521
政治组织	527
业主协会	528

尽管具有免税资格的非营利组织多达三十余种,但501(c)(3)项下的慈善公益型组织仍是最具有代表性的组织。美国为"防止免税组织和政府机构滥用免税条款,以及防止第三方利用免税组织或政府机构来避税或达到其他不正当的目的",采用"提供服务+执行税法＝合规纳税"的目标公式,即"一个活跃的免税组织需要做三件事:(1)确定出那些政府或营利组织所不能充分服务到的公共需求;(2)为这些公共需求募集资金;(3)通过活动将募集到的资金用于所预期的公共目的"。① 美国《税法典》将慈善公益组织纳入税收减免抵扣的范畴,不仅免征其联邦所得税和州所得税,并允许个人对某些免税机构的慈善捐赠所得税前扣除。通过免税规定,政府能够鼓励和间接补贴服务于公共政策目标的慈善机构,联邦政府对慈善捐助的所得税前扣除实际也成为间接性捐赠补贴的一部分。义工组织以及其他符合法律规定条件的各种机构,如促进社会福利发展的公益团体、劳工组织、农业或园艺组织、企业联合会、商会和贸易协会、为休闲和娱乐成立的非营利俱乐部、按照收容制度经营的共济组织、某些退休基金、人寿保险协会、公墓公司、信用协会以及退休军人俱乐部。美国税收收入法典对义工组织接受捐赠、捐助以及捐赠人、捐助人的税收减免抵扣进行了系统的规定。同时,美国《税法典》禁止享受税收减免、抵扣的优惠的非营利法人向私人为任何形式的利益分配。

3. 义工权益保障立法

为了保护义工及义工组织的合法权益,促进全国志愿服务事业的发展,美国国会针对义工自愿无偿提供公共服务的特殊性,基于公平保护义工合法权益需要,于1997年通过了《联邦义工保护法》,细致规定了义工提供社会服务的责任及豁免制度,较好地平衡了志愿服务事业发展中义工与服务对象之间的利益关系。

---

① 参见〔美〕约瑟夫·J.厄本:《美国免税组织的税收管理》,载民政部法制办公室:《中国慈善立法国际研讨会论文集》,中国社会出版社2007年版,第353页。

4. 志愿服务计划的特别法

美国联邦政府在数十年间基于志愿服务事业的发展需求,推出了各种志愿服务计划。美国国会则以特定法的方式批准、授权、规范志愿服务计划的实施。概括起来,美国国会针对联邦政府志愿服务计划制定的特别法主要有:

(1) 1961 年 9 月通过的《和平队法》(The Peace Corps Act);

(2) 1973 年的《志愿服务法》(Domestic Volunteer Service Act of 1973);①

(3) 1990 年 11 月实施的《国家与社区服务法》(National and Community Service Act of 1990);

(4) 1993 年的《国家与社区服务机构法》(National and Community Service Trust Act of 1993);

(5) 2009 年的《爱德华·肯尼迪服务美国法》(The Edward M. Kennedy Serve America Act)。

(二) 美国 1997 年《联邦义工保护法》②

义工及义工组织在美国志愿服务事业发展中扮演了极其重要的角色,由此也引发了对义工利益保护的思考。从法律关系的角度分析,一方面,如果义工同一般的民事主体一样要承担相应的完全民事责任,相对于他们无偿提供服务和促进社会公益的目的而言,这种待遇是不公平的,违背了私法的公平原则,也不利于志愿服务事业的健康发展;另一方面,如果不使其承担民事责任,对于被服务

---

① 1973 年美国国会通过《志愿服务法》,以因应社会环境变迁和志愿者服务发展的需求,该法迭经 1976 年、1979 年、1983 年、1986 年、1989 年修订,对联邦志愿服务计划的定义、目标、管理、执行、拨款、义工权利等进行了系统的规范。美国《志愿服务法》并不像其他国家那样被定位为志愿服务行为的基本法,而是针对美国政府已经展开的各种志愿服务计划所为的特别法。美国《志愿服务法》涉及的志愿服务计划包括全国反贫穷志愿服务计划、义工计划以及义工协助小型企业暨动员商业界人士加强参与志愿服务计划,特别义工计划是美国《志愿服务法》的重要计划。

② 国内学者一般译为《联邦志愿者保护法》,鉴于义工与志愿者仅仅为中文的不同翻译以及美国义工与志愿者的同一性,本书使用冠以《联邦义工保护法》。

对象而言也是不公平的,有违志愿服务的宗旨。① 有鉴于此,美国国会在1997年的第105次立法会议上通过了《联邦义工保护法》,旨在"在以与义工有关的活动为基础的民事诉讼中给予义工、非营利组织和政府机构相应的保护"。《联邦义工保护法》对义工提供服务的责任承担及豁免制定了详细的规则,一定程度上协调了志愿服务事业发展与保护义工及被服务对象利益之间的平衡,值得世界各国在义工服务立法上借鉴。

美国《联邦义工保护法》的内容计由七个部分构成,即法律名称、调查结果与目的、优先适用和州不适用的选择权、对义工承担法律责任的限制,以及非经济损失的责任、定义、有效时期。其中第四部分关于义工法律责任的限制构成《联邦义工保护法》的核心内容。《联邦义工保护法》适用于生效后任何针对义工的行为或是因疏忽而导致损害的主张,但是该主张和该行动或疏忽都必须在有效日期起始之后,不溯及既往。

美国1997年《联邦义工保护法》是其关于义工及义工组织保护的最重要的法律,兹摘要介绍如下:

1. 调查结果与目的

美国国会对20世纪90年代后义工参与政府志愿服务计划的积极性的调查结果显示,义工因可能发生的责任诉讼风险而降低了对志愿服务的热情,许多非营利的公共和私人组织以及国家机构包括义工组织、社会服务机构、教育机构和公民服务项目在内,都受到了义工从董事会和其他岗位退出所带来的不利影响。这种状况不仅降低了义工组织、社会服务机构对社区的贡献,而且因义工参与的热情降低导致社区公益活动减少或根本无法举办。这是因为一方面联邦基金资助的那些有益的和节省成本的社会服务活动极度依赖义工的参与,或者说政府与义工组织的合作伙伴关系的建设能否成功取决于义工配合的状况。但是,义工对于轻率、武断、反复无常的诉讼及

---

① 参见王立武:《美国〈联邦志愿者保护法〉述评》,载《工会论坛(山东省工会管理干部学院学报)》2010年第5期。

其责任风险的担忧已经成为全国性的问题,而较高的责任成本和缺乏保证的诉讼成本使得义工、义工组织必须花费更多的成本向保险市场购买保险以覆盖其志愿服务的范围。另一方面,美国公民所依靠的联邦政府给予资助、免税以及其他优惠的大量社会项目都依赖于义工的服务,政府或社会性服务机构一旦缺乏义工的参与,他们提供社会公共服务的能力必将受到明显的制约。没有义工的参与,不管是政府还是社会服务机构,都难以有所作为。1997年《联邦义工保护法》制定的立法目的正在于增进社会服务受益人和纳税人的利益,并且通过改革法律规定的方式来保护非营利组织和政府机构的义工免受滥用责任追究的损害,从而维持以义工的贡献为基础的项目、非营利组织以及政府机构运行的有效性。

2. 州法和联邦法律冲突的解决

一般情况下,1997年《联邦义工保护法》优先于州法适用。但是,如果州法对志愿者提供了更多的保护,则该法不具有这种优先适用的特性。从立法意图看,1997年《联邦义工保护法》显然鼓励联邦各州对义工及义工组织提供更大程度的保护以促进志愿服务事业的发展,从这个角度看,它只是提供了一个最低限度的保护标准。1997年《联邦义工保护法》也允许州法在特定情况下不适用本法,而适用州法。也就是说,在诉讼的当事人均为一个州的公民时,由于诉讼涉及的利益只与一个州有关,该州是与法律关系存在最密切联系的州,这时适用该州的法律应当是最合适的、对当事人最公平的。但是,这种允许各州实行与1997年《联邦义工保护法》不一致措施的例外情况附有法定的条件:一是州法可以要求非营利组织或政府机构履行风险管理程序,包括义工的强制培训。二是州法可以规定非营利组织或政府机构对义工的作为或不作为承担与雇主对雇工作为或不作为一样的责任。三是州法可以规定,如果民事诉讼是由州官员或者当地政府官员依据州法或当地法律提起的,则责任限制不适用。四是州法可以规定,只有非营利组织或政府机构对代表该组织或机构的志愿者引起的个人损害提供了救济资金保障支持时,责任限制才能适用。该资金保障可以是一份特定的保险单、风险分享机制提供的足够的保证金、等值的资产或者是一种满足州法要求的、该组织或机构能够偿付一定数量损失的控制措施。①

3. 义工的责任豁免

义工责任的豁免与限制是1997年《联邦义工保护法》的核心内容。根据1997年《联邦义工保护法》第4章"对义工承担的法律责任的限制"的相关规定,义工在满足下列情形之一的条件下代表非营利组织和政府机构时因行动或疏忽所造成的损害一律不被追究。(1)义工在行动或疏忽发生时的行为属于非营利组织或政府机构的义工职责范围之内。换言之,义工对服务对象造成损害的行为是其在非营利组织或政府机构的职务行为,这种职务行为即使存在一定的疏忽或过错,只要不存在法定的例外情形,即可豁免义工依普通法应承担的法律责任。因此,义工法律责任豁免的前提条件是职务执行行为,如果义工的行为或疏忽不是职务行为,则不能使用责任豁免条款。(2)义工在其他州执行其所在的非营利组织或政府机构的职责范围内的任务,且损害发生时持有执行该活动或行动的证明、执照或者得到适当的授权的,应当豁免其行为所产生的法律责任。即义工执行职务的行为必须具有合适的、必要的资格证明或获得明确的授权。(3)损害的发生不是由于义工故意或构成犯罪的不当行为、严重疏忽、不顾后果的不当行为,或者是对受害者的权利及安全的存心且公然的不重视所致。这是关于损害发生时义工的行为形式与主观状态的规定,从行为形式看,义工对受害者的权利及安全造成损害,既可能是积极的作为,也可能是消极的不作为,义工对这种损害的发生也不一定完全没有过错,但只要义工对损害的发生不具有故意或者严重过失,就可以豁免其法律责任。在这里,义工应对其执行职务的积极行为承担法律责任的主观状态被描述为"故意或构成犯罪的行为、严重疏忽、不顾后果的不当行为",而消极的不作为的主观状态被描述为"存心且公然的不重视",在解释上应当属于故意的

---

① 参见王立武:《美国〈联邦志愿者保护法〉述评》,载《工会论坛(山东省工会管理干部学院学报)》2010年第5期。

范畴。因此,义工对于损害结果的发生只要不属于故意或重大过失,依法享有责任豁免的权利。(4)义工在执行职务过程中因使用交通工具诸如机动车辆、船只、飞机或其他工具致使他人受到损害但损害原因不属于义工违反拥有驾驶执照或持有保险的政府规定,依法豁免其法律责任。如果义工执行职务过程中没有驾驶执照或持有保险,由此对他人造成损害,依法不能豁免其法律责任。

值得指出的是,1997年《联邦义工保护法》对义工法律责任豁免的规定极其严谨,对所涉及的关键词语和核心概念进行了严格的界定。(1)经济损失是因损害造成的金钱损失,包括工资损失或其他与就业有关的收益,即医药费损失、替代服务损失、死亡损失、安葬费用、商业或就业机会损失。损失应大到适用的州的法律所允许的损失规定。(2)损害指物质损失、非物质损失、经济损失和非经济损失。(3)非经济损失为身体或精神上的疼痛、痛苦、不便、伤残、精神上的极度痛苦、缺陷、失去生活动力、失去社会和同伴、失去联盟(而非内部服务损失)、享乐能力受损伤、名誉受损还有其他任何非金钱的损失。(4)义工指个人在为非营利组织或政府机构服务并且不领取补偿(合理的退还或事实上花费的成本补贴除外)或者任何替代补偿的物品。

1997年《联邦义工保护法》同时确认义工责任豁免的任何内容不应被解释为影响任何非营利组织或政府机构对其义工成员的任何民事诉讼,不应被解释为影响非营利组织或政府机构对其义工造成他人损害的责任。通过惩罚性损害赔偿机制追究侵权者的侵权责任是美国侵权法的一个重要特色,其目的在于惩罚侵权者,而不以给受害人补偿为主要目的。鉴于志愿服务的特殊性,1997年《联邦义工保护法》对于义工承担的惩罚性损害赔偿责任予以限制:在义工履行非营利组织或政府机构赋予的职责范围内,对义工行为引起的损害可以不裁决其承担惩罚性损害赔偿,除非申诉人提出确凿的、令人信服的证据表明损害是直接由义工的故意或犯罪行为,或者明显的有意漠视他人权利或安全引起的。这样,就把追究义工的惩罚性损害赔偿责任限制在一个特定的范围内。此外,1997年《联邦义工保护法》也设定了义工责任豁免或限制的各种例外情形,包括暴力犯罪行为或国际恐怖主义行为、仇视性犯罪行为以及根据州法涉及性侵犯的行为,触犯联邦或州关于公民权利的法律的行为和被告在酒醉或者吸食药物的情况下发生的不端行为等。

4.《联邦义工保护法》的意义

1997年《联邦义工保护法》顺应了美国志愿服务的现实需要,作为一个志愿服务非常普及的国家,这部法律对于促进美国志愿服务发展起到了积极作用。在20世纪80年代之前,针对义工损害提起的诉讼只是普通民事诉讼,法律并未予以特别限制,但几乎没有人针对义工提起诉讼,是故,义工也不会因过于担心法律责任风险而降低对志愿服务的热情。但以后的十几年里,针对义工的责任诉讼案件激增,吸引了全国媒体的关注,对义工责任保险的投入也迅速增加。1985—1988年间非营利机构的平均保险费支出增长了155%。公路联合会的查尔斯.库珀(Charles Kolb)报告说,该组织推算的每个诉讼的保险费支出每年在25000—30000美元之间,如果一年发生三四个诉讼,则该费用需要从慈善项目中至少花去100000美元,责任保险的开支成为制约志愿者服务的重要因素。

各州法之间的不一致也影响了志愿服务的风险管理。志愿服务不分州界,是一个全国范围的公共事业。为了应对日益增加的对义工责任诉讼的恐惧而导致的义工人数的下降,绝大多数州均制定了针对义工服务责任承担的法律,但是各个州对义工法律责任的规定非常不统一。第一,不是所有的州都制定了保护义工的法律。第二,各州法律在责任范围、责任限制的要求等具体规定上差异较大。例如,加利福尼亚和科拉罗多州的义工责任豁免仅适用于志愿服务组织的官员和理事,而阿拉巴马州、密西西比州等的立法则不仅包括志愿服务组织的官员,也包括直接参与志愿服务的人员。第三,法律的不一致阻碍了全国性义工组织或志愿机构向各地分支机构的义工提供准确的责任风险指导和管理,因为他们无法向义工提供统一的风险管理策略。对于提供责任保险的保险公司而言,法律的条块分割不但影响了其志愿服务保险业务的开展,同样对志愿服务组织产生了影响。

1997年《联邦义工保护法》加强了对义工的保护,降低了志愿服务的风险,也化解了在义工保护立法上各州法律冲突的难题。这些都有助于使志愿服务关系中各方利益达成适当平衡,推动志愿服务事业正常有序的发展。

(三)《爱德华·肯尼迪服务美国法》

美国总统奥巴马就职后将加强与改善志愿服务体系置于优先议程,2009年4月21日签署了《爱德华·肯尼迪服务美国法》。因其由资深参议员爱德华·肯尼迪为主要倡导者,且他一贯致力于推动联邦志愿服务计划,故美国参议院讨论决定以他的名字命名以示敬意。这部法律通过一系列新的授权和制度创新,充分发挥了"国家与社区服务机构"在志愿服务计划推行过程中的主导作用,它标志着美国联邦志愿服务计划及其管理体系迈入一个新的时代。随着该法案的全面实施,联邦政府主管的志愿服务计划和整套志愿服务组织体系将得到持续的创新和发展,从而进一步激发起美国各界的志愿参与热情,不断巩固和强化美国人民的志愿精神、公民责任感和国家意识,这些构成了美国软实力的核心。

2009年《爱德华·肯尼迪服务美国法》的制度创新体现在八个方面:[1]

1. 吸引更多青少年投身志愿服务

法案设立了由即将升入6—12年级的学生参加的"服务之夏"(Summer of Service)计划,完成100小时社区服务者有资格领取500美元教育奖励;设立初中生"服务学期"(Semester of Service)计划,参加社区志愿服务或与志愿服务相结合的学习活动满75小时者可计算学分;设立"青少年参与活动区"(Youth Engagement Zone)计划,组织中学生和辍学生参加解决社区实际问题的志愿服务。

---

[1] See The Edward M. Kennedy Serve America Act, http://thomas.loc.gov, Visited on Jan. 10, 2012.

2. 促进大学生参加志愿服务

"国家和社区服务公司"要与联邦教育部和各州政府合作,选定并资助25所高等院校(含两年制的社区学院)作为"服务校园"(Campus of Service)计划的示范单位。这些高校要通过各种项目和活动有效地吸收大学生义工,并开展与志愿服务密切相关的学习活动。

3. 扩展"美国志愿队"计划

将志愿队年度名额逐步从现有的7.5万人大幅提高到2017年的25万人。结合奥巴马政府的施政重点,通过"美国志愿队"的州和全国计划拨款分别新设五个有关教育、医疗、清洁能源、退伍军人服务和经济机会的主题服务团。扩大美国志愿队"全国公民社区团"的服务领域,加强该计划与联邦紧急措施署的合作关系,并提高招收来自经济或家庭条件困难青年的比例。把支付给参加"服务美国志愿队"计划的义工的"服务后现金补贴"从每月的100—125美元提高到125—150美元,将美国志愿队员享受的教育奖励金额提高到至少5350美元。

4. 开发老年义工,特别是"婴儿潮"一代义工的潜力

把参加老年志愿服务计划的"养祖父母计划"和"老年伴侣计划"的义工年龄段从60岁降低到55岁,将每小时最低津贴从2.65美元提高到3美元,可领受津贴的义工收入标准调高至联邦贫困线的200%以下,使"退休老年人志愿服务"计划在年龄上更具灵活性。设立每笔为1000美元的银色奖学金(Silver Scholarship Grant),奖励55岁以上完成350小时志愿服务的义工;设立有名额限制的"服务美国奖学金"(Serve America Fellowship),奖励参与国家急需服务(教育贫困学生、节能环保、防灾减灾等)的义工;设立"再上场"奖学金(Encore Fellowship),专门奖励被"国家与社区服务公司"派往相关志愿服务组织和非营利组织工作的55岁以上的义工;所有55岁以上人员获得的教育奖励均可以转让给子女。

5. 加强对公众的动员

把每年的9月11日定为"国家志愿服务和纪念日"(National

Day of Service and Remembrance)。授权"国家与社区服务公司"组织相关仪式和活动,要求它负责发起"召唤服务"(Call to Service)全国性志愿服务宣传活动。

6. 培养和保持应急志愿服务能力

创建"全国志愿服务预备队"(National Service Reserve Corps),队员由参加过"国家与社区服务公司"的志愿服务计划的成熟义工和退伍军人组成。服务队的基本使命是接受专业培训,随时准备出动,在各种公共突发事件或自然灾害发生时领受紧急救援抢险任务。

7. 增加民间组织开展和支持志愿活动的能力

成立"社会创新基金"(Social Innovation Fund),资助民间组织为解决社区问题而进行的试验性计划和项目;设立"义工培育基金"(Volunteer Generation Fund),赞助各州和志愿服务组织对义工的招募、管理与支持工作,加强全国的义工服务基础设施;实施每笔金额至少20万美元的"非营利组织能力建设资助"(Nonprofit Capability Building Program)计划,帮助中小型服务公众的非营利组织提高自我管理、制定财务计划、遵守税法等方面的能力。

8. 改革和完善各种管理制度

扩大"国家与社区服务公司"理事会和首席执行官的自主权限;在向各种机构提供资助的过程中实行竞争性选择,为"退休老年人义工计划"引入竞争机制;改善对联邦志愿服务计划的绩效评估;增加对州志愿服务委员会的拨款;授权"国家与社区服务公司"开展关于美国民众社会参与状况的调研。[1]

四、美国义工组织的法人地位

美国志愿服务组织包括联邦政府内部专门从事志愿服务工作的机构和民间义工组织,政府依法成立的负责各种志愿服务计划的机构在性质上属于联邦或地方政府行政机构;民间义工组织可以选择

---

[1] 参见徐彤武:《联邦政府与美国志愿服务的兴盛》,载《美国研究》2009年第3期。

非营利性法人或非法人非营利社团形式存在,依法办理注册登记的为非营利法人,没有注册登记的义工组织则属于一般社团范畴。无论是政府专门设立的领导志愿服务的行政机构,还是依法注册登记、取得法人资格的义工组织,均属于非营利性组织的范畴。联邦及地方负责各种志愿服务计划的行政机构依照各种特别法律制度成立,义工组织则依据普通的非营利法人法律制度而设立。

(一) 非营利法人:义工组织的法人机理

根据1987年美国《非营利法人示范法》的规定,义工组织可在各州注册备案为具有法人资格的非营利组织,具体方法各州不尽相同。义工组织可以自由选择是否注册,不注册的不具有法人资格,注册登记后,获得法人证书。《非营利法人示范法》所称的法人包括公益法人、互益法人和宗教法人。公益法人是指为了公共或者慈善目的组织的任何法人;宗教法人是指主要或者只是为了宗教目的而组建的任何法人;互益法人是指公益法人、宗教法人以外的任何非营利法人。任何形式的非营利法人的设立均必须有合法的目的,法人章程可以对法人设立的目的进行约定,如宗教法人的信仰传播、公益法人为了某一特定的公共目标如助残、济贫、环保,互益法人如合作社成员的互利等,只要不违反法律,任何目的章程均可以规定。

义工组织在美国法上为非营利法人,且为公益法人,而非宗教法人或者互益法人。义工组织的设立条件包括:

1. 合法的目的

美国《非营利法人示范法》规定:"除非法人章程规定了目的限制,根据本法设立的任何法人的目的是从事任何合法行为;从事属于本州其他法规监管的业务活动的法人,只有其他法规不禁止根据本法规定设立的,才能根据本法设立。法人应当服从其他法规的所有限制。"[①]义工组织作为公益法人,可以在章程约定其为了公共或慈善而建立,具体的目的可以是公共事业领域的任何一项具体的目的,

---

① 参阅美国1987年《非营利法人示范法》第3.01条款关于"目的"的规定。

如帮贫助残、救灾、教育、环保、动物保护等。

2. 章程或章程细则

特别需要指出的是章程应当对"禁止分配"作出明确的描述,载明全部服务收入或接受捐赠的收入应全部用于宗旨相关的事业;机构终止时将全部剩余财产转交宗旨或业务范围相同或相近的其他同类机构。此外,章程必须明确记载法人组织机构理事长、秘书长的产生方式,举行会议的时间、地点及方式。

3. 董事会及董事为无经济利害关系的多数人

所谓"经济利害关系人"意指:"(1)在前十二个月内直接或者间接由于其任期向法人接受或者有权接受薪酬(不论其为全职或者兼职的雇员、独立承包人、顾问或者其他),但是接受或者有权接受因为担任董事向其支付报酬合理的人除外;或者;(2)自然人的配偶、兄弟、姐妹、父母或者子女。"但在任何公益法人董事会任职的不超过49%的自然人,可以是经济利害关系人。可见,董事或者高级管理人员只要有51%以上不具有经济利害关系,就可以满足法律的要求。依照《非营利法人示范法》规定,即使未达到上述要求,也不影响法人从事业务活动的有效性或者执行力。

4. 履行注册备案程序

美国对非营利法人实行注册备案制度,义工组织申请成立作为非营利组织的公益法人,只要宗旨合法,章程符合上述规定,一般都可以注册备案,没有具体资金和人数的要求。[①]

(二)特殊法人:志愿服务计划主管机构

除义工组织外,美国政府以"出资人"或者"主办者"身份主导或创办的各类志愿服务计划主管机构也承担着大量的志愿服务工作。自1961年3月1日肯尼迪总统创建美国第一个海外志愿服务计划"和平队"以来,美国历届政府相继启动了"服务美国志愿队"、"老年

---

① 参见《美国非营利组织运作和管理的启示与思考——民政部赴美国代表团学习考察报告》,载《借鉴与参考》2011年第3期。

志愿者计划"、"公民服务队"、"为美国骄傲计划"、"缔造繁荣义工计划"等一系列的志愿服务计划,这些志愿服务计划几乎均由国会通过相应的特别法予以支撑,如 1961 年 9 月国会通过的《和平队法》,对美国国务院专门成立的主管"和平队"计划的联邦机构实施管理授权以及批准相关拨款;1971 年尼克松总统成立统一管理所有联邦志愿服务计划的"行动"机构,国会于 1973 年通过《国内志愿服务法》,具体规定了对"行动"的授权,并由总统任命国家志愿服务顾问委员会;1990 年 11 月 16 日基于《国家与社区服务法》的实施,美国成立了"国家与社区服务委员会"负责社区志愿服务计划的执行;1993 年克林顿总统成立"国家与社区服务机构",国会即通过了《国家与社区服务机构法》。这些根据特别法成立的志愿服务计划主管机构虽然名称各异,但均从事志愿服务的组织实施工作,具体落实各种志愿服务计划。其在性质上依然是非营利的公益法人,与义工组织的最大区别只是法人资格取得依据的差异。

(三) 义工组织的资金来源

义工组织的行为模式为无偿提供公共服务,任何国家、任何形式的义工组织在向服务对象提供公共服务时均不得收取任何费用,这是国际志愿服务的惯例。但义工组织需要必要的资金以维护组织的有效运作和相应的成本费用支出,在一定意义上资金是志愿服务可持续发展的生命线。解决义工组织的资金来源和途径是任何一个国家发展志愿服务事业必然会遇到的问题。美国义工组织资金的主要来源有二:一是政府拨款,二是社会捐赠。从形式上看,美国义工组织的资金来源似乎与其他国家并无实质性的差别,其实不然。

政府拨款在美国并非针对所有的义工组织,甚至义工组织根本就不是美国联邦政府或地方政府财政拨款的对象。美国志愿服务事业发展的重要特色是其各种各样的中长期志愿服务计划,由政府依特别法设立的志愿服务计划领导机构推动公共领域特定的志愿服务事业发展。联邦政府依据特别法所为的财政拨款对象仅仅是具有官方色彩的特别设立的机构,用途也被限定于相对应的志愿服务计划,专款专用。凡非特定的志愿服务计划的参加者,不管是官方的志愿组织,还是民间的义工组织,均不可能获得这种专款专用的财政拨款。但从实践看,美国的财政拨款却一直是义工组织长期和稳定的资金来源,这是因为联邦政府与地方政府为了能够顺利地开展全国性的志愿服务计划,都会充分调动起本地区包括义工组织在内的志愿服务组织,义工组织只要参与特定的志愿服务计划,就可以获得与其所分担的特定计划工作量相对应的政府拨款,甚至政府可以出资向某些义工组织购买服务,政府制定服务计划和目标,由志愿服务组织来实施服务计划,政府出资支持。

但是,任何形式的义工组织都不可能受到政府的长期资金资助。那些规模较小、成立时间晚、影响力弱的义工组织,其发展特别依赖于社会资助。从美国志愿服务的实践看,义工组织可以向政府提出申请,阐述其志愿服务的重要性以获得一部分政府拨款,但绝大部分义工组织都必须以向社会募捐的方式筹集资金。[①] 由于对志愿服务活动的热爱以及对志愿精神的敬仰,大多数美国家庭都会捐款,平均捐款额度大致占家庭收入的2%—2.2%。据美国相关组织的测算,2001年美国75%的家庭做过捐助,2003年为78%。到了2005年,虽然家庭数有些下降,但是捐款千元以上的大额捐款家庭数上升。此外,美国高额的遗产税也促使很多美国人将自己的遗产捐赠给志

[①] 针对包括义工组织在内的慈善组织网络募集对慈善管理者的挑战,美国国家州慈善官员协会在1999年于南卡罗州查尔斯顿举办的会议上起草了互联网劝募的"查尔斯顿准则",作为各州的指导方针。其基本内容为:(1)慈善组织的互联网劝募误导或欺诈居住于本州内的人,州法律应对其执行;(2)无论其互联网上的劝募采取积极的还是消极的方法,是由它自己还是它所签约的其他实体进行的,还是使用任何其他方法进行劝募的,位于某一特定州内并在该州使用互联网进行劝募的慈善组织应在该州注册;(3)以下情况中,并不位于某一特定州内的慈善组织应在该州内注册:① 它在互联网以外进行的活动足以达到注册的要求;② 该组织通过互动性的互联网网站劝募,并且要么特别针对居住于该州的居民进行劝募,要么通过其网站反复并不断地或大量地从该州接受捐赠;③ 该组织通过非互动性劝募,但要么特别针对居住于该州的居民进行劝募,要么在该州建立其他的联系,如发送促销该网站的电子邮件信息或其他通信信息。"查尔斯顿准则"并未正式编入成文法,但美国许多州已经使用了这一准则。参见〔美〕凯琳·康斯特勒·戈德曼:《美国州政府部门在慈善管理中的角色》,载民政部法制办公室:《中国慈善立法国际研讨会论文集》,中国社会出版社2007年版,第136页。

愿服务机构。

除政府财政拨款与社会捐赠外,美国工商业公司基金和科学文化福利基金也对志愿服务事业的可持续发展产生重大的影响。

美国工商业公司捐助慈善活动的基金形式出现于19世纪初,当时数额不大,主要捐助各种基督教社团。但慈善资助的实践使美国工商业界人士认识到对包括义工组织在内的公益性资助有助于公司的经营和发展,它既可以提升和改善公司的形象和地位,扩大公司的影响,吸引潜在的顾客,也有助于在公司内部树立良好的风气,提高雇员的素质。因此,美国工商业公司普遍认为对公益性活动的资助是公司走向成功必不可少的因素。基于这种认识,美国大多数公司均形成了捐助慈善服务活动的预算拨款机制。美国工商业公司对包括义工组织在内的慈善资助已经成为美国志愿服务事业发展的重要社会力量。

科学福利文化基金组织产生于20世纪初,是具有公益法人地位的非营利性组织,目的在于促进社会、教育、宗教和其他形式活动的发展,服务于公众福利。这类基金组织最著名的有卡内基基金会、洛克菲勒基金会以及福特基金会。这类基金组织活动的基本形式是给予各种志愿服务组织资金援助,虽然数量不多,但很重要。它们会长期向一些项目提供资助,这些项目一般很难从私人或政府获得资金。基金组织的工作人员都是有经验的高水平的经济管理人员,他们对项目的方案评估十分内行,并会严格监督执行结果,因此,这些基金组织对项目资助的效率高、社会效果突出。[1]

(四)义工组织的税收减免

与英国政府完全让渡公共服务由义工组织、私人机构、社会企业承担的做法不同,美国政府在其获得职权扩张、职能广泛的地位后,从来就没有放弃或者让与公共服务领域职能的想法。但是,美国政府也深知没有义工组织、私人机构和社会企业支持,其在公共服务领

---

[1] 参见杨恕、续建宜:《美国志愿者运动述评》,载《国际论坛》2002年第1期。

域就难以作为,因此,一方面通过制定志愿服务中长期发展计划,领导公共领域的志愿服务,并对志愿服务提供强劲的政策和经费支持,吸引民间义工组织、社会机构参加;另一方面,以税收这支"看不见的手"推动社会力量参与公共服务,即政府通过税收这根指挥棒,引导慈善机构的活动、慈善资源的配置、志愿者队伍的壮大以及政府与慈善组织"事业伙伴"关系的发展。[①]

根据联邦所得税法的规定,其对非营利组织的税收减免分为两种情况:一类是服务公众的组织,主要是指由501(c)(3)条款规定的"为以下目的而成立和运行的组织:慈善、宗教、科学、公共安全试验、文学、教育、促进业余体育竞技或预防虐待儿童、动物"。对这类民间非营利组织"免缴联邦和州所得税,但仍必须缴纳与慈善目的无关的贸易和商业收入所得税,其用于非盈利目的的财产,根据各州的不同规定,免缴财产税",并对向这类组织捐赠的组织或个人进行所得税的相应减免,义工组织属于这种类型的非营利组织。另一类是服务成员的组织,主要是由501(c)条款中除第(3)项外的(1)至(27)项条款规范的组织,如依《国会法案》成立的"国家和社区服务公司"以及联邦志愿服务主管机构,对这类组织只实行所得税减免,且对向这类组织的捐赠不做所得税的相应减免。除了减免所得税外,财产税、个人所得税是否减免取决于各州的法律。

美国非营利组织有申请获得免税资格的特权,只要向税务局提交相关免税资格申请表,通过税务机关进行的组织测试和运营测试[②],即可享受相关税收优惠待遇。一个义工组织要想成功申请到免税资

---

① 参见〔美〕贝希·布查尔特·艾德勒、大卫·艾维特、英格理德·米特梅尔:《通行规则:美国慈善法指南》,金锦萍、朱卫国、周虹译,中国社会科学出版社2007年版,第2页。

② 对义工组织的组织测试主要集中在该组织的治理文件,法人为法人章程或证书,公益信托为信托协议。只有该组织的治理文件将其目的限定在501(c)(3)项所规定的目的,且没有授权该组织从事其本身不能促进其免税目的的活动,才能通过组织测试。运营测试则主要考察义工组织所从事的活动是否围绕其免税目的,但税务局对组织的运营测试有一定的弹性,即如果义工组织主要从事符合免税目的的活动即可取得免税资格,但其活动的"次要部分"可从事与免税目的无关的贸易或商业活动,只要其根本目的不失慈善性。

格,必须满足六个方面的条件:(1)具有501(c)(3)项下列举的一项或多项目的;(2)其成立出于非营利目的;(3)主要围绕非营利目的开展活动;(4)限制分配利益,即不能让任何能够控制该组织或对该组织施加实质性影响的人提供利益;(5)不能参与竞选,即不支持或反对任何公共职位的候选人;(6)不得参与实质性的政治游说活动,不对立法进行实质性的支持或反对。美国法律严格禁止义工组织、慈善组织从事政治选举活动,而且禁止其"主要活动"致力于游说活动或影响立法活动,但允许其参加一些政策倡导活动,如对公共政策的争论表达意见,特别是在医疗、教育和社会福利等领域。[①]

美国政府对义工组织的规范管理十分复杂,但其目标主要有两项:一是维护义工组织发展的制度环境,监控这类组织及其管理者依照组织宗旨和目标开展活动,保证其将各种资产用于公益事业;二是为义工组织提供优惠政策和资金支持,推动和鼓励这类组织的成长和发展,使其发挥有利于社会和谐发展的功能。从当前情况看,美国政府的管理法规和制度对义工组织提供的优惠政策和鼓励措施越来越多,制度规范的激励效应也在不断显现。义工组织申请非营利组织的认定除了可以免除联邦政府、州政府和地方政府的所得税外还能获得许多特殊待遇:(1)绝大多数情况下可以免除地方财产税;(2)在某些地区可免除支付失业保险;(3)较低的邮资费率;(4)可获得某些法律的豁免,如合理的劳动标准、资深员工的福利保护、雇佣机会平等法案等,可以不遵照这些法律的有关条款的规定;(5)联邦服务费用可能获得优惠甚至免除;(6)免除普通法案中民事侵权行为的责任;(7)可获得媒体捐赠的报刊版面和播放时段。[②]总而言之,联邦/州的所得税法以及政府的管理体制对美国志愿服

---

① 非营利组织活动如果超出了501(c)(3)的规定,参与了干涉立法或与竞选相关的慈善活动,该组织即被视为"行动型组织",将不能取得慈善组织的资格,但可以取得501(c)(4)项规定的"社会服务组织"资格,其自身可能被免除所得税,但其捐赠人则不能因捐赠而申请减免所得税。

② 参见扶松茂:《开放与和谐——美国民间非营利组织与政府关系研究》,上海财经大学出版社2010年版,第147页。

务组织的蓬勃发展发挥了极大的作用。

(五) 义工组织的捐赠激励

美国政府通过税收优惠制度大力鼓励个人和组织向慈善组织捐赠财物,将这种慈善事业的税收减免看成"政府与捐赠者为公益进行的合作投资",政府在这个合作过程中"发挥着筛选的功能,指导慈善捐赠给那些有资质的慈善组织"。[①] 根据美国联邦税法的规定,任何个人、私人机构、社会企业,只要向符合501(c)(3)的免税组织捐款,即可依法享受税收减免的优惠。包括义工组织在内的志愿服务组织是向社会公众提供服务的组织,在性质上属于以慈善、宗教、科学、公共安全试验、文学、教育、促进业余体育竞技或预防虐待儿童、动物为目的成立的非营利的公益法人,捐赠者如果对义工组织为捐赠行为,当然属于美国税法501(c)3规定的捐赠,依法享受税收优惠待遇。这种鼓励政策使得义工组织可以通过募捐获得足够的事业发展资金,而不必像商业集团那样去寻找投资或贷款。[②] 个人向注册登记的义工组织捐款所获得的税收减免,比向私人基金会的捐赠要多。[③] 根据联邦税法,捐赠者个人收入所得税减征额度为:(1) 捐赠物品的净市场价值,即买卖双方都是陌生人时,买方愿意付给卖主的金额;(2) 捐赠者捐赠财产的税收基数,通常是捐赠者所支付的税收。在捐赠当年,捐赠者个人最高只能要求对其经过调整

[①] 美国经济学家认为,减免慈善捐赠税收可能比直接的补贴使公众更受益。假如所得税率为40%,一个捐赠者有100美元收入,没有捐赠,则有40美元会以税收形式缴纳给政府,政府可能以直接补贴方式将这40美元拨给慈善组织,但剩余的60美元可能就不会用于慈善了,但如果这100美元直接捐赠,并获得慈善捐赠免税,则100美元全部用于公众。〔美〕贝希·布查尔特·艾德勒、大卫·艾维特、英格理德·米特梅尔:《通行规则:美国慈善法指南》(2007年第二版),金锦萍、朱卫国、周虹译,中国社会科学出版社2007年版,第2、19页。

[②] 同上书,第18页。

[③] 美国联邦税务局将慈善组织分为公共慈善机构和私立基金会两种并实行"分类管理"原则,前者主要是由一个家族或某个个人或一家商业机构或以其捐赠财物的投资收益资助的组织,后者则是指那些跨部门的广泛公众资助的机构。不同类型的慈善组织承担的法定义务和享有的法定权利不同。私立基金会比公共慈善机构受到更多的法律制约,以避免私人力量的控制对慈善活动的不良影响。

后总收入的50%进行税收减免。在某些情况下,最高限额还可能会被降到调整后总收入的30%到20%。如果捐赠额超过最高减税限额的要求,对捐赠人的税收减免最长可延长至五年。个人遗赠的全部数额可以从不动产税中扣除。而法人捐赠可以要求对其任意一年不超过10%的应缴税收入实行税收减免,超过最高减税捐赠额的部分可顺延,最长可延至五年。

五、美国义工组织的政府监管与自主管理

(一) 义工组织的政府监管

美国政府对义工组织的监管包括联邦政府和州政府的监管。一般来说,美国义工组织的自律性较强。美国政府对义工组织的监督管理主要集中于对其公益性、非营利性的审查以及对其财务活动的监督,主要的监管内容是:(1) 防止以欺诈行为骗取免税资格或公众捐赠;(2) 监督组织是否依据其宗旨使用善款。

美国对义工组织的管理主要由州政府负责,因为州政府依据各州法律授予其非营利法人的独立地位,从而实现义工组织与其创立者相分离的法律地位。这意味着各州政府对义工组织负有监管责任。各州政府对义工组织的管理机构主要有州司法部以及各州设立的专门机构。州司法部对义工组织的监管主要由州首席检察官(Attorney General)承担,首席检察官对义工组织有广泛的监督权,义工组织要想得到税收减免和其他优惠待遇,就必须接受首席检察官的强制性管理,定期向其报告业务活动和财务状况。首席检察官有权查阅义工组织的账簿和记录,监督和发现其理事是否违反信赖义务,是否有转移资金和欺诈行为,理事的不当行为造成组织财产损失的,首席检察官可以依法提起控告并要求该理事赔偿义工组织相应的经济损失。

从实践看,司法检察长管理包括义工组织在内的慈善事业,通常有权对欺诈性的慈善劝募和对管理不善的捐赠进行调查和起诉。检

察长在行使权力时,一般以发送传票方式索取档案并听取个人证言,以确定是否涉及任何恶劣行为。检察长只要得到线索表明可能有违法行为,就会展开调查。获得信息的渠道包括检查慈善组织的财务报表、公众投诉、慈善组织雇员或义工提供的信息、检查劝募资料以及媒体报道等。司法检察长采取法律行动时,可以与义工组织或慈善组织达成协议,非正式地解决问题。这些协议可以要求向慈善组织偿还资金、特定雇员或理事会成员辞职、更改慈善组织劝募资料、向捐赠者返还资金或自愿解散组织并把资产转移给以相似目的组建的其他慈善组织。但当检察长认为错误极为恶劣且不可能以协议方式解决问题时,可以采取一系列补救性法庭活动,如命令撤销理事会成员、指令主管人员向法庭或司法检察长提交财务账目、命令向组织支付赔偿、命令向州政府支付罚金、指令理事会向慈善组织支付因其道德错误而造成的损失等。①

许多州政府为了加强对义工组织的财务监管,要求其在本州开展资金募集活动时必须申请执照。一些州或地方政府为了使公众免受竞争性资金筹集活动的困扰,明确规定只有获取州或地方政府的批准执照后才能募集资金。资金的募集要符合组织的宗旨,并用于与组织目的一致的活动。州政府在义工组织办理执照时,通常要求其递交年度守法报告。② 一些州还规定,如果社会资助超过一定的界限,义工组织需要呈报经过审计的年度财务报告。许多州要求义工组织将具体的信息披露以书面形式邮寄给本州潜在的捐赠者,以表明该组织的财务信息已在州政府存档。

在美国,各州政府对义工组织提供志愿服务没有过多的限制,但严格限制义工组织开展游说和产生政治影响力的活动。各州政府还具体规定了注册登记的义工组织停止运营的程序和要求。义工组织

---

① 参见〔美〕凯琳·康斯特勒·戈德曼:《美国州政府部门在慈善管理中的角色》,载民政部法制办公室:《中国慈善立法国际研讨会论文集》,中国社会出版社2007年版,第138页。
② 参见〔美〕厄尔·R.威尔逊、苏珊·C.卡特鲁斯、里昂·E.海:《政府与非营利组织会计》,荆新等译,中国人民大学出版社2004年版,第644页。

解散时,州政府,特别是州检察长承担确保剩余的服务资产用于公益目的的责任。此外,具有法人地位的义工组织也可以与其他义工组织合并,将其剩余资产分配给一个或多个义工组织。但是,无论是解散还是合并,都必须通知州检察长,并获得检察长的同意。任何义工组织的活动都应与其章程确立的宗旨和目的相符,要定期接受州检察长的检查,并向其报告工作,以确保志愿服务组织具备免税资格。

联邦政府对义工组织的监管主要由美国国内税务局执行。美国国税局是美国财政部的一个下属机构,该局有一个内设机构"受雇者计划及免税部"(Employee Plan and Tax Exempt Division),这个机构直接负责包括义工组织在内的所有免税待遇机构的管理。美国国税局系统分为三级机构,总局设立在华盛顿是第一级机构,第二级机构由七大税区组成,第三级机构由七大税区下面的10个税务中心、58个税务分局以及遍布全国的约八百个税务支局组成。正是这种三级税务管理系统在全国以确认免税资格的方式,对包括义工组织在内的非营利组织实施监管。

义工组织作为免税组织,依法享受免收联邦所得税的权利,申请免税资格的非营利组织,要接受美国联邦税务局的严格审查和监督。① 根据联邦税法,申请免税的非营利组织每年必须向税务局上报年度财务报表即990表,并向州检察长提交副本。② 根据990表提供的信息,国税局审计人员会不定期地对某些组织展开重点审计。如果确有不当使用资金的行为,将采取"中间制裁"进行处罚,即对每一项"额外受益交易"的渎职人员强制征收相当于该收益25%的

---

① 参见〔美〕约瑟夫·J.厄本:《美国国税局对于免税组织的管理》,载民政部法制办公室《中国慈善立法国际研讨会论文集》,中国社会出版社2007年版,第361页。

② 999表所要求填写的内容共有十一部分,内容非常十分详尽。其专门为501(c)(3)项下的免税组织设计了附表A,要求提供的信息包括:组织中前五名报酬最高的雇员的名单、前5名报酬最高的独立签约人的名单、活动说明、接受资助的说明以及所有与非慈善组织之间的转让、交易和关系说明等。关于美国联邦税务局的999表具体内容和格式,可参阅〔美〕贝希·布查尔特·艾德勒、大卫·艾维特、英格理德·米特梅尔:《通行规则:美国慈善法指南》,金锦萍、朱卫国、周虹译,中国社会科学出版社2007年版,第143—184页。

税额,对于纵容这种行为的管理人员将征收相当于该收益10%的税额,在规定期限内拒不改正的违规人员将处于相当于该收益200%的罚款,直至取消该组织的免税资格。①

联邦政府的另一个监管手段是根据《公开披露法案》要求志愿服务组织承担信息披露的义务。依照联邦税法,志愿服务组织有义务向公众通告它们的各种业务服务活动,有义务向任何要求了解信息的人提供机构免税申请的副本、最近三次退税情况和除捐赠人名单之外的所有附件副本。而《公开披露法案》还要求免税组织披露最近三张990表格的复印件和30天内的个人免税书面申请,否则,要被处以每天20美元的罚款。这些信息的披露有助于公众和国税局充分了解志愿服务组织的宗旨和目的,监督其是否按其宗旨和业务范围从事可免税的活动。

(二)义工组织的自我规范

美国法上的义工(志愿者)指个人为非营利组织或政府机构服务并且不领取补偿(合理的退还或事实上花费的成本补贴除外)或者任何替代补偿的物品。从1997年《联邦义工保护法》关于义工概念的定义看,美国法上的义工是为非营利组织或者政府机构服务,而不是为服务对象直接提供服务,或者说,义工是受非营利组织或政府机构派遣为服务对象提供服务的人,义工与非营利组织或政府机构其他人员的根本区别在于义工不领取补偿或者任何替代补偿的物品,而这些组织的其他工作人员以获取劳动报酬为目的。美国法并不强调义工的自愿性,也不突出独立性,这一点,美国法上的义工与英国的义工具有较大的差别。另外,美国法虽未明确限制或禁止义工直接为服务对象提供服务,但从义工为非营利组织或政府机构服务的规定看,美国法也不认可"散兵游勇"式做好事的所谓"义工"。因此,在美国法中,凡义工必有组织,凡义工组织必注册备案。个人

---

① 参见廖鸿、石国亮、朱晓红:《国外非营利组织管理创新与启示》,中国言实出版社2011年版,第152页。

参加义工组织可依法获得义工资格,义工组织注册为法人即可享受政府政策扶持和税收优惠。义工组织取得政府政策扶持、资金援助的能力以及能否享受税收减免,则完全取决于义工组织自我约束、自我规范、自我发展、自我管理的状况。

1. 章程约束

义工组织作为公益法人,是自由结社的产物,是人的结合而非财产的结合。作为人的结合体,章程是表达组织内所有成员共同意愿的行为准则。因此,义工组织章程记载着组织的社会目标、组织结构、运行机制以及人员配置、资财使用、行为禁止等最重要、最基本的内容,是义工组织及其成员义工的基本行为准则,也是义工组织自我规范、自我管理、自我约束的基本法律文件。

义工组织的章程约束关键是对组织行为和组织成员的约束。如果义工组织的管理者对义工服务行为不予规范,那么不规范的义工服务行为最终将影响义工组织的声誉和工作能力。因此,任何一个义工组织都会依据章程规定确立一定的管理标准和原则,以规范义工服务行为和组织活动。虽然不同的义工组织依据章程确立的标准与原则并不完全相同,但义工向社会奉献自己的时间与精力,服务于社会却具有共同的价值精神和道德标准。美国独立部门2004年《非营利和慈善组织道德规范与价值宣言》为所有的义工组织确立了行为标准,它要求组织的所有成员,包括理事会成员、志愿者等在开展活动时都要诚实、正直和公开。美国公共行政学会就制定了五项伦理法则,即服务公共利益、尊重宪法与法律、表现个人正直清廉、推动组织道德发展和努力追求卓越业绩,以求在组织中发展一种职业主义精神,并通过自身的榜样,提高公共服务中的伦理意识。而美国"光点基金会"提出的有效管理义工11条原则,在实践中已经成为所有的义工组织对义工行为规范管理的指导性准则。具体内容如下:[①]

---

① 参见〔美〕菲利普·科特勒、艾伦·R.安德里亚森:《非营利组织战略》,孟延春等译,中国人民大学出版社2003年版,第301—302页。

(1) 宗旨和优先考虑的事情是组织所长期关注的问题,而不是短期的问题。

(2) 义工角色的前景是美好的,能够清晰阐明、可以广泛参与,并经过充分讨论。

(3) 将义工看做一种重要的人力资源,他们影响着组织宗旨的实现,而不能把他们看做获得资金和其他资源的途径。

(4) 各层次领导者要一同鼓励和帮助高效率的志愿活动。

(5) 义工领导可以有清晰的地方特色,但是组织各部门和各层次的义工管理功能是统一的。

(6) 在义工参与的活动中,要尊重全职有薪人员,使之能够参与到项目的计划、决策和管理中。

(7) 积极自觉地消除全职有薪人员和义工之间的界限,增进团队合作。

(8) 及时处理阻碍义工参与的障碍,例如责任、机密、组织所在地、操作时间等。

(9) 成功导向,让全体职员和义工分享不论过去还是现在的义工奉献事迹。

(10) 公开可能发生的变革,提高绩效和意识,在内部组织志愿精神的学习。

(11) 承认参与的价值,社区中各种人群包括组织都需要义工的服务。

2. 机构治理

美国义工组织内部治理机构为理事会,理事会依法对组织的行为负责,除领导义工组织完成组织目标与使命外,还担负着确保组织的财产不遭受破坏和损失以及保证组织能够在法律的框架内运作的责任。理事会的选举方式由义工组织内部"章程细则"规定,①一般采用会员投票、在任理事投票或指定与任命的方式确定。理事会作

---

① 在美国,以法人形式组建的义工组织有两个基本治理文件,一是组织创建为法人时的文件,称为"法人章程",二是义工组织内部治理结构的文件,称为"章程细则"。

为义工组织的内部治理机制的核心,与营利性公司的董事一样,都必须对组织负有信赖、注意、忠实等义务[1],其主要义务为:(1)决定组织的使命和目标,定期审核组织的使命,看它是否需要更新、修改和重申;(2)选择和支持首席执行官;(3)检查和监督首席执行官的管理;(4)规划未来;(5)批准和监督组织的项目和服务;(6)规范完善财务管理,监督预算执行情况和实现收支平衡;(7)争取财务援助;(8)提高组织的公众形象;(9)确保组织的法律和伦理统一性;(10)招募和培训新的理事会成员。[2] 因此,义工组织向社会提供优质的志愿服务,离不开组织内部机构的职能发挥和相互配合。理事会作为最高决策者和管理者,带领并监督着执行者和义工完成组织的使命。

3. 自我提升

义工组织的自我规范还表现为义工以及义工组织的领导者不断提高道德修养和实践能力,特别是要将无私奉献和关爱他人的志愿精神内化为一种自觉的思想意识,习惯性地指导自己的行为。美国志愿服务实践中,无论是义工还是义工组织的领导者,都会持有《义工手册》和《领导技巧》两本教材。

《义工手册》对义工参与社会服务提出了明确而具体的要求:参加义工组织就意味着要承担一定的责任和义务,而为了履行这些责任和义务要接受必要的培训;义工不能在活动中利用与人们接触的机会谋取个人利益;义工应制定准确的工作计划并按计划行事,不能是"自己想做的时候"或是"自己可以抽出时间的时候"这样一些不确定的时间表;义工应以认真负责的态度对待活动,一旦因生病或其他原因不能履行自己义务,要事先通知该组织领导人;建议义工记日记,记下自己花费了多少时间和完成工作的情况。为了严格履行自己的义务,志愿者要与组织签订协议或合同,明确规定双方的义务和

---

[1] 如加利福尼亚州法律要求理事要"善意地、以理事合理地认为符合法人最佳利益的方式行事,周密调查研究,尽到普通谨慎的人在类似情况下的注意义务"。

[2] See Richard T. Ingram, Ten Basic Responsibilities of Nonprofit Boards, Nonprofit Goverance & Management Center,1998.

责任,从而形成一种法律上的关系。

《领导技巧》是一本给义工组织领导人编写的教科书。《领导技巧》强调义工组织领导人肩负的责任,尤其是财经责任,如果一个组织不能清楚地报告自己的收支情况,作为领导的经理就要为这种罪责负责;减少风险的最好的方法之一是每年聘请一位有经验的会计师,理事会认真关注每项活动的实行情况。[①]

(三) 义工组织的行业规范

美国义工组织由公民自由结社而成,无论其作为法人或非法人社团存在,均具有自我约束的能力,实行自治自律、自主管理。这种自主管理集中体现在两个方面:一是义工组织通过章程制定和机构设置进行自我限制和激励;二是义工组织之间的行业联合确立的行为准则规范。美国义工组织的行业管理是美国志愿服务组织自愿联合的产物,通过这种联合形成的行业规范来约束和推动组织的发展及其与政府的关系。

1. 行业准则

"美国联合之路"和"美国华盛顿非营利研究与咨询机构"(独立部门)是当前美国志愿服务组织较有影响的行业组织,其推出的行业行为标准和道德规范准则对许多义工组织的行为都产生了示范效应和推进作用。

"美国联合之路"于1994年3月颁布的义工组织行为规范,已经成为美国义工服务领域最重要的行为准则。行为规范包括人员正直,专业知识优秀,志愿者职责、义务和效率,利益冲突,信息保密等十三个部分,为义工组织的行为评估提供了标准。2004年,"独立部门"的董事会批准《非营利和慈善组织价值宣言与伦理道德准则》(Statement of Value and Code of Ethics),并具体提出了(1)无私奉献;(2)道德承诺;(3)公益使命优先;(4)尊重个人的价值和尊严;(5)包容社会的多元性并维护社会公平;(6)对公众负责任;(7)公

---

① 参见杨恕、续建宜:《美国志愿者运动述评》,载《国际论坛》2002年第1期。

开和诚实;(8)慎用社会资源;(9)服从法律独立部门等九项标准,鼓励其成员组织以此为基础,起草、采用或修订自己的伦理规范与价值宣言,并把它与每年的财务审计放在同等重要的位置。独立部门的道德规范要求其成员组织尊重共同的价值基础,即承诺提供公共服务,向公众负责,承担超越法律之外的义务,尊重每一个人的价值和尊严,具有包容性和社会公正,尊重多元化和多样性,透明、正直和诚实,做负责任的资源管理者,承诺卓越和保持公众信任,因为公众的信任是组织合法性的基础,对公共关注的问题保持透明、公开和回应是包括义工组织在内的非营利组织的内在属性。可以说,"独立部门"提出的规范标准,不仅约束着其成员组织,也对整个社会道德具有良好的影响。

2. 信息公开

美国法授权美国国税局和州司法部对包括义工组织在内的志愿服务组织的信息公开进行管理,而在美国志愿服务实践中,国家慈善信息局(National Charitable Information Bureau)、全美慈善协会等非政府组织也在一定程度上约束和督促包括义工组织在内的志愿服务组织履行信息收集和公开义务。因为这些非政府组织的基本职能就是负责义工组织信息收集和信息对外公开的工作。它们收集整理每一个义工组织的完整资料,同时保存由美国国税局转送过来的义工组织的申报表和年度报告书,包括成立宗旨、负责人、董事会成员、详细的资产负债表、收支决算表等,以供社会大众查阅。这些机构为了扩大和方便信息公开,还主动向公众提供各种服务,如备有指南手册,协助民众查阅中心的各种资料;接受组织请求安排说明会以及提供电脑设备等。信息公开不仅是义工组织的法定义务,也是行业自主规范的重要内容。信息公开是政府规制、社会公众监督和义工组织自身监管的重要环节,有利于提高组织和行业运作的透明度。

3. 行业评估

行业评估是对包括义工组织在内的志愿服务组织行为进行监督的有效方式。创建于1918年的"美国国家慈善信息局"是美国最大的公益组织评估机构。它收集被评价机构的各种信息,并要求被评机构回答评估所需要的各种问题,然后根据自己拟定的九条行为准则定期对公益组织进行评估,公布达到其评估标准的公益机构的名单,其评估结果得到政府和社会的普遍认可。对社会公布这样的调查,实际上起到了引导社会捐赠的作用,也起到了对公益机构优胜劣汰的作用,一些州的非营利机构也着手进行评估工作,例如,马里兰州的"非营利机构协会",用了两年时间,花了25万美元制定出一份八大类55个细目的非营利机构评估标准,还规定了通过评估的标志,2011年,该协会将其标志授予第一个通过评估的机构。美国"全国非营利机构董事会中心"也制定了一个供董事自查自评的标准,他们要求参与该中心的董事个人与董事会组织自行填写有关表格,然后由专门的机构对其进行评估,其评估报告将反馈给填报人。这个报告是保密的,仅用于通过咨询帮助董事会和董事会做好所任工作。[1]

美国慈善机构每年进行行业评级,按信誉等级由高到低分为4星到5星,同时提供各个标准下的前10名排行榜,其中不少是负面排行榜,比如,筹款回扣率排行,财务危机排行,劣等机构首席执行官薪水排行,赠款囤积花不出去排行。此外,还有一些专业网站,供捐助人随意调阅各个慈善机构的评级、资质的详细情况。[2]

---

[1] 参见廖鸿、石国亮、朱晓红:《国外非营利组织管理创新与启示》,中国言实出版社2011年版,第172页。

[2] 参见王勍:《国外善款咋监督:美国监督与自律并重 德国独立机构严查》,http://news.xinhuanet.com/world/2008 - 05/30/content_8276201.htm,2013年5月16日访问。

第三章

加拿大义工组织法人制度

"义工"在加拿大指"所有自愿工作、没有报酬、为了他们个人生活之外的人提供服务的人"[①]。加拿大义工服务活动在世界范围处于领先水平,参与义工服务,向社会无偿地奉献个人的时间、精力、智慧和技术已经成为所有加拿大人的自觉行动,成为加拿大社会文化的重要组成部分。加拿大社会由私人部门、政府部门和第三部门构成,其中第三部门也称为"非营利组织与义工组织",义工组织是指服务于公共利益、自治并不向成员分配任何利润,在一定程度上依赖于义工进行活动的第三部门组织。[②] 因此,对加拿大义工组织的讨论通常并不限于那些直接从事义工服务的专门性义工组织,其他组织、运用义工从事志愿性义工服务的非营利组织也属于义工组织的范畴。加拿大义工组织法人制度缺乏统一的、系统的法律供给,义工组织依其自身的目的事业可以根据不同的法律取得不同的法人资格,如依据公司法可申请成立公司法人资格,而依据慈善法可申请慈善法人资格,但不管取得何种法人资格,并不会改变义工组织的公益

[①] 《加拿大政府与志愿部门协议》对"义工"一词所为的定义。在加拿大,人们可以通过组织提供正规的义工活动,也可以非正式的方式直接参与活动和帮助他人,义工的服务活动必须基于自愿、无偿,而且其服务对象不仅与义工本人不得有法律上的义务,也不得与组织的成员具有法律上的义务。

[②] 第三部门的概念源于公共领域思想,主要出自德国著名学者哈贝马斯,他认为公共是指公共性、公开化,代表着一种以公共权力为内容、以公共参与为形式、以批评为目的的三维空间。第三部门的兴起与政府失灵、市场失灵有着直接联系,换言之,是政府失灵、市场失灵催生了第三部门。

性、无偿性、自愿性以及非政府性的法律属性。

一、加拿大义工组织的现状与社会定位

加拿大义工服务发展起源于北美移民时期的互帮互助合作精神,最早成立的全国性义工组织是1937年创办于蒙特利尔的加拿大义工中心,主要目的是为军事后勤提供义工服务。[①] 1955年成立的渥太华义工服务中心是加拿大最早成立的区域性义工组织,旨在推动渥太华地区义工服务不断发展,1971年创办的"加拿大世界青年"作为义工服务组织,主要职责是组织加拿大青年到亚洲、非洲、拉丁美洲等地区在农业、社会工作、教育、传媒等领域从事义工服务、开展国际教育交流活动。同年创办的"加拿大纳税服务义工组织"则由加拿大税务总署资助,每年为大约40万纳税人提供所得税方面的志愿服务,促使人们理解和履行纳税义务,帮助纳税人及时得到税收减免和社会福利待遇。经过数十年发展,加拿大义工服务已经深入加拿大社会肌体,成为其社会文化的重要组成部分,诚如《加拿大义务工作法》所描述的那样,"每天都有上千人志愿地将他们的时间和才智给予上千个组织,他们自由地奉献其时间且不期望金钱的回报,他们的服务时间确保许多活动的完成,许多人得到帮助。他们为无家之人建造房屋,照顾年老之人,提供咨询和支持服务"。

(一) 义工组织的伞状结构

加拿大义工组织具有复杂、严密的网络系统,呈现以加拿大国家义工中心(Volunteer Canada)为顶端、以大型义工服务中心为骨干、众多专业化义工社团为基础的伞状组织结构。

加拿大国家义工中心居于伞状结构组织体系的顶端,统一负责协调、支持全国各地的义工服务中心,是加拿大全国性义工服务的领

[①] 参见李宗派:《加拿大的志愿工作现况与发展趋势》,载中国台湾地区《志工季刊》2005年第10期。

导者。加拿大国家义工中心实行会员制,凡拥护志愿服务精神、自愿从事义工服务的人或组织均可申请加入,其成员包括义工、义工组织以及义工服务的机关组织,覆盖加拿大非营利性与公共领域的所有人类服务、社会服务、保健服务、教育服务、艺术与娱乐以及自然生态保护等,以弥补政府公共服务能力的欠缺。为了确保义工及义工组织所开展的义工服务被认可并获得应有的尊重,加拿大国家义工中心与全国各大型义工中心保持合作与协调关系,通过加拿大全国义工参与组织网,汇集了国家一级的加拿大慈善机构、公共机构和非营利组织的义工发展工作的专业人员。

大型义工服务中心(Volunteer Center)犹如伞骨,居于加拿大义工组织体系的第二层级。加拿大全国有超过二百个大型的义工服务中心,分布于全国各大城市,从事义工管理、训练、咨询工作,提升志愿意识与增强义工服务力量。总体上,加拿大各地义工服务中心主要活动包括:(1)弘扬义工服务精神、提升义工服务意愿和培育义工服务力量。义工服务中心鼓励民众在社区从事义工服务,并提供系统的义工服务信息和机会,表彰优秀义工和义工组织。(2)促进义工组织能力建设,指导义工组织活动。义工服务中心负责协助义工组织进行招聘、管理、留用等训练讲座,帮助建立义工组织常态工作机制,完善义工组织的组织架构,健全义工组织规章制度以保护义工服务、社会机构和服务对象的利益。(3)充任政府与基层义工组织沟通联系的桥梁。义工服务中心最基础性的工作是透过地方参与,协调各种社团、组织、政府、学校与社区,了解义工服务的信息与机会,动员义工参与,保护义工与社区机构的安全需要和弹性服务,支持社会立法和有关义工服务的政策。(4)提供义工服务机会。义工服务中心通过招募和转介义工到社区参加义工服务的方式提供义工服务机会。

基层义工组织由各种各样专业化的社团或财团构成,这些社团往往由具有各种专业知识、技能、经验的义工构成,它们在义工中心协调下从事各种能够满足其特长和专业技能的义工服务,如由医护人员组成的义工组织更适合老弱病残的康复训练和医疗保健,而消防人员从事义工服务更能满足山林看护、灾害救援。基层义工组织在法律上并不隶属于任何一个义工中心,其独立开展其章程确立的义工服务活动,但加拿大的基层义工组织却自愿接受义工中心的协调、指导,因为义工中心能够满足其组织发展的需求,为其提供新加入义工培训、服务信息的获得、资金的援助以及与适合的服务对象①的对接等,没有义工中心的指导和帮助,它们难以有效地从事义工服务,难以迅速地提升组织运行的能力。正因为基层义工组织与义工中心的有效合作,加拿大义工服务组织的伞状结构才富有卓越的成效。目前,加拿大义工组织约有18万个社团或财团,拥有650万名义工和130万个领薪的义工组织职员,满足了加拿大社会多层次、多元化的公共服务需求。

(二) 义工组织的社会定位

加拿大义工组织与其他非营利组织在总体上被纳入"第三部门"范畴。第三部门的兴起与作为传统社会两大基本部门即私人部门与政府部门的失灵有着直接的联系。政府有可能失灵,且即使提供公共物品不存在失灵问题,也可能因为追求社会利益最大化而形成挤压或忽略社会的少数或弱势群体的利益;同样,私人部门也因其内生性缺陷和私人利益最大化的追求会导致提供私人物品的失灵。因此,私人部门与政府的失灵催生了社会公共组织介入社会公共领域以补充私人(市场)与政府职能的需求。加拿大义工服务事业凝聚了加拿大几乎所有的社会力量,从私人部门到政府部门,从正式组织到非正式组织,从慈善机构、公共机构到义工团体、非营利组织,成员基础囊括了加拿大所有的私人部门、政府部门等对义工服务事业

---

① 在加拿大,义工服务的对象称为"受益人",2000年12月出台的《加拿大义工参与守则》明确要求义工应当正直、有责任心,尊重受益人和社区,并将尊重受益人纳入义工的义务范畴。这与社工的服务对象有所差异,根据《加拿大社会工作人员协会伦理守则》,社工称其服务对象为"案主",案主利益最大化是社工活动必须考虑的基本问题,除非案主的计划不切合实际、不合理或是假设性的,否则,社工都必须充分考虑案主的期待、希望、动机。

感兴趣的组织或个人。① 由此观之,第三部门并非完全是政府和市场失灵的产物,而是对传统的非"私"即"公"的二元社会结构的矫正,公民社会组织的兴盛是公民意识和参与社会的实践觉醒的结果。因此,现代社会福利不能、也不应当由政府独家提供,私人组织承担社会责任并不是一种单纯的道德倡导,让私人组织为某种慈善目的而捐款,让企业家追求利益最大化同时兼顾社会利益的有效跟进,这应当成为现代社会公共福利政策的逻辑起点。社会公共福利应当由全社会所有有能力的组织和个人共同创造、共同参与。美国学者萨拉蒙称第三部门是一场全球范围的"结社革命",是继 19 世纪后期现代民族国家之后 20 世纪后期重要的社会和政治现象。② 它明显区别于提供私人物品和服务的私人部门,也不同于提供公共物品和服务的政府部门,甚至可以说第三部门是通过社会参与和民间行动来提供政府不能做、不愿做或不便做的公共服务的部门。③

加拿大义工组织作为第三部门最重要的力量,为加拿大社会提供了丰富多样的服务,提高了加拿大人民的生活水平。加拿大人在过去一百多年里,创立了无数的健康护理、社会服务、艺术文化、环境保护、就业培训、法律服务等类型的义工组织,这些社会服务更具有针对性,也因其贴近民众而更具有弹性和有效性。作为政府解决社会问题的伙伴,加拿大义工组织卓有成效的义工服务不仅提升了加拿大社会的福利水平,满足了不同层次、不同群体的多样化需求,而且对经济发展起到很大的作用。根据"Canada Survey of Giving, Volunteering and Participating"(加拿大关于捐赠、志愿者服务和参与的

---

① 《加拿大义务工作法》关于义工构成的描述清楚地揭示了义务工作的社会性,义工组织的成员"青年团体领导、项目协调者、教练和筹款人,他们代表了生活的各方面——专业人士、学生、退休人员——和每个年龄层以及文化背景",由此观之,义工服务是怀揣奉献社会、服务社会、不计报酬的志愿的人对社会的回报;其关于加拿大国家义工中心(Volunteer Canada)的阐释则客观地说明了加拿大义工组织广泛的社会基础。

② 参见〔美〕莱斯特·M.萨拉蒙:《公共服务中的伙伴——现代福利国家中政府与非营利组织的关系》,田凯译,商务印书馆 2008 年版,第 243 页。

③ 参见李培林、徐崇温、李林:《当代西方社会的非营利组织——美国、加拿大非营利组织考察报告》,载《河北学刊》2006 年第 2 期。

调查,缩写"CSGVP")年鉴数据显示:2010年超过1200万加拿大人(约占人口47%)参加了志愿服务,为慈善和义工组织贡献了累计21亿小时的志愿时间,相当于110万个全职工作时间。义工人均贡献156个志愿工作小时,约等于21个工作日。其中,青年(15—24岁之间)义工比例最高(占58%)、35—44岁公民紧随其后(占54%)。[①] 另外,根据理想加拿大组织(Imagine Canada)和加拿大智库威斯利研究所(The Wellesley Institute)的报告,2012年,加拿大义工组织规模居世界第二,创造了200万个工作岗位,相当于经济活动人口的11.1%,创造的1060亿经济价值相当于加拿大国民生产总值的7.1%,大于制造业和农业。[②]

加拿大义工组织还直接影响了加拿大政府的社会政策走向。随着社会发展状况的不断变化,加拿大义工组织的角色和作用并不局限于提供社会服务,资金来源的多元化和服务领域的扩张使得义工服务牵涉更多的社会问题,义工组织与社会不同阶层、不同利益集团保持更为广泛的联系与合作,由此对加拿大社会产生深刻的影响,"从社会正义、人权、环境、健康和信仰,到艺术和文化、体育和娱乐",义工及义工组织"为加拿大人提供关键性服务"。"义工组织在社区和个人工作中投入他们的知识、专业技能,热情地参与公共政策辩论和政府关注的焦点问题",不断地影响着加拿大社会公共政策的发展,并使得加拿大社会政策更为合理有效、更加公平正义。[③]

---

① 资料来源:http://sectorsource.ca/research-and-impact/sector-research/volunteering-research,2013年7月5日访问。

② "Imagine Canada"是以慈善与非营利为事业的加拿大全国性慈善组织;"The Wellesley Institute"是致力于开展政策政策和动员社区以促进人口健康为宗旨的非营利、无党派的研究机构。资料来源:http://www.imaginecanada.ca/node/32,2013年7月5日访问。

③ 加拿大政府于1999年作出了加强与义工组织关系的承诺,2000年6月宣布为义工组织提供资金资助,以缓解其资金困难。2001年,加拿大以国际义工年为契机,颁行《加拿大义务工作法》,同年12月公布了广泛征求民意的《加拿大政府与义工组织协议》。作为一项约定的义务,加拿大政府"承认并考虑义工组织的立法、法规、政策和项目的含义,包括基础政策与实践",政府"以开放、及时了解和持续的对话推动义工组织的工作,以便义工组织可以贡献出它的经验、专门技能、知识和想法,形成更好的公共政策"。

二、加拿大义工组织法人制度

加拿大义工组织体系呈现以国家义工中心为顶端、以各地大型义工中心为支撑骨架、百万义工组织为基础的伞状结构。维系伞状结构有效运行、承担国家公共福利服务供给的却是近千万志愿奉献、不计报酬的义工。这一庞大的群体来自于不同的阶层、不同的群体,拥有不同的知识结构、不同的技能和经验,并以自己的行动赢得了加拿大人的尊重。

(一) 义工组织类型

加拿大义工组织包括正式的和非正式的两种类型,前者指依法注册登记并取得法人资格的义工组织或者依据信托法设立的从事义工服务的信托组织,后者指社区自行组织的未经注册登记、分散的从事义工服务的组织。① 正式的义工组织一般指法人型义工组织,非正式的义工组织则指非法人型义工组织。

从实践看,加拿大非正式的义工组织经常参与社区义工服务活动或者动员,也组织义工参与各种正式的义工组织开展的义工服务项目计划。这些非正式的义工组织通常缺乏稳定的组织机构,没有自己的组织章程,在一般情况下也不开展具体的义工服务计划。② 它们可能只是对义工组织提供的义工服务起到拾遗补漏的作用,却

---

① 公民自由结社是其宪法规定的基本权利,具有共同价值信仰的义工自由结成义工组织,无论是经注册登记取得法人资格,还是未办理注册登记的共同体,在法律上均为合法的组织。不过,依据加拿大联邦税法规定,非正式的组织不能向税务主管机关申请免税资格,从而不能享有政府提供的税收优惠。

② 加拿大非正式的义工组织是一种典型的草根组织,是由义工成立的共同体。这种共同体在《加拿大政府与义工组织合作协议》里并没有因其规模小而被排除在义工组织之外,从总体上看,加拿大赋予了义工组织最广泛的意义,只要这些组织服务于公共利益,是"自治的且不向其成员分配任何利润",组织的成员"都不是强制的","独立于且历来区别于政府和私人部门的常规结构",如非正式的邻里会、服务社、倡导联盟、食物银行、庇护所、过渡房、音乐会和本地体育俱乐部等组织都被视为义工组织。参阅《加拿大政府与义工组织合作协议》关于义工组织的界定。

有效地弥补了正式的义工组织或者义工服务计划项目可能形成的缺陷,并且为正式的义工组织源源不断地输送义工。

必须依法注册登记,才能成为法人型义工组织。法人型义工组织是加拿大义工服务的主要力量,由于它们具有严密的组织体系和规范的制度章程,能够组织系统的、持续的义工服务项目和计划,不仅能够与政府、企业保持密切的合作与联系,影响政府与企业的公共参与,推动其对义工组织的资金投入,而且能够不断提升服务能力和服务质量,赢得社会公众的尊重与信赖,促进义工组织健康、稳定地发展。

(二) 义工组织的法人资格

加拿大义工组织作为一种非营利组织,主要受加拿大宪法、公司法和税法约束。加拿大属英美法系国家,虽有一定的制定法,但却缺乏专门系统的成文法典。加拿大宪法由各个不同历史时期的宪法性文件构成,其中包括1982年加拿大议会通过并由英女王批准的《加拿大宪法法案》,作为该法案重要组成部分的"权利与自由宪章"将结社自由作为加拿大公民的基本权利。[①] 具有共同的服务社会、不计报酬、无私奉献价值理念的加拿大义工,在法律上当然具有自愿结社组成义工组织的权利,加拿大宪法在本质上是义工组织赖以创立的最基本的法律依据。

加拿大义工组织的形式包括非公司社团、公司、信托三种。其中,非公司社团是一种非正式的义工组织,不具有法人资格,也不必经政府注册登记。义工组织以信托为组织形式,虽然也不具有法人资格,但加拿大有关信托的法律,确认其具有独立的法律地位。加拿大法律不承认商业信托,所有的信托均必须基于公益目的,即慈善目的。因此,实践中的加拿大慈善基金会有相当部分以信托为组织形式。义工组织以信托形式存在时,可依加拿大税法申请税收减免优惠。

---

① 参见《加拿大宪法》第一章"权利与自由宪章"第3条。

第三章 加拿大义工组织法人制度

以公司为组织形式的义工组织必须依据加拿大公司法注册登记,经注册登记的义工组织具有法人资格。加拿大联邦和省都有制定公司法的权力,现行的加拿大联邦公司法是其议会 1975 年制定的《商事公司法》,加拿大有 13 个省及行政区制定《公司法》,从实践看,约有 90% 的公司都是根据各省公司法设立的。在加拿大,不管是联邦公司法还是省公司法,其渊源都是英国《1862 年公司法》及其相关法律。随着公司运作实践和公司法理论的发展,加拿大联邦和各省对公司法也不断进行修改,联邦议会最近的一次重大修改是 2001 年,对各省公司法的改革起到了示范作用,由此达成联邦公司法与各省公司法趋于一致的效果。① 加拿大商业公司尤其是全国性商业公司大多依据《加拿大联邦商事公司法》申请设立登记取得法人资格,而地方性公司或非营利组织大都依各省公司法注册登记为法人组织。加拿大公司法对公司设立基本没有设置任何限制。在加拿大,民众设立公司以谋取一定的经济利益是其应有的权利,法律为民众创建公司提供了最便利和最灵活的制度供给,"一个或多个法人、一个或多个自然人,除未满 18 周岁、无民事行为能力或已经破产的自然人外,均可设立公司",同时,加拿大联邦公司法与各省公司法对公司设立没有最低注册资本要求。大多数公司(上市公司除外)都以 100 至 1000 加元的名义资本设立公司。

义工组织作为志愿部门和非营利组织,其法人资格的获得是必须依据公司法规定注册登记。从加拿大义工组织实践看,义工组织依据公司法申请注册登记,必须提供包括义工组织名称、章程、董事会组成及董事人数、从事的目的事业范围等申请设立资料,按照固定的表格填写一份申请表并缴纳一定的注册费即可,负责公司注册登记的官员将申请表格连同申请资料提交主管官员。义工组织申请注册登记为公司时,发起人提供的章程应当记载公司名称、公司注册

---

① 参见全国人大法工委于 2009 年 9 月 6 日至 12 日组织相关人员赴加拿大考察其公司法律制度,所形成的《加拿大公司法律考察报告》,http://www.parlcent.ca/asia/Docs/report%20LA,访问日期:2013 年 3 月 15 日。

地、董事数量或者董事数量的上限与下限,公司从事义工服务的范围以及议事规则等(具体内容将在后面阐述)。加拿大公司法对章程记载的内容以法律允许为限,任何不违反法律禁止性规定的内容均可记载于章程,而且只要记载于章程,即具有法律约束力。如果义工组织要申请免税资格,公司章程应当记载公司收益及盈余不得向其成员分配的内容,否则,加拿大税务机关有权拒绝给予免税资格。加拿大各省公司法一般都规定由一名副省长主管公司注册登记,该主管官员收到设立章程后应当根据法律规定签发设立证书;如果公司的设立不符合加拿大公司法规定,也可拒绝签发设立证书。设立证书记载的日期为公司成立日期,义工组织公司成立之日起获得法人资格。

加拿大义工组织依据公司法注册登记为法人组织,可依法申请核准为慈善组织,取得慈善法人地位。所谓慈善组织是指募集资金以资助教会、医院、学校和社区福利计划以及以慈善为目的的团体,慈善组织的活动基于"救助和发展",即"基于从一个'有'的资源向'没有的'接受者传递某些东西(钱、商品或服务)"[1]。加拿大所有的非营利组织中有超过半数的组织注册为慈善组织,而宗教、医疗、教育等非营利组织中则有高达70%—90%的组织注册为慈善组织。慈善组织可分为经营性的慈善组织和慈善基金会,经营性的慈善组织主要通过义工或者职员等负责管理与执行慈善计划;慈善基金会则以资助其他团体为主要任务。加拿大《所得税法案》所说的"注册的慈善机构",既包括经营性的慈善组织,又包括慈善基金会。[2] 加拿大关于慈善的法律为义工组织申请核准慈善组织提供了依据。加拿大安大略省《慈善机构法》规定:"如果部长认为没有股份资本的任何公司具备慈善性质且适用《公司法》第三部分,或者依据加拿大议会的一般或特别法设立,借助本法提供的财政资助,能够成立、维

---

[1] 〔加〕大卫·德瑞斯科:《慈善组织在现代社会的作用和功能》,载民政部法制办公室《中国慈善立法国际研讨会论文集》,中国社会出版社2007年版,第205页。

[2] 参见《美国、加拿大非营利组织考察报告》,载李本公主编:《国外非政府组织法规汇编》,中国社会出版社2003年版,第471页。

持或经营一个慈善机构,由合格的管理人员本着慈善之目的,秉承诚实信用原则来处理其事务,则部长可以基于本法目的核准此公司"。① 所谓慈善目的,"指乐善好施、善意的、教育、健康、人道的、宗教、文化、艺术、体育、环保或娱乐目的"②,由此观之,义工组织可依法申请核准为慈善组织,取得慈善法人的地位。义工组织作为慈善组织,可依加拿大《所得税法》申请免交所得税,同时,对义工组织捐款、资助的人也可在捐赠人税前抵扣捐款数额。

加拿大义工组织注册登记为公司,也可不申请慈善组织核准,并以非营利公司形态存在。从加拿大公司法规定看,公司作为一种法人组织形式,并非是营利组织的专属的法人形式。③ 公司仅仅是一种法人组织形态,与法人的性质没有直接的关联性,设立人如果追求私人的经济利益,以营利为目的申请设立公司,则这种公司即为商事公司;设立人如果追求社会公共利益,从事法律倡导的公益活动,完全符合慈善目的的属性,这种公司在性质上就是非营利公司。加拿大作为英美法系国家,采取宽松的公司设立制度,法律几乎未对公司设立设置任何限制性条件,作为加拿大公民的一项基本权利,任何人均有以公司方式追求经济利益的权利,公司资本被认为仅仅与公司经营活动有关,与公司的债权人利益不具有直接的关联,基于这种认识,加拿大公司法对公司资本没有最低资本的限制。这种公司制度的特殊性决定了其义工组织可以利用公司组织形式,获得从事义工服务所需要的法人资格。义工组织如仅仅注册登记公司,从事义工服务,则其只是具有法人资格的非营利组织。依据加拿大《所得税

---

① 加拿大安大略省《慈善机构法》第2节"核准的公司",详见杨道波、刘海江等译:《国外慈善法译汇》,中国政法大学出版社2011年版,第209页。

② 加拿大萨斯喀彻温省《慈善资金募集企业法》关于慈善目的的解释,详见杨道波、刘海江等译:《国外慈善法译汇》,中国政法大学出版社2011年版,第184页。

③ 英美法系国家的公司法律制度对义工组织及其他非营利组织而言,具有较强的适应性,一方面,公司的设立极为便利、灵活,没有最低资本限制,能够满足义工组织以向社会无偿提供劳动、技能、知识、经验甚至智慧等义工服务为特色、资本能力差的民间非营利组织的要求,另一方面,以公司为组织形式有利于完善义工组织的内部组织机制,有利于义工服务规范化运作,促进义工组织提升服务能力。对义工组织来说,英美法系国家的公司制度比大陆法系国家公司制度更具有优势。

法》规定,只能享有免交所得税的税收优惠,而对义工组织捐款的人依法不能享有捐赠人所得税税前抵扣捐款数额的优惠。

(三)义工组织法人治理结构

加拿大义工组织就其组织形式而言,有法人型的公司、非法人型的共同体和被视为法人的信托组织。① 正式的义工组织以公司形式取得法人资格,故其法人治理结构与加拿大商事公司具有异曲同工之效。加拿大义工组织作为一种慈善组织,"除应具备满足客户需求的能力外,其生存和发展同时取决于自身履行公共义务的能力。作为一个公共机构,慈善组织应对其利益相关者(即法律和道德所有者)承担信用。组织的董事会即是受委托代表有关利益这一角色的部门,因此,好的治理既是保证组织质量的有效措施,又是坚实基础"。②

1. 义工组织的章程是法人治理的基础

讨论加拿大义工组织的法人治理结构,必须准确地理解义工组织申请公司登记所提交的章程。加拿大法律确认章程是义工组织内部治理的依据,也是义工组织实施义工服务活动的基础。章程是"在法律规定范围内对其成员有约束力的内部规范。除确定的社团宗旨和名称外,章程尤其还有规定社团内部形成决议和对外以社团名义进行活动的规范"。③ 加拿大法律对义工组织章程极其重视,具有符合法律规定的章程是义工组织注册登记为公司的前提条件。章程可以记载法律允许记载的任何内容,对于义工组织而言,章程决定着其所从事的义工服务活动的内容,章程记载的内容有时甚至超越

---

① 加拿大义工组织的组织形式法人型公司具体可细分为慈善法人和非营利法人,前者在公司成立后向慈善主管机关申请核准为慈善机构,后者没有申请核准为慈善机构,除捐赠人能否享受税前扣除的税收优惠有所差异外,其他完全一致,故以法人型公司统括;非法人型共同体也称非法人型社团,并非是一种严格的法律上的组织体,更多地表现为义工的自由结合;信托型义工组织虽然并不是严格的法人组织,但在法律上被视为法人,具有独立的法律地位。

② 参见〔加〕陈国樑:《从质量提升视角看慈善组织的生存和发展》,载民政部法制办公室编:《中国慈善立法国际研讨会论文集》,中国社会出版社2007年版,第215页。

③ 参见〔德〕卡尔·拉伦茨:《德国民法通论》(上册),王晓晔、邵建东等译,法律出版社2001年版,第16页。

法律的限制,举例来说,如果章程或股东一致决议要求任何一项行动的生效所需的董事或股东的表决权数量大于其公司法规定的表决权数量,则优先适用章程或股东一致决议。① 实践中的加拿大义工组织章程作为法人独立意志的体现,将被义工组织严格遵守,任何违背章程规定的行为都是严重的违法行为。

加拿大义工组织的章程必须记载慈善目的,缺乏慈善目的的记载,义工组织不可能取得慈善组织或非营利法人的地位,也不能享受法律规定的税收优惠。② 加拿大税务机关对于申请免税资格的义工组织,在决定是否给予税收优惠以及给予何种税收优惠时,主要考虑(1)位于加拿大;(2)为慈善目的而运行;(3)其资源只能用于慈善目的;以及(4)非个人获利等因素。其中,慈善目的最为关键,申请人必须保证其所有的正式目标③都满足法律定义的慈善目的要求。

加拿大《所得税法案》本身并未对"慈善目的"或"慈善活动"予以定义,这些概念在习惯法中有其自己的起源。加拿大法院认可的慈善目的包括四大类,即(1)济贫(如慈善厨房、无家可归者的避难所);(2)促进教育(如大学、学校、研究机构、艺术);(3)促进宗教(如教会、修道院);(4)其他公益(如医院、公园)。④ 但加拿大联邦中的某些省对慈善目的进行了明确的法律界定,如萨斯喀彻温省就在《慈善资金募集企业法》中将慈善目的定义为"指乐善好施、善意的、教育、健康、人道的、宗教、文化、艺术、体育、环保或娱乐目的";加拿大《义务工作法》虽然没有对慈善目的予以定义,却以描述的方式叙述了慈善的范围,"有关领域多种多样,健康护理、社会服务、体

---

① 参见全国人大法工委:《加拿大公司法律考察报告》,http://www.parlcent.ca/asia/Docs/report%20LA,2013年3月15日访问。

② 义工组织申请公司注册登记时,法律对其目的事业范围没有特别的要求,这是因为任何人均可设立公司,从事营利的或非营利的活动,但义工组织如申请核准为慈善组织或申请免税资格,则必须具有明确的目的描述,慈善目的是义工组织获得前两项资格的基本条件。依据加拿大《宪法法案》第92(7)条款规定,对慈善组织的认定主要是省的权限范围,联邦政府负责税收优惠问题。

③ 这里的正式目标是指义工组织章程或信托文件等设立文件载明的组织目标。

④ 参见〔加〕特里·德·玛茨:《加拿大的慈善规范实践》,载民政部法制办公室编:《中国慈善立法国际研讨会论文集》,中国社会出版社2007年版,第83—91页。

育、娱乐、艺术和文化以及教育"。申请者在表达其目的时措辞非常重要,比如加拿大魁北克省关于"设立一个非营利法人"的解释文件中说道,法人的目的必须与《公司法案》第三部分的内容相符,并且"成立法人的目的必须清楚详细地写在申请书上,不得做与目的不相符的事。因此目的要定得相对广泛,这样可以避免日后经常做出改动"。"企业登记员一般要求以'为了纯粹的社会的/慈善的/艺术的目的,无意于为其成员谋取金钱利益'作为申请表中关于成立法人的目的的第一句话。"[1]

基于义工组织的慈善目的,其章程记载事项必须包括:(1)组织名称;(2)组织目的;(3)声明该组织将不以其成员牟利而运转,任何利润或其他财产增长都将被全部用于促进其组织目的的条款;(4)组织结构;(5)解释如何更换理事(或董事)的条款;(6)文件的有效日期;(7)至少三个组织理事的签名。章程生效后就成为法人的永久性法律,未经法律和章程所规定的修改程序任何人不得更改。其中"组织目的"就是章程中非常关键的内容,这些目的必须是慈善的,而申请者遇到的障碍往往集中于组织目的,如组织不能以营利为目的而设立,不应从事规定以外的商业活动;再如,慈善组织不能有政治目的的、党派的或本质上是政治性的活动,比如推广一个政治信念或者说服公众采纳关于广泛的社会问题的某种观点。政治目的不属于慈善性质,它不符合慈善组织的注册资格,但是一个仅为慈善目的而设立的慈善组织也可以参与一些直接帮助达成其慈善目的的有限的非党派的政治活动。[2]

2. 义工组织的董事会是法人治理结构的核心

加拿大所有的义工组织均设有董事会(Board),这是因为加拿大义工组织不管是慈善法人还是非营利法人,都必须以公司法为依据

---

[1] See Creating a Non-profit Legal Person, Translation of the Guide, http://www.registreentreprises.gouv.qc.ca/documents/guides/le-50.c5.01.6-v(2007—04).pdf, Visited on July 6, 2013.

[2] 参见〔加〕亚历山大·戴维森:《加拿大慈善事业注册监督制度》,载民政部法制办公室编:《中国慈善立法国际研讨会论文集》,中国社会出版社2007年版,第53—69页。

注册登记为公司。加拿大公司法采取宽松的公司设立政策,申请注册登记公司极为自由、灵便,但拟设立公司的董事人选、数量是为数不多的条件之一,任何注册公司的申请如果没有明确的董事会、董事人选的记载,主管机关有权拒绝为其签发设立证明书。义工组织作为一种公司形式的法人,其组织机构一般由权力机关、执行管理机关、监督机关构成,董事会或理事会为义工组织的执行管理机关,如此形成以董事会或者理事会为中心的内部治理机制。

董事会的职责是领导和指导义工组织提供开展义工服务。义工组织董事会的设置在法律和组织的章程内均有详细规定。《加拿大公司法》规定,董事会是管理者,由股东选举产生,管理权由股东授权董事会行使;公司必须有至少一名董事,以特许证书方式设立的公司则不少于三名董事。[①] 加拿大义工组织董事会一般有5人到15人,较一般商事公司为多,这是因为义工组织为义工结合而成的社会组织,在保持义工组织运行效率的前提下,最大程度地让义工参与组织管理,将有利于提升组织义工服务能力。依据加拿大公司法,董事在法律上应当承担谨慎、勤勉义务,维护义工组织的良好声誉和忠实于义工组织的利益,具体义务包括:(1)董事应审慎运用其技能,以最大限度增加公司利益;(2)为防止董事损害公司利益,严格禁止董事以牺牲公司利益为代价进行谋私活动;(3)董事与公司的交易受到严格限制,一般不允许董事与公司进行交易活动;[②] (4)董事不得与第三方进行任何使公司失去赢利或者获得某特定财产机会的交易。这些规定当然适用于以公司形式获得法人资格的义工组织;同时,加拿大税法也规定经营性慈善组织至少50%以上的董事之间不得存在"内部交易";由某一个人或者某一相互之间存在内部交易的集团所提供的捐赠不能超过该组织资金的50%。

---

① 加拿大魁北克、爱德华太子岛仍以特许证书方式设立公司。在魁北克省,法律强制规定申请成立非营利法人必须至少有三个董事。

② 董事不得与公司从事交易活动,这是世界各国公司法普遍性的要求,并非加拿大公司法特例,但加拿大公司法规定在特殊情况下,董事也可以与公司进行交易,只是该项交易涉及利益必须公开、透明,且相关董事不参与讨论,更不得参与表决。

作为义工组织的执行机构和管理者,义工组织的董事会承担着架构组织的使命,制定与组织使命相符的政策,获取外部资源,监督、激励执行层等基本职责。《加拿大义务工作法》对义工组织结构中不同角色定位进行了细致的描述:董事会及其成员必须为义工组织创造、领导和确保一个有利于义工参与的文化和环境,围绕章程确立的使命和目标以及对慈善目的的定义,制定各种能够达成组织核心功能和资源的战略计划,为义工组织所开展的项目和计划制定具体的运营政策,对义工组织运营的每一个重要环节进行区分并制定相应的治理政策。执行董事、经理或其他义工组织领导人必须根据组织的使命、愿景和价值观,贯彻实施董事会制定的政策和发展战略,对义工组织活动展开有效的管理,落实董事会区分治理的政策,获得义工组织项目运行所需的资源。在以 Brodebent 为主席的义工组织责任和治理会议小组编制的《有效服务工作指南》中,系统地阐述了董事会的有效工作所包含的关键任务:用使命引导前进的方向,指导拟定战略性计划;保持透明,包括保持与成员、投资人和公众的交流,使他们能得到想要得到的信息;发展合理适当的体制;确保董事会理解自身的角色并避免利益冲突;承担财政责任;确保有一支到位、有效的管理队伍,并监督其活动;实施评估和控制系统以及为董事会的延续和多样化拟定计划。①

3. 加拿大义工组织法人结构从运营到治理的观念嬗变

上述分析证明:确定组织的目标和使命是加拿大义工组织董事会的核心职责,也是一个义工组织进行有效管理的基础。正因为如此,加拿大义工组织在申请公司注册登记时,均会在章程中详细描述组织的目标和使命,以展示组织存在的价值基础和所要达成的根本目标,"义工组织的使命告诉我们义工组织为何会存在以及它的总体目标的性质",②董事会在义工组织运营过程中,除非法律另有规

---

① 参见〔加〕李济富:《不以营利为目的的治理》,载民政部法制办公室编:《中国慈善立法国际研讨会论文集》,中国社会出版社 2007 年版,第 268—269 页。

② 详细内容参阅《加拿大义工服务法》关于"义工参与的组织机构的标准"的描述。

定,不能以任何方式偏离章程规定的组织目标。

值得注意的是加拿大义工组织法人运行正逐步加强对组织治理的完善,董事会越来越注重从"运作"(operation)到"治理"(governance)的观念和行动的转变。总体上,董事会治理的基础是信托责任,董事会成员作为义工组织各方利益的代表,必须履行服从本组织最高利益、避免利益冲突和严守机密信息的基本义务。① 加拿大义工组织董事会以章程确认的组织使命和目标为依据,建立与使命和目标相符的战略决策,如制定组织战略目标、挑选执行人、担当战略总执行者与监督者等。围绕这些决策的制定和实现,几乎所有的义工组织,都以章程记载的方式,从根本上保障组织决策的准确性,防止领导人的擅权专断。从实践看,加拿大义工组织会以章程确立一套科学、民主的决策程序,以保证组织决策的正确性;同时积极发挥董事会成员的作用,每一个董事都必须以其专业知识或者社会地位、关系资源为组织提供有效的信息、咨询服务,善于质疑或批准组织的决策。加拿大义工组织对董事会成员的管理水平要求越来越高,常规式管理已经不能满足义工组织发展的需求,风险管理(Risk Management)对义工组织的董事会提出了新的挑战,一些著名的义工组织如加拿大国家义工中心、各城市大型义工中心正在逐步开展对董事进行风险管理培训服务的计划,以提升董事评估和管理风险的能力。

加拿大义工组织治理嬗变的另一具体表现是董事会社会责任的强化。义工组织作为一种非营利的社会组织,公共信用是其赖以生存的基础。从加拿大义工组织实践看,强化义工组织董事的社会责任的核心在于遵守基本的法律约束,即董事在义工组织设立、注册或运作活动必须遵守法律,在为组织谋取税收优惠时必须遵守税收法

---

① 参见〔加〕陈国楔:《从质量提升视角看慈善组织的生存和发展》,载民政部法制办公室编:《中国慈善立法国际研讨会论文集》,中国社会出版社2007年版,第215页。

律,在组织雇用员工①或招募、运用义工时必须遵守雇用法律和人力资源管理法律,为义工提供组织能够提供的满足法律规定的卫生及安全条件的工作场所,在组织资金运作过程中遵守财务管理法律。②无论是信托上的义务还是法律上的责任,不履行这些义务的董事会或者董事可能会负有以下法律上的责任:(1)当违反某一法律时,会处以罚款、限制权力或者被监禁;(2)当违反一个具有法律约束力的合同时,通过某种行为纠正合同或者给予经济补偿;(3)当一种行为,或未能采取某种行为,无论是有意还是无意,导致伤害或损害他人时,以经济补偿的方式予以补救。③

三、加拿大《义务工作法》④

2001年12月,加拿大政府以"国际义工年"为契机,颁布《义务工作法》(The Canadian Code for Volunteer Involvement),以此诠释义工使命,相较于其他国家的义工服务立法,它更接近于阐释志愿主义精神的一部宣言、一份指导义工服务方法的说明,而不是一部常规意义上的法律。加拿大《义务工作法》包括背景、义工参与守则、义工参与守则的遵守、术语汇编、附加资源五部分。其中,背景部分描述了加拿大义工主义发展的现状、加拿大全国义工中心及其覆盖全国的义工组织网络,对2000年12月施行的义工参与守则的历史、作用

---

① 加拿大义工组织作为加拿大社会与政府部门、私人部门并列的第三部门,可以雇用给薪员工,因此,它与其他非营利组织一起,为加拿大提供了巨大的就业机会。纵观各国义工组织的发展,义工组织雇用员工的做法并不陌生。义工组织雇用员工一方面有利于推动义工服务规范化、常规化发展,另一方面也避免了义工组织与有工作需求的人争"饭碗"的尴尬。

② 参见[加]陈国樑:《从质量提升视角看慈善组织的生存和发展》,载民政部法制办公室编:《中国慈善立法国际研讨会论文集》,中国社会出版社2007年版,第215—216页。

③ See Directors' Liability: A Discussion Paper on Legal Liability, Risk Management and the Role of Directors in Non-Profit Organizations, http://volunteer.ca/download/file/fid/105, Visited on March 15th, 2013.

④ 本节内容完全基于加拿大《义务工作法》的相关规定,如无特别注明的引用,均来自对加拿大《义务工作法》英文版的理解。

和目的进行宣示,强调义工参与守则"是为义工组织讨论其义工如何参与且受到支持而设计的平台",也为义工提供了"参与融合到组织的方法,帮助组织的领导者了解义工的价值和角色";义工参与守则包括义工参与的价值、义工参与的指导原则以及义工参与的组织机构的标准;义工参与守则的遵守部分统括了义工组织存在的价值、义工组织对参与义工的运用、义工参与必须执行的标准;附加资源部分收录了《加拿大政府与义工组织协议》。加拿大《义务工作法》没有采取传统的授权、命令、禁止、限制、处罚的方式,也没有明确规范义工服务过程中的权利义务关系,但却为加拿大义工和义工组织提供了义工服务的具体标准和参与方法,这种针对义工服务特殊性所为的特殊处理方法暗含了深刻的人性化、本土化精神。

（一）义工服务的路径

加拿大民众早期多以自发结社的形式创建义工组织,从事无偿的义工服务工作,向社会奉献自己的爱心和劳动、技能和经验。但创建义工组织并不是一件简单的事,经费、资源、管理人才、业务拓展,这些因素无一不是初创期义工组织必须面对的难题,义工力量分散、义工组织林立,不能有效地整合社会资源,形成整体的规模优势。以加拿大全国义工中心为核心、全国二百余家大型义工中心为骨干的义工组织网络的形成在一定程度上改变了加拿大人的义工服务路径,一种以参与为主线的义工事业发展路径彻底改变了加拿大人义工服务的路径模式,这就是加拿大目前广泛存在的由义工构成的共同体不愿意选择法人形式独立开展义工活动的根本原因,义工的有效参与、义工组织相互协作构成加拿大义工事业发展的最重要的特色。

加拿大《义务工作法》最重要的部分是"义工参与守则","义工参与守则""是一个为义工组织指路的地图",也是"为有效的义工参与提供的策略"。

第一,以法律的形式承认义工事业的共同价值观。许多非营利组织作为义工的运用单位开展义工服务项目时,对义工的支持仅存在于组织外围,义工只是"易于拥有的"人力资源,而不是组织工作成功的关键组成部分。加拿大《义务工作法》充分地承认并肯定了义工参与的价值:(1)"义工参与对一个正义和民主的社会是重要的",它促进了公民责任,激发了公民参与社会建设的热情和对社会公共事务的奉献,义工参与也推动了社会成员的互动和相互理解,从而增进了社会的和谐与团结;(2)"义工参与强化了社区发展",这是现代社会社区建设不可忽视的力量,"它通过定位和回应社区需求促进了社会的变化和发展";①(3)义工参与实现了"义工和义工组织的互惠",义工组织通过雇用义工为自己创造机会,同时也为义工以有意义的方式成长和回报社会提供了机会。义工组织通过组织、运用义工完成自己的使命和目标,义工也在参与义工组织、完成岗位任务的过程中提升了自己服务社会的能力。

第二,以法律的形式为义工提供融入组织的方法。义工组织必须充分认识到义工参与对于组织能力提升和项目任务完成的重要性,每一个义工参与组织的项目任务都是以义工在法律上享有一定权利、承担一定义务为前提的,因此,义工组织吸收义工应以尊重义工权利为前提,"义工组织承认义工是一个关键的人力资源,并致力于以适当的基础设施支持义工参与"。义工组织的实践保证了义工参与的有效性,但义工组织有责任为义工"提供一个安全和有利的环境"。义工参与义工组织也应承担相应的义务,即"义工承担义务并对义工组织负责"。义工必须负责任,正直,同时尊重受益人。义工组织对参与义工的承认是保证其融入组织的基本方法,义工组织平等对待参与义工与职员有利于帮助义工建立对组织的认同感和归属感,以同一种评估规则和程序对义工岗位任务完成情况进行评估,有助于增进义工的责任心。任何把义工置于组织的外围、把义工当成廉价劳动力的做法都可能妨碍参与义工的融入进程。

---

① 加拿大《义务工作法》多次使用了"定位"一词,所谓的定位就是一种认知,义工以奉献社会、不计报酬、无偿服务为自己的价值观和角色定位,这种定位对于社会公共福利需求产生使命感,以无偿向社会提供自己的劳动、知识、技能、经验和智慧的方式回馈社会,推动现代社会文明和社会进步。

第三,以法律的形式确立义工组织的系列标准。加拿大《义务工作法》以"义工参与守则"为基础,确立了义工组织开展义工服务活动各个重要环节的系列标准,这些标准包括基于任务的方法、人力资源、项目计划和政策、义工分配、招募、筛选、方向和培训、监督、承认、记录管理、评估。这一系列标准自 2000 年 12 月制定以来即被加拿大各义工组织普遍运用于义工事业的实践,对于推动加拿大义工组织规范化运作、促进义工参与和义工组织的融合、保护义工合法权益,强化义工对组织的归属感,提升义工组织能力具有重要作用。

(二)义工组织的行为标准

每一个义工组织都有自己的使命和目标,虽然它们均以自愿结合、奉献社会、不计报酬、服务于社会公益或慈善为共同的价值观,但每一个义工组织对于自己使命和目标的阐述均存在差异化,由此构成每一个义工组织不同的使命和目标。加拿大《义务工作法》为义工组织实现其使命和目标在各个重要环节确立了具体的系列标准。

1. 基于任务的方法

义工组织使命和目标的差异化决定了义工参与的选择性,这是因为每一位义工参与义工组织的目的和动机具有各自的特殊性,而且义工所欲奉献社会的知识、技能、特长、经验均有所不同,因此,义工参与社会服务必须有所选择,"必须与组织的目标和资源配置相联系",义工组织的董事、理事等管理层"应当理解并支持义工计划的方向"。同样,义工组织董事会、管理层和员工在承认并支持义工对达成组织目标和使命所起的关键作用的前提下,必须使"组织的计划过程与义工参与相结合",选择并批准那些能够满足组织目标和使命要求的义工参与组织的整个策略,因此,义工加入加拿大义工组织是一个双向选择的过程。对于批准加入组织的义工,义工组织应当为义工参与分配预算,为义工执行组织的任务分配充分的空间和设备,为义工落实保险以减轻义工的风险负担。义工组织董事会应当定期评估义工参与目标,考核义工执行组织计划的效果。

2. 人力资源

义工组织最关键的资源是人力资源,虽然加拿大义工组织也雇用数量不等的雇员,但这些雇员归根到底只是服务于义工组织的义工服务计划实施,组织的使命和目标必须经由义工自愿的无偿服务实现,因此,义工是人力资源的核心。任何组织都必须基于组织的目标和任务,以岗位分析为基础确立自己的人力资源政策,并为人力资源发展提供适当的培训。[①] 义工组织人力资源政策的关键是平等、尊重和归属感,这意味着组织欢迎拥护组织使命和目标的义工加入,每一个义工都受到平等的尊重,每一个义工的价值都被认同和肯定。"一个健康的组织鼓励义工成长。义工们被支持和鼓励参与到并且以超越最初的任务的新方法作出贡献。义工们需要被当做团队的平等成员而纳入。团队的定义不应当被局限于那些组织付薪的员工。那些感到是团队一员、参与的和见多识广的义工们更易于继续贡献他们的有益的时间和技能"。

3. 项目计划和政策

"政策和程序有助于阐明责任和确保持续性",义工组织的董事会基于组织的使命和目标必须确保组织各项志愿政策的一致性,从志愿任务、义工筛选到岗能匹配、解雇或辞退义工的理由,完整的政策和必要的程序是保障组织健康运营的关键。加拿大《义务工作法》要求义工组织"采用政策和程序提供一个框架,详细说明和支持义工的参与"。义工组织在制定组织的政策与程序框架时,必须保证组织的规划过程与义工参与相结合,确立义工参与的总体目标,保证治理和业务政策到位并付诸义工实践。义工必须认知组织的政策和程序,义工组织董事会和管理层则必须持续、公正地遵守组织的政策和程序。加拿大《义务工作法》要求任何义工组织的"政策和程序

[①] 参见廖泉文:《人力资源管理》,高等教育出版社2003年版,第69—71页。

与全国和省际人权规范(Human Rights Codes)①、信息自由和隐私保护法案(The Freedom Information and Protection of Privacy Act)②以及省际雇佣标准立法一致"。

4. 项目管理

"管理义工是一门艺术也是一门科学。这项工作需要广泛的复杂的高水准技能。不管他们是员工或者义工,义工的管理者都应当具有必要的技能、经验"。义工组织应当指定具备适当技能的人从事项目管理,即实践中的项目经理,他应当由义工组织管理或行政团队的成员或者关键的义工组织者担任。项目经理应以书面方式描述项目任务,定期检查项目任务完成的情况,同时,项目经理也应定期接受义工组织的检查。

5. 义工分配

从实践看,义工组织既是义工的结合,也是共同价值观的融合。义工服务既强调组织的使命和目标,也强调义工价值和能力实现,让义工以有意义的、反映义工与组织自身能力、需求和背景的方式参与义工服务,是义工组织的基础性工作,而义工分配则是义工组织完成其基础性工作的前提,"应当根据组织和义工的需求指定任务。义工任务应当与组织的使命相结合。个人的需求十分重要,因此成功的志愿项目应使义工任务尽可能满足这些需求。定期检查义工的任务情况以保证其适当性和价值"。义工服务的特殊性决定了义工分

---

① 人权是加拿大公民的基本权利,受加拿大《宪法法案》保护。加拿大《权利与自由法案》作为宪法性文件,对加拿大人权作了规范。加拿大人极其相信法律的规则和公正,任何人都有权不被粗暴对待或遭遇不正常的待遇或惩罚。每个人的权利都是不可剥夺的。义工组织制定人力资源政策时必须考虑政策的平等性和公正性,任何包含不平等、不公平对待的人力资源政策,都可能触犯加拿大国家和省际的人权规范。

② 加拿大涉及公民隐私权的法律主要包括 1987 年 7 月颁行的《隐私权法》(Privacy Act)、《信息获取法》(Access to Information Act)和《信息自由和隐私保护法案》(The Freedom Information and Protection of Privacy Act)。加拿大法律界定的个人信息是指以任何形式记载的关于可识别的个人的信息,包括民族、种族、肤色、性别、年龄、婚姻状况、宗教信仰、受教育情况、财产状况、血型、指纹、疾病史、职业经历、住址、身份证号码以及性格、政治倾向等,个人信息只可用于既定目的并只许在限定条件下披露。义工组织基于义工参与获得的个人信息不得用于其他目的,且必须采取妥当的方式加密保存。任何未经许可的个人信息披露均构成违法。

配的重要性,让合适的义工从事合适的义工服务是义工组织实现其使命和目标的关键环节。义工组织分配义工应当做到以书面方式确定义工的工作,包括义务和责任,需要的技能、时间和利益,确保有着特殊需求的义工能够与组织共同参与。义工任务、义工以及员工必须定期接受检查,保证其工作具有适当的价值。义工组织应当对所有的义工任务进行必要的风险评估,确定其风险类型、风险程度,减轻风险发生的可能性。

6. 招募

加拿大义工组织基于其使命和目标实施义工服务计划,并根据服务计划招募义工。义工招募方案往往服从于组织的发展策略,义工组织发展策略的差异性决定了义工招募计划的差别,义工组织如以多元化、综合性组织建设为发展战略,可能极为重视义工资源储备,招募对象更倾向于不同知识、经验、技能和智慧的义工;义工组织如以专业化服务为其发展战略,其招募的义工则可能集中于具备组织所提供的专业化公共服务需要的技能、经验、知识的义工。义工组织招募义工时必须提供有效、清晰的招募信息;必须运用多种技术手段招募义工;明确招募义工的实际需求、筛选措施以及保证组织遵守筛选程序,尽可能从组织服务的区域选择适合的义工。

7. 筛选

筛选是义工组织选择义工参与的过程,也是招募义工最为重要的环节。① 招募以明确、清晰、有效的信息传导,向有志于参与特定义工服务的义工提供选择的机会,义工根据所接受的传导信息决定是否参与招募组织的义工服务。义工组织招募义工信息必须清楚地规定筛选措施和程序。② 对于义工组织而言,"筛选是一个必要的过

---

① 参见〔美〕戴安娜·阿瑟:《员工招募、面试、甄选和岗前培训引导》,王丽娟等译,中国人民大学出版社2001年版,第183页。
② 义工组织筛选应募义工方案必须严格依据法律规定和社会准则,因为其中可能涉及剥夺民众参与义工服务的机会,也可能涉及对应募义工的歧视。加拿大法律对歧视问题非常敏感,筛选剔除的义工必须是基于岗位因素,而不能是任何民族的、性别的、种族的等与岗位无关的因素。

程,持续于组织的义工参与过程。筛选程序始终无一例外地进行。因为有固定的风险,筛选协议被指定要求签署;个人不能决定筛选"。

8. 方向和培训

义工组织对参与义工"提供了一个定位",这里的定位是基于义工岗位所产生的各种政策和工作要求、义工服务环境以及岗位技能要求,包括义工的权利和义务。"定位澄清了义工和组织的关系。它通过提供对工作和与其他人有关的政策和程序信息使义工和组织熟悉起来。义工需要充分的培训来使自己和他人在执行任务时不存在风险"。义工组织对义工的岗位培训应当包括组织的历史、目标和结构信息;义工岗位工作的内容和流程;岗位工作的边界和限制。持续、有效的岗位培训有助于义工更新技能、适应组织的变化;同样,有效的岗位培训也能使义工对所在岗位需要的工作做好准备,更好地胜任岗位任务的要求。

9. 监督

加拿大《义务工作法》为义工组织实施必要的岗位监督提供了标准,"监督提高义工的动机,有助于确保组织的任务得到满足并使义工有一种组织归属感"。不同的义工从事不同的岗位工作,每一个岗位任务的差异决定着组织的监督程度,因此,岗位监督的水平应当与岗位任务相适应,义工组织应当根据任务的复杂性和岗位风险程度决定岗位监督的力度,并且,这种监督力度应当在义工接受岗位工作任务时以明确的方式告知。① 同时,义工组织应当在任务分配时告知由谁实施岗位监督以及岗位监督的方式和程序。任何一名义工的岗位工作都必须获得定期评估,评估的结果可能影响义工的服务表现。义工组织对履行岗位职责不合格需要解雇或辞退的义工应

---

① 岗位监督者的选派应与义工岗位工作任务相关联,一个合格的监督者首先必须熟悉和了解义工岗位工作的性质和操作方法,了解义工岗位工作所需的技能。监督者的选派可能涉及义工完成岗位工作任务的评价效果,由此可能影响到义工岗位业绩。对于不熟悉义工岗位工作或者不公正的监督者,义工应当有权拒绝。加拿大《义务工作法》把义工上岗前明确告知监督者作为义工组织监督标准的重要内容,个中原因即在于此。

当遵循公平和一贯的政策和程序,不得损害义工的尊严和安全。

10. 承认

承认是义工组织对义工在完成岗位任务过程中的良好表现的一种认可。义工组织对义工的贡献应当不断地以正式的和非正式的方法加以认可,董事会、管理层必须承认义工对其岗位任务所作的努力,正式的认可方法应持续运用,非正式的认可方法应以一种及时的、适当的方法运用。以及时、适当的方法承认义工对组织的贡献,并强化这种贡献的社会价值,有助于增强义工的责任感和归属感。

11. 记录管理

加拿大《义务工作法》规定:"每一个参与到组织的义工的记录应当得到维护,使用一种可靠安全的系统。记录应当包括申请表格、面试记录、任务描述、参考字母、绩效评估和当前的联系信息。这些记录有利于评估义工项目的影响力,也可以评估义工的贡献和奉献的时间"。义工组织必须以法律规定的方法、方式强化记录管理,凡涉及个人隐私、个人信息未经义工同意不得公开,以免触犯人权法律和个人隐私、信息法律的规定。即使在组织内以激励为目的分享或使用义工参与的推荐书以及义工服务项目信息,也必须以协议方式事先与义工签订协议。

12. 评估

加拿大《义务工作法》要求义工组织定期评估义工参与活动对组织所作出的贡献。这种评估实际上是一种绩效评估,即对义工完成岗位任务进行评价。[①] 对义工参与的评估应当包括总体目标和任务,确认已取得的结果。评估的方法可以是正式的,也可是非正式的,既可以是义工本人的陈述,也可以是顾客的反馈,同时要收集义工参与活动的质量和数量数据。评估的结果应当及时传达给被评估的义工,义工的影响和贡献通过评估能够获得及时的认可,有利于义工持续地对组织奉献自己的时间和技能。

---

① 参见〔美〕威廉·P.安东尼、K.米歇尔·卡克马尔、帕梅拉·L.佩雷威:《人力资源管理:战略方法》(第四版),赵玮、徐建军译,中信出版社2004年版,第346页。

（三）义工的权利义务

加拿大《义务工作法》的颁行旨在讨论义工在义工组织中的角色定位，诠释义工和义工组织的使命和价值观，倡导全社会弘扬义工精神，尊重和承认义工、义工组织在加拿大社会民主和正义发展中的作用。《义务工作法》并没有界定义工与义工组织的相互关系，也没有明确规定义工与义工组织间的权利义务，但透过《义务工作法》关于义工参与的价值、指导原则的描述以及所确立的系列标准，仍然可以清楚地获得加拿大义工参与社会服务的权利义务。义工组织如果背离《义务工作法》建立的系列标准，就可能违反加拿大法律所规定的义务。

1. 义工享有获得平等对待的权利

相对于任何组织的正式雇员，义工的特殊性在于自愿无偿地为社会公共事务贡献自己的劳动、知识、技能和经验，就同一岗位任务实现而言，正式的雇员与义工并没有实质性差别。加拿大义工组织除使用义工从事慈善活动外，也雇用一定数量的正式雇员，以持续有效地开展社会公益服务活动。这就涉及雇员与员工的平等对待问题，而且，即使义工组织把雇员与义工纳入同一规则体系，不同义工之间也有可能发生平等对待问题。[①] 在加拿大，平等权是宪法保护的公民基本权利，义工组织必须正视义工对实现组织目标所起的关键作用，平等地接纳义工为组织的成员，这并不仅仅是一种倡导，也是公民平等权在义工领域的延伸。加拿大《义务工作法》要求义工

---

① 平等对待是指平等地对待每一个正式的或非正式的雇员，不能以不同的标准评判不同的员工，也不能以与岗位工作无关的相同标准评判不同的员工。平等对待是西方各国人权法和劳动法普遍遵循的法律原则，也是宪法所规定的平等权在人权法和劳动法中的具体表现，它对雇佣单位每一个潜在的员工而言就是机会均等，对雇佣单位的员工而言就是平等对待。它以业务需要和工作相关性为基本的判断标准，任何一个雇佣单位招聘员工或任用员工时，只能以业务需要和工作相关性为标准，任何基于性别、种族、民族、宗教信仰、政治倾向所建立的标准，均涉及歧视，违反平等对待的法律原则。参见〔美〕罗伯特·L.马西斯、约翰·H.杰克逊：《人力资源管理》（第10版），孟丁主译，北京大学出版社2006年版，第90页。

组织招募、筛选、培训义工以及评估义工的岗位绩效均必须与雇用正式雇员一样采取持续一贯的人力资源政策和标准,不能对雇员与义工采用差别化的政策。

2. 义工享有接受岗位培训的权利

培训是义工组织为实现组织使命和目标,对义工基于岗位任务实施特定的、明确的知识和技能的培养。从总体上看,一个合格的义工应当具备完成特定岗位任务所需的各种知识、技能,甚至包括为完成岗位任务所需的沟通与交流能力、组织能力等。但不同的岗位需要的知识、技能并不完全相同,这就决定了义工组织必须对义工进行必要的岗位培训,培训的内容应当基于岗位工作任务分析,是那些完成岗位任务必须具备的知识和技能。诚如加拿大《义务工作法》所指出的:"义工需要充分的培训来使自己和他人在执行任务时不存在危险",义工组织应为义工提供"持续进行培训的机会来更新他们的技能和适应组织的变化","每一个义工有权获得根据岗位任务和个人需求定制的培训"。从权利的角度看,义工享有岗位培训的权利不仅仅源自加拿大《义务工作法》,更是加拿大劳动法确立的权利。同时,义工组织培训也包含义工岗位任务的边界和限制,而对岗位任务的边界和限制也构成了义工从事义工服务时的权利义务界限,它可以降低义工组织风险,防止义工在实现岗位任务过程中侵害他人的利益。

3. 义工享有获得组织承认的权利

义工从事社会公益服务,虽然不追求物质利益、不要求社会回报,但并不意味着义工不要求组织的承认。承认是组织基于义工岗位任务考核、评估,对义工完成岗位任务情况所作的一种肯定性认可。[①] 承认的前提是义工组织对岗位任务进行有效的绩效评估,其方式既可能是一种正式的承认,也可能是一种非正式的承认,"义工的贡献不断地通过正式的和非正式的方法得到认可",能够激发义

---

① 参见〔美〕威廉·P.安东尼、K.米歇尔·卡克马尔、帕梅拉·L.佩雷威:《人力资源管理:战略方法》(第四版),赵玮、徐建军译,中信出版社2004年版,第348页。

工持续奉献的热情。义工有权要求组织承认,即义工的贡献应当被认可、被鼓励。加拿大《义务工作法》要求义工组织对义工"在持续的基础上提供有意义的认可"。实践中的加拿大义工组织建立了以绩效评估为基础的正式而持续使用的认可机制,使用许多不同方式回报、答谢和鼓励义工如举办颁奖典礼或宴会,认可杰出义工的成就;有些义工组织向义工提供可用于义工服务活动以外目的的公共汽车通行证,还有一些义工组织给义工寄感谢信、经常向他们提供帮助寻找就业和教育机会的参考资料等。①

4. 义工享有以个人需求分配任务的权利

义工参与的目的是向社会公共事业奉献自己的知识、经验、技能和智慧,每一个义工的知识和技能具有明显的差异性和个性,而义工参与社会服务完全出于自愿,自由的意志和自主的选择构成义工服务的基本属性,因此,任何组织或机构均不得违背义工的意愿强迫其从事义工服务。同时,义工也只有在能够充分发挥自己专业知识、技能的岗位上才能更好地实现自己服务社会公共领域的意愿,因此,义工有权根据个人需求获得任务的分配。加拿大《义务工作法》规定义工参与为现代义工服务模式,义工组织应根据项目规划、组织的使命和目标招募义工,岗位任务的分配应当充分尊重和发挥义工的专业知识和技能。义工组织向义工分配任务时应当征求义工的意见,因为作为岗位任务的执行者,义工更明白什么样的任务可以使自己以有意义的,反映他自身以及组织的能力、需求和背景的方式参与进去,从而达到更佳的服务效果,义工组织有义务为义工提供更能发挥其专业知识和技能的岗位任务。分配的任务必须以书面方式明确义工岗位的边界和限制,明确义工的职责、责任、义务以及需要的知识和技能。

《义务工作法》确认义工有权利也有义务。义工应当以负责和正直的态度,从事义工服务,尊重受益人。但这并不是义工义务的全

---

① 参见〔加〕弗兰克·泰斯特、艾瑞·肯尼迪:《志愿服务在加拿大》,载民政部法制办公室编:《中国慈善立法国际研讨会论文集》,中国社会出版社2007年版,第320页。

部。事实上,《义务工作法》是借国际义工年的契机,弘扬义工精神,确认义工服务的价值,确立义工组织规范运营的系列标准。义工在法律上除无偿奉献、不计报酬外,与普通雇员一样并无特殊的利益或法律保护措施,因此,义工的法律义务应当与普通雇员一致。遵守法律应当是所有人的共同义务,义工也不例外。《义务工作法》要求义工组织应当与义工订立契约,契约不仅应当规定义工的具体岗位任务,组织应当提供的工作条件和有利的、安全的工作环境,也应当清楚地约定义工应当遵守组织章程、政策。在加拿大义工实践中,任何一个义工组织都涵盖了组织的使命、目的、运行机制、义工的权利义务等内容。加拿大《义务工作法》确认的"义工参与守则"所建立的系列标准均包含了对义工和义工组织的约束。

四、加拿大政府与义工组织的合作关系

加拿大《义务工作法》以附加资源的形式收录了 2001 年 12 月加拿大《政府与志愿部门协议》。[①] 加拿大政府与义工组织以协议的形式,对义工组织价值、政府与义工组织合作的原则、各自的权利义务进行了明确的约定,以期义工组织"从社会正义、人权、环境、健康和信仰,到文化、体育和娱乐,向加拿大人提供关键性服务",[②] 从社会贫穷的帮助到危难儿童的照顾,从灾害救援、生态保护到老年人群的看护、残障人士的康复训练,数百万义工在发达的组织网络支撑下

[①] 按加拿大《政府与志愿部门协议》所称,志愿部门是一个比义工组织含义更为广泛的概念,泛指以自治的形式存在、服务于公共利益、不向成员分配任何利润、在一定程度上依赖义工的所有组织,包含了义工组织、其他非营利组织以及社区互济共济组织,即通常所称的非营利组织、第三部门、非政府组织或基于社区的慈善部门。这些组织在开展社会公共服务活动的过程中,会直接招募义工参与组织项目和长期雇用义工从事活动,与加拿大数百万义工活动具有密切的关系。基于主题需要,本书着重考虑义工组织与政府的合作关系。

[②] 加拿大 1867 年《宪法法案》把"有关医院、收容所、慈善组织和救济机构的设立、维护与管理"的权力划归省地方政府。20 世纪 70 年代迅速发展的"第三部门"逐渐改变了联邦及地方政府垄断公共服务的状况,以组织、运用义工为特色的"第三部门"与政府共同承担社会公共服务,提升了加拿大人的社会福利水平,促进了加拿大社会经济的发展。

"帮助加拿大成为一个仁爱的、有同情心的和繁荣的国家"。

(一)《政府与志愿部门协议》

加拿大《政府与志愿部门协议》(以下简称《协议》)并不是一个法律文件,但它代表了一个公共承诺,即政府与义工组织将以更加开放、透明、一致和协作的方式共同致力于社会公共服务,并且在实践中尽可能地履行协议所设定的义务以及提高所有加拿大人生活质量所要求的义务。同时,《协议》通过定义普遍价值观、原则和义务的方式,塑造政府与义工组织未来实践活动的内容,确立彼此尊重各自对加拿大社会的贡献、彼此尊重各自独特的力量和不同的实践方式,指导加拿大政府与义工组织的合作关系。①

1. 价值

《协议》列举了六种与加拿大政府和义工组织关系最具关联性的价值观,它们包括:(1) 民主,支持结社自由、表达自由和提出各种倡议的权利;(2) 激发公民责任感,欢迎个人和社区以政治或义工活动的方式踊跃参与塑造社会;(3) 平等,尊重加拿大人在《权利与自由宪章》(Canadian Charter of Right and Freedoms)、《加拿大人权法案》(Canadian Human Right Act)和《联合国人权宣言》(Universal Declaration of Human Rights)中所承认的各项人权;(4) 多样化,尊重加拿大人丰富多样的文化、语言、身份、兴趣、观点、能力以及社区;(5) 包容,欢迎多样化的表达和表现,支持每一个人的权利;(6) 社会公正,确保社区充分参与社会、经济和政治生活。上述加拿大人共

---

① 在传统的"国家——社会"的二元构造下,人们致力于政府与社会关系的探索,由此不断提出政府与社会组织关系的模式,如以社会组织制衡政府模式、以社会组织对抗政府模式、政府与社会组织共生共赢模式、社会组织参与政府事务模式以及政府与社会组织合作互补模式。第三部门的兴起拓宽了人们讨论政府与非营利组织关系视野,制衡、对立的模式逐步淡出,合作成为人们思考政府与非营利组织的基本思维习惯,由此形成了政府支配模式、非营利组织支配模式、双重混合模式和合作模式。加拿大政府与志愿部门更倾向于混合模式和合作模式。"政府与志愿部门同时存在且具有各自的独立性,志愿部门是政府处理社会问题的伙伴,政府对志愿部门进行管理和支持"。(参阅 2001 年 12 月《加拿大政府与志愿部门协议》)。

同的价值观相互关联并共同创造了改善和增进所有加拿大人的社会氛围。

2. 原则

《协议》基于加拿大人共同的价值观,确立了加拿大政府与义工组织合作关系的指导性原则,这些原则包括:(1)独立,加拿大政府和义工组织均具有自主权,彼此独立,各自有着独特的优势和义务,政府对加拿大人负责,调动社会所有的资源处理国民关心的事务,并为加拿大人的最大利益制定政策;加拿大义工组织是独立的,这种独立性包括它们在法律范围内调整公共政策、项目和立法,并致力于改变自己的权利,义工组织对其支持者和服务对象负责,并提供良好的社会公共服务。(2)互惠,加拿大政府与义工组织均认同任何一方的行为都可能对另一方产生直接或间接影响,政府与义工组织应当经常性地分享各自良好的目标和经验,共同服务于加拿大社会公共服务领域。(3)对话,基于分享想法、观点和经验将有助于增进政府与义工组织间的相互理解,提升优先事项和良好的公共政策鉴别,加拿大政府与义工组织确认以适当的程序和方式持续地展开对话,对话应当公开、公正、及时、持续。(4)合作与协作,加拿大政府与义工组织认同基于社区的社会结构的重要性,应致力于社会公共服务的共同工作,以社区共同工作鉴别国家公共政策的优先项目和补充项目,强化政府与义工组织在社区公共服务领域的合作与协作。(5)对加拿大人负责,政府与义工组织除承担各自责任外,应当共同维持加拿大人的信任,确保加拿大人的工作透明、高标准和优良的管理,监测并报告结果。

3. 行动的义务

《协议》要求义工组织和加拿大政府共同承担以《协议》确认的价值观、原则开展活动,建立将协议转化为行动的机制和程序,拓宽共同行动领域达成共同目标和任务的义务。同时,《协议》还对政府和义工组织各自应承当的义务作出要求。政府应不断增强义工组织的能力,承认并考虑有关义工组织的立法、法规和项目的基础政策和实践;承认政府应以开放的、持续的对话来推动义务工作发展,以便义工组织更好地贡献其经验、专门技能、知识和想法,形成更好的公共政策。义工组织应致力于鉴别社区或公共领域重要的事务,不断向政府提供对策和建议,促进与政府的关系持续发展。

《协议》是政府与义工组织合作关系的基础性文件,为政府与义工组织处理相互间的关系提供了指导性意见,尤其《协议》被加拿大《义务工作法》收录为附加资源,在一定程度上增强了"协议"的操作性和实践性。2004年"协议"发生了新的变化,补充了《资金良好运行法》(A Code of Good Practice on Funding)和《政策良好对话法》(A Code of Good Practice on Policy Dialogue),为加拿大政府和义工组织的良性互动奠定了更为坚实的法律基础。

(二)政府对义工组织的监管

政府应当对义工组织进行必要的管理,这是因为义工组织无论是作为经核准登记的慈善组织,还是作为未经核准登记的非营利法人,都要接受社会资金捐赠,要保证社会捐赠人资金捐赠目的的实现和社会慈善资金免受意外风险,就必须保证义工组织的行为能够满足增进社会公益的需要。除此之外,加拿大政府对义工组织监管还有一个更深层次的原因,那就是在加拿大历史上,政府害怕义工组织等社会组织发展壮大,从而抢占政府职能或商业利益,也担心它们沦为逃避税收监管的工具。事实上,尽管加拿大义工组织有相当多的方式获得资金费用,但毫无疑问政府仍然是义工组织资金的最大提供者,每年政府提供资助的资金超过义工组织获得资金的一半。[①]即使是社会捐赠者,其所捐赠的款项有可能获得税前扣除,在一定程度上也会减少政府的利益。因此,对义工组织的监管既是保障义工组织慈善性和自愿性、督促义工组织落实对社会公众的承诺、满足不同的社会需求的需要,也是政府以法律和税收等手段促进义工组织发展、保证义工组织有效地分担社会公共服务职能的需要。

---

① 参见李本公:《国外非政府组织法规汇编》,中国社会出版社2003年版,第356—361页。

加拿大政府对义工组织的监管主要是以法律形式促使义工组织规范运行。加拿大义工组织既有正式的,也有非正式的,虽然在法律上作为结社自由的公民权利的延伸,义工组织都可以合法、有效地开展义工服务活动,但正式的义工组织与非正式的义工组织在法律上的权利义务并不一致,正式的义工组织不仅能够获得政府资金的直接支持,而且能够依法获得税收减免优惠,非正式的义工组织在一般情况下则不能享受税收优惠政策。加拿大政府对正式义工组织与非正式义工组织实行差异化政策,其根本目的在于促进义工组织法人化、规范化运营。这是因为加拿大义工组织法人化的基本途径是注册登记为公司,①而公司具有完整的、系统的内部治理机制,这有助于义工组织的健康发展,而且,加拿大《公司法》关于公司董事、董事会、监事、监事会等内部治理机构的制度供给也有助于义工组织的监督管理。

加拿大义工组织还受到协议的约束,政府作为协议的一方当事人,可以更有效地监督管理义工组织的活动。

(三) 义工组织的税收优惠

加拿大政府为义工组织提供的税收优惠涉及义工组织税收优惠和社会捐赠人的税收优惠待遇两方面。如前所述,并非所有的义工组织均享受税收优惠政策,义工组织要获得免税资格,必须履行双重登记,即依据加拿大公司法注册登记获得法人资格,然后根据税收法律申请核准慈善机构登记,由此获得免税资格。只有依法获得核准免税资格的义工组织才能依法享有政府提供的税收优惠。根据加拿大税法,义工组织能够享有的税收优惠只有所得税,这说明即使是经核准为慈善机构的义工组织,也不能享受所有的税收优惠。在加拿大,即使是所得税免除,具体的范围也存在认识上的偏差。以核准登

---

① 加拿大义工组织法人化的途径是公司化,任何义工组织要获得法人资格,除非特别法规定,都必须注册登记为公司,经注册登记成立的公司才可依法申请慈善组织资格。例外的情形是信托,义工组织以信托为组织形式时,虽然不能获得法人资格,但加拿大在法律上将其视为法人。

记为慈善机构的义工组织为例,其收入形式包括捐赠收入、被动投资收入、相关的业务收入和相关非业务收入。对于义工组织非相关业务收入是否也属于免税范畴,就存在一定的争论。[1] 根据加拿大法律,经核准为慈善机构的义工组织可依法免交机构收益所得税,对其捐赠的捐赠人可申请税前抵扣,具体办法是对个人捐赠者的累进税率无论大小都给予他们最低联邦和省级税率;公司的累计捐赠相当于公司应税收入总额的75%时,公司可以要求财税扣减。未核准为慈善机构的义工组织可以作为非营利法人免交所得税,但其捐赠人不能享有税前抵扣的优惠政策。除联邦税收减免外,具有初级宪法管辖权的省份,也通过省内税收体制实现税收减免。通过这种省内减免措施再加上联邦层面的减免,在有的省份实现年度总额超过200万加元的捐赠可享受捐款额50%的免税。甚至具有自治权的市级政府也有权为义工组织提供如免除自治市税收的优惠,如安大略省《小商业和慈善业保护法案》要求市政府为慈善组织的财产税提供至少40%的退款,该法规是市政府保护所有的小商业和慈善事业不受大幅度财产税增长影响的手段。[2]

义工组织在享受税收优惠的同时,也必须接受税务机关的监管。加拿大联邦政府对义工组织等社会组织实施监管的部门有消费者商业事务部、税务局和国内事务部。[3] 如消费者商业事务部通过登记和注销登记以及要求其提交年度活动报告的方式对义工组织实施监管。所得税法案授权加拿大国家税务局(Canada Revenue Agency)对按照《所得税法案》注册的慈善组织[4]进行监督管理。

加拿大国家税务局对慈善组织的监管目的是对免税资格进行监

---

[1] 参见〔加〕大卫·史蒂夫:《加拿大慈善组织法律基础考察》,载民政部法制办公室编:《中国慈善立法国际研讨会论文集》,中国社会出版社2007年版,第231—260页。
[2] 参见〔加〕特里·德·玛茨:《加拿大的慈善规范实践》,载民政部法制办公室编:《中国慈善立法国际研讨会论文集》,中国社会出版社2007年版,第83—91页。
[3] 参见李本公:《国外非政府组织法规汇编》,中国社会出版社2003年版,第356—361页。
[4] 义工组织注册登记为公司取得法人资格后,如申请核准为慈善机构,即属于慈善组织;未申请核准为慈善机构,则属于非营利法人,不属于慈善组织。

督,保证慈善组织的适格性。义工组织经核准为慈善机构后,作为慈善组织,必须承担以下义务:(1)投入其资源到慈善活动中;(2)在一个联邦税务局备案的加拿大地址保持充分的簿记及记录;(3)遵循所得税法案,按其规定开具正式的捐赠收据;(4)继续满足注册时的其他要求;(5)在每年年底后的六个月内提交已注册组织年度信息汇报表,报告其活动、理事及财务状况。①

为达成对慈善组织有效监督的目标,加拿大联邦税务局专门制定了一个审计程序,通过平衡其教育、服务和有效执法的功能,鼓励和协助慈善组织遵从注册规定。加拿大联邦税务局对义工组织审计通常侧重于审查慈善组织的目的和活动是否与其注册的一致以及核查慈善组织的财务活动。联邦税务局在审计结束后区别情况予以处理,对没有发现问题的义工组织,会签发证明该慈善组织注册状态不变的信函;如果发现问题,则会采取循序渐进的措施如教育、签署守法公约、实施处罚或暂停运行、取消登记资格等。

取消登记资格、吊销免税登记证是对慈善组织最为严厉的惩罚,税法规定以下四种情形要注销慈善组织:(1)不交年度报告;(2)活动内容与宗旨严重不一致;(3)把获得的捐款转移给其他团体;(4)进行非慈善活动的费用超过总收入的10%。注册资格的取缔意味着该组织不再享受免税待遇(除非符合税法上的非营利机构资格),不能出具正式捐赠收据;对该组织的剩余资产可征收全额税款,称为"取缔税"。取缔税的目的是确保慈善组织的财产被用于慈善目的,它要求一个被注销的慈善组织将其剩余资金用于慈善项目或捐赠给其他合格的执行者,如在一年之内做到这些即可避免交此取缔税,否则其偿还完债务后的所有剩余资产都要上税。当然,在该慈善组织能满足当前所有注册要求后,它仍然可以再次申请注册。加拿大政府对取缔税的规定反映了慈善部门对公平的渴望。

税务局可以不定期对慈善组织的财务状况进行审计,也可以在

---

① 参见〔加〕亚历山大·戴维森:《加拿大慈善事业注册监督制度》,载民政部法制办公室编:《中国慈善立法国际研讨会论文集》,中国社会出版社2007年版,第53—69页。

接到对慈善组织的举报后进行审计。但是,税务局不可能对所有的慈善组织时刻进行全面的监控,因此,联邦税务局为潜在的捐赠者提供了一些工具如年度信息汇报表,使捐赠者可以随时调查想要资助的慈善组织,同时还使慈善组织的注册和撤销过程变得透明,达到公众监督的作用。

第四章

德国义工组织法人制度

　　德国是世界公认的义工组织最发达的国家之一,有2400万义工在生命救援、医疗救助、消防、环境保护、动物保护、心理咨询和健康辅导、体育文化、社区服务等公共领域从事义工服务超过14年,对只有8230万人口的国家而言,德国是名符其实的义工大国。德国政府对义工组织发展给予了高度认同和支持,并以法律形式鼓励国民以义工方式报效国家、服务社会,鼓励义工积极参与社会公共服务。德国是世界上最早进行单独义工服务立法的国家之一,1964年德国制定了《奖励社会活动年法》,以"推介社会经验与提高公益责任与意识"为目标,鼓励德国民众特别是14岁至27岁的青年暂时离开校园或工作岗位6至12个月,投身义工服务事业;1993年颁布《奖励生态活动年法》,以"增强人格培养及环保意识,为自然环境奉献心力"为宗旨,鼓励青少年参与义工服务、完善社会人格。这种单独立法的方法对促进义工组织发展起到了关键作用。

一、德国义工组织的发展与特质

　　德国素有"结社之邦"之称,伴随城市兴起与市民阶层诞生的商业公会,成为德国民众最早以维护自身利益为目的的结社形式,数百年前的商业公会运动不仅形成了平等、自愿和团体的意识,而且也孕育着早期的义工服务精神。"城市是为服务于公共利益而组织起来的,城市的行政管理、财政以及防务、卫生、福利和教育事业,第一次不是由居统治地位的精英集团控制,而是由既承担管理的负担,又从中获益的人民来控制。行会连同它对公共利益的关心,创造了一种后来为各领地国家仿效的政府模式";①"商人们为了保护自身的利益,同时也是为了向统治阶级争取法律地位,于是纷纷团结在一起,结成相互保护的团体和自愿的法律实施组织"②。商业公会作为一种自治组织,其核心精神与具有共同价值观、平等、自愿、不计报酬、自我管理、结社参与的义工精神具有一定的契合性,这是德国学者普遍认为义工精神缘起于商业公会的基本依据。

(一) 德国义工组织的演进

现代意义的德国义工组织出现于18世纪后期,当时汉堡成立了一个旨在帮助劳工解决生活问题的扶贫体系,这个扶贫体系把汉堡分成60个行政区,每个行政区都有帮助穷人的义工。1808年普鲁士的城市法规第191条规定公民可以承担公共责任而不要求报酬,由此,德国法律开始赋予公民参与城市管理和自我管理的权力,公民在城市管理中可以承担责任,但必须以义工的身份参与。③ 德国资本主义发展推动了工人运动的蓬勃兴起,也催生了包括德国红十字会、德意志劳动者义工联合会在内的著名的义工组织。义工活动于德国几乎所有的公共服务领域,甚至司法领域也有义工担任社会问题的陪审员、仲裁员及其他法庭工作人员。早期的德国义工组织不限于民间自愿结社,还出现了专业充任公共事务职能的义工组织,如

---

① 商业公会即德语中的"Zunft"一词,也有学者译为商业行会,指市民阶层为了捍卫自己的利益而创造的用于自我管理并协调与其他社会阶层关系的一种特殊制度。商业公会对德国人结社具有深刻的影响,行会文化衍生出一种新的共同道德:"社会成员无论出身、地位、族群和信仰如何不同,都应遵守共同的规则、纪律和职业道德。这打破了中世纪的封建等级制度,滋生出平等观念、公共伦理和团体意识,成为德意志文化中一种普遍的公共精神"。王名、李勇、黄浩明编著:《德国非营利组织》,清华大学出版社2006年版,第24—25页。

② 何勤华、魏琼:《西方商法史》,北京大学出版社2007年版,第256页。

③ 参见敖带芽:《德国志愿体系对我国发展志愿组织的借鉴与思考》,载《公共行政与人力资源》2010年第5期。

1850年企业创办的义工消防队,就是德国城市早期公共安全消防事务最重要的力量。①

19世纪的产业革命在推动德国经济发展的同时,也加剧了社会不平等和贫困阶层的扩大,最初以救济贫困为核心的义工服务活动主要由教会担当。随着富裕起来的市民阶层、贵族、劳动者团体等加入义工队伍,义工服务力量逐步增强,他们创设各种福利设施、提供各种公共福利服务。第一次世界大战后,为防止全国性的贫困人口增加,德国调整公共服务政策,除检讨总结义工组织、福利团体的经验外,还充分运用社会现有的资源和设施向贫困者提供服务。②1933年至1945年期间,纳粹德国控制国家权力,严厉禁止和取缔各种社会组织、市民团体,绝大多数著名的义工组织难逃被纳粹政府取缔的命运。二战结束后,被纳粹政府取缔或解散的各种宗教组织、社会团体重新恢复,恢复后的各种福利团体的主要任务是紧急处理难民和遣返战俘的安置等问题,1949年德意志联邦共和国建国,各种福利团体在国家经济复苏刺激下积极展开社会福利服务事业活动。

1954年德国以福音教会教区牧师呼呼信徒做义工为契机,开展长期的义工服务活动,最初参加义工服务的对象为年满18至36岁的女性,后来扩大到所有适龄的男性。随着德国经济的进一步复兴,德国民众开展义工服务活动的意愿更加高涨,传统的由社会福利团体提供的公共福利事务逐渐为义工组织所替代,义工组织成为德国社会公共服务领域最基本的力量。

(二)德国义工服务在20世纪末的复兴

20世纪末,市场化和工业化环境下整个社会的个体化趋势使得人们的助人意识与责任意识不断下降,义工服务危机逐渐出现。正

---

① 企业义工消防队是国家承认的非官方消防队,其所有的队员均为义工,完全无偿地在城镇消防队或者消防联合会从事消防救援工作。德国联邦消防局作为政府消防专业机构,拥有职业消防队、志愿消防队和义务消防队,义工已成为德国消防的最重要的力量。
② 参见日本文部科学省:《諸外国におけるボランティア活動に関する調査研究報告書》,2007年3月,第141页。

是在这一背景下,义工服务在德国重新成为公共讨论的中心议题。德国政界积极促进义工服务,并有意识地提出了"公民志愿行动"的概念,以有别于担任"名誉职务"①这一传统的志愿服务形式。2001年德国借"国际义工年"之机,发起"公民志愿行动",除讨论"公民志愿行动的未来"外,对民众以多种方式积极参与义工活动,为公共事务作奉献进行广泛的宣传,由此,德国开始了由传统的适龄人群在社会活动、环境活动②领域的义工活动迈向公民参加活动的新制度时代。③

1999年12月,德国联邦议院设立了一个由11名联邦议院议员和11名专家学者组成的名为"公民志愿行动的未来"调查委员会,其任务在于"为促进德国自愿的、面向公益的、不是以获取物质收益为目的的公民志愿行动,拟定具体的政策战略与措施"。调查委员会对公民志愿行动的定义非常宽泛,它涵盖日常生活中各类为大众和公共福利捐献时间或金钱的行动,包括以下形式:④

(1)政治性志愿行动:包括在政党、利益集团、工会以及新的参与形式如公民倡议行动和(新型)社会运动中的参与协作;

(2)社会性志愿行动:包括在青少年团体和慈善团体、教区和公共设施中的行动;

(3)在社团、协会和教会中的志愿行动:包括在其中担任领导与

---

① 德国传统上对为公共利益投入的志愿服务的理解与"名誉"或"名誉职位"概念有关。"名誉职位"是19世纪上半叶普鲁士邦的一个发明,当时由于国家财政亏空,普鲁士进行了行政改革,引入地方自治。在寻求提高公共行政效果与效率的低成本途径的过程中,德高望重者(绅士)进入考量范围。于是,众多行政工作任务被无偿,即作为名誉职位委托给了经挑选出来的绅士。另外,当时的绅士们有承担这类公共职位的义务。可见,在德国的传统中,"名誉职位"实质上是一种国家派生出来的行动,这种行动不是一种自我组织的行动,而或多或少是一种义务。参见郑春荣:《德国志愿服务:特点、趋势与促进措施》,载《中国青年研究》2010年第10期。

② 德国1964年《奖励社会活动年法》与1993年《奖励生态活动年法》这两部法律在一定程度上推动了德国义工服务事业的发展。2001年德国联邦议会倡导的"市民参加活动"实现了真正的志愿精神,但公民自愿参加、自主选择的新制度却也在一定程度上削弱了义工服务的能力。德国《奖励社会活动年法》和《奖励生态活动年法》于2002年进行了修改。

③ 参见日本文部科学省:《諸外国におけるボランティア活動に関する調査研究報告書》,2007年3月,第141页。

④ 参见郑春荣:《德国志愿服务:特点、趋势与促进措施》,载《中国青年研究》2010年第10期。

管理职务;

(4) 在公共职能中的志愿行动:包括陪审员、为选举服务的志愿者,以及自愿救火队、技术服务队和救护队等,以及承担博物馆、图书馆或游泳池运营的公民社团等;

(5) 互助形式的志愿行动:包括社区救助、合作社以及交换中心等;

(6) 自助:这类形式的志愿行动主要发生在家庭和卫生领域或在失业人员、移民以及边缘群体身上。许多自助形式的志愿行动也会过渡到帮助他人;

(7) 在企业中的以及企业的公民志愿行动,后者也就是所谓的"企业公民身份"(Corporate Citizen-ship),这是指除了参加商会与协会组织,中小企业也投入人力、物力和财力用于支持地方上的社团、设施与项目。

德国政府高度重视引导义工参与社会服务和管理,在德国现有8200万人口中,有超过2400万人从事义工服务,从而大幅降低了社会管理成本,有效弥补了政府公共服务的不足,提升了社会管理的水平,带动和促进了德国社会的整体和谐和稳定。德国红十字会是德国最大的义工组织,深受联邦政府、州政府及地方政府的倚重和支持。以德国法兰克福地区的红十字会为例,该会约有五百人,但义工比例超过80%,主要负责该市灾害应对中的组织、协调、安排救援工作,其救援工作系统分成三个医疗组,每组25人,其中12人为快速响应工作人员,要求半小时内赶到出事地点实施救援,是一支专业能力强、社会声誉高的救护力量。①

德国义工还分布于众多的救援团体,德国义工救援组织基本分

---

① 在2006年德国世界杯足球赛期间,当时67万常住人口的法兰克福市需要接纳300万观众,当地政府依靠红十字会建立了赛时医疗救护队,借助地理信息系统等技术手段,制定赛事安全风险分析图,预测可能出现的伤亡人数,四类(一般规定由四类颜色代表,即红色代表需马上救护、黄色代表需处理后送往医院、蓝色代表在12小时内救治即可、黑色代表基本无法救治)人员的大致情况,并安排好相应数量的医疗组、待命人员、医疗救护站等后续措施,另外,还安排了机动救护组作为预备队、心理干预和咨询队等力量,从而确保了整个活动的顺利举办。

为私营义工救援组织和公立义工救援组织两大类,前者指民间组织自发成立、义工广泛参与的救援组织,后者则指政府创设的由义工提供服务支持的救援组织。① 负责灾害救援的德国联邦技术救援署(THW)是联邦政府组织义工开展社会救援服务的著名平台,也是培养灾害救援义工的"孵化器"。THW 的义工被德国人民亲切地称为"蓝色天使"。自该机构 1953 年成为联邦内政部的下属机构后,到目前为止,在全联邦已拥有 8 个跨州协会,66 个跨县(市)区域办公室,668 个地方技术救援小组,其专职雇员仅有 800 人,但在全联邦范围内有注册义工超过 8 万名,占义工人数比例超过 99%,2011 年联邦财政仅花费 1.8 亿欧元。THW 统一配置救援装备,由联邦财政支付;跨州协会负责应对特殊行动,如国际任务、桥梁建设、水净化等;跨县(市)区域办公室负责应对洪灾、搜索、电力供应、紧急供水、特种装备维修等任务;地方技术救援小组负责一般性的小规模救援。此外,THW 还建立了快速搜救队、快速供水队、空运队等多支技术救援力量,并在 2008 年汶川大地震中代表德国政府实施了针对我国的国际救援任务。② 2009 年 11 月德国内政部在向联邦议会提交的《联邦公共服务报告》中,充分肯定了义工及其组织在社会服务中发挥的巨大作用,义工组织及其服务获得空前稳定的发展。

(三) 德国义工服务活动的特质

德国义工虽然也来源于英语"volunteer",具有"volunteer"的一般

---

① 私营全国性义工组织主要包括:(1) 德意志劳动者义工联合会,重建于 1945 年,为德国最大的救援与慈善组织之一,有义工 17000 人;(2) 德意志生命救援会,1913 年成立,是世界上最大的水上义工救援组织,有义工 47000 人;(3) 德国红十字会,是德国最大的私营救援组织,有义工 40 万人;(4) 约翰尼特事故救援组织,1952 年由英国莱茵军团商定建立该注册机构,1963 年德国联邦政府认定其为义工救助公司,有义工 26000 人;(5) 马耳他骑士战地服务组织,1953 年由 Maheserritter 与德国慈善联合会成立,有义工 35000 人。公立义工救援组织有二,一是德国联邦消防局内设的义工消防队,拥有义工 120 万人;另一是 1950 年成立联邦技术救援署,隶属于联邦内政部,拥有义工 8 万人,主要职责是民事保护、国外人道主义救援以及联邦政府提出要求后的重大生产安全、灾害事故的救援。

② 参见游志斌:《德国志愿者提升社会管理水平》,http://theory.people.com.cn/GB/n/2012/0806/c49154-18674983.html,2013 年 7 月 7 日访问。

特征,但德国政府对义工的定义具有最为广泛的意义。德国义工活动的主管机关为联邦家庭部,它将义工服务类型区分为自发性的社会参加、无偿的公共福利服务、民间组织服务(Civil Service)或兵役替代服务。① 义工服务是德国政府塑造德国国际形象、提升青少年国际视野所采取的整体战略的一部分,也是因应社会个体化趋势造成的民众助人意识与责任意识不断下降危机、强化社会共同行动的重要措施。总体上,德国义工服务法律基础健全、规划着眼长远,机制运行合理,重视发挥政府、专业机构和民间组织的合力,强调义工组织的职业水准和专业能力,并能够依据经济社会生活的变化及时有序地调整。②

1. 义工服务立法体系化

为达成国家公共福利政策目标,满足公益福利团体以非营利方式承担公共服务职能的要求,德国极为重视建立健全义工服务法律体系,运用法律手段确保其公共福利政策的实现。从总体上看,德国已经形成了以基本法为基础的多层次、全方位的义工服务立法体系,它包括:(1)德国《基本法》的宪法性规范,"人人都有自由发展其个性的权利","所有德国人都有结成公司或团体的权利","任何人、任何营业、职业和专业为保护和改进工作条件和经济条件而结社的权利,应得到保障"。③ 德国这些宪法性规范为人们结社从事义工服务和义工组织设立奠定了根本性的法律基础。(2)德国《民法典》为义工组织法人化提供了法律制度的供给,该法将法人分为社团和财团两种,其中社团又细分为非营利社团、营利社团和外国社团,满足了义工组织多样化的需求。(3)德国《结社法》进一步明确社团的

---

① 德国联邦家庭部所为的分类并不严密,从其对自发性市民参加活动定义的特征看,所谓的市民参加活动是指公民自发的、不以金钱利益为目的在公共场所或公共设施内以协作的方式实施社会公共利益服务的活动,因此,德国市民参加的活动在一定程度上涵盖了无偿公共福利服务、民间组织服务和兵役替代服务。

② 参见团中央青年志愿者工作部:《德国志愿服务情况报告》,http://article.cyol.com/zgzyz/content/2012-01/12/content_5682210.htm,2013年3月15日访问。

③ 德国基本法是一部宪法性法律文件,1949年5月23日获得通过并于次日生效。该法实施时仅及于西方占领区,直到1990年10月3日东、西德统一,德国基本法才成为德国的根本法。德国基本法确认德国人有个性发展、结社自由的基本权利,这是义工组织赖以成立的宪法依据。参阅《德意志联邦共和国基本法》第1章第2条的相关规定。

定义和社团的禁止,为义工组织的设立提供了具体的、操作性的法律依据。(4)德国《奖励社会活动年法》、《奖励生态活动年法》以及《国际义工援助法》等法律使义工服务政策法律化,引导义工组织有效地集结义工服务资源,投入国家需要的公共福利服务。(5)德国资金募集法和税法为义工组织的费用或资金筹集确立了基本的法律程序,也为扶持义工组织发展提供了税收优惠的法律依据。

2. 义工服务力量集结方式法律化

公益福利团体能否担当公共福利服务社会化的使命,关键取决于能否有效地集结公共服务资源。由义工、义工组织提供的义工服务成为决定公共福利服务政策实施效果的重要力量,能否确保义工服务力量优先投入社会急需的公共福利服务领域,成为德国公共福利服务社会化政策的焦点。从实践看,德国政府有效地运用法律手段在不同时期集结了社会发展所需的义工服务力量。

第一,以法律形式明确公共福利服务范畴,鼓励义工服务力量向公共福利领域集结。1964年实施的德国《奖励社会活动年法》,主要奖励的公共福利服务为看护、教育和贫困家庭援助,义工服务的具体场所为残障儿童收容所、学校、养老院、看护中心、幼儿园、保育所、孤儿院、医院以及未成年人保护机构、精神病院等,其主要目标是解决二战后遗留的社会问题。1984年基于生态、环境保护需要,奖励范围扩大至环境生态保护领域。1993年实施的《奖励生态活动年法》正式把环境保护、生态保护、动植物保护以及环境教育、环境保护宣传等纳入公共福利服务范畴,义工在环境生态领域从事服务,同样享受国家提供的奖励政策。

第二,以法律形式固化义工服务的奖励政策。自1963年起,德国政府为达成公共福利社会化的政策目标,鼓励义工、义工组织参与法律范围内的公益服务活动,并根据社会公共服务政策需要作必要的调整。德国政府虽然将义工服务定性为无偿,但无偿并不意味着无条件的奉献。义工从事义工服务,运营单位必须提供完成义工服务所必须的工作条件和装备,义工服务期间所发生的费用由政府承担。依据《奖励社会活动年法》,参加义工服务达到一定条件的义工可以申请国内或国外进修,联邦政府负责其进修费用,地方政府负担义工的住宿、餐饮、工作服以及每月按平均180欧元的标准给予补贴,其他诸如保险费等也由地方政府支付。对于适龄青少年而言,义工服务达到法律规定条件的,可以替代服兵役的义务。

第三,以法律形式建立义工服务资金渠道。德国公共福利团体运营资金的来源主要有服务对价、社会捐助资金以及自有资金和财政补贴。德国公共福利团体在性质上为非营利组织,是德国义工服务的运营单位。非营利在法律上的意义只是指不以营利为目的,而并非无偿提供服务。德国公共福利团体在法律上可以追求一定的经济目的,但对经济利益的追求必须从属于其公益目的,且任何盈余均不得向其成员分配。① 运营义工服务只是降低公共福利服务成本,为义工提供向社会贡献自己的知识、技能、经验和智慧的机会。德国公共福利团体依据其税法,可以享有一定的税收优惠,不过,其享受税收优惠的规定散见各个具体税法之中。公共福利团体享受税收优惠的前提条件是其章程明确规定其全部和直接追求的目的,并符合税收条例对物质方面的要求,②其运作过程必须符合章程规定。凡具备享受税收优惠条件的公共福利团体必须在成立时向财政局申请免税证明,这是德国税法确立的公共福利机构享受税收优惠的依据。

3. 义工服务运营层次化

德国义工服务运营体系具有显著的层次化特征,这主要是因为德国的非营利部门有着非常清晰的、自上而下的体系架构,义工服务运营呈现层次化特征。

第一,几乎所有的义工组织都是德国联邦义工福利组织联合会(Bundesarbeisgemeinschaft der Freien Wohlfahrtspflege)下属的全国性义工福利服务联合会的会员。主要有德国劳动者义工联合会、德国

---

① 参见王名、李勇、黄浩明编著:《德国非营利组织》,清华大学出版社2006年版,第126页。

② 公益社团的财产只要按照组织章程规定的目的和用途即以公益目的使用,就能依法享有一定的税收优惠,但如财产用于其他目的或者超越了章程规定的范围,则不能享受税收优惠。

生命救助协会、德国红十字会、约翰尼特事故救援会以及教会组织的福利团体，这些特大型公共福利团体担负着医疗福利、失业与救济社会保障服务、残疾人援助、孤幼老弱者救助以及职业训练、职业教育、海外灾害援助等所有公共领域的服务。义工及义工组织开展公益服务活动的基本途径是加入，即以申请方式加入这种全国性公共福利团体来提供义工服务。德国作为一个社会福利国家，这些特大型公共福利团体虽然是民间组织，但具有强烈的政治影响力，在相当长的时间里，垄断着德国的公共福利资源，义工组织、市民团体等只能作为其会员加入服务。①

第二，德国义工具有明显的层次性和群体性。从义工是否负有法律上的兵役义务来看，德国义工可分为具有兵役义务的义工和不具有兵役义务的义工。具有兵役义务的义工在法律上是一个特殊的群体。这一群体的义工从事义工服务并非完全出于自愿，也不属于自发性的义工服务，而是基于兵役法规定的法律义务。依据德国法相关规定，适龄男性青年依法有服兵役的义务，如果拒绝服兵役，则必须到指定的公共福利团体从事替代兵役的义工服务，他们主要集中于医疗、养老院、孤幼儿院以及残障人士福利院和精神病医院。据2007年的统计数据，当年度兵役替代服务的义工计68351人，从事看护、照顾类的义工高达60.6%，其他包括手工业、庭院园艺、配管配线、环境保护以及运输司机、紧急救援等义工服务活动。② 同样，以义工是否为社会活动年和生态活动年的特定对象为标准，德国义工也可分为适龄义工群体和非适龄义工群体。凡满14周岁不满27周岁的德国青少年

---

① 德国义工组织、市民团体以新社会运动的方式进行强烈的抗争，这种抗争帮助其获得直接在公共福利领域独立从事义工服务的地位。不过，从总体上看，德国公共福利服务仍由这些特大型公益福利机构完成，义工和义工组织提供义工服务的最基本方式仍然是参与或加入。参见日本文部科学省：《諸外国におけるボランティア活動に関する調査研究報告書》，2007年3月，第141页。

② 同上。2011年7月1日德国取消兵役制度，其社会服务部门依靠了50年的主要义工来源消失，许多服务机构面临着义工短缺的问题，这已引起德国政府的警觉，为此专门推出新的联邦义工服务计划和政策，为义工提供最低津贴和州政府的健康保险等待遇，以保证义工资源的充沛供给。

人群均为社会活动年和生态活动年的义工。德国《奖励社会活动年法》和《奖励生态活动年法》要求这一类特定群体必须到法律规定的公共福利服务领域从事6至18个月的义工服务，许多德国中学、大学均把是否完成义工服务任务作为一种升学条件。

第三，义工服务资源储备和培育层次化。1998年以来，德国在全国中、小学每两年举行一次"社会服务日"活动，号召6—19岁在校学生参加。因德国中、小学阶段的基础教育由州政府负责，联邦政府原则上不参与各州对中、小学校的管理，因此，各州"社会服务日"活动并不完全一致。不过，每年德国均有数十万学生参加学校图书馆书籍整理、校园清扫、生存演练、义工服务教育等活动，各州政府每年耗资数百万欧元推动活动的开展，为义工资源储备奠定基础。联邦政府对拒绝服兵役的替代服务、社会活动年、环境活动年的适龄青少年从事义工服务活动进行管理，并对这些特定义工群体支付补贴。这些活动虽然由联邦政府负责，但大部分费用仍由各州政府负担。普通民众开展义工活动由联邦管理并提供经济性支援。义工和义工组织从事义工服务通常由"义工事务所"负责协调，"义工事务所"负责接待、协调需要从事义工服务的人和团体。德国共有150家"义工事务所"，这些组织通常由社团义工事务所作业中心管理，并从联邦家庭省和Robert Bosch财团获得补助和运营费用，除协调外，"义工事务所"也对优秀的义工组织实施表彰，奖金一般由私营企业或财团提供。

4. 义工服务组织专业化

相对于其他国家的义工组织而言，德国义工组织更具有专业化色彩。虽然义工及义工组织为自发性的社会群体，但每一个义工均有不同的专业知识、技能和经验或者说都受到不同服务技能的培训，义工的结合不是乌合之众，德国义工组织为适应公共福利团体专业化的技能需求，更侧重于专业化建设和专业化发展。义工组织分布于生命救援、医疗救助、消防、环保、动物保护、体育文化、社区服务等领域，义工参与或加入义工组织，其最优选择是更接近于自己的专业特长、专业技术，义工向社会贡献的是自己的专业知识和专业技能，而不仅仅是一颗奉献社会的爱心。德国生命救助协会、约翰尼特事故救援组织、马耳他骑士战地服务团、德国红十字会以及劳动者义工联合会等特大型义工组织，经过百余年的发展，均形成了特色鲜明的公共福利服务领域，具有很高的专业化水准。尤其，德国政府推动义工服务政策并不仅仅局限于民众参与义工服务的时间与过程，更是把义工服务与职业技能、就业培训结合起来。以民事保护为例，德国的民事保护主要由义工组织承担，约有170万义工分别为联邦、州或民间组织提供民事保护领域的义工服务。依据德国《基本法》规定，各州负责民事保护，联邦负责战争状态下的民事保护。参与联邦民事保护领域的义工的权利由《技术救援署权利条例》保障，参与各州民事保护领域的义工的权利由各州依据其《民事保护和灾难救援法》保障。

为提升义工组织的专业化服务能力、强化义工专业化技能，德国义工组织把对义工培训作为日常工作。凡义工未经岗位培训，不能直接提供公共福利服务，同时，德国政府也成立了专门教育机构从事义工培训工作。如德国危机管理、突发事件规划和民事保护学院，主要负责为义工组织培训在民事保护和灾难救援方面的理论和实践结合的义工；德国联邦救援署创立的技术救援学院偏重于实践层面的救援人员和义工。这些教育培训机构的教师本身就是具有丰富经验的义工或专业技术人员。在德国，因为义工"太专业，在灾难救助中人们甚至无法分清谁是志愿者谁是专业救助人员"。[①]

二、德国义工组织的政策促进与立法保障

为鼓励公民通过自我组织参与社会建设，德国政府制定并推行各种促进政策措施，赋予公民结社基本权利，通过严谨、具体的义工服务立法，全面支持义工服务的行动以及义工组织发展。

[①] 参见敖带芽：《德国志愿体系对我国发展志愿组织的借鉴与思考》，载《公共行政与人力资源》2010年第5期。

(一) 辅从性原则：义工组织与政府合作中的优先负责性

德国社会公共服务在相当长的时间里均由义工组织等民间自治团体提供，从义工活动的角度考察，德国民间社会组织动员、组织、运用了大量的义工力量，实现了社会公共福利服务的供给。德国政府对社会公共服务采取的是"辅从性原则"。辅从性原则（Subsidiarity）是指"任何事务，只要能够由一名个人、一个家庭、一个群体或一个组织的力量达成的，就不可以被另一个级别高一点的机构或国家来主理"。① 这一理论在公共服务领域的运用就是社会公共福利服务应当由民间自治团体优先解决，只有在民间自治团体力量不能解决时，才应当由公权力介入解决。辅从性原则"凸显了民众事业以及非政府组织在满足人民的社会需求方面，相对于官僚政治所具备的潜力和优越性"。② 辅从性原则的实质是解决国家、地方以及市民团体（社会组织）在公共服务领域义务分配的层次问题。

德国在公共福利服务特别是社会保障和医疗福利领域长期奉行"辅从性理论"，国家认可非营利组织的自治，同时担保提供财政支持。因此，这些领域的公共服务始终以民间社团组织为中心，国家和政府将公共福利服务事业委托给义工组织等民间团体，并以财政补贴的方式给予支援。如德国医疗福利服务绝大多数是由民间社团组织提供的，这些团体的运营资金既包括提供服务的对价、社会捐助资金，也包括自有资金和财政补贴。德国民间社团组织为支援生活贫困者、失业者，援助残障人士、母婴、移民、难民，提供职业训练、职业教育以及海外灾害救助等，催生了大量的无偿提供公益服务的义工需求。由于公共服务领域的大型公益福利团体具有强大的政治影响力，大多数规模较小的福利团体、义工组织不得不托庇于其麾下，成为其伞状组织结构中的会员。而在更多的情况下，包括义工组织在

---

① 参见〔德〕康保锐：《德国慈善活动和非政府组织法律法规的发展》，载民政部法制办公室编：《中国慈善立法国际研讨会论文集》，中国社会出版社 2007 年版，第 104 页。
② 同上书，第 103 页。

内的各种公益福利团体均以公开招募的方式吸纳大量的义工。不过,这种大型福利团体控制的状况经过德国中、小团体不断发起的新社会运动[①]的冲击,因1994年引入介护保险制度而有所突破,德国政府最终将规模较小的义工组织纳入支援体系。

(二) 基本权利:结社权

德国《基本法》首先把人的尊严作为宪法权利保护的最高价值,规定:"人之尊严不可侵犯,尊重及保护此项尊严为所有国家机关之义务。"[②]在德国,任何人均有追求个性化发展的自由,但其前提是个性化发展必须尊重他人的权利,不违反宪法规定的社会秩序,不违反公序良俗。为尊重人的个性发展权,《基本法》赋予公民自由结社的权利,其第9条确认"所有的德国人都有结社的权利"。所谓结社就是以思想理论或物质利益为纽带将志趣相同或相近的人组织成团体的活动,因此,结社自由就是在宪法和法律的框架内,公民享有的组织社团并开展相关活动的自由,其基础是对人的尊重和个性化发展权。

德国《基本法》首先确认公民有自由结社的权利,"所有德国人都有权结成社团、合伙与企业","如果结社目的或行动违反了刑法、抵抗宪法秩序或国际协定,那么应当被禁止"。"每个人和所有职业都应当被保证结社权利,以保障和提高工作和经济条件。限制或破坏这项权利的协议一律无效;为此采取的措施是非法的"[③]。这些规定从根本法角度确认了德国公民的结社自由权,人们为了实现共同的价值观,可依法结社,组成特定的社会组织。这种结社自由权既不受国家强权力的限制,也不受任何私权的限制。德国《基本法》对结

[①] 新的社会运动是指自1960年以来德国出现的大规模抗争运动、环境保护运动、妇女解放运动等社会运动。在新社会运动中,人民组织各种社团和协会,以慈善公益目的走向街头,由此形成了各种自助集团,人们不愿等待国家政府来研究处理问题,而是自发地参与处理和解决社会问题。新社会运动影响形成的自助集团在德国也提供一定的社会公共福利服务。

[②] 《德意志联邦共和国基本法》第1条第1款。

[③] 《德意志联邦共和国基本法》第2条第3款。

社自由权的规定主要针对的是国家公权力对公民权利的侵蚀,"国家不得以其他理由禁止结社,也不得禁止个人与他人共同设立或参加或加入社团"。① 任何形式的公法不得规定结社须取得行政机关的许可,也不允许在基本法规定的原因外解散社团,同样,公民结社自由权作为一项基本权利非以《基本法》规定事由不得被剥夺。

为维护《基本法》规定的结社自由权利,防止滥用结社权,违反刑法、抵抗宪法秩序的现象发生,《联邦德国结社法》(以下简称《结社法》)② 具有以下特点:第一,重申了德国《基本法》确认的结社自由的基本原则,明确规定组织社团是自由的,但国家依法惩治滥用结社自由而成立的有损于公共安全和秩序的社团。第二,对社团的内涵进行明确的定义,即社团是指多数的自然人或法人为共同目的而长时期自愿地结合在一起,不问其法律形式如何,能够有组织地表达其意思的一切团体。社团强调人的结合,且必须具有共同的意思。依据《结社法》第2条规定,政党、联邦议会和各州议会里的党团、各种宗教组织和团体以及以共同维护其信仰为任务而属于《基本法》第140条与1919年8月11日德国《宪法》第137条范围内的组织不属于社团。第三,细化了社团解散事由,针对德国《基本法》第9条第2款"如果结社目的或行动违反了刑法、抵抗宪法秩序或国际协定,那么应当被禁止"的规定,德国《结社法》第3条第1款规定:"如果社团管制机关认为,一个社团的目的和活动是与刑法相抵触的,该社团的宗旨是不利于宪法秩序的、不利于国际团结友好思想的,并且经社团管制机关以命令加以确定后,对这个社团应予禁止"。在一般情况下,管制机关在作出禁令的同时,应对社团的财产予以扣押和没收。第四,明确了社团管制机关以及其处罚、禁止社团的法定程序。

---

① 参见〔德〕卡尔·拉伦茨:《德国民法通论》,王晓晔等译,法律出版社2002年版,第184页。

② 《联邦德国结社法》由德国议会于1964年8月5日通过,1964年8月12日公布,1973年3月2日最后修改的有关社团管理的专门法律,在性质上相当于社团处罚法。《联邦德国结社法》计5章34条,仅在柏林适用。

德国《基本法》和《结社法》关于结社自由的规定,为德国所有社团的设立提供了法律依据,具有不同知识、专业、技能和经验的人基于无偿奉献社会、服务社会的共同价值观,自发结社而成义工组织,完全符合德国《基本法》结社自由的基本精神,而且,义工无论是参加或加入社团,还是结社创立社团,均为结社自由权的固有范畴,是德国民众的基本权利。因此,德国民众不管以何种形式,均可自由地组织社团,且无须进行社团登记。

(三) 保障及奖励义工服务特别法

德国政府基于"辅从理论"确立的社会公共福利服务政策使德国社会产生了大量的义工需求,为解决公共福利领域的义工需求,鼓励公民积极投身社会、环保与国际义工服务,为义工从事专业服务工作提供立法保障,德国制定了《兵役替代服务法》《奖励社会活动年法》《奖励生态活动年法》以及《奖励国际义工年法》等激励性立法,这些法律不仅极大地激发了公民参与社会服务的热情,也在一定程度上弱化了义工的"自愿"属性,把义工服务变成一种奉献社会的法律义务。

1. 《兵役替代服务法》

德国《兵役替代服务法》于 1960 年 1 月 20 日生效。根据 1956 年德国《基本法》,所有符合条件的适龄男子都必须在联邦国防军服役 9 个月,因不愿意接触武器而拒绝服兵役的适龄男子必须在法律规定的服务机构从事义工服务,以替代兵役义务。1973 年的《基本法》进一步修改"义工服务"范围,可替代兵役的服务范围均属于社会、公益性场所和公共事业、公益设施,具体包括残疾人康复中心、医院、养老院、寄养家庭、历史遗迹维护、门诊服务、青少年公益服务、教会、紧急医疗服务等;1984 年追加环境保护、自然生态保护领域的环境保护组织和团体等,义工参与这些组织的公益服务,也可以替代兵役义务。1961 年 4 月 10 日根据《兵役替代服务法》从事义工服务的人只有 340 人,1997 年却超过 15 万人。2002 年修改过的《奖励社会活动年法》《奖励生态活动年法》规定,凡从事前述法律规定的义工服务的人,可以免除其兵役义务。现行《兵役替代服务法》确立了兵役替代服务的具体办法,即凡年满18周岁的人均有服兵役的义务,应向其签发征兵令状;经兵役健康检查,诊断为身体不符合服兵役条件的义务人免除其兵役义务和替代服务;凡经兵役健康检查,诊断为合格的人,如果本人明确作出拒绝服兵役的意思表示,应向其签发拒绝证明,兵役义务人持拒绝证明到居所附近的医院、养老院直接申请从事兵役替代服务,服务时间为6—12个月。接受申请的医院、养老院同意后,申请人应与联邦家庭、老人、妇女与青少年部(以下简称"联邦家庭部")、联邦兵役替代服务厅联系,开始替代服务。德国《兵役替代服务法》加强了志愿服务、家庭生活与职业生涯之间的可协调性,但在稳固义工资源的同时也形成了对青年义工资源的依赖,当2011年7月1日德国取消兵役制度时,青年义工人数锐减,"义工荒"促使德国联邦议会推行新的"义工服务计划",调动其他年龄结构民众积极参与公共服务。

2.《奖励社会活动年法》

德国《奖励社会活动年法》是以促进社会活动年为目的而制定的法律,1964年8月施行,1968年7月12日增加了最低年龄的限制,1975年12月13日增加了有关在其他欧盟国家消费和援助活动的规定。德国《奖励社会活动年法》的基本内容包括:(1)奖励条件;(2)义工及义务服务工作;①(3)国外义工社会年;(4)奖励;(5)义工服务机构;(7)合约、证明、证书;(8)劳动法与劳动保护法的规定。2002年7月17日,联邦德国议会对其进行了全文修改,其内容是扩大义工服务范围,除原有的社会服务和法定义工服务外,青少年也可选择参与体育文化如图书馆、博物馆或音乐厅方面的服务工作;延长服务期限,由原来最长12个月延长为18个月,此外,青少

---

① 德国《奖励社会活动年法》规定的义工服务范围均属于社会、公益性场所和公共事业、公益设施,具体包括为残疾人、医院、养老院、寄养家庭、历史遗迹维护、门诊服务、青少年公益服务、教会、紧急医疗服务,2002年修订后范围进一步扩大。

年在中学毕业后可直接参与义工服务,取消年龄下限的规定。① 德国《奖励社会活动年法》适用于非雇佣的职业训练以及在有关福利与教育中心为义工提供教育机会,根据本法,参与义工活动的费用由联邦政府与州政府分担。②

3.《奖励生态活动年法》

德国《奖励生态活动年法》于1993年施行,③ 以"提供发展人格及环保意识,以为自然奉献心力之机会"为目标,承认从事环境活动的义工与从事社会活动的义工享受同等待遇。《奖励生态活动年法》与《奖励社会活动年法》一样,以17至27岁青少年为适用对象,鼓励适龄青少年暂时离开校园或工作岗位6至12个月,投身于环境、生态保护运用。④ 凡自愿参加环境、生态保护的适龄人群,在参加服务的同时可接受教育辅导,以强化对环境、生态领域的认识。2002年修订时,与《奖励社会活动年法》一样,废止最低年龄限制,服务期最长12个月延长为18个月,可选择替代兵役服务的义务。

4.《国际义工援助法》

德国《国际义工援助法》也称《海外开发援助法》,是一部以促进义工参与海外开发服务活动、确保家庭的社会性权利为目的的法律,于1969年6月18日公布。对于参加海外开发服务活动的义工及其家庭所产生的负担与在国内从事义工服务活动一样,完全由国家以社会保障费用承担。法律对义工在发展中国家可能面临的各种固有

---

① 参见王名、李勇、黄浩明编著:《德国非营利组织》,清华大学出版社2006年版,第165页。

② 联邦政府分担研修费,州政府负责对住宿、餐饮、工作服以每月180欧元的标准给付,保险费等由义工使用单位负担,州政府予以补贴。

③ 德国《奖励社会活动年法》和《奖励生态活动年法》在国内也有译为《奖励志愿社会年法》和《奖励志愿生态年法》。这两部法律分别于1964年和1993年施行,王名教授《德国非营利组织》一书中"德国1964年制订的《奖励志愿社会年法》与《奖励志愿生态年法》"的表述不够准确。参见王名、李勇、黄浩明编著:《德国非营利组织》,清华大学出版社2006年版,第163页。

④ 人之成长犹如自然万物,人格之完善与生态学的感性实有某些相似的情境。国家以鼓励性义工服务的方式让青少年接近自然、亲近自然、保护环境的公益服务,对青少年人格完善确有裨益。

的危险和劳动时间外的危险提供了保护,尤其,和适龄青少年参与社会、生态、环境的公益服务活动一样,法律确认海外开发的义工服务也可以替代兵役义务。

三、德国义工组织法人制度

德国政府对义工组织秉持包容和支持的态度,作为一个社会福利国家,德国在公共福利领域实施辅从性政策,社会公共福利服务主要由包括义工组织在内的公共福利团体承担。德国法并不要求义工组织必须获得法人资格,故其义工组织包括登记社团和非登记社团,凡在有管辖权的初级法院登记注册的社团,依法获得权利能力,能够以法人名义独立享有权利、承担义务;未经登记注册的义工组织,虽然具有临时权利能力,也能依法开展义工服务活动,但不能依法获得权利能力,其法律上的地位准用民法关于合伙的规定,行为人相互间承担连带责任。

(一) 德国法人制度供给

1896年颁行的德国《民法典》第一次在法律上使用了法人的概念,且对法人的权利能力、行为能力、法人的分类、设立和法人清算等进行了系统的规定,由此,法人制度普遍为大陆法系国家民法典所接受。[①] 但是,德国《民法典》缺乏对法人的一般性规定,如关于法人的概念、法人与自然人是否具有共通性等问题,德国《民法典》并未作出进一步的解释。德国《民法典》放弃对法人制度的一般性规定,主要是由两个因素造成的,其一,受19世纪中叶以来对人的结合团体不信任的影响,19世纪社会运动不断兴起,人们以结社对抗社会、对抗国家权力,德国视其为对自己的权力的潜在威胁,因此,具有政治、社会政治或宗教目的的社团不享有法人资格或会被剥夺法人

---

① 参见何勤华、魏琼:《西方民法史》,北京大学出版社2006年版,第288页。

资格。这种烙印即使在今天的德国《基本法》、《联邦德国结社法》中仍有所表现。① 其二是根源于对法人本质的激烈争论,法人拟制说、法人实在说与人格化的目的财产说等理论、学说相持不下,难以形成一般性的法人规定。②

1. 德国法人的权利能力

德国《民法典》虽然没有解决什么是法人的问题,但却创造了法人这一崭新的法律主体。第一,只有人的结合团体与依特殊目的所组织的财产才能成为法人;第二,法人并不像自然人那样当然地享有法律人格,法人的法律人格必须基于国家的承认行为;第三,法人的标志是其作为独立主体享有权利承担义务的能力。法人之称为人,也即意味着法人"与自然人置于同等的法律地位"。现代德国学者基于德国司法判例和立法实践的结果,对法人概念及一些重要规则进行了一般的概括,其要点包括:(1)德国法上的法人是指在社会生活中作为独立地位表现的并有行为能力的人之结合与具有特殊目的之财产组织,且依现行法它们与自然人一样,原则上享有无限制的权利能力。(2)法人因国家许可或因登记于规定的官方登记簿而获得其法人格。未获许可的或未登记的人之结合与具有特殊目的的财产组织,仅具有临时的权利能力。(3)对未规定官方登记机关或者不愿意进行登记的人之结合,如具备一定的独立地位,也可经由诉讼法院的承认而获得权利能力。(4)法人得享有非以自然人之本质为要件的一切权利义务。(5)以自己的财产承担有限责任不是法人概念的要素。(6)法人在依法或依章程设立必要的机关后,即具有行为能力,法人的意思由其机关表示。③ 德国《民法典》赋予法人权利能力,

---

① 德国《基本法》规定结社自由是德国人的基本权利,但任何人为反对自由民主的基本秩序而滥用表达观点的自由,特别是出版自由、教学自由、集会自由、结社自由、邮电和电信秘密,将丧失这些基本权利。丧失和丧失的程度由联邦宪法法院宣告;《联邦德国结社法》则将政党、各种宗教组织和团体以及以共同维护其信仰为任务的组织排除在社团之外,究其目的,当属为政府禁止、限制结社自由提供便利。

② 参见〔德〕托马斯·莱赛尔:《德国民法中的法人制度》,张双根译,唐垒校,载《中外法学》2001年第1期。

③ 同上。

实际上已经解决了法人最根本的独立与能力问题。

2. 德国的社团法人和财团法人

德国私法秩序最重要的原则是私法自治,它与市民的自我责任相联系,让市民原则上自己决定其权利的行使与法律关系的形成。私法自治的前提是人的尊严和自由,缺乏人的尊严和自由,不可能形成私法自治的精神。私法自治要求每个市民原则上自己负责任调整其生活形态及其与人的关系,既不受他人的管束,也不受国家机关的管束。个人的私法自治在现代社会里实际包含在市民的相互尊重关系中,每个人都有权向一切人请求尊重,每个人都有义务对一切人尊重。在所有的法律共同关系中,私法自治受制于共同关系兼顾更高的价值利益的原则,因为个人自由并不是孤立的,它只能在社会共同体中受到保护。① 因此,私法自治精神为人们创造了结成共同体的机会,而共同体的创立形成了更高的利益关系并不再依赖于个人(自然人)的人格,并以法人格的方式走上了独立发展之路。因此,从某种意义上看,法人及法人制度是私法自治精神的产物。

德国《民法典》将私法主体区分为自然人和法人。自然人从出生时即具有权利能力;法人因登记、许可而取得权利能力。如前所述,德国《民法典》在法律上首次使用了"法人"的概念,并未对法人为一般性规定。法人即法律人格者,其最大的意义在于把人的结合体或组织体与其构成员自然人相区分,即使作为其构成员的自然人死亡或丧失行为能力,法人作为法律上的独立人格者,或者说作为一个独立的实体仍继续存在;法人以自己的名义参加社会经济活动,并以自己的名义独立享有权利承担义务,由此团体或组织的活动与自然人自己的行为相区别,这一法律目标的实现完全取决于法人的权利能力。因此,德国《民法典》尽管未对法人进行一般的定义和规定,但却明确规定法人因登记、许可而获得权利能力,立法者对法人制度的精髓玩味甚深。

---

① 参见王名、李勇、黄浩明编著:《德国非营利组织》,清华大学出版社 2006 年版,第 63 页。

第四章 德国义工组织法人制度

德国法人类型包括社团和财团两种基本类型。

社团法人是指以人的结合为基础成立的法人。美国学者格雷将其定义为国家授予的以保护其利益的人的有组织的团体。[1] 德国《民法典》把社团划分为非营利社团、营利社团和外国社团。所谓非营利社团是指"不以营利为目的的社团",营利社团则指"以营利为目的的社团"。很显然,营利社团与非营利社团是以组织的目的为划分标准,由此形成对立统一的概念,具有非此即彼的关系。所谓营利,即运用资本并使其增值。判断一个社团是否以营利为目的,不仅要看其是否追求经济利益最大化,而且要看其如何进行盈余分配。营利社团追求经济利益最大化,且将盈余分配给股东,同时,社团解散时的剩余财产也归股东所有;非营利社团追求的是社会利益而不是经济利益,即使有时会从事一定的经济活动,但其不向其成员分配盈余,社团解散时剩余财产一般也会移交给其他非营利社团。非营利社团"通过在主管初级法院的社团登记簿上登记而取得权利能力",营利社团"在帝国法律无特别规定时,因州的许可而取得权利能力",营利社团的"许可权属于社团住所所在地的州"。外国社团是指在联邦德国没有住所的社团,外国社团的设立并非依据德国法,而是依据其所在国法律取得法人资格,但"因联邦参议院许可而取得权利能力"。[2] 因此,德国社团在法律上可依登记或许可的方式获得权利能力,获得法律上的人的资格,能够以自己的名义独立地享有权利承担义务。

社团在德国法中是一种社员制组织,德国《民法典》第 55 条要求非营利社团"应在社团住所所在地的初级法院的社团登记簿上登记注册"。这种登记注册的结果是社团被赋予权利能力、获得完全的法律人格。但是,结社自由是德国人的宪法权利,当然也就包括可以自由选择是否为社团登记注册。因此,第 55 条规定只是说社团应当登记注册,但并不强求所有的社团均必须登记。事实上,德国的社

---

[1] 参见龙卫球:《民法总论》,中国法制出版社 2002 年版,第 336 页。
[2] 参见德国《民法典》第 21、22、23 条。

团有依法登记的,也有不登记的。① 德国《民法典》第 54 条规定:未登记社团为"无权利能力的社团,适用关于合伙的规定。以这种社团的名义向第三人采取的法律行为,由行为人负个人责任;行为人为数人时,全体行为人作为连带债务人负其责任"。

德国社团法人实行准则主义,非营利社团的登记注册条件包括:(1)成员的最低人数不少于 7 人;(2)符合法律规定的章程。从德国《民法典》第 57 条规定看,章程必须包括社团的目的、名称及住所,且社团的名称应与同一地域或者同一乡镇内业已注册的其他社团的名称有明显的区别。这是任何一个社团章程必须记载的事项,《德国民法典》第 58 条还规定了其他需记载的事项,包括成员加入和退出社团;成员是否出资以及出资的种类;董事会的组成;召集社团全体成员大会的条件、召集方式以及决议的证明。就上述条件而言,德国非营利社团法人的注册登记条件相当宽松,但实践中办理非营利社团法人注册登记并不容易。基于结社自由的宪法权利,注册登记非营利社团只是赋予其法律人格的过程而不是一种政府许可,但章程及通过章程的会议记录必须经公证人公证,且负责登记的法官通常会提出自己的法律观点,如果不接受其观点,法官就会拒绝办理注册登记;而接受法官的观点就必须重新召开会议并办理公证。办理注册登记的非营利社团在登记完成前其性质仍属于未登记社团,其社团负责人必须承担完全的个人责任。②

财团法人是以捐赠财产为基础、为一定的目的而存在的财产集合体。③ 德国《民法典》第 89 条规定:"设立有权利能力的财团,除捐

---

① 参见〔德〕鲁佩特·格拉夫·施特拉赫维茨:《德国的社团和基金会——服务提供者还是市民社会主体?》,钟瑞华译,http://www.worlduc.com/e/blog.aspx.bid=29655,2013 年 4 月 25 日访问。

② 同上。本研究以义工组织为对象,故重点讨论德国义工组织采用的非营利社团的设立条件。事实上,德国营利社团的设立条件由特别法决定,如德国《有限责任公司法》、《股份公司法》等,这些法律与研究对象并无直接的联系,限于篇幅和主题需要不做赘述。

③ "财团"一词来源于德文"Stiftung",有译为"财团"的,也有译为"基金会"的,本文仍以财团称之。

赠行为外,需得到财团住所所在地的邦的许可。如果财团不在任何一个邦内有住所,需要得到联邦参议院的许可"。不过,这种财团法人设立许可制度在2002年的修法①中被改变,"认可"取代了"许可",联邦德国各邦关于财团法人设立的权限被压缩。② 德国法上的财团依据不同的标准,可以为不同的分类:(1)依据法律的性质,财团可分为公法财团和私法财团;③私法财团是透过私人的捐助行为及捐助章程并经主管机关认可后成立的具有法人资格的财团,公法财团以公的目的存在并透过捐助行为和捐助章程,通过一定的立法程序或一定的行政处分成立的财团。(2)依据财团权利能力的独立性,财团可分为法人财团和非法人财团。法人财团也称为自主性财团,可以自己的名义独立地享有权利承担义务;非法人财团也称为非自主性财团,不具有法人身份。这表明德国法中的财团并不一定均具有法人资格,不过,德国《民法典》关于财团的规定仅适用于具有法人资格的财团。(3)依财团的目的,财团可分为公益财团和私益

---

① 德国2002年对其《民法典》关于财团的规定进行了修改,其主要目的在于保障德国民众成立财团的权利。修改的内容包括:(1)针对德国《民法典》第80条,增加捐助行为目的性限制,将捐助行为目的界定为有利于财团目的长期且持续地确定、不违反公共利益。同时将"许可"改为"认可"。(2)针对第81条生前捐助行为,其章程应记载财团名称、财团住所、财团目的、财团财产以及财团董事会的组成,细化了原先"需采取书面形式"的内容。(3)针对第82条捐助人财产转移,将财产转移时间由财团设立获得许可时改为财团被认可有权利能力时。(4)针对第83条遗嘱捐赠,如继承人或遗嘱执行人不提起申请,由遗产法院通知负责认可的主管机关,且遗嘱的捐助行为不符合81条规定时,由主管机关基于捐助人意愿订立新的章程,改变原来直接由遗产法院申请的规定。(5)针对第85、86条关于财团章程、财团规范的适用,确立财团章程主要根据联邦法、邦法以及财团的捐助行为确定。

② 德国《民法典》对财团设立采取许可主义,各州政府往往在民法典之外另行制定自己的财团法。这些财团法也经常对财团的设立增加额外的条件,因此,德国财团法人在实践中可能因所在的州不同而面临不同的设立要件。2002年德国展开对民法典有关财团规定的修改,对财团的设立实行认可主义,明确要求各州政府不得以自己的财团法变更民法典关于财团的设立条件,只要财团设立申请符合德国《民法典》第80条规定的条件,各州负责财团监督的机构必须予以认可。

③ 德国《民法典》第89条关于"对允许破产的公法上的社团、财团和机构,准用第42条第2款的规定",除此之外,未见其他涉及公法财团的内容,但实践中德国有许多公法财团,如"爱乐交响乐团"在2002年注册登记为财团法人,"威利勃兰特财团"于1994年根据国会立法成立注册的财团法人。

财团。德国法中的财团并非均以公益为目的,以私益为目的同样可以成立财团,而且德国法中的公益指"为宗教科学、研究、教育、课程、艺术教育、古迹维护、乡土维护、自然生态环境的维护、运动以及社会任务或其他有助于共同利益的目的"。[①] (4) 依财团与国家的关系可分为教会财团和世俗财团。

德国《民法典》对财团法人只有九条规定,且财团的认可权限主要在各邦,故各邦多制定了自己的财团法,各邦各自立法可能导致不同区域具有不同的财团法制度,由此形成不同的财团法规则。2002年德国对其民法典关于财团法人规定的修改在一定程度上缩小了这些差距。

3. 德国社团和财团的组织机构

德国社团和财团都是一种法人组织体,无论其存在的基础是人的结合还是财产集合,社团或财团的组织机构作为一种组织结构,既是一种管理框架,也是一种组织运行模式,是构成组织的全体成员为实现社团或财团的组织目标所进行的分工、协作和基于职务所产生的责任、权利配置而形成的结构体系,其本质是为了实现社团或财团的战略目标而采取的一种分工协作体系。从德国《民法典》规定看,社团和财团因其结合的基础不同,其结构形态、运行模式、职能配置等也存在明显的差异。

社团的组织机构由社员大会和董事会组成,其基础是章程。德国《民法典》第25条规定:"具有权利能力的社团的组织机构,除以下各条规定外,可以通过社团章程加以规定"。董事会为任何一个具有权利能力的社团的必设机关,董事会由数人组成,具有法定代表人的地位,在法庭内和法庭外代表社团。董事会代表权的具体范围,社团可以章程加以限制,并且这种限制可以对抗第三人。董事会由全体社员大会决议任命,也可由全体社员大会撤销。对于社员大会的该项撤销权,社团可以章程将之限制在存在重大撤销理由范围内。

[①] 参见陈惠馨:《德国财团法人制度的发展——以德国民法典及柏林邦财团法为中心》,载《中国非营利评论》2011年第1期。

在德国法中,构成社员大会撤销权的重大事由通常指董事会特别严重地违反义务或者缺乏一般的业务执行能力。凡组成社团董事会的任何一名董事,均有代表社团执行社团业务的权力,对董事会、董事会成员因执行权限范围内的事务,发生应负损害赔偿责任的行为致使第三人受到损害时,社团应负赔偿责任。社员大会除任命董事会外,有权决议不属于董事会或者社团其他机构处理范围内的任何其他社团事务,有权决议变更社团章程,其中变更章程的决议需由出席社员的3/4多数决定;如变更社团目的,则必须由全体社员一致同意,即使没有出席的社员也必须以书面表示同意。社团也可以章程规定的方式在董事会之外任命特别代理人以处理一定的事务。如发生疑问,特别代理人的代理权范围扩及于所有依所任命事务的性质通常需要采取的法律行为。

财团的组织机构由捐助行为加以确定。在德国财团实践中,任何一个以有效设立具有权利能力的财团为目的的捐助行为往往都包含着一个反映捐助行为目的、捐助财产范围的法律文件。2002年修订后的德国《民法典》要求生前捐助行为必须订立财团章程,该章程应当包括财团的名称、住所、目的、财产和董事会的组成,即使是遗嘱捐助且遗嘱捐助人没有订立章程,主管机关也应基于遗嘱捐助人的意愿订立一个财团章程。由此可见,德国财团的组织机构是基于财团章程而不是法律规定。其负责财团运行的机构为董事会,董事会的职责、代表权等内容准用社团的有关规定。

(二)德国义工组织法人制度

1. 德国义工组织的形式

德国义工组织是由具有共同价值观的民众以自发的方式无偿地从事社会公共福利服务的组织体。从实践看,德国义工服务突出两个基本的要素:一是自发性,即义工参与社会公共福利服务完全基于自愿,任何人均不得强制民众参与社会公共福利服务,即使是从事兵役替代服务的义工,也是其对服兵役与法定替代服务所为的自主选择的结果,参与义工服务、参加义工组织均出于其真实的意愿;另一是无偿性,任何人以义工身份参与社会公共福利服务,均不得以追求一定的经济利益为目的,无偿性系指义工不得以支付对价的方式提供公共福利服务,当然,义工服务的无偿性并不意味着义工不能接受必要的补贴,义工组织或政府应当向义工支付各种补贴、津贴、交通费、餐费等费用。义工服务的自发性和无偿性决定了义工组织的法律属性,即典型的非营利性。因此,德国《民法典》提供的非营利社团完全能够满足义工组织的组织形态需求,非营利社团因此成为德国义工组织最普遍采用的组织形式。

德国的非营利社团包括未登记社团和登记社团两种。未登记社团可以成为义工组织的组织形式,基于德国公民结社自由的宪法权利,德国法并未对义工组织的形式予以任何限制,虽然,德国《民法典》要求作为义工组织的组织形式的非营利社团"应在社团住所所在地的初级法院的社团登记簿上登记注册",但这一规定只是指引性规范,而不是强制性规范,义工组织即使未为社团登记,也只是其社员对义工组织行为负个人责任而已。因此,德国社团实践中大量存在未登记现象,有人认为德国有五十万以上登记社团,非营利社团大约也有五十万。[①] 这其中就包括了大量的未登记的义工组织。不过,德国法虽然没有强制登记的要求,但义工组织仍有积极登记的需求,因为登记的结果不仅使义工组织获得完全的法律人格,具有权利能力,而且社团登记也能够帮助义工组织获得免税资格,享受德国政府提供的税收优惠措施的政策,因此,登记社团是德国义工组织的标准组织形式。

2. 德国义工组织的设立

德国义工组织如果仅仅以未登记社团形式存在,那么只要有七个以上的自然人或法人就章程的内容达成一致意见,就可以成为一个社团。只是这种义工组织在法律上仍是一个成长中的社团,不具

---

① 参见〔德〕鲁佩特·格拉夫·施特拉赫维茨:《德国的社团和基金会——服务提供者还是市民社会主体?》,钟瑞华译,http://www.worlduc.com/e/blog.aspx.bid=29655,2013年4月25日访问。

有法人资格,因为德国《民法典》规定非营利社团因登记才取得权利能力。义工组织作为未登记社团存在时,由社员对义工组织的行为承担个人责任。

义工组织以登记社团形式存在时,必须满足法律规定的条件。德国对登记社团实行准则主义,即任何一个义工组织要成为登记社团,必须满足法律规定的条件。从德国《民法典》关于登记社团的规定看,这些条件包括:(1)具备法定的最低人数,"成员人数不少于7人时,始得进行登记";(2)有符合法律规定的章程,这一条件包括两项:一是章程记载内容合法,任何一个社团的章程都必须记载社团的目的、名称以及住所,这是绝对应记载事项;相对应记载事项包括社员加入和退出社团、社员是否出资以及出资的种类、董事会的组成、全体社员大会的召集条件、方式以及决议的证明。绝对应记载事项欠缺的,不得申请社团登记;相对应记载事项欠缺时虽然不妨碍登记申请,但却经常成为法院驳回登记申请的理由。二是章程记载的社团名称应与同一地域或者同一乡镇内业已注册的其他社团的名称有显著的区别。(3)对全体社员大会通过社团章程的决议以及对董事会任命的决议的公证。义工组织如具备上述条件,即可向住所地所在的初级法院申请社团注册登记。

义工组织申请登记社团由董事会负责,董事会申请社团登记首先应确定登记管辖法院。一般情况下,义工组织社团登记由住所所在地的初级法院管辖,但一区内有数个初级法院的,州司法行政机构可以指定其中一个初级法院办理社团登记。董事会申报社团登记时应提交经公证人证明的由七名社员签署的章程的正本和副本、关于董事会证书的副本。受理社团登记的初级法院对符合法律条件的登记申报予以注册登记,对申报不符合法律规定的要件的,应附理由予以驳回。

有管辖权的初级法院对符合条件的义工组织的登记申报予以登记。登记时应在社团登记簿上载明社团的名称及其住所,订立章程的日期以及董事会成员。有关董事会代表权范围的限制也应登记。登记完成时,义工组织应在其名称前附加"注册社团"字样,负责登记的初级法院应将登记公布于其指定为公告用的报纸上,章程的正本应附具登记证明并予发还,章程的副本由初级法院加以认证,并连同其他文件由初级法院保存。义工组织成为登记社团,即取得完全的权利能力和完整的法律人格。

3. 德国义工组织的变更、解散与清算

德国义工组织存续期间如发生重大事项变更,应当申报变更登记。依据德国《民法典》第67、68、71条规定,作为登记社团,义工组织需要依法申报变更登记的事项包括董事会变更和章程变更。义工组织存续期间,董事会的每一次变更均应当由董事会申报登记,此项申报应提供有关变更的文件副本;由法院任命的董事会成员变更时,应由法院依职权进行登记。董事会变更登记涉及第三人利益保护问题,即董事会原成员与第三人发生法律行为的,只有在采取法律行为时,董事会的变更已经在社团登记簿上登记,或者该第三人已知此变更时,董事会的变更才能对抗该第三人。如果此变更已经登记但第三人不知且并非出于过失时,该第三人无需认可此变更的效力。章程的变更只有登记于登记簿时才发生法律效力。章程的变更由董事会申报登记,申报时应提供有关变更的决议的正本和副本。此外,义工组织社员人数减少至三人以下时,初级法院应根据董事会的申请剥夺其权利能力,如果义工组织董事会在三个月内未提出申请,初级法院应在征求董事会的意见后,依职权剥夺其权利能力。

德国义工组织作为登记社团,如果发生法律或章程规定的事由就应当解散。从德国《民法典》规定看,构成德国义工组织解散的事由包括法定事由和章程或决议事由。德国《民法典》第43条及第73条规定的法定解散事由包括:(1)义工组织社员大会的决议违法或董事会的违法行为危及公共利益的;(2)义工组织作为非营利登记社团从事经营活动的;(3)义工组织追求章程规定以外的目的的;(4)义工组织社员人数减少至三人以下的。上述法定事由的任一项事由出现时,有管辖权的初级法院均可剥夺义工组织的权利能力。义工组织也可能因全体社员大会依法作出解散决议或者章程规定的持续期间届满而解散。不管基于何种事由解散,义工组织的董事会均应进行解散申报登记。

德国义工组织解散或被剥夺权利能力时,应依法进入破产程序,破产清算人可以由义工组织董事会指定,也可由法院任命,清算人应登记于社团登记簿。清算人在义工组织清算期间具有董事会的法定地位。当义工组织的剩余财产归于国库时,国库应以最符合该义工组织目的的方法使用其剩余财产。

(三) 德国义工组织法人治理

德国义工组织的具体形态可能是未登记社团,也可能是登记社团,但登记社团是其普遍采用的标准的组织形态。因此,德国义工组织的法人治理实际上指的是社团法人治理。所谓法人治理即法人组织的内部运行机制,也就是法人为实现其运营目的而为的内部机关的职权分配和责任分担关系。登记社团作为义工组织的组织形态,是义工组织获得权利能力和完全法律人格者的基本方式。从德国《民法典》规定的内容看,义工组织的内部机构配置主要包括社员大会和董事会,在某些情况下,义工组织也可设特别代理人,执行义工组织的一般事务。

1. 德国义工组织董事会的职权与责任

作为登记社团,义工组织的组织机构可通过社团章程确定,但董事会是其必设的法定机关,德国《民法典》第 26 条规定:"社团必须设置董事会"。与英美法系国家重视个人主义、强调个性、能力有所不同,德国社团治理强调人和、强调组织的集体能力,董事会实行集体领导和集体负责制,因此,董事会是德国义工组织的代表机关,具有法定代表人的地位。在德国,每一个义工组织董事会的代表权限均取决于其章程的具体内容,董事会代表义工组织的行为是否超越代表权范围,也应当根据章程规定具体确定,这就意味着义工组织章程是判断其董事会代表权大小以及具体代表行为是否合法的唯一依据。故德国《民法典》把章程作为社团最重要的法律文件,其章程副本必须置于登记机关备查,社团章程以及对章程的每一次变更均必须在规定的报纸上公告。义工组织以章程限制董事会代表权,对外可以对抗任何第三人。①

除代表权外,德国义工组织董事会依法具有业务执行权,有权决定义工组织章程规定的各种事务,具体负责义工组织运行和义工服务活动的开展。依据德国《民法典》的规定,董事会的业务执行权准用其第662条至670条有关委托的规定。具体地说,义工组织董事会任何一名董事接受其社员大会任命,就意味着接受了社员大会关于业务执行的委托,由此负有无偿处理义工组织业务活动的义务。董事会的业务执行权原则上不得转托他人,即使董事会转托业务执行权的请求获得社员大会同意,也应对其具有过失的行为负责,对其转托的人,董事会也应在法律规定内承担相应的责任。② 德国义工组织对董事会的任命必须采用证书形式,证书必须由至少七名社员签字证明。

德国义工组织董事会以决议方式确定业务执行,并以多数同意作出决议。如果董事会全体成员以书面方式表示同意某项决议,即使不召开董事会,该决议也有效。如果特定的决议事项是与董事会特定的成员缔结法律行为,则该董事依法无表决权,不得参加董事会决议的表决。向董事会作出的意思表示,只需向董事会任何一名董事为之即可。义工组织对其董事会所为的业务执行活动负责,董事会或董事会成员所为的业务执行只要属于其职权范围内的事务,基于其行为所发生的一切权利和义务均由义工组织享有或承担,董事会及其成员在权限范围的业务执行行为致使第三人受到损害的,义工组织应承担赔偿责任。

董事会对其业务执行活动必须勤勉、谨慎,忠实于社团的利益。

---

① 义工组织章程由有管辖权的初级法院注册登记后即在规定的报纸上公告,由此可以产生对抗任何第三人的效力,但章程变更时,对变更公告所产生的对抗效力与章程的原始公告有所不同,变更的内容已经登记且第三人明知有关事项已变更时,章程变更的内容可以对抗第三人,如虽已为变更登记但第三人不具有过失时,则对第三人不产生对抗效力。

② 德国法中,社团的业务执行权原则上必须由董事会亲自行使,但必要时征得社员大会同意,也可以转托于第三人。受转托的第三人称为助手,董事会对于其助手所犯的过失"应与自己的过失负同一范围的责任"。参见德国《民法典》第278条之相关规定。

为保证组织目的和组织使命的实现,董事会在章程规定的权限内,其业务执行可根据实际情况裁量处理,如果发生偏离义工组织章程或社员大会授权范围的事项,董事会只要基于即使组织知悉情况也会允许偏离其指示的判断,就有权偏离指示。① 但董事会作出具体的偏离指示前应当通知组织,并在拖延不致引起危险的情况下,等待社员大会的决定。董事会违法实施业务执行行为致使义工组织遭受损害的,应当对义工组织承担赔偿责任。

2. 社员大会的职权与决议

社员大会也称"社团成员大会",德国《民法典》没有社员大会为社团最高权力机构的规定,但社员大会有权以决议方式决定董事会或者社团其他机构处理范围之外的所有社团事务。实践中的德国义工组织多以章程规定社员大会为组织的最高权力机构。德国义工组织社员大会的基本职权包括:(1) 任命董事会,对董事会及其成员的任命作出决议,在发生董事会特别严重违反义务或者缺乏通常的业务执行能力等重大事由时,可以决议方式随时撤销董事会的任命。(2) 变更组织章程②或者目的,社员大会变更章程的决议需由出席社员的3/4多数决定;变更社团目的,必须由全体社员一致同意,没有出席的社员需以书面表示同意。(3) 解散义工组织,德国《民法典》第41条规定,"社团可以通过全体成员大会决议予以解散。除章程另有规定外,解散决议需出席成员的四分之三多数同意"。

---

① 德国《民法典》有关偏离指示的规定集中于社团、财团的机关和受托人。无论是社团、财团的执行机关还是受托人,在法律上均必须在章程和法律设定的权限范围内执行其事务,任何超越章程或法律规定权限范围的行为均属于偏离指示。对于偏离指示的法律效果,德国持较为宽松的态度,允许基于实际情况自由判断并灵活作出处置措施。但这种处置措施作出的前提条件是:(1) 发生了突发情况;(2) 不立即处置会引起危险,否则,应等待有权机关或委托人的决定。

② 德国义工组织章程制定只要求七个以上自然人或法人对章程内容协商一致,参加章程制定的成员必须在章程上签字并申报登记,德国《民法典》并没有要求其召开社员大会决议通过的规定。在解释上义工组织草创之初,凡发起成立义工组织的成员均须参与章程的制定和决议,且该项决议应以一致同意为前提条件。义工组织对章程的决议必须制作会议记录并由公证人公证,否则,负责社团登记的初级法院有权拒绝其登记申报。

（4）其他事项，德国《民法典》第 32 条规定："凡不属于董事会或者社团其他机构处理范围内的社团事务，由社团全体成员大会作出的决议决定。为使决议有效，需在召集大会时明确阐明需作出决议的事项。决议由出席成员的过半数决定"。①

社员大会的召集程序、方式和时间由义工组织章程规定，在法律上仅要求社员大会应在章程规定的情形下或者社团的利益所必需时召集。实践中，义工组织社员大会均以章程方式规定由董事会召集。德国《民法典》第 37 条对少数成员要求召集社员大会等特殊情况作出了明确的规定，符合章程规定人数的社员或者即使章程没有规定但达到全体社员的 1/10 的社员有权以书面方式要求召集全体社员大会，该项书面要求应清楚地表明召集大会的目的以及理由。在少数社员召集社员大会的请求没有被允许或被明确拒绝的情况下，负责义工组织社团登记的初级法院可以授权提出要求的社员召集并主持全体社员大会，并对请求事项作出决议。

义工组织的社员大会由全体义工组成。凡接受义工组织章程、愿意承担义工组织分派的义工服务任务的人均可以参加或加入的方式取得社员资格，社员资格不得转让或继承，基于社员资格所产生的权利不得委托他人行使。任何一个义工组织的社员有权退出社团，义工组织可以章程约定社员的退出方式和退出时间。从德国《民法典》关于社员退出社团的规定看，义工组织可以在章程中规定社员的退出只能在年度结束时或者预告解约期限届满时退出，但该项预告解约期限最长不得超过两年。义工加入或参加义工组织时，应当与义工组织签订契约，明确各自的、具体的权利义务，但义工与义工组织之间的契约不影响义工作为社员所享有的权利或所承担的义务。

---

① 德国《民法典》基于私法自治和结社自由的宪法精神，极其重视义工组织章程在社团法人治理中的地位，对于董事会任命、业务执行、董事会决议方式、社员大会决议事项、范围以及章程变更决议方式、社员资格限制等均允许义工组织以任意条款的方式在章程中规定，凡章程对前各事项有规定的，则按章程规定办理。

3. 特别代理人的设置

德国义工组织作为登记社团,有权以章程规定的方式任命特别代理人,①特别代理人地位在法律上并无明确的规定,在解释中类似于公司的经理人。特别代理人的职权应由章程明确规定,其在章程授权范围内处理义工组织的事务。特别代理人处理义工组织事务过程中如果发生疑问,其代理权权限范围在解释应及于章程所任命事务的性质通常需要采取的法律行为。特别代理人应当忠实于义工组织事务,勤勉、谨慎、妥当地处理章程所授权的事务,义工组织对其在职权范围处理事务所造成的对第三人利益的损害承担赔偿责任。

4. 德国义工组织法人治理的评价

从总体上看,德国义工组织法人治理基于民主精神确立其权、责配置和运行机制。义工组织作为一种非营利的登记社团,由社员(义工)结合而成的组织体,其使命和目的不在于追求经济利益最大化,而在于建立一种奉献社会、服务社会的有效方式,其社员无论是参加还是加入,均以无偿向社会贡献自己的知识、经验、技能和智慧为目的,因此,法律对其法人治理机制并不如营利性社团如公司来得严格。以民主、自治为主线,德国义工组织的法人治理结构几乎完全依靠章程确立,凡章程有规定的事项,德国《民法典》的相关规定诸如董事会任命、决议、业务执行以及社员大会决议程序等均不适用,这种组织制度和运行机制的设计对促进义工组织发展具有积极的推动作用。同样,董事会由社员大会任命,也得由社员大会随时撤销任命。德国《民法典》关于撤销董事会任命所列举的重大事由均具有相当的弹性,如缺乏通常的业务执行能力,这里的"通常"应以何种标准解释并不清楚,而特别严重的违反义务,也欠缺具体的衡量标准,最终只能交由全体社员大会自由决议。究其立法目的,无外乎让

---

① 按特别代理人的权限、职责以及地位取决于章程的规定,义工组织以章程规定的方式,既可授予特别代理人行使董事会某些业务执行的权力,也可授权特别代理人处理组织的一般事务,还可以授予特别代理人行使对董事会的监察、督导的权力。故特别代理人的设置是一个相当灵活、特殊的制度设计,具体是否设置特别代理人,完全取决于义工组织独立的意志。

义工组织真正的主人更充分地"当家做主",民主、自治是德国义工组织法人治理结构的精髓。

当然,德国法以民主、自治为基础确立义工组织的法人治理结构,并不意味着国家对义工组织的放任不管。德国义工组织的运行有一条永远不能触碰的底线,即义工组织不能为自己或其社员谋取私利,换言之,德国义工组织在非营利公共福利服务领域是自由的、自主的,只要满足其章程规定的目的要求,义工组织可自由地开展业务活动。但义工组织一旦逾越非营利的界限和底线,从事经营性活动,就可能立即损害其法人地位。德国《民法典》确认义工组织社员大会决议违法或者其董事会的违法行为危及公共利益时,授予义工组织权利能力的有管辖权的初级法院有权剥夺其权利能力;同样,作为非营利的登记社团,德国义工组织如果从事经营活动或者追求章程规定以外的目的,[①]前述初级法院也有权剥夺其权利能力,由此可见,德国对义工组织法人治理机制的设计思路是线内民主、自由,线外强力控制。至于德国义工组织要获得财政法的优惠政策和免税资格,则要面临政府更严格的审查和监督。

四、德国义工组织的社会保护

义工组织是义工自发结合而成的无偿从事社会公益活动的社团。德国政府对义工组织给予了最广泛的定义,以期最大限度地满足社会各种民间力量参与社会公共福利服务的需求。作为义工服务的主管机关,联邦家庭部把义工组织的最基本属性定义为自发性社会参加、无偿性公益服务,强调义工服务最基本的属性。德国政府和各州政府对义工组织以及其他市民参加的公共福利团体提供了极为充分的社会保护措施,鼓励和支持民众以参加或加入的方式,积极地

[①] 德国非营利社团并非完全不能从事经营活动,但却不能以经营为主要目的。德国《民法典》把"不以经营为目的"作为非营利社团的基本的判断标准,并不禁止非营利社团为弥补公共福利服务经费,从事一定的辅助性的经营活动。

开展义工服务活动。① 当然,作为一个具有极高水平的法治化社会福利国家,德国政府对义工组织的扶持、帮助、补贴、免税等社会保护措施都被纳入法制化轨道。

（一）德国义工组织的政府支持

基于对义工服务价值观的认同和提升民众个体素养的目标,德国社会对义工、义工组织所开展的义工服务给予了高度的肯定和支持,德国政府对义工服务进行了系统的整体规划,核心是以法律形式为义工组织提供服务模式、经费支持和制度供给。德国政府并不关注义工服务的具体内容,更看重义工投入的时间和个体素养、能力的提升,更注重以不同的方式把义工服务与家庭生活、职业生涯联系起来,推进义工服务专业化和规范化发展。

1. 德国公共福利服务政策

德国是一个社会福利国家,基于辅从性理论确立国家公共福利服务政策:在层级上,所有的公共福利服务由州政府优先负责;在功能上,所有的公共福利服务由社会组织优先负责,形成了民众参与、社会提供、政府配合的公共福利服务政策体系。这种公共福利服务政策为公共福利团体承担社会福利服务提供了政策支撑,为义工、义工组织无偿向社会贡献自己的知识、经验、技能和智慧,增进公益服务提供了机会。

德国社会办福利的政策扎根于其民间公益团体热心公共福利服务的社会传统。德国民众素有乐于助人、热心公益的传统,尤其以宗教为基础的大规模公益福利团体,不仅具有从事慈善活动、开展义工活动的悠久历史,而且直接向社会提供医疗、福利等公共福利服务。以天主教会、德国红十字会、福音教会以及劳动者联合会等宗教组织、公益福利团体为代表的社会组织承担了德国绝大部分公益福利服务,义工组织、自助团体等小规模公益组织或独立参加公益福利服

---

① 参见日本文部科学省:《諸外国におけるボランティア活動に関する調査研究報告書》,2007年3月,第141页。

务，或直接加入支援大规模公共福利团体。特殊的公共福利服务政策直接推动了社会对义工、义工组织的需求，而义工、义工组织积极参加或加入也为大型公共福利团体提供了从失业救济到帮助贫困、从残障康复训练到母婴支援、从照顾孤寡老人到职业训练与职业教育、从灾害救援到生态环境与文化娱乐等方面更丰富的人力资源。

在这种特殊的公共福利服务政策的指引下，德国政府强化了义工服务的整体规划，整合公共福利资源，确保投入公共福利服务领域的人力、物力和财力效益最大化。第一，区分义工和义工组织资源，德国将义工服务区分为社会活动年服务、生态环境年服务、民间服役或兵役替代服务和其他服务，相应的义工群体也被区分为社会活动年义工、生态环境年义工、民间服役或兵役替代服务义工和一般义工。对不同的义工群体或义工服务实施差异化的鼓励政策，社会活动年的目的是让适龄人群在学习专门知识和技术的同时完善自我人格，活动内容是看护、教育和家庭困难援助，鼓励青少年到公共福利场所或机构如残疾人学校、养老院、孤儿院、幼儿园、医院、残疾人康复训练中心、艺术馆、图书馆等从事6—18个月的义工服务；环境活动年的目标在于用实际行动，接触自然环境、强化环保意识，活动内容是保护动、植物和庭院绿化，宣传环境保护知识，加强民众环境教育，鼓励适龄的青少年到农村，农场，动、植物园，公园或者环境保护团体从事6—18个月义工活动。政府对不同群体的义工提供不同的补贴或支持。第二，以制度保障公益福利政策的推进。无论是《奖励社会活动年法》《奖励环境活动年法》，还是《兵役替代服务法》《海外开发援助法》，均对适龄人群既确立从事一定期间义工服务的约束，又对从事义工服务的适龄群体提供不同的奖励措施，从而保证公共福利服务政策实施所需的义工服务的人力资源。第三，适龄群体完成相应的义工服务，对升学、就业均具有一定的影响，如实践中的德国某些大学将义工服务作为录取的资格条件，也有些用人单位把完成一定期间的义工服务经历作为重要履历因素予以考虑等。

德国特殊的公共福利服务政策造就了德国特殊的义工活动的社会基础。相对而言，德国义工服务的自愿性相对弱化，组织义工社团的自发性受到压制,而且,义工组织自主参与公共福利服务的能力也在客观上受到削弱。在德国各大型公共福利团体的强力影响下,义工组织或整体加入相应的大型公共福利团体,成为其伞状组织结构下的团体会员,或义工直接加入公共福利团体从事义工服务活动。不过,从总体上看,德国特殊的公共福利服务政策直接决定了德国政府对义工组织的长期支持态度,对德国义工组织规范化、专业化发展起到了良好的推动作用,同时也对义工组织承接公共福利服务提供了源源不断的机会。

2. 德国政府对义工的保护

德国政府对义工组织的支持还表现为对义工服务的保护。义工在向社会提供公益福利服务过程中同样会发生劳动危险和相同职业类似的风险,例如义工在救灾过程中可能会发生与职业救灾人员相同的人身危险。德国政府对义工的保护首先表现为厘清义工服务运行过程中的派遣方、接收方和协调方的角色定位,并承担相应的权利义务,为义工提供全方位的保障。派遣方负责项目筹备、服务岗位信息收集及义工保险;接收方负责义工食宿、培训或日常管理;协调方负责项目申请、评估和督导工作。这种角色定位保证了义工需求的合理满足。德国政府对义工的角色也有明确的定位,义工不得从事正常授薪岗位的工作,严禁让义工从事应由专业护工从事的工作。[①]其次,尽可能把义工纳入劳动法保护范畴。义工向社会贡献自己的知识、经验、技能和智慧,在本质上仍然是一种劳动,与德国劳动法所指的劳动者从事的劳动最根本的区别在于义工是无偿的,而普通劳动者是有偿的。因此,德国法关于医疗保障、劳动灾害、工伤事故、义工年金、伤害、失业等保险在解释上也一般地适用义工,费用由联邦和各州依照法律规定的标准承担,强化了义工的保险救济制度。[②]最后,适龄群体根据《奖励社会活动年法》、《奖励环境活动年法》、

---

① 参见《德国志愿服务情况报告》,http://www.zgzyz.org.cn/content/2012-01/12/content_5528289.htm,2013年4月25日访问。

② 参见日本労働政策研究・研修機構(JILPT):《NPO 就労発展への道筋―人材・財政・法制度から考える》,载《労働研究政策報告書 サマリー》2007年。

《兵役替代服务法》从事相应的义工服务活动,其社会保险费统一由联邦政府或各州政府缴纳;对基于《海外开发援助法》在发展中国家从事义工服务的义工,国家不仅为义工及其家庭成员负担社会保险费用,对发展中国家固有的危险和劳动时间外的危险也提供相应的保险。①

3. 德国政府的财政补贴

德国政府对义工及义工组织提供了相当充足的财政援助和补贴。总体上,德国政府对义工服务的资金支持丰富而有效,重视义工服务资金的合理配置和资金运用过程中权利义务机制的约束。对于依据《奖励社会活动年法》、《奖励环境活动年法》和《海外开发援助法》开展的义工服务,德国政府编制严格的活动规划和服务项目,并向社会公开招募各义工服务项目的承接服务单位,凡符合条件的义工组织或公共福利团体均可申请服务项目。对于政府规划和编制的义工服务项目,德国中央和各州政府为主要出资人,政府投入社会义工服务、环境义工服务以及国际义工服务的资金占90%,7%来自各义工组织、公共福利团体的自有费用,社会捐款只有3%。2011年,德国联邦级预算共安排义工服务经费3.5亿欧元,用以支持3万个义工服务岗位和3000个国际义工服务岗位,充分保障义工组织、公共福利团体的正常运行和义工的基本开支。德国政府对每一个义工的运用费用进行严格的测算,每人每月需费用700欧元,具体承接义工服务项目的义工组织或公共福利团体可一次性按每人每月480欧元的标准获得政府财政补贴,用于项目筹备和总结评估;接受义工的单位可获得每人每月450欧元的财政补贴,用于支付义工的食宿、培训、日常管理等费用,义工本人可获得每月105欧元的零花钱。②

德国义工组织除承接政府义工服务项目获得财政补贴外,也可以直接接受民间企业、财团的援助,德国许多大型财团如德意志银

---

① 参见日本文部科学省:《諸外国におけるボランティア活動に関する調査研究報告書》,2007年3月,第141页。

② 参见《德国志愿服务情况报告》,http://www.zgzyz.org.cn/content/2012 - 01/12/content_5528289.htm,2013年4月25日访问。

行、德意志银行财团等也经常对义工组织实施财政性援助。[①]

（二）德国义工组织的税收优惠

1. 德国义工组织获得免税资格的条件

德国义工组织为非营利社团，是否登记仅仅涉及义工组织的权利能力，涉及是否具有完全法律人格者，并不涉及义工组织能否享有德国联邦或各州税法所提供的税收优惠政策，这一结论可以从德国《租税通则法》第51条关于税收优惠的对象为"团体、人的结合体、财产集团"的规定获得证明。因此，义工组织是否具有法人地位在理论上对其能否享有税收优惠政策没有影响，[②]但在实践中，义工组织是否为登记社团往往对享有税收优惠具有决定性影响，因为一个法人治理结构完备、运作规范、章程确定的义工组织更容易获得免税资格的认定。

德国税法确认任何一个以追求公共福利、慈善或宗教为目的的公益组织，均有可能享有相应的税收优惠。但义工组织享受税收优惠的前提是获得免税资格的认定。德国《租税通则法》第51条至第55条规定了免税资格的条件。义工组织要获得免税资格，必须符合下列条件：(1) 必须属于《租税通则法》第51条规定的"团体、人的结合体、财产集团"，义工组织为非营利社团，是典型的人的结合体。对已登记社团的义工组织来说，其非营利注册社团的法律身份决定其处于免税对象的范畴。(2) 章程或捐助行为必须明确表明"公益目的"，设立"财团"的捐助法律文件是否记载公益目的姑且不论，义工组织作为非营利注册社团，义工组织社员具有服务公益、奉献社会的共同价值观，其公益目的应当没有问题。问题是义工组织的公益目的必须以章程明确地记载并获得切实有效的贯彻和持续的实施。(3) 不以谋取私人利益为目的，德国税法把能够获得免税资格的团

---

① 参见日本文部科学省：《諸外国におけるボランティア活動に関する調査研究報告書》，2007年3月，第141页。

② 参见王名、李勇、黄浩明编著：《德国非营利组织》，清华大学出版社2006年版，第133页。

体目的概括为公益目的、慈善目的和教会目的,这种目的性要求显然排除谋取私人利益的团体获得免税资格的可能性。另外,义工组织记载的公益目的必须具有排他性,在解释上应当不包括慈善目的或教会目的。依据德国法要求,不得谋取私人利益指存续期间不得向社员分配盈余,其解散时的剩余财产只能归国库所有,并运用于相同或相近的目的活动。

2. 德国义工组织免税资格的认定

在德国法上,免税资格只授予从事非营利活动的公共福利团体,不论这些组织是否具有法人资格以及法律地位如何。德国法中的免税是指免除收入税或不动产税和遗产税,但增值税不可免除。[①] 非营利社团的免税资格由税务机关认定,如前所述,任何一个获得免税资格的团体必须是非营利组织,其目的只能是公益目的、慈善目的或教会目的。德国《租税通则法》第52条确认的公益目的被描述为从物质、精神或道义上致力于提高全民的生活水平,而不只是针对小部分专门群体。公益目标被细分为:(1) 支持科研、教育、文艺、宗教、国际交流、有助于保护环境古迹以及地方或地区历史和民俗学研究;(2) 支持青年活动、老年活动、公众健康、福利和业余体育活动;(3) 支持市民活动;(4) 支持动物饲养、植物种植、园艺爱好等。[②] 慈善目的在德国《租税通则法》第53条被界定为致力于支持由于残疾、精神病或贫困而无法自理的人的活动,《租税通则法》第54条规定教会目的仅限于教堂的建设和维修,对宗教性服务的支持以及对教会财物和人员的管理。德国税务机关根据《租税通则法》规定的条件进行审核,任何一个义工组织不仅仅要满足法定的免税条件,更

---

① 参见〔德〕鲁佩特·格拉夫·施特拉赫维茨:《德国的社团和基金会——服务提供者还是市民社会主体?》,钟瑞华译,http://www.worlduc.com/e/blog.aspx.bid=29655,2013年4月25日访问。

② 德国《租税通则法》对公益目的的界定并不完全清楚,相对而言,德国巴伐利亚州2008年9月26日新修订的财团法对公益目的界定得更为准确,所谓"公益目的"系指"为宗教、科学、研究、教育、课程、艺术教育、古迹维护、乡土维护、自然生存环境的维护、运动及社会任务或其他有助于共同利益的目的"。参见陈惠馨:《德国财团法人制度的发展——以德国民法典及柏林邦财团法为中心》,载《中国非营利评论》2011年第1期。

重要的是必须持续地实践其章程规定的公益目的、慈善目的或教会目的。不能持续实践其目的的义工组织即使免税资格被认定,也随时面临被撤销的危险。

3. 德国义工组织的税收优惠

义工组织获得免税资格认定后必须定期向税务机关提交活动报告,税务机关每三年审查一次免税资格。作为国家税收优惠措施,德国税务机关对被认定获得免税资格的义工组织免收法人税、所得税、附加价值税。对于向具有免税资格的义工组织捐赠、捐助金钱、财物的人,其捐赠、捐助款额可从其应纳税额中扣除。不过,抵扣的额度却基于对联邦国家有用性原则确定,如德国个人所得税法规定,对具有慈善目的或者公益目的的义工组织捐赠,个人最高可获得扣除5%的税前收入,但对研究和艺术的捐赠以及对有需要的个人的捐赠,最高可减免捐赠人纳税收入的10%。

值得关注的是,德国民众越来越怀疑税务机关是否最有资格判断某种特定的活动所具有的慈善性质,或者说某种特定行为是否具有普遍的慈善意义。一方面,税务机关基于其基本职责的要求,必须尽最大可能多收税,由其负责免税资格认定难免有失公允;另一方面税务机关基于其自身的业务能力和知识结构,未必能正确判断出某些特定活动的慈善意义,由此也就不可能有效地从事免税资格的认定。

(三) 德国义工组织的监管

德国义工组织是基于结社自由的宪法性权利,具有服务公益、奉献社会共同价值观的义工结合而成的非营利社团,本质上属于一种自律性的社会自治组织。德国政府原则上并不干预义工组织的义工服务活动,也不干预其作为社团组织的运行活动,自律、自治、自我管理是德国义工组织活动的特点。德国政府对义工组织的监管主要集中于其活动是否有悖于公共利益安全、社会公共安全秩序,是否利用非营利社团的名义从事经营活动、获得私人利益,是否利用免税资格骗取税收利益等,而对这些问题的监管则基于部门利益相关者原则,分别由登记机关、财政机关和税收机关实施。

1. 登记机关监管

任何一个非营利社团均因登记而取得权利能力,注册登记社团具有完全的法律人格,义工组织也不例外。在德国法中,义工组织作为非营利社团,其注册登记由其住所所在地初级法院负责登记,如果其住所地涉及多个初级法院,则由州指定其中一个初级法院负责社团登记。登记机关对义工组织监管包括四项内容:(1)常规性事项的登记管理,对义工组织申报登记所提交的章程副本和董事会任命证书存档保管并按法律要求进行公告;对义工组织章程变更、董事会及其成员变更为必需的变更登记。(2)对电子登记簿的维护与管理,有管辖权的初级法院应以电子数据处理方式建立社团登记簿,对包括义工组织在内的所有社团资料分类建档、分别维护。(3)对特殊活动管理,如少数社员要求召集社员大会被拒绝,初级法院作为登记机关,有权指定该少数社员召集并主持社员大会;对解散、清算中的义工组织可视情况指定清算人处理其未了事务。(4)对义工组织违法活动监管,对具有危及公共利益的社员大会违法决议或者董事会违法行为的义工组织剥夺权利能力,对违反章程目的从事经营活动①的或者追求章程以外目的的义工组织剥夺权利能力。从总体上看,德国登记机关对义工组织的监管,主要集中于对义工组织合理运行的维护和特定违法行为的控制,并不干预义工组织正常的业务开展。

2. 财政机关监管

德国财政机关对义工组织监管的目的在于确保联邦与各州公共福利服务资金运用的安全,保证财政补贴以及其他财政资金切实用于义工组织所承接的义工服务项目。德国财政机关对义工组织的监

---

① 德国法上非营利社团必须围绕章程规定的目的展开业务活动,"不以营利为目的"决定了非营利社团一般情况下不得从事经营活动,但如果其章程规定为更好地实现其公益目的,可以从事一定的经营活动以补充社团公益活动的费用,非营利社团也可以从事一定的经营活动。因此,德国法禁止违反章程的经营活动,并不禁止章程规定的经营活动。

管围绕财政资金运用而展开,主要包括两方面:一方面,负责联邦和州政府义工服务项目预算的落实和执行,按照事先测算的标准向义工组织和义工接受单位实施财政拨款,督促义工组织和接受单位根据法律规定的标准和应承担的义务运用财政资金,确保能够及时向义工提供所需要的工作装备和服务条件,确保义工的餐饮、旅差以及零花钱等费用及时发放;[①]另一方面,德国联邦和州政府财政机关定期开展义工服务项目经费使用情况审计,通常的做法是委托社会第三方会计或审计机构,独立展开会计审计,保证义工服务项目经费能够按照预算的内容、方式使用,如联邦经济发展研究所经常受财政机关委托,执行义工服务项目审计。如发现联邦和州政府的财政拨款没有按规定的用途使用或被挪用,财政机关有权根据违法情况对其停止拨款,追究义工组织或接受义工的单位的法律责任,甚至可能导致取消其承接义工服务项目的资格。

3. 税务机关监管

德国税务机关对义工组织的监管主要涉及税收优惠。义工组织获得免税资格后每年必须向税务机关提供义工组织活动报告,通常是义工组织年度报告。税务机关对义工组织提供的年度报告归档保存。所有获得免税资格的义工组织必须保证其所有的业务活动均符合章程规定的公益目的,保证由政府获得的财政补贴和向社会接受的社会捐赠、捐助的钱物均用于章程规定的业务活动,不存在挪用、违法分配或者用于章程目的以外的用途。德国有关税法要求税务机关至少每三年审查一次免税资格,对符合免税资格条件的义工组织免征相应的税收,对不符合免税资格条件的义工组织依法追缴其应缴纳的税收,如德国《租税通则法》第55条即对享受税收优惠的社团的财产作出了限制。义工组织的财产只能使用于章程规定的目的,其社员不能取得利润、报酬或其他形式的补助。符合税收优惠的目的财产必须永远按符合税收优惠的目的使用,即使义工组织被剥

---

① 参见日本文部科学省:《諸外国におけるボランティア活動に関する調査研究報告書》,第141页,2007年3月。

夺权利能力或者依法解散,该财产仍必须用于公共福利目的,不得向其社员分配。义工组织如违反这些规定,税务机关有权要求其补交10年的税款。

德国税务机关在对义工组织免税资格实施监管的同时,也对社会捐赠、捐助行为实施监管。对于向义工组织捐赠、捐助的个人和团体,因义工组织的公益目的性质,依法享有一定的税收减免。这种减免形式是从捐赠、捐助行为人的税前收入中按照一定比例扣除。义工组织在接受这些个人或团体捐赠、捐助时应当向其出具可扣除税款的证明,该证明由捐赠、捐助者连同纳税申报表提交税务机关。税务机关根据税法规定的比例予以扣除。但如果捐赠、捐助者向没有免税资格的义工组织捐赠、捐助,则依法不能享受税前收入按比例扣除的优惠。① 德国税法严防利用公益组织身份牟取特殊利益的现象发生,义工组织免税资格被严格限制在非营利性和公益性范围内使用,如义工组织故意或严重疏忽提供虚假证明,或者将捐赠、捐助不使用于证明上给出的享受税收优惠的目的,须承担按捐赠、捐助数额40%的税款的义务,而且任何虚假证明均可能危及其公益组织的地位和免税资格。

---

① 参见王名、李勇、黄浩明:《德国非营利组织》,清华大学出版社2006年版,第135页。

第五章

日本义工组织法人制度

日本义工服务已有数十年的发展历史。作为正式的义工组织，日本海外协力队于1965年宣告成立，招募义工支援发展中国家建设，成为亚洲从事海外青年义工服务的先锋。[①] 义工组织在日本属于非营利组织(NPO)范畴，日本非营利组织为在日本国内致力于以社区为基础的各类公益活动的社会组织，"其区别于企业和政府的最本质的属性，是一方面具有超越市场经济牟利导向的非营利性，另一方面具有超越国家利益政治倾向的非政府性"。[②] 日本非营利组织既包括日本社会经济生活中普遍存在的合作互助组织如协同组合或共济组织，也包括医疗法人、社会福利法人、学校法人、公民活动团体、特定非营利法人、财团和社团等公益法人。这些组织虽然满足了非营利的法律属性，但各种组织功能不同、性质各异，分别由各类特别立法加以调整。义工组织在法律上为特定非营利法人，其法人资格依据1998年《特定非营利活动促进法》而设立。

---

① 日本青年海外协力队是日本政府资助的向发展中国家和地区无偿派遣具有一定技术、技能的义工组织，旨在促进不发达国家或地区的社会经济、文化的发展。日本政府负担的费用主要是义工的往返旅费、义工国外生活津贴、重病资料费以及人身保险费等。
② 参见王名、李勇、廖鸿、黄浩明编著：《日本非营利组织》，北京大学出版社2007年版，第17、46页。

一、日本义工组织立法

从历史角度来看,日本义工组织缘起于以民间人士为主体而展开的公益性活动,主要包括日本传统社会地缘型相互扶持活动,或以佛教等宗教为基础的励志性活动,这些活动从本质上看并不是现代意义上的义工活动,但却蕴含着现代的义工精神。1965年创立的日本青年海外服务队虽为政府倡导,但其成员却是日本政府招募、自愿无偿地贡献自己的知识、专业、技能和经验的青年。正因为如此,日本青年海外服务队在日本理论界被认为是现代"志愿型活动"的民间非营利组织的肇端,①也是日本现代义工组织形成的标志。日本义工服务经历了一个服务领域不断拓展、服务方式不断创新的渐进过程。20世纪60年代后期的日本义工活动多以公害防治运动、自然保护运动、消费者保护运动等公益活动为主,并逐步发展到福利、教育、文化研究保健等领域。当时日本并未导入风行于美、英诸国的非营利组织概念,这类公益活动被称为"志愿性活动",至20世纪80年代,非营利组织的构想逐渐引入日本社会,义工组织作为一种民间非营利组织,逐步为日本社会所接受。而义工组织在1995年1月17日发生的阪神大地震中的出色表现则直接催生了其基本法律依据——《特定非营利活动促进法》的形成。

(一) 日本《特定非营利活动促进法》的制定

日本义工组织在1995年的阪神大地震救灾活动中表现出空前的高效并获得政府与社会的一致认同。参加本次救灾的义工高达百万人,70%的人是第一次参加义工活动,在黄金救援时间里,义工及义工组织担负起政府根本无力承担的各种服务活动,如心理咨询、辅导、清理房间、照顾伤患和老人等。地方政府的职能瘫痪和社区社

---

① 参见林淑馨:《日本规范非营利组织的法制改革之研究》,载《东吴政治学报》2004年第19期。

相互依赖的功能衰退为各种民间团体提供了施展能力的机会。在救灾活动中，政府秉承"公平""平等"的原则使得行动僵化、迟缓，义工组织采取的立即适应、立即解决、随机应变的原则使得救援活动高效迅速。阪神大地震虽然带给日本严重的社会伤害和经济损失，但却直接推动了日本社会包括义工组织在内的民间非营利组织的蓬勃发展。

虽然义工组织在阪神大地震救援中成效显著，但传统的公益法人制度却限制了义工组织作用的充分发挥，许多参与救援活动的草根组织因不是正式登记的法人而活动受阻，公众对其捐赠也享受不到减免税待遇。但义工组织在阪神大地震赈灾、恢复、重建中的突出表现和重大贡献改变了日本社会对其整体认识，地方政府机构的瘫痪、传统公益法制度的僵化使日本社会迫切希望改革原有的公益法人制度，赋予包括义工组织在内的草根性非营利组织法人地位，以充分发挥其灵活、及时、弹性的组织优势。1995年2月日本经济企划厅（现为日本内阁府）联络了18个省厅的事务局联合召开"关于志愿服务问题关系省厅联络会"，以支援义工组织所从事的公益活动为主题并检讨义工组织的法人资格取得、税制优惠措施及其保险事项。1998年日本颁布《特定非营利活动促进法》，以"有助于增进不特定多数人利益为目的的活动"为基本准则，针对众多以公益活动及联谊为中心的民间团体，设立了特定非营利活动法人。根据《特定非营利活动促进法》规定，义工组织依法可取得特定非营利活动法人资格。

几乎所有的日本非营利组织研究者均认为《特定非营利活动促进法》制定的直接契机是1995年阪神大地震，原因是阪神大地震前，日本朝野虽然也有赋予非营利组织法人资格的呼声，但却未见任何具有实质性的提议或议案。当时的日本政府环境厅、厚生省、外务省等机构认为某些社会公共政策尤其是社会公共福利政策的实现必须依靠各种非营利组织，日本经济企划厅甚至也在日本国民生活审议会报告中提出赋予非营利组织法人资格的建议，日本的一些民间研究机构也着手进行了相关的研究。但总体而言，此时的日本仅将义工组织等非营利组织定位为次于政府、企业的第三部门,而不是"特定公益增进法人"。① 这在一定程度上反映了日本朝野对义工组织的认识深受美国影响的现实,而且这种认识更倾向于将非营利组织制度化,更着眼于对包括义工组织在内的社会组织的监管,而不是鼓励与扶持社会组织发展。

但是,认识的改变并没有提升行动的效率。日本灾后成立的"关于志愿服务问题关系省厅联络会"对义工组织立法的检讨被质疑逾越立法议案权的限制。② 当时联合执政的自民党、社会党等关于如何使小规模的草根性非营利组织即义工组织能够容易地取得法人资格的提案刚刚出炉,日本在野党、新进党、民主党和共产党也相继推出了自己的立法提案,因各党无法达成一致的意见,立法进程被迫中止。1996 年日本联合执政各党与民主党提出"公民活动促进法案",由此日本朝野各党又恢复了有关民间非营利组织法案的讨论、审议,并广泛吸取了社会各界的意见。1998 年 2 月 26 日,关于义工组织和公民团体法人资格的"公民活动促进法案"正式定名为"特定非营利活动促进法",送交日本众议院审议;1998 年 3 月 19 日,日本众议院全员一致通过了《特定非营利活动促进法》。日本《特定非营利活动促进法》的制定被视为"公民参与立法精神的体现"。③

(二)日本《特定非营利活动促进法》的框架

日本《特定非营利活动促进法》于 1998 年 3 月 25 日颁布,2008 年 5 月作了最新修改。在性质上《特定非营利活动促进法》是日本《民法典》第 34 条关于公益法人规定的特别法,由总则、特定非营利

---

① 所谓的特定公益增进法人指公益法人中对振兴教育或科学,提高文化水准,社会福利作出贡献,以及为增进其他公益作出显著贡献的一定的法人。这类组织的认定,根据相关法规,由主管机关向财务省推荐,经大藏大臣认定,一般有效期为 2 年。
② 日本的立法分为议员立法和内阁立法,前者是国会参众两院的议员代表民意提交相关法案,经过相应立法程序通过形成法律;后者是行政内阁协调各政府部门并通过执政党提交相关法案,由国会审议通过法律。
③ 参见〔日〕雨宫孝子:《特定非营利活动与法》,载山本启、雨宫孝子、新川达郎编:《特定非营利组织与法、行政》,有斐阁 2005 年版,第 53 页。

活动法人、税法上的特例、罚则及附则计50条构成,其主要内容如下:

1. 立法目的与范畴界定

日本《特定非营利活动促进法》在第1条开宗明义地概括了其立法宗旨,即"通过赋予从事特定非营利活动的组织以法人地位等手段,促进市民从事的义工活动等无偿社会共享活动及其他特定非营利活动的健康发展,从而促进公共福利的进步"。从立法宗旨看,日本《特定非营利活动促进法》作为公益法人这一组织形式的特别法,并不适用于所有的非营利组织,其所适用的对象必须具备该法规定的条件。[①]《特定非营利活动促进法》适用的社会组织首先必须基于非营利目的而设立,这里的非营利目的特指该法"附录"列明的保健、医疗、福祉、赈灾、促进儿童健全发展等十七种目的;其次,必须是基于自主的精神,即完全是自由的、自愿的结合,而不能带有任何强迫的、非自愿的因素,"没有对社员资格的取得和丧失附加不合理的条件";再次,必须是无偿地奉献于社会公益活动,不能具有任何营利的目的或者向成员分派任何盈余或报酬,"管理人员中领取报酬的人员不超过三分之一";最后,必须能够增进社会福祉、提升社会公共利益,其从事的活动"不以宣传宗教教义、举行宗教仪式或者教育和发展信徒为目的;不以推广、支持或反对某一政治主义为主要目的;不以推荐、支持、反对某一特定公职的候选人(包括将来的候选人)、某一公职人员或政党为目的"。由此可见,日本《特定非营利活动促进法》所要赋予法人资格的团体,即草根性的民间非营利组织,具体地说,它解决的主要是义工组织、市民团体的法人地位问题。

日本《特定非营利活动促进法》对特定非营利活动的范畴,设定了严格的法律界限。其构成取决于两个要素。一是目的,必须以促进多数不特定人的利益为目的,由此推之,如果一个组织以特定的群体利益为目的或者组织以成员相互间的互助、合作、帮扶为目的,则不能作为《特定非营利活动促进法》的适用对象,如日本社会普遍存

---

① 参见日本《特定非营利活动促进法》第2条。

在的协同组合和共济组织;二是非营利活动范围必须是日本《特定非营利活动促进法》附表列明的活动范围,任何超越附录所列范围的组织不应适用该法。从日本《特定非营利活动促进法》附录规定看,特定非营利活动的范围包括:(1)促进健康、医疗或者福利事业的活动;(2)促进社会教育的活动;(3)促进社区发展的活动;(4)促进文化、艺术或者体育的活动;(5)环境保护的活动;(6)灾害救援的活动;(7)促进社区安全的活动;(8)保护人权或者促进和平的活动;(9)促进国际合作的活动;(10)促进形成一个两性平等参与的社会的活动;(11)促进对儿童健全培养的活动;(12)促进信息化和社会发展的活动;(13)振兴科学技术的活动;(14)促进经济发展的活动;(15)开发职业能力或扩大就业机会的活动;(16)保护消费者的活动;(17)对从事上述活动的组织进行行政管理或者提供与上述活动有关的联络、咨询或者协助的活动。其中第9项是日本义工组织传统的活动范围,第3项则是现代国家拓展义工组织服务范畴、发挥社会组织共同促进社区事业发展的活动,其他各项均属于义工组织常规的活动范围,与其他国家或地区公益活动范围并无太大的差别。

2. 立法体例与架构

日本《特定非营利活动促进法》由总则、特定非营利法人、税法特例、罚则、附录共五章50条组成,在体例上采取了统分结合、分中有统的立法体例。作为民法公益法人的补充性特别法,该法第一章规定的宗旨和适用范畴统帅了整部法律条文。第二章以"特定非营利活动法人"为题,分通则、设立、管理、解散和合并、监督、杂则(其他规定)六节,既规定了义工组织等民间非营利组织取得法人资格的一般原则,也对义工组织作为一种社会组织所需的设立程序、条件、章程、内部机构以及合并、解散等作出较为详细的规定。其中关于特定非营利法人的原则性规定贯穿于第二章各个环节和具体内容。第三章"税法特例"以"税法上的特殊待遇"为题,明确了义工组织等民间非营利组织依法享有日本国家及地方税收优惠政策,同时解决了《特定非营利活动促进法》作为国家推动义工组织等民间非营利组织发展的促进法,税收优惠政策和现行国家与地方税法冲突与协调问题。第四章"罚则"规定了义工组织等民间非营利组织违反法律规定行为的处罚措施和处罚程序,以保障法律规定能够得到切实的遵守和贯彻。第五章"附录",内容涉及施行日期、义工组织及公民活动组织评估、过渡办法以及对关系法律修改的内容。同时,附录还包括对该法第2条内容的补充以及关于《特定非营利活动促进法》的补充决议。

基于日本《特定非营利活动促进法》立法体例的整体审视,我们可以清楚地看到该法从整体布局到具体环节,思路清晰,内容全面,结构编排合理,尤其对特定非营利活动法人的具体规定,完善了义工组织等民间非营利组织取得法人资格的条件和程序,且附则对相关遗留问题的处理也相当成功,其立法技术非常成熟、立法技巧相当高超。

3. 立法意义

1998年3月颁布的《特定非营利活动促进法》罕见地在日本国会各党派获得一致通过,在日本非营利组织立法史上具有里程碑意义。

第一,《特定非营利活动促进法》突破了日本立法传统的限制。由于行政部门有很大的权限且根据长期形成的立法传统,尽管宪法赋予国会立法权,但日本绝大多数法律实际上都是采取内阁立法,即日本立法的基本模式是政府立法、国会通过。[①]《特定非营利活动促进法》却是以"议员立法"的方式出台,所有条款都由社会各界特别是市民活动推动者共同起草,对于义工组织等民间非营利组织而言,这无疑是一部由自己积极参与和推动、反映其呼声的全新法律。

第二,《特定非营利活动促进法》确立了一种新的公益理念,弥补了日本公益法人制度的某些缺陷。日本传统的公益理念是公益国家化,国家包揽所有的公益事业、国家垄断所有的公益活动,政府对

---

① 参见王名、李勇、廖鸿、黄浩明编著:《日本非营利组织》,北京大学出版社2007年版,第33页。

民间公益活动以管理者姿态设定大量的限制。《特定非营利活动促进法》采取的却是社会办公益,提出了"市民"概念,①确定市民是根据法律而不是根据政府要求开展活动,基本立法思路是政府往后退,尽可能让民间自主开展活动,只要不违法,政府不干预,出现问题事后再处理。明确"为增进不特定且多数人的利益做贡献"的概念,改变了过去公益性判断完全由政府自由裁量的做法。

第三,《特定非营利活动促进法》对义工组织等民间非营利组织采认证制,改变了日本公益事业行政管理模式。认证制的实行基本克服了义工组织取得法人资格的行政障碍,而主管机关与事业内容无关,由办事处所在地决定(都、道、府、县知事、内阁总理大臣),也打破了传统的公益法人组织行政管理的纵向模式。义工组织等民间非营利组织实施自治管理,政府进行事后监督,只要其没违反法令等"相应的理由",政府放弃了严格监管的惯常做法,原则上不对其进行监督。

(三) 日本《特定非营利活动促进法》的修改

日本《特定非营利活动促进法》制定之时历经政党争执、协商、妥协,同时也经民众、议员的反复讨论,最终形成了各方意见糅合的一部法律。这部法律虽然具有相当高的立法水平,但还有需进一步建构的空间,因此,日本《特定非营利活动促进法》附则明确"施行后三年内应当对特定非营利活动法人制度进行评估,并根据评估的结果采取必要的对策"。这种预设修订空间的做法反映了新兴法律制度创建的探索和完善的需要。同时,该法附录《关于〈特定非营利活动促进法〉的补充决议》也明确说明了《特定非营利活动促进法》可能存在的问题:第一,义工组织等民间非营利活动法人能否真正实现其自主、独立的精神;第二,对义工组织等民间非营利组织的行政管

---

① 日本《特定非营利活动促进法》以民间非营利组织为规范重点对象,主要是义工组织和公民团体,但该法没有使用"公民"的概念,而是提出了市民的概念,主要原因是自民党本身讨厌"公民"二字。

理能否做到公正与透明;第三,特定非营利活动的法律界定是否穷尽所有的范畴,有无拓宽、扩展的可能;最后,税收优惠待遇是否适当、能否实现促进义工组织等民间非营利组织发展的立法目标。所有这些问题都表明《特定非营利活动促进法》的修改是立法规划内的事,不管这部法律实施结果如何,都必然要予以检讨、修订,以完善和解决立法时即已存在的悬而未决的问题。

2000年11月30日,日本"关于义工服务问题关系省厅联络会"提案建议着手《特定非营利活动促进法》的修订工作。2001年秋,日本立法机关启动该法的修改工作,至2002年完成《特定非营利活动促进法》的修订工作。

2002年修订案较之1998年《特定非营利活动促进法》,其主要修订内容包括如下几方面:

1. 追加特定非营利活动的范围

1998年日本《特定非营利活动促进法》界定的活动范围为12种,为了促进义工组织等民间非营利组织迅速发展,更大程度地满足民众多样化和深层次的需求,2002年修改了附录界定的非营利活动范围,新增谋求资讯化社会的发展、科学技术的振兴、经济活动的活性化以及支援职业能力的开发或雇佣机会扩充的活动、消费者保护活动,修订后的《特定非营利活动促进法》将活动范围调至17项,日本义工组织等民间非营利组织的服务内容得到进一步的提升和发展。

2. 简化认证的申请手续

对比日本新、旧《特定非营利活动促进法》可发现,修订认证手续方面的主要措施是删繁就简,如省略第10条关于申请书附加资料的要求,像删除义工组织设立人的名册和设立时财产目录以及记载成立年度事业的书面资料;综合第10条关于申请书所需附加的资料,对义工名册、带薪员工名册以及就任承诺书与宣誓书作整合。

3. 强化暴力团体排除措施

1998年日本《特定非营利活动促进法》对暴力团体可能假借民间非营利组织名义从事不法行为的情形规定较为简单,仅在第12条规定:"提出申请的特定非营利活动法人不是暴力犯罪组织,也不受暴力犯罪组织或者其成员的控制"。① 从实践看,无论是义工组织还是其他公民团体,都可能为暴力团体或者其成员控制,从而滋生有组织犯罪。处理义工组织发展过程中可能出现的社会问题,仅仅要求义工组织等民间非营利组织不是暴力团体或者没有被其或其成员控制是远远不够的,是故,修订后的日本《特定非营利活动促进法》增加了相应的排除措施。为排除暴力团体,根据该法第12条规定的认定基准,扩大了与特定非营利活动法人构成要件相抵触的暴力团体范围,包括暴力团体、暴力团体控制下的团体、暴力分子控制下的团体;还规定,当怀疑特定非营利活动法人为暴力团体或其成员为暴力团体一分子时,主管机关得听取警察机关的意见,而警察机关需向主管机关陈述意见。日本《特定非营利活动促进法》如此规定,对于防范义工组织沦为有组织犯罪的工具具有重要的现实意义。

4. 课税的特例

2002年修订案把鼓励特定非营利活动法人的税收优惠措施纳入义工组织等民间非营利组织的内容,该法第46条第2项规定,特定非营利活动法人基于租税特别措施法,保持组织的正常运作,因促进公益而受到国税局认定的情况下,个人或法人对该特定非营利活动法人或对于该特定非营利活动的捐赠、赠予,得以抵扣所得税。

总体而言,2002年修改后的日本《特定非营利活动促进法》扩大了非营利活动的范围,有助于义工组织因应多元化、深层次社会公共服务的需求,简化义工组织设立的申请手续也在一定程度上限制了过度的行政裁量。而将税收优惠纳入作为义工组织等民间非营利活动的组织法,能够促进义工组织等民间非营利组织的发展,提升民众参与社会公共服务的积极性。从法律的适用性和完整性看,2002年修订后的日本《特定非营利活动促进法》的内容显然能够弥补其民

---

① 日本《暴力犯罪组织成员不当行为防止法》第2条规定,暴力团是指有可能助长其团体的成员(包括这个团体的构成成员)集团性、常习性地进行暴力性不法行为的团体。日本政府在一定条件下有权宣布某帮派为暴力不法团体,限制其组织及其成员的活动。参见高一飞:《有组织犯罪问题专论》,中国政法大学出版社2006年版,第1页。

法关于公益法人制度的缺失,发挥作为公益法人特别法所应具备的功能,取得良好的社会实施效果。

二、日本义工组织法人地位

日本《民法典》以法人的设立目的为标准,将法人分成营利法人和公益法人两大类,凡以营利为目的的社团依商事公司设立的条件成立的法人为营利法人;凡以公益为目的且获得主管机关许可成立的法人为公益法人。① 公益法人的设立必须满足日本《民法典》第34条的基本条件:公益、非营利和许可,即"有关祭司、宗教、慈善、学术、技艺及其他公益的社团或财团且不以营利为目的者,经主管官署许可,可以成为法人"。从总体上看,公益法人的设立要比营利法人难,因为公益法人要取得法人资格应先经过主管机关许可,而且即使同属于公益社团或财团,其取得社团法人或财团法人的难易也不相同。宗教法人因受日本宪法关于宗教自由规定的影响,不管是设立还是监管,均相当宽松;学校法人和社会福利法人的成立实行许可制,在法律上或者实践中,都有相当严格的认可标准;社会福利法人因其几乎所有活动费用均需政府补助,主管机关设立监管近乎苛刻。就整体而言,日本法人体系、法人制度比较庞杂、分散,缺乏必要的整合。

(一)日本非营利法人制度

1. 日本非营利组织的法人类型

从日本《民法典》关于营利法人和公益法人的基本划分精神看,日本所有的非营利组织均可认为属于公益法人的范畴,因为所谓营利是指运用资本并使其增殖的行为,营利法人以资本利益最大化为目的,追求的是公司利益且最终表现为私人利益,非营利与营利是一

---

① 日本《民法典》第33条确立了法人设立的基本准则,非依法不得设立。这里的法既包括民法典,也包括其他特别法。在特别法优于一般法适用的规则之下,日本《民法典》所为的一般规定在一定意义上只具有示范意义和一般规则的机能,在法律和社会实践中,审时度势而生的特别法具有更强的生命力。

组相对矛盾的概念,非此即彼,非营利组织涵盖了除以营利为目的而设立的公司等以外的各种社会组织。但公益法人以公益为目的,公益法人与营利法人是一对不周延的概念,而不是矛盾的概念;公益法人与非营利组织则是具有包容关系的两个概念,非营利组织的外延要大于公益法人组织的范畴。故《日本民法典》关于法人基本类型的划分确有不妥之处。

就非营利组织而言,日本法上的制度供给包含四种法人类型:一是公益法人,即根据日本《民法典》第34条设立的公益法人,具体又细分为社团法人、财团法人两种:社团法人是"以一定目的结合起来的人的集合体";财团法人是"以一定的目的出资、以聚集的财产,为公益目的而进行管理运营的团体"。二是特别法人,即为因应日本战后恢复重建和经济社会发展的需要,针对相关社会事业发展的目的,如学校、宗教、医疗、社会福利等,制定了相应的特别法,设立了由政府主管业务部门管理的学校法人、宗教法人、医疗法人、社会福利法人、职业训练法人、更生保护法人等公益法人类型。[1] 三是特定非营利活动法人,即依据1998年颁布的《特定非营利活动促进法》设立的以"有助于增进不特定多数人利益为目的的活动"为基本准则的法人。四是中间法人,即依据2002年4月实施的《中间法人法》,对于"以成员的共同利益为目的,且不以将剩余金向成员分配为目的的团体"[2],中间法人既非公益团体,也非营利组织,而是一种互益、联谊组织。

至于在日本经济发展中占据重要地位的各种"协同组合",[3] 其

---

[1] 参见日本总务厅行政监察局:《公益法人的现状与问题》,大藏省印刷局1992年版,第110页。

[2] 中间法人与公益法人的最大区别在于它以实现特定多数人利益为其设置目的,以特定的特别法规定为依据,受目的事业主管机关的认可而设立。中间法人性质既非公益法人,也非营利法人,故称为中间法人。

[3] 日本在社会经济发展过程中形成了各种类型的"协同组合",如农业协同组合、生活协同组合、渔业协同组合、消费协同组合等,类似于合作社。这些组织不以营利为目的,也不以公益为目的,具有合作、互助性质,并最终将利益返还给组织成员。参见李中华:《协调组合——日本型合作社的语源溯源与发展类型研究》,载《青岛农业大学学报(社会科学版)》2008年第3期。

在性质上不属于公益组织,相对较为统一,但究竟是不是非营利组织,在理论上存在较大争论。其他诸如劳动组合也分别依据不同的法律取得法人资格。

2. 日本特定非营利活动法人的创设

日本法人制度创设于一百多年前,总体上并不能满足现代社会多样化发展的需求,不能为各种各样的非营利组织提供完整的法人制度供给,因此,在法人法定主义框架下,依据日本民法关于法人的设立需根据法律的基本精神,日本制定了因应不同组织需要的法律,如农业协同组合法、劳动组合法以及适用于传统公益组织的宗教、慈善、学校、医疗等特别法。这些法律虽然具有很强的针对性,但并不能满足所有的非营利组织的需求,尤其是义工组织等民间非营利组织的发展需要。因此,日本包括义工组织在内的民间非营利组织曾在相当长的时间里只能游离于法律之外,难以循法律方式取得法人资格。

1998年《特定非营利活动促进法》的最大贡献在于为义工组织等民间非营利组织提供了法人制度——特定非营利活动法人。特定非营利活动法人以不特定多数人的社会公共服务为事业领域,以民众自愿、自由结社为基础,奉献社会,服务社会,从而把以义工组织为代表的民间非营利组织与谋求特定群体利益的互助、互益、联谊的中间法人区别开来,也把义工组织等民间非营利组织与谋求社员合作共益、虽不以营利为目的但最终向其社员分配盈余的协调组合区别开来。从这一角度看,特定非营利活动法人制度的创设显然有助于义工组织等民间非营利组织的成长,有助于动员社会力量特别是民众自觉的力量改善社会公共服务,提升社会福利服务质量和社会福祉。

3. 日本公益法人制度存在问题

日本特定非营利活动法人在性质上属于公益法人,并构成日本公益法人体系的重要类型,但日本公益法人制度存在的问题始终没有解决。一方面,日本民法关于营利法人与公益法人的基本架构历史久远,不能适应社会不断变化和发展的需求;另一方面,日本习惯于依各种各样的特别法建立新的法人制度,导致公益法人体系混乱。日本朝野不断要求改革公益法人制度,1996年9月日本内阁会议以决议的形式颁布了《公益法人的设立许可及指导监督基准》,对公益法人设立采许可制,但该基准没有统一公益法人的认定标准,也没能推动公益法人制度的完善。

因有关许可的标准没有明文规定,完全交由主管机关裁量,①行政机关可以对公益法人的资金及事业内容等要求进行实质审查,甚至以这种裁量权作为交换人事安排的条件。在缺乏认定标准的前提下,行政机关许可裁量权在客观上扩张了行政机关的权力,形成了"公益被国家垄断"的局面。② 另外,许可制直接导致民间活动自由受到限制,政府对同意设立的公益法人管理也难以到位。

日本公益法人制度还压制了民众支持公益事业的积极性。以税收优惠措施而言,一般国家为了鼓励个人或企业从事公益捐助、支持公益福利事业,都以税法确立捐赠抵扣优惠措施,以减轻捐赠者的税负。但日本公益法人制度却只允许向特定公益增进法人捐赠,才能依法享受税收抵扣的优惠政策,换言之,如果捐赠人向非特定公益增进法人捐款,即使是捐赠给其他公益法人,也不能享受税收抵扣的优惠政策。而日本行政许可制框架下的公益法人设立受到目的事业主管机关的严格限制,不仅公益法人数量少,被认定为特定公益增进法人的更少,③这从根本上看仍然是混乱的公益法人制度造成的问题。

---

① "公益"一词在日本,从学术概念到法律法规,均有相对繁多的表述,但不管是具体的,还是抽象的,公益都是一个缺乏统一定义的概念。行政法上对"公益"的判断属于行政机关自由裁量的范畴。公益法人制度虽属于民法界定的范畴,许可制度由民法典所规范,但它毫无疑问属于行政法,故公益性判断应当属于行政裁量范畴。
② 参见民政部"日本NPO法律制度研修"代表团、文国锋:《日本民间非营利组织:法律框架、制度改革和发展趋势》,载《学会》2006年第10期。
③ 据统计,截至2004年4月1日,全日本公益法人计23000多个,被认定为特定公益增进法人的公益组织只有不到1000个团体。参见林淑馨:《日本规范非营利组织的法制改革之研究》,载《东吴政治学报》2004年第19期。

（二）日本公益法人制度改革

1. 日本彻底改革公益法人制度的进程

1995年1月爆发日本阪神大地震，数以百万计的义工、义工团体在地方政府几乎瘫痪、传统公益法人机构反应迟缓的状态下，自发、无偿、迅速投入赈灾救援和灾后重建工作。义工及义工组织的突出表现彻底改变了日本朝野对民间非营利组织的看法，深刻地认识到社会发展不仅需要政府力量，还需要民众志愿活动，多样化的民间非营利组织活动可以增进社会的活力。改变社会组织结构、完善公益法人制度，使义工组织等民间非营利组织合法化成为一种潮流。1998年颁布的《特定非营利活动促进法》创设了特定非营利活动法人，虽然解决了义工组织法人化问题，但并没有改变日本公益法人制度的整体弊端。

1996年执政党提出了对公益法人制度进行彻底改革的建议。2002年3月日本政府内阁会议作出了"进行公益法人制度的彻底改革"的决定，日本朝野开始了彻底改革公益法人制度的理论准备。日本内阁会议分别于2003年6月、2004年12月通过《关于公益法人制度的彻底改革的基本方针》和《今后的行政改革的方针（公益法人制度改革的基本框架）》，这两份文件为日本公益法人制度彻底改革确立了基本的框架：(1) 确立了同步推进公益法人制度、税制和会计基准改革的基本方针。(2) 达成改革的基本目标，即公共部门不应为政府独占，社会发展期待着由民众共同担负公共领域；以公益活动为目的的非营利法人是承担公共领域的民间组织之一，应建立起支援、鼓励非营利法人的新制度。期望通过改革，更有利于形成与政府（第一部门）、企业（第二部门）并行，在自己区域内开展帮助他人、关爱他人活动的非营利法人组织（第三部门）。(3) 确立了公益法人制度改革自由、公平、国际化的基本方向。(4) 达成了公益法人制度改革的层级结构框架，即依据公益性，建立一种两层的层级结构：第一个层次为一般法人，出于公益目的、共益目的或者私益目的的市民团体，按照准则主义（符合条件就可以成立，无需认证、认可）登记成立一般社团、财团法人；第二个层次为公益法人，根据是否具有公益性，认定为公益社团、财团法人。在这两个层次上，放宽第一个层次的准入，民间市民团体可以轻易获取法人资格；规范第二个层次的认定，在合理的公益性要件、基准和相关要求基础上进行监管，并与税制支援密切相关。[①]

2006年6月，日本国会颁布了《关于一般社团法人以及一般财团法人的法律》（简称《一般法人法》）《关于公益社团法人以及公益财团法人认定等法律》（简称《公益法人法》）《伴随实施关于一般社团法人以及一般财团法人的法律以及关于公益社团法人以及公益财团法人认定等法律、有关相关法律完善等法律》（简称《相关法完善法》）三部法律。这三部法律的颁布标志着日本基本完成了公益法人制度改革。

2. 日本公益法人制度概要

日本《一般法人法》对一般社团法人和一般财团法人的设立、组织、运营和管理进行了系统的规定，共计344条。《一般法人法》对新设的一般社团法人、一般财团法人采准则主义，只要公证人认证其章程满足法律规定的要件，不经政府机关的审查就可以进行登记。一般社团法人在成立时只需有会员、理事各1名以上；一般财团法人在成立时基本财产在300万日元以上，必须设置评议员会、理事会，评议员、理事各需3名以上、监事1名以上。日本《一般法人法》对一般社团、财团法人的组织目的没有特别的要求，也没有活动领域的限制，但明确规定剩余资金不得分配。[②]

日本《公益法人法》对设立合理、实施自发、以公益为目的活动的公益法人实施认定制度，并明确规定相关的保护措施等，共计66

[①] 以上内容转引自民政部"日本NPO法律制度研修"代表团、文国锋：《日本民间非营利组织：法律框架、制度改革和发展趋势》，载《学会》2006年第10期。

[②] 日本《一般法人法》第11条第2项及第153条第3项分别对一般社团法人、一般财团法人的剩余财产进行了规定，"制定给会员余款或给予会员接受剩余资产分配权利的章程不具有效力"，同时，一般社团法人"会员大会不可以作出将剩余金分配给会员的决议"，一般财团法人最高决议机关评议委员会不可以作出对会员、成立者分配每个年度的剩余金的决议。

条。日本《公益法人法》设置了公益法人具体的认定标准,包括公益目的、能力要求、活动限制、事业比率、法人治理、信息公开等方面的要求。公益法人必须具备公益目的,"要以进行公益目的事业为最主要的目的"。所谓"公益目的事业",是指"学术、技术、慈善及其他有关公益的附表各项中所列种类的事业,是为增进不特定多数人利益作贡献的事业",公益附表罗列了23种公益事业项目。① 日本《公益法人法》还明确规定各级政府主管(内阁总理大臣或都道府县知事)负责公益认定、监督、信息公开,但政府主管认定公益法人组织时有关事项需听取许可机关、警察厅长官、国税厅长官等的意见。日本《公益法人法》引入第三方咨询机构,规定行政主管进行认定、劝告、命令、取消等事项,制定、改革、废除有关政令、内阁府令时,原则上需向公益认定委员会或协议制机关进行咨询。

日本《相关法完善法》主要对从现行制度向新制度的过渡措施作了规定,包括废除中间法人法,确定现行的中间法人全部向一般社团、财团法人过渡的相关措施;彻底修改民法的有关条款,确定现有的社团、财团法人向一般社团、财团法人和公益社团、财团法人的过渡措施;现存社团、财团法人可以暂时作为特例民法法人存续,在五年内公益性强的过渡到公益法人,公益性不强的过渡为一般法人;现有的社团、财团法人面向新制度,无论是向一般法人还是公益法人过渡,均不再需要受主管机关的束缚,可以实现自我变革。过渡可以"采取直接向新的行政机关进行申请的方法",过渡所必要的章程变更,"不需要旧的主管机关的认可"。同时,日本《相关法完善法》对以民法为基本法律依据的《特定营利活动促进法》《社会福利法》《私立学校法》《宗教法人法》《医疗法》《消费生活组合法》《劳动组合法》等301部涉及公益、非营利法人的相关法律完善的方法、步骤进行规定,原则上不调整各特别法的基本规定,但其根据民法设置的条文应根据民法修改内容进行修改。

---

① 日本《公益法人法》设定了公益目的事业"为主要的目的"的具体判断标准,即"预计公益目的事业比率必须达到百分之五十以上"。

3. 公益法人新制度的配套改革

作为日本公益法人新制度的配套改革,其税制改革和会计基准改革也已完成。

一般法人按照普通法人课税,没有特别的税收优惠。对作为公益性团体的一般法人,其会费免税;公益法人仅限收益事业课税,原则上不课税;同时,对所有的公益法人实行捐赠者捐赠优惠税制,并在国税和地方税中捐款扣除,扩大实物财产捐赠等的优惠措施。

会计基准改革是公益法人会计基准的修改,内容包括引进企业会计制度,公开财务信息,对经营效率作明确易懂的表达;在会计账目中明确显示符合捐赠人、会员等资金提供者意志的活动运营状况,明确受委托责任;尊重自我约束的运营,简化对外财务报表。

4. 公益法人制度改革的影响

就新法律而言,日本公益法人制度改革,实质性地打破了传统的非营利法人法律框架和组织格局,对长期以来形成的日本非营利法人组织体系进行了一次根本性的变革。

公益法人制度改革直接使社会组织法人化。改革后的日本公益法人制度厘清了日本公益法人的类型与性质,公益性团体、共益性团体、私人利益团体经过重新甄别、认定,将回归各自应有的地位;一般社团法人和一般财团法人成为日本各种法人的大熔炉,日本公益法人体系混乱的弊端将在熔化过程中被逐步消除。从总体上看,日本公益法人新制度的设计给予市民参与志愿活动、成立市民团体充分的自由度,市民组织能够轻而易举地取得法人资格,市民社会的活力得到进一步释放,民间公益活动将进一步活跃。

日本公益法人制度改革也将促进特定非营利活动法人的整合。公益法人新制度的核心在于统一日本法人体系,将所有的社会组织的法人类型统一调整为一般法人和公益法人的结构性框架,以法人设立的基础究竟是人还是物为标准区分为社团法人和财团法人。但特定非营利活动法人作为日本《特定非营利活动促进法》创设的新型法人,为义工组织等民间非营利组织探索出自己的法人化之路,成为日本公益法人体系的一支新的力量。作为日本公益法人制度改革的配套措施,日本税制改革的基本方法是公益性越高的公益法人享受越高的税收优惠,公益性低的公益法人将逐步纳入一般法人范畴,不再享受税收优惠。① 特定非营利活动法人资格取得程序简单、条件较少、组织机构简约,虽然深受义工组织等民间非营利组织青睐,但税收优惠政策相对也较少。这意味着日本义工组织对法人类型选择将发生分化和整合,具备条件的义工组织有可能选择优惠更多的公益法人为自己的法人类别。"现存社团、财团法人都将面临着上天堂或者下地狱的选择:过渡到一般法人,优惠政策较现在少,如果能过渡到公益法人,优惠政策要多许多"。② 同时,特定非营利活动法人的存在也与日本公益法人制度改革的精神相违背,统一公益法人类型可能因为特定非营利活动法人的存在而被扭曲、破坏,最终仍将形成多种公益法人并存的格局。

同样,日本公益法人制度改革也必然影响政府与非营利组织关系的调整。改革前公益法人制度赋予政府较多的裁量权和监管权,其结果是便于行政管理,但也造成了日本非营利组织对政府的严重依赖,成为"行政依存团体"或"外扩团体"。依据自由、公平、国际化方向构建的新的公益法人制度削弱了政府的权力,公益性社会组织对政府依赖度降低可能导致政府与非营利组织合作伙伴关系的形成。

(三)日本义工组织特定非营利活动法人地位

1. 日本义工组织特定非营利活动法人的条件

日本《特定非营利活动促进法》创设的特定非营利活动法人,在性质上属于公益法人的范畴,系依日本《民法典》第34条规定、依特别法规定方式创设。从《特定非营利活动促进法》规定看,日本特定非营利活动法人要取得法人资格,必须符合法律规定的下列条件:

---

① 参见〔日〕盐野宏:《论行政法上的"公益"——以公益法人制度改革为契机》,载《宪法与行政法治评论》第5卷,第258页。
② 参见民政部"日本NPO法律制度研修"代表团、文国锋:《日本民间非营利组织:法律框架、制度改革和发展趋势》,载《学会》2006年第10期。

第一,以公益为目的。这是特定非营利活动法人成立的目的条件,"赋予从事特定非营利活动之团体以法人格,促进公民的自愿性社会贡献活动的健全发展,且致力于公共利益的增进"。《特定非营利活动促进法》对公益的范畴进行了严格的界定,1998年《特定非营利活动促进法》制定之时,界定为谋求保健、医疗、社会教育、社区营造、环境保护、文化、艺术振兴、国际义工、灾害救援等12项,2002年修改时将"公益"范围扩大至资讯化社会发展、科学技术振兴、经济活动的活性化以及支援职业能力开发或雇佣机会扩充等领域,由此,"公益"范围由原来的12项扩大为17项。凡团体目的逾越该法确认的17项范畴的,不得申请设立特定非营利活动法人资格。

第二,不以营利为目的。这里的"营利"亦即营利法人的目的,谓以一定的资本运营谋求团体成员经济利益的增长。特定非营利活动法人即以增进特定非营利活动的公共利益为目的,在解释上当然应当排除任何形式的谋取私人利益的行为,因此,不以营利为目的即指不得追求构成员的经济利益。根据《特定非营利活动促进法》关于特定非营利活动法人"不得向成员分派盈余"的规定,不以营利为目的并不意味着它不能收取任何费用或接受任何资助,而是指法人团体如果以适当的方式获得一定的经济利益如通过完成政府委托的公共服务活动而获得政府给予的经济资助时,即使有盈余,最终也不得向其构成员分配盈余。

第三,会员自愿加入或退出,不得设定不当条件。特定非营利活动法人系为公民自由、自愿参加、奉献社会的民间非营利组织,是故,任何一个民间非营利组织不得设定不当的资格条件,限制或者禁止公民自由、自主、自愿加入或退出。从条文规定的意旨看,民间非营利组织并非不能给会员资格确立一定的条件,只是这些条件必须正当,如专门从事灾害救援的团体,要求其会员必须具备良好的身体素质,在解释上虽然排除了体弱多病者参加组织的可能性,但这种排除条件并不能被认定为"不正当",而是从事公共灾害救援的基本条件。

第四,不得参与宗教或政治活动。以特定非营利活动法人的形式赋予民间非营利组织法人地位,目的在于增进社会公共利益。日本倡导的新公共精神是"风雨同舟、患难与共",民间非营利组织是实现日本新公共精神的中坚力量。[①] 特定非营利活动法人应当远离宗教势力、政治力量,不得服务于政府公职人员,以维持法人由民众自由、自愿加入的民间属性。因此,《特定非营利活动促进法》明文规定其必须是"不以宣传宗教教义、支持或反对某政治主义或政党、推荐特定公职候选人或政党为目的的团体"。

第五,必须具备符合法律规定的会员人数。日本特定非营利活动法人在性质上是社团法人型的公益法人,一定的会员自主结合是其赖以成立的人的基础。《特定非营利活动促进法》规定创设特定非营利活动法人必须有10人以上的会员,低于10名会员的民间非营利组织不能依法取得特定非营利活动法人资格。日本法律并不强行推行所有的民间非营利组织的会员均为自愿无偿的公共服务的提供者,事实上,许多国家或地区的民间非营利组织均不禁止一定的带薪职员或会员,如香港义工组织可以聘用带薪的工作人员以支持义工组织活动,美国也有志愿组织聘用工作人员的规定。《特定非营利活动促进法》要求民间非营利组织申请特定非营利活动法人资格时必须有10人以上的会员,且带薪会员应在会员总数1/3以下。允许民间非营利组织聘请带薪会员或人员在一定条件下有助于增加社会就业机会。

第六,非为暴力团体或其成员所成立的团体。为保证民间非营利组织的公益属性,防止特定非营利活动法人为有组织犯罪集团控制和利用,1998年《特定非营利活动促进法》要求特定非营利活动法人不是暴力犯罪组织,也不受暴力犯罪组织或者其成员的控制;其2002年的修订明确了认定的标准,暴力团体、暴力团体控制下的团体、暴力分子控制下的团体均不得申请特定非营利活动法人。同时,当怀疑特定非营利活动法人为暴力团体或其成员为暴力团体一分子

[①] 参见俞祖成:《日本"新公共性"指向的NPO政策体系分析》,载《中国非营利评论》2011年第1期。

时,主管机关得听取警察机关的意见,而警察机关需向主管机关陈述意见。

2. 日本义工组织与特定非营利活动法人的契合

日本义工组织作为一种公益法人,就其组织形式而言,当然应当包括财团法人与社团法人两种组织形式,这在解释上并不存在争论。当义工组织以财团法人形式出现时,应当满足日本民法关于财团法人的规定。问题在于当义工组织以社团法人形式出现或者由一定的社员结合构成成立的基础时,即有选择社团法人或特定非营利活动法人两者之间的任何一种作为自己组织形式的可能性。从实践看,日本公益法人采取许可制,除传统的赈灾、慈善、文化、教育等公益事业外,对其他公益活动的认定控制相当严格。这可以解释为什么阪神大地震赈灾、重建和恢复过程中数以百万计的义工及义工组织①与传统公益组织反应迟缓迥异的表现,这也是日本学者通常将阪神大地震赈灾、重建过程中义工及义工组织的突出表现作为《特定非营利活动促进法》催化剂的原因,1998年《特定非营利活动促进法》实施后义工组织等民间非营利组织登记数量持续增加也证实了大量日本义工组织选择的事实。

日本义工组织与特定非营利活动法人的契合使其成为基本的组织形式。第一,义工组织以公益为目的,满足特定非营利活动法人的目的性要求。各国义工组织均兴起于赈灾、扶贫的慈善活动,因此,许多国家把义工组织纳入慈善组织范畴。日本义工组织活动范围从赈灾救济到国际援助、从教育文卫到环境保护、从社区营造到帮老助残,均属于《特定非营利活动促进法》列明的公益活动。这种目的性的契合决定了日本义工组织完全能够满足特定非营利活动法人的目的要求。第二,义工组织非以营利为目的,义工是无偿从事社会公益

---

① 阪神大地震一发生,大批义工即及时进入灾区,每天平均活动人数最高达2万人次,震后3个月,在灾区活动的义工(不包括自愿献血、捐款、捐物者)共计117万人次,由此成为日本社会志愿领域的一个里程碑,1995年也因此被日本称为义工元年或者志愿者元年。参见野口启示、荒川义子:《救援义工委员会的义工管理》,载立木茂雄编:《义工与公民社会》,日本晃洋书房出版社1997年版,第31页。

服务的人,义工的公益服务是对社会的无私奉献。义工组织由具有共同的奉献精神的义工结合而成,既不谋求组织自身的经济利益,也不为其社员谋求利益,更不会将组织的盈余分配给其成员,是一种典型的公益组织。第三,义工组织的服务对象是不特定的多数人,义工服务致力于社会公共利益的增进,既非日本社会普遍存在的以谋求社员共同利益为己任的协同组合,也非如同学会、宗亲会那样,服务于成员间的联络、交往。为不特定多数人提供公益服务的行为特征决定了日本义工组织能够以特定非营利活动法人为自己的组织形式。

日本义工组织在实践中逐步转型为特定非营利活动法人。日本义工服务发展较早,最初以义工名义有组织地从事活动的是20世纪60年代的大阪义工协会。该协会创刊发行《义工》(或译为《志愿者》)月刊,对宣传义工服务思想、澄清义工概念、增进社会对义工的理解和支持发挥了重要作用。1962年大分县和德岛县的社会福祉协议会分别成立了"善意银行",随后转型为义工活动中心。[1] 日本自20世纪70年代始,为推动社会福利发展而支持、扶植其义工服务活动,对各种义工活动中心等义工组织实施资金补助,日本义工组织进入"被政府培养"的奉献活动状态,[2]但由此引发关于义工本质、义工活动与奉献活动的区别、义工服务领域与政府之间关系等根本性的思考,日本义工组织去政府化的思想开始出现。与此同时,日本经济发展过程中形成的污染、噪音、垃圾处理等公害问题引发了日本市民的抗争运动,逐渐使义工组织摆脱政府控制的奉献活动,更倾向认同"市民活动"。日本义工服务及义工组织也被纳入市民活动范畴,成为日本民间非营利组织的基本力量。但这些组织绝大多数均没有独立的法人资格。1998年日本《特定非营利活动促进法》颁行以及特定非营利活动法人的制度供给,使日本义工组织纷纷以特定非营

---

[1] 参见〔日〕今田忠:《日本的NPO史》,日本行政出版社2006年版,第138—141页。
[2] 参见李妍炎:《日本志愿领域发展的契机——以阪神大地震对民间志愿组织起到的作用为中心》,载《中国非营利评论》2008年第2期。

利活动法人作为自己的组织形式。据日本政府2004年1月统计：日本《特定非营利活动促进法》实施后，依法申请认证的义工组织等民间非营利组织第一年超过1000个，两年内超过2000个，三年半内超过7000个，申请认证的义工组织等民间非营利组织正在成倍数增长。义工组织等民间非营利组织活动的领域多集中于保健、医疗和社会服务领域，达58.07%，其他依次分布在社区营造、儿童健全发展的培育等领域。[①]

（四）义工组织结构与运作

日本《特定非营利活动促进法》对以特定非营利活动法人为组织形式的义工组织的结构与运作进行了系统的规定。

1. 义工组织结构

义工组织以特定非营利活动法人为组织形式时，其内部组织机构由会员大会、理事会和监事会构成，其中，理事和监事为特定非营利活动法人的负责人。

日本义工组织由理事或理事会负责运营。依照《特定非营利活动促进法》规定，理事至少应有3人，监事至少应有1人。"理事在一切事务上代表特定非营利活动法人"，这说明义工组织理事原则上可以为一切业务活动，而且每一名理事均有对外代表义工组织从事业务活动的权利。从立法目的看，各理事均有代表权的制度设计显然在于便利作为特定非营利活动法人的义工组织有效地开展义工服务活动，但由此也可能造成义工组织负责人间的牵制与干扰，是故，该法赋予义工组织"章程可以限制理事的代表权"。虽然在法律上没有要求必须组织理事会，但《特定非营利活动促进法》第17条规定："特定非营利活动法人的事务，由理事过半数决定"，在解释上除章程另有规定外，应当以会议方式讨论决定各种运营事务。

[①] 参见林淑馨：《日本规范非营利组织的法制改革之研究》，载《东吴政治学报》2004年第19期。

义工组织的监事也是其重要的负责人。监事的基本职责是监督理事的业务执行情况,监督特定非营利活动法人的财产状况。如发现理事关于业务活动或者财产的不当行为或有违反法律、法令或者章程的重要情况时,应向会员大会或者政府主管机关报告。在必要时,有权召集会员大会。同时,监事就理事的业务执行状况以及特定非营利活动法人的财产状况,有权向理事提出建议。从这些规定看,日本义工组织监事是保障组织运营及业务执行的监督机构,因此,监事不得在特定非营利活动法人中同时担任理事或者工作人员,以确保其发挥独立的监督职能。

《特定非营利活动促进法》对义工组织、市民团体等民间非营利组织的理事、监事设置了明确的禁止性条件。凡禁治产人或者准禁治产人、尚未复权的破产人、曾被判处徒刑或者更为严厉的刑事处罚且"刑事处罚执行完毕或者停止执行之日起未满足二年的"、曾因违反本法、《暴力犯罪组织成员不当行为防止法》《刑法》或者《暴力行为等行为处罚法》而被判处罚金的刑事处罚,并且该刑事处罚执行完毕或者停止执行之日起未满二年的,以及曾任某个已经解散的特定非营利活动法人的负责人员、该法人的设立认证被撤销且自撤销认证之日起未满二年的,上述各类人均不得担任义工组织的理事、监事。同时,《特定非营利活动促进法》对义工组织等民间非营利组织的负责人员的亲属关系也进行了一定的限制,根据其第21条规定,任何义工组织的负责人员中,其有配偶或者三亲等内的亲属关系者不得超过一人,并且一个负责人及其配偶或者三亲等之内的亲属人数不得超过负责人数的1/3。《特定非营利活动促进法》对义工组织、市民团体等民间非营利组织的负责人进行严格的资格限制,其目的就在于保障义工组织等非营利组织的正常运营,防止义工组织为不良品质之人或者暴力犯罪组织操控,进而危及社会公共秩序及一般民众的利益。尤其2002年《特定非营利活动促进法》对暴力团体的限制与预防,具有较强的社会现实意义。当义工组织、市民团体等非营利组织的理事或监事的总数的1/3职位空缺时,其运营必将受到一定的影响,《特定非营利活动促进法》第22条要求其必须"应当立即补充",由此保障义工组织等民间非营利组织的正常运营。

作为义工组织的负责人,《特定非营利活动促进法》要求其章程必须记载理事、监事的名录,当特定非营利活动法人的负责人的姓名、住所或者居所发生变更时,应当立即通知政府主管机关。义工组织在其章程中应当规定负责人的任期,每一任期不得超过两年,但可连选连任。

《特定非营利活动促进法》对会员大会的性质没有规定,在解释上会员大会应当是义工组织、市民团体等民间非营利组织的权力机构。一方面,义工组织作为民间非营利组织,由义工自愿结社而成会员,他们具有共同的价值取向和无偿奉献的精神,应当有权力决定本组织一切重大事项,确保义工组织目标的实现;另一方面,义工组织运营由理事或理事会负责,其业务活动和财务状况由监事或监事会监督,由此并不足以保障组织的正常发展,需要由会员大会对理事或理事会、监事或监事会各自的业务执行、财产使用的状况实施控制。从《特定非营利活动促进法》规定看,义工组织的会员大会有权决定章程的修改,即"对章程的修改应当根据章程规定由会员大会作出决议"。修改章程的决议应当有 1/2 的会员出席会员大会且出席会员 3/4 以上同意方能通过,修改后的章程应当申请政府主管机关认证,否则不发生法律效力。义工组织申请修改章程认证时,应当向政府主管机关提交申请书,通过修改章程决议的会员大会的会议记录誊本以及修改后的章程。日本义工组织会员大会的第二项权力是以决议的方式决定组织解散或合并等重大事项。日本义工组织的会员大会有权作出解散或合并决议,《特定非营利活动促进法》把会员大会决议解散列为最重要的解散事由,且无需报请政府主管机关批准直接清算;也明确规定"特定非营利活动法人的合并由会员大会决议决定",唯合并决议的通过应当获得全体会员 3/4 以上同意,相当严格。合并决议必须经政府主管机关认证后方能生效。

2. 义工组织会计原则

《特定非营利活动促进法》极为重视对义工组织、市民团体等民间非营利组织的财务状况的监管,确立了明确的义工组织财务会计原则,由此构成了日本义工组织最重要的运营管理制度。依照《特定非营利活动促进法》第27条规定,特定非营利活动法人的会计账目必须遵循的法律原则包括:(1)收入和支出应当以预算为基础;(2)会计账簿应当根据正式的记账准则进行准确记录;(3)财产清单、资产负债表和收支计算书必须根据账簿的记载反映真实的收支状况和财务状况;(4)会计处理遵循的标准和程序必须每个年度互相一致,不得随意更改。同时,日本义工组织每年三月必须将前一年度的事业报告书、财产清册、借贷对照表、收支计算书、干部名册、带薪职员名册等制成档案文件。作为特定非营利活动法人,义工组织每年一次向主管机关缴交上述文件资料。主管机关应当保存这些文件资料三年,以备民众查阅。

3. 义工组织合并与解散

《特定非营利活动促进法》对义工组织、市民团体等民间非营利组织的解散与合并进行了系统的规范,并设计了颇为严格的解散与合并程序。

义工组织解散是指法定事由发生时进行清算并终止特定非营利活动法人资格的过程。《特定非营利活动促进法》规定的义工组织法定解散事由包括会员大会作出解散决议、章程规定的解散事由发生、作为目的事业的非营利活动不可能完成、没有会员、合并、破产以及被撤销设立认证。不过,这些法定解散事由出现时产生的法律效果及适用的程序并不完全一致,如义工组织因不能完成作为目的事业的非营利活动应当解散时,其解散必须取得主管机关批准;义工组织如出现决议解散、没有会员或破产等解散事由时,则无须取得主管机关批准,可以直接解散,至解散结束时通知主管机关即可。义工组织无论因何种解散事由解散,均必须对剩余财产归属作出明确的处理,《特定非营利活动促进法》也对处理方式进行了相应的规定。除合并或破产外,特定非营利活动法人解散后的剩余财产于清算完成通知政府主管机关后移交给章程指定的人;章程没有规定剩余财产归属的,清算人在获得政府批准后把剩余财产转移给中央政府或者一个地方公共团体;无法按照上述方式处理的财产应当归属于国库。

日本义工组织作为特定非营利活动法人,可以与其他特定非营利活动法人合并。合并的具体程序是会员大会以法定人数表决通过合并决议,义工组织将合并决议及会员大会会议记录誊本与认证申请书一起提交主管机关认证,合并决议经主管机关认证后生效。义工组织取得合并认证后于收到认证通知之日起两个星期内制作财产清单和资产负债表,并向债权人发出公告。债权人可在指定期限内提出异议。指定期限不足两个月的,应当对每个已知的债权人分别发出通知。债权人没有在规定的期限内对合并提出异议的,视为同意合并;有债权人提出异议的,义工组织应当清偿其债权或者对其提供相当的担保,或者将相当的财产以清偿为目的设定信托给信托公司或有信托业务的银行,但如合并对异议的债权人没有损害,则无须提供担保或设定以清偿为目的的信托。

义工组织合并后设立新的特定非营利活动法人的,各参与合并的义工组织应当共同选任人员制定新的章程、确立相应的设立事项。合并后存续的义工组织或因合并新设立的义工组织对合并前各参与合并的义工组织的权利义务全部承受。无论是存续合并还是创设合并,都必须在主业务所在地办理登记,合并因登记而发生法律效力。

三、日本义工组织与政府关系

(一)日本政府对义工组织的监管体制

日本政府曾对义工组织等民间非营利组织实施非常严格的双轨制管理,义工组织在许可制的框架内,依照日本《民法典》及其特别法设立公益法人,必须取得相关业务领域的主管机关的特别批准,因此,没有政府支持的民间非营利组织很难注册为公益法人,即使注册一般的社团法人,也相当困难。日本在《特定非营利活动促进法》颁行之前成立的非营利法人,包括各种公益法人、社团法人及各种特别法人,均具有很强的官方色彩或大企业的经济背景,[1]而依法取得公益法人资格的非营利组织,日本国税厅对其享受的税收优惠也设置了近乎苛刻的条件。普通市民自愿参加市民活动受到限制,义工组织、市民团体一般以非法人的状态存在,由此形成了一系列的生存与发展问题。1998年《特定非营利活动促进法》的颁行直接改变了日本义工组织等民间非营利组织的生存环境,这是因为《特定非营利活动促进法》着眼于民间非营利组织的自由、自主、独立发展,采取的是议员立法而不是政府提案,立法过程由民间非营利组织推进,且并未废止日本《民法典》及相关特别法,这种并列关系提升了《特定非营利活动促进法》的地位,形成了一种旨在支持义工组织、市民团体等民间非营利组织发展的独立法律,确立了多元化的公益组织体系,以增进不特定多数人的社会福利水平。因此,日本《特定非营利活动促进法》在公益活动实践上实际形成了一种崭新的监管体制。

1. 义工组织监管的活性化

日本义工组织成立的基本程序是主管机关批准同意设立后进行法人登记。主管机关主要是政府的相关业务部门,不仅负责职能所管辖领域内的民间非营利组织的批准,而且要承担对这些组织的监管任务。相较于严苛的许可制,《特定非营利活动促进法》首先统一了主管机关,即改变过去业务主管机关分散于政府不同的行政机关,各主管机关相互推诿、相互掣肘的现象,将义工组织的主管机关统一改为内阁、都、府、道、县知事,便于义工组织设立。为降低主管机关对义工组织、市民团体等民间非营利组织的行政裁量或干预,有关行政监督的规定降到最低限制,如该法第41条虽然规定主管机关有权要求特定非营利活动法人报告其业务、财产状况,或者进入义工组织等民间非营利场所调查,但其前提条件是义工组织、市民团体等民间非营利组织违反法律或相关规定,而且现场检查的内容也仅以书面记载的理由为限。主管机关只有在发现义工组织不符合成立要件或

---

[1] 参见马昕:《日本公益法人改革探析》,载《社团管理研究》2008年第9期。

为不适当运营时,才有权签发命令、限期改善;义工组织违反主管机关改善命令时,主管机关有权对义工组织取消设立认证或取得取消批准文件、由法务局办理法人注销手续。日本对特定非营利活动法人采内阁、都、道、府、县知事主管,在实践中可有效地避免政府各部门相互间的推诿现象,方便义工组织设立。

2. 义工组织设立的认证、认可、许可

认证、认可和许可是日本现行法规定的政府机关批准形式。许可是由主管机关在相关法律规定的基础上决定是否批准。这种批准方式赋予主管机关比较大的自由裁量权,对于义工组织来说,是否属于"公益"的范畴,以何种认定标准确立"公益"标准,均属于政府机关自由裁量的范畴。因此,义工组织如依据日本《民法典》第34条设立公益法人范畴的社团法人或财团法人,必须取得政府主管机关的许可。日本政府在实践中较为排斥义工组织获得公益性质的社团法人或财团法人,如无特殊的政府背景和大企业支持,根本不可能获得法人资格。对于义工组织来说,许可是其最难获取的一种批准方式。认可是指只要依法经主管部门认可就可设立。在认可方式中,主管机关不具有自由裁量权,也无需具体的行政行为,义工组织如依法采用认可的批准形式,只要具备法定的条件,主管机关就必须作出认可的批准行为。日本有关社会福利、医疗、学校等特别法对社会福利法人、医疗法人、学校法人等特别法人,均采用认可的批准方式。认证是指依据相关法律规定,法人设立时只要依法确认团体的内部规章后即可成立。1998年《特定非营利活动促进法》为便利义工组织、市民团体等民间非营利组织获得法人资格,选择了最容易获得成立的批准方式——认证,义工组织如欲获得特定非营利活动法人资格,必须依法提供法律规定的文件,主管机关受理认证设立申请后,仅仅需要确认文件材料是否齐全,而无需进行内容审核,它根据信息公开原则将义工组织、公民团体申请特定非营利活动法人及业务营运、服务范畴等直接发布公众查阅,由公民自行判断以达成促进民间非营利组织发展的目的。

3. 事业报告书、现场检查

依据《特定非营利活动促进法》规定,义工组织等非营利组织必须每年一次向主管机关提交事业报告书、董事名簿、组织章程等,供主管机关检查;特定非营利活动法人连续三年不提交的,主管机关有权取消对其特定非营利活动法人的认证。主管机关有充分理由怀疑义工组织违反了法律、法规以及根据法律法规而为的行政行为或者章程的,可以要求该法人就其业务活动状况或财产状况提交报告,或派主管机关官员进入该法人的办事处及其他设施进行现场检查,检查其业务或财产状况或账簿、文件及其他文件。如义工组织以财团法人为组织形式,则必须接受更为严格的监督检查。

在现行法框架内,日本政府对义工组织监管相对较为宽松,一般情况下仅限于书面资料检查,任由义工组织根据其章程规定开展义工服务活动。但政府如果发现义工组织提供的文件资料违反法律或其相关规定,政府主管机关将依法展开现场检查。当主管机关发现义工组织不符合特定非营利活动法人的成立要件或者从事的义工服务活动不适当时,可以命令的方式限期改善。如果义工组织没有根据命令要求改善其运营或者改善运营的措施仍不适当时,主管机关有权对其取消设立认证。依据《特定非营利活动促进法》,对义工组织实施现场检查的官员必须持有并出示能够证明其身份的证件,而且这种检查权在任何情况下均不得被解释为进行刑事侦查。

(二) 日本义工组织的税收优惠

1. 日本义工组织税收优惠立法概况

日本《特定非营利活动促进法》以"税法上的特殊待遇"为题对特定非营利活动法人的税收待遇进行了规定,不过,该法并未涉及多数国家采用的以税收优惠措施促进社会公众从事公益活动的问题,而是直接将特定非营利活动法人定义为"应当被视为《法人税法》第2条第6项规定的公益法人等组织的一种,适用该法以及其他法律法规中关于法人税收的有关规定"。义工组织、市民团体等民间非营利组织被纳入一般税法的调控范畴,即民间非营利组织如在性质上属于公益法人,则可以享受税法关于公益法人税收优惠的规定;如属于非公益法人如共益或共济法人组织,则依法不得享有日本税法为公益法人提供的税收优惠措施。因此,单就《特定非营利活动促进法》而言,特定非营利活动法人在税法中并没有享有多少税收优惠待遇,因为在许多情况下特定非营利活动法人被排除在公益法人等组织外。义工组织以特定非营利活动法人作为自己的法人形式,在解释上更接近普通法人的范畴,例如在适用日本《法人税法》时,特定非营利活动法人即被定义为普通法人。

2002年《特定非营利活动促进法》修改时将被视为鼓励特定非营利活动法人发展的税负优惠措施纳入非营利组织的内容,尤其该法46条第2项规定:特定非营利活动法人基于租税特别措施法而适用经营组织,并因促进公益而受到国税局长官认定的情况下,个人或法人对该特定非营利活动法人或对于该特定非营利活动之捐赠、赠予,得以抵扣所得税、法人税等。这里,义工组织作为特定非营利活动法人能否享有税收优惠措施,取决于税务机关的认定,即如果税务机关长官认定义工组织为增进公益法人,则能够享有税收优惠,若没有被认定为增进公益法人,就不能享有税收优惠。在实践中,义工组织以特定非营利活动法人存在时,对其增进公益法人资格的甄别极为严格,日本登记为特定非营利活动法人的民间非营利组织到2011年达33400余家,经甄别认定为增进公益法人的,却只有七百余家。日本义工组织能否享有税收优惠、多大程度地享有税收优惠由此可见一斑。

2002年启动的日本公益法人改革把以公益活动为目的的民间非营利组织纳入鼓励、支援的范畴,期待义工组织、市民团体等民间非营利组织对社会公共领域发挥更大的作用。2006年6月,日本国会颁布了《一般法人法》《公益法人法》以及相关《相关法完善法》,历时四年的日本公益法人改革基本完成。总体上,义工组织等民间非营利组织作为特定非营利活动法人,能否享有税收优惠待遇仍取决于其公益目的的甄别和事务机关的认定。依据新颁行的《公益法人法》,公益法人的具体认定标准涵盖了公益目的、能力要求、活动限制、事业比率、法人治理、信息公开等方面的要求。公益法人必须具备公益目的,"要以进行公益目的事业为最主要的目的"。所谓"公益目的事业",是指"学术、技术、慈善及其他有关公益的附表各项中所列种类的事业,是为增进不特定多数人利益作贡献的事业",公益附表罗列了23种公益事业项目。① 以特定非营利活动法人为组织形式的义工组织、市民团体等民间非营利组织面临着进一步的整合,以期确立其公益法人地位。2008年日本完成了所得税、法人税的部分修订工作,颁行了相应的法律,根据这些修改后的日本税法,日本国税厅2011年11月1日公布了《新公益法人关系税制手册》,由此可以清楚地看出日本公益法人制度改革的结果和税收优惠措施在实践中的运用。

2. 日本义工组织公益法人地位

公益法人制度改革的最终结果并没有彻底实现统一法人制度的目标,以法人目的为划分标准,日本将法人通常分为一般社团法人、一般财团法人和公益社团法人、公益财团法人。不过,作为日本促进民间非营利组织发展、健全其组织构造和组织形式的结果,日本《特定非营利活动促进法》创设的特定非营利活动法人究竟是一般法人还是公益法人并没有明确的结论。就实践而言,特定非营利活动法人既有自愿、无偿地从事公益活动的义工组织,也有自由结社、服务于特定团体的市民团体,甚至还包括以成员互益、共益为目的结社而成的共济组织和共益组织,其法人成员之复杂、目的之特殊,难以笼统地给予税收优惠待遇。因此,特定非营利活动法人解决的只是非营利目的,提供的只是除营利法人以外所有的从事特定非营利事业活动组织的法人制度。对特定非营利活动法人目的逐个甄别、对具体的民间非营利组织公益法人地位的认定,就成为解决其税收待遇的基本途径和方法。日本公益法人制度改革最终也只能拖着一条长长的尾巴,特定非营利活动法人类型的保留在一定程度上影响了日

---

① 日本《公益法人法》设定了公益目的事业"为主要的目的"的具体判断标准,即"预计公益目的事业比率必须达到百分之五十以上"。

本法人制度的统一。

日本义工组织要依法享有税收优惠,唯一的途径是申请税务主管机关对其进行增进公益法人的资格认定,即必须对其目的事业的公益属性进行甄别和认定。日本新法人制度将法人划分为营利型法人和非营利型法人,前者指以营利为目的的企业组织,后者指各种不以营利为目的的非营利组织。非营利型法人细分为一般(社团、财团)法人和公益(社团、财团)法人。凡以公益为目的、符合公益认定的一般标准且经日本行政厅公益认定的法人为公益(社团或财团)法人,依法享有法人税法、所得税法等税收优惠措施;一般(社团或财团)法人包括完全非营利型法人和共益性活动法人两类,前者指不以利益分配为目的的法人,其构成要件包括章程明文规定不分配盈余、在解散时剩余财产归国家或地方公共团体或者赠予章程指定的公益性团体、不存在违反章程的行为包括不存在向特定的个人或团体给予特别利益的情形、理事及其亲属符合法定标准;后者指为了追求会员共同利益,以向会员收取一定会费的方式从事一定事业活动的法人,其构成要件包括以谋求会员共同利益为目的从事活动、章程明文规定一定的会费、不以收益事业为主要事业、章程明文规定不向特定的个人或团体分配盈余、解散时剩余财产属于特定的个人或团体等。① 完全非营利型法人和共益性活动法人等直接登记为一般(社团或财团)法人。从目的来看,日本义工组织依法向主管机关申请公益目的甄别和公益法人认定,在具体法律操作中应当没有问题,唯日本对公益认定较为苛刻,义工组织完全过渡为公益法人尚须时日。

3. 日本义工组织税收待遇

实践中的日本义工组织虽也有经甄别、认定为增进公益法人的情形,但大多数义工组织仍以特定非营利活动法人的形式存在。特定非营利活动法人在日本现行税制中能够依法享有某些特殊的税收优惠,如地方政府对公益性非营利组织实行减免住宅税政策,但这并

---

① 参见日本国税厅2011年11月1日公布的《新公益法人关系税制手册》。

未成为全国性、制度性的优惠措施,在日本国税的法人税和消费税中,日本税务机关也没有将非营利组织尤其是民间非营利组织作为特殊对象对待。现实生活中的义工组织等所能够享受的税收优惠主要体现为法人税的减轻。

根据日本《法人税法》,一般而言,日本的法人组织有收益就要交纳法人税,但在法人税的征收上,具体根据法人组织的种类不同而执行不同税制。主要可分为五大类,即公共法人、公益法人、无人格团体、协同组合、普通法人。日本政府充分考虑非营利法人所具有的非营利性或公益性特性,在法人税征收上原则上不课税,即会费、捐款(费用以外)不课税,开展活动的收入一般不课税。虽然对公益法人从事33种行业的营利活动的收入仍需课税,但相对于营利法人30%的税率,对于公益法人营利活动税率减轻为22%,并允许收益事业收入的20%可视同捐赠转入非收益事业收入不予课税。以非课税原则为基础,特定非营利活动法人如果从事日本税法明定的公益事业,则可以享受更多的税收优惠,就此而言,日本对义工组织等民间非营利组织的税收优惠的制度设计,有助于推动各种非营利组织积极从事一定的收费活动以增强公益组织自身能力和公益事业的发展,又能更好地体现税收制度的公平性,维护正常的市场经济秩序。

根据日本有关税法,企业、个人进行捐赠时,根据捐赠接受方是何种团体而对捐赠者的税收优惠措施有所不同。捐赠的税收优惠政策,限于特定团体;既可以向国家和地方政府、财务大臣制定的捐款范围如重大灾害等捐款,也可以向特定公益增进法人捐款。捐赠的企业如果向特定公益增进法人、经过公益性认定的义工组织捐款,其捐款额可以从应税额中扣除。特定公益增进法人是指公益法人中对振兴教育或科学、提高文化水准、社会福利作出贡献,以及为增进其他公益作出显著贡献的一定的法人。这类组织的认定,根据法人税、所得税相关法规,由主管机关向财务省推荐,由财务省认定,一般有效期为两年。目前,经过认定的这类组织大约在2.1万左右,包括全部的社会福利法人和更生保护法人,部分社团法人、财团法人、学校法人等，义工组织作为特定非营利活动法人被认定为增进公益法人的只有七百余家。

（三）日本政府对义工组织的辅导与合作

日本政府对义工组织等民间非营利组织的扶持呈现不断加强的态势。在社会办公益和公共领域不应成为政府的独占领域的思想影响下，日本义工组织从被政府培养的"奉献活动"逐步过渡到自主多样的"市民活动"，①在促进公益事业发展中的地位不断增强，其发挥的作用也越来越被重视。日本政府也积极地推动义工组织辅导、支援体系建设，动员各种社会力量共同支援义工组织发展。这些措施包括：(1) 构建综合性民间支援体系。鉴于日本义工组织高度依附政府的事实和去政府化的发展态势，日本政府鼓励民间团体创办综合性、跨领域的民间非营利活动支援中心，为义工组织提供各种服务，如日本民间非营利组织中心，面向义工组织、市民团体等民间非营利组织开展政策咨询、信息支持、调查研究、人员培训、援助中介等服务活动，并依托自己建立的"全国NPO法人数据库"，推动义工组织间的合作与交流。(2) 发展民间资金的中介机构。如何有效募集民间资金，并将这些民间资金合理地用于非营利组织活动，是非营利组织能否独立自主发展的根本性的问题。一些非营利组织特别是被称为草根性的义工组织，即使依法成为特定非营利活动法人，也不能有效开展法人活动，其根本原因在于资金募集困难。日本政府以各种政策引导，解决义工组织资金困难问题，如日本市民社会创造基金，是专门从事民间捐赠、援助和义工组织支持的资金中介机构，希望给市民社会捐款的个人、团体，将钱捐到市民社会创造基金，然后由市民社会创造基金根据义工组织等民间非营利组织的项目需要和需求进行资金拨付。(3) 倡导企业的社会责任。日本政府鼓励企业承担社会责任，展开与义工组织对话和对接，建立较为稳定的合作关

---

① 参见李妍焱：《日本志愿领域发展的契机——以阪神大地震对民间志愿组织起到的作用为中心》，载《中国非营利评论》2008年第2期。

系。如社团法人日本经济团体联合会发起成立的"1%俱乐部",会员每年把企业收入的1%、个人所得的1%拿出来,用于捐赠或从事社会事业,义工组织与其建立合作伙伴关系,由此获得企业的资金援助。(4)搭建民间组织的合作网络,这些网络组织在实现信息共享、整合不同团体资源优势共同提供服务、协调不同团体行动形成共同政策建议、形成合力争取政府项目等方面发挥着积极作用。

日本政府还以直接的方式强化对包括义工组织在内的民间非营利组织的扶持,而且其扶持行为越来越规范化和制度化,扶持的方式和途径也越来越多样化。

1. 委托项目支持

日本政府自阪神大地震以来,积极发展与包括义工组织在内的民间非营利组织之间的合作伙伴关系,改变政府垄断公共资源、垄断公共服务的格局。其最重要的方式是将某些公共服务委托给义工组织,义工组织承接政府委托的公共服务项目,获得政府资助,如TAKATORI社区交流中心年资金来源的20-30%即来自于政府委托项目。日本从中央到地方政府均有将一定的公共服务委托义工组织、义工组织由此接受政府资助、解决义工服务经费的案例。

2. 提供资金扶持

日本政府还直接向民间非营利组织活动提供资金支持。除合作或委托开展公共服务项目外,还采用助成金的形式给予义工组织直接资助,如2003年日本政府财政预算中安排的特定非营利活动法人补助总额3000亿日元,神奈川县专门设立了一个援助义工组织等民间非营利组织的基金——"神奈川志愿者活动推进基金",该基金通过政府政令设立,启动资金为104亿日元,通过合作事业负担金、义工活动助成金、义工活动奖金等形式,资助以公益为目的的自主活动的团体和个人(宗教、政治、选举活动除外)。

3. 引导市民捐赠

从总体上看,日本国民捐赠对义工组织的支持力度不大,捐赠收入仅占特定非营利活动法人资金来源的8.9%,但日本对于公益性捐赠保持着较高的热情,主要集中于街头公共募捐、红羽毛募捐等。

日本政府鼓励民众向义工组织捐赠,如凡向被认定为增进公益法人的义工组织捐款的,其捐赠款额可以从应纳税额中扣除;同时,部分地方政府也采取措施,鼓励民众积极捐款,如千叶县市川市实行市民税1%资助制度,即市民可以自由支配1%的市民税金,援助自己所希望的义工组织。

4. 办公场所支援

日本地方政府为减轻义工组织行政开支负担,采取不同方式为义工组织提供办公场所的支援。

5. 法人组织孵化

为促进义工组织发展,某些地方政府创设了类似于"孵化器"的机构或设施,积极为义工或义工组织开展活动提供服务和便利,促使其尽快成长为特定非营利活动法人。如神奈川县设立了一个县民活动支援中心,面向尚未成为法人的团体,提供收集信息、档案管理、协调义工活动等服务。

第六章

新加坡义工组织法人制度

2011年国际义工协会第21届世界大会在新加坡展开,大会的主题是"义工服务——改变世界的力量"。从某种意义上看,国际义工协会值其诞生40周年之际,选择新加坡召开世界大会,是对新加坡义工服务事业发展的肯定。也是2011年,新加坡义工和慈善中心在其年度报告中提出了一个非常严肃的问题,即新加坡是个乐于奉献的国家吗?该年度报告说:"我们在过去的日子经历了世界金融危机,并以强劲的经济实力挺过了这场危机,我们依然是这个世界上商业最发达的国家之一,百万富翁占总人口的比例达到了世界第一。根据这些衡量标准,我们走在了世界的前列。但是我们这个国家的灵魂呢?一个伟大国家的真正的衡量标准应当是还有多少人没有被落下",由此引出了报告的主题:"做得好并不代表足够,我们应该找回国家的灵魂——奉献,改变从心做起"。[1] 事实上,新加坡因其特殊的发展历史与经济的迅速崛起,一直是中国学者关注的重点,其儒家文化传统、权威政治治理模式、英国殖民统治的文化影响,使许多学者相信这些相同的情境也许对中国义工服务事业发展有所裨益。

---

[1] See NVPC:Annual Report—LP(2011), Singapore:National Volunteer & Philanthropy Centre.

一、新加坡义工组织现状

义工是新加坡社会不可或缺的力量,从国家法定机构到慈善组织、从执政党中央机构到社区基层组织,到处活跃着数量众多的义工,义工组织汇集了不同种族、不同民族、不同层次、不同身份的义工资源。作为一个移民国家,多元种族、多元文化和多种语言,构成了新加坡社会的一大特征。为了促进新加坡的统合,改变各种族隔离居住互不往来的局面,新加坡政府十分重视共同价值观的培养,即不管肤色、种族、语言、文化,唯有和平共处才能安定共生,唯有合作与相互扶助才能发展兴国。这种共同价值观的培养为新加坡的义工服务奠定了坚实的思想基础,"我做义工我光荣、我快乐"成为植根于新加坡社会土壤的一种教养和共识。新加坡国家义工和慈善中心(National Volunteer & Philanthropy Centre,NVPC)每两年一次关于公民奉献的社会调查结果显示:在新加坡,15 岁以上的公民参与义工活动的人数比例已从 2008 年的 16.9% 上升到 2010 年的 23.3%,公民做义工的时间累计 8900 万个小时,比 2008 年几乎翻了一倍;在公众部门进行的抽样调查中,85% 的公民表示国家在义工服务方面做得越来越好。国家希望未来 15 到 19 岁之间的年轻人参加义工活动的比例比 2000 年提高 48%。[①] 这些调查资料在一定程度上揭示了新加坡义工服务的社会现实。

(一)新加坡义工组织界定

新加坡义工组织的发展经历了一个政府主导到政府引导的转变过程。作为曾经的英属殖民地,新加坡义工组织与英国的志愿服务文化具有或多或少的联系,与英国乡镇自治精神衍生、以结社自由为基础的义工组织相比,新加坡表现出更多强势政府的品格,作为一个

---

① See NVPC:Annual Report—LP(2011), Singapore: National Volunteer & Philanthropy Centre.

万能的政府,其影响力及于政治、经济以及社会生活的各个领域,民间组织也不例外。由于政府过于强势、管理过于严苛,新加坡义工组织发展受到很大的限制,任何社团均须注册登记,否则即为非法。但是,新生代的新加坡国家领导人的政治姿态趋于民主,对义工组织等民间社团的管制也日趋宽松,总的理念是,在保安和稳定及公众期望之间维持一个平衡点,容许民间团体生长,鼓励发展公民社会。因此,与一般国家对社会组织管制"由松到紧"的过程相反,新加坡对包括义工组织在内的社会组织控制呈现"由紧到松"的趋势。

义工组织在新加坡并非一个严格的法律概念。新加坡的义工服务总是与社会服务部门联系在一起,义工申请加入社会服务部门中的各种临时或长期的福利组织,并透过这种福利组织向社会无偿提供自己的劳动或服务。对于特定的义工服务对象而言,与其说是接受义工服务,还不如说享受社会福利。新加坡社会服务部门中的福利组织(Voluntary Welfare Organization,VWO)即为人们所讲的义工组织。新加坡国家社会服务理事会(National Council of Social Service,NCSS)对其解释为:义工组织是指提供福利性的或者对社会有益的福利性服务的非营利性组织。[①] 这种福利性服务随着社会的发展和进步,不再局限于一般意义上的乐善好施、帮贫济困、照顾残疾、抚慰耄老孤幼,人们在社会、教育、环境、健康、文化遗产、文化艺术以及体育运动和青少年发展等领域贡献自己的时间、精力、金钱、财物的行为也均被视为义工服务,从事这些服务的组织均被称为义工组织。因此义工组织包括由纯粹义工组成的义工组织以及那些雇用全职或兼职员工来管理义工发动的志愿项目的机构和那些提供特定项

---

① 资料来源:http://www.ncss.gov.sg/About_NCSS/Mission.asp,2012年4月10日访问。

目吸引义工支持的全职机构。① NCSS 以及国家义工与慈善中心的上述解释表明：义工组织在新加坡是一个集体名词，指具有社会性目标而在会员中不进行利益分配的各种正式和非正式组织。慈善机构、社区组织、志愿组织、社会企业以及一些互助组织都可以成为义工组织，它们都不以营利为目的。为了便于义工组织的主题研究，我们采用 NCSS 所认定的义工组织作为研究对象。

义工组织是新加坡以义工服务形式存在的最基本的慈善载体，这是因为在新加坡慈善事业的实践中，义工组织与慈善组织是其慈善事业发展中联系最密切的社会组织。新加坡是一个慈善国度，慈善是新加坡最重要的国家文化之一。关于慈善，新加坡人的理解不仅仅是捐钱捐物、扶困济贫，他们更重视的是身体力行的奉献。慈善并非仅仅是富人施舍、散财济贫，慈善也是一种助人的善行。每个人都有爱心，每个人均可慈善，正所谓"有钱出钱、有力出力"，因此，义工服务在新加坡也是一种慈善活动，不管是富人还是穷人，也不管是官员还是商人，均能做慈善，均能当义工。新加坡政府把每年 4 月定为关怀分享月、7 月定为义工服务月，通过鼓励民众积极参与义工服务活动，践行奉献、友爱、互助、进步的时代精神。作为自愿助人且无报酬的社会公益行为，义工服务是现代社会文明和时代发展进步的主要标志，是一个国家和民族成员社会责任的重要表现。因此，义工组织与慈善组织共同构成新加坡慈善事业的基本力量。

新加坡的义工组织和慈善组织同属于慈善事业的组织范畴，新加坡 2005 年《慈善法案》确认慈善事业按照目的差异可分为四类，

---

① 新加坡义工和慈善中心把只要有义工参与在其运营、项目或活动中的长期性的、非政治性的、非营利性的或社区性的组织都称为 Volunteer Host Organization (VHO)。Our volunteer host organisation (VHO) is any secular, non-political, non-profit or community organisation which engages volunteers in its operations, programmes or activities. VHOs include volunteer-run organisations (like Cat Welfare Society), those that employ full-time or part-time staff to administer volunteer-driven programmes (such as ACRES—Animal Concerns Research & Education Society) and fully-staffed organisations offering specific programmes supported by many volunteers (e. g. tutoring children at Methodist Welfare Services), http://www.sgcares.org/public/VHO/SGCares P_VHO_Home.aspx, Sept. 25, 2012.

即消除贫穷、推动教育的发展、促进宗教的发展和对社区有益的其他目的。所谓慈善事业的其他目的在解释上"包括促进健康,推动公民权利或社区的发展,促进艺术、传统或科学的发展,促进环境保护或改善,救济那些因年幼、年长、身体状况不佳、残疾、经济困难或其他不利条件需要帮助的人们。以及促进对动物的保护"[①]。义工组织与慈善组织在概念上的区别主要表现为行为方式的差异,即慈善组织以财物援助为基本行为方式,而义工组织以无偿劳动为基本行为方式;同时,义工组织的目的范畴比慈善组织大,凡以增进教育、环保、文化、体育等公共服务领域服务为目的,组织和运用义工奉献自己的经验、技能、知识、智慧和劳动的非营利组织,都可能是义工组织,但只有符合一定条件的义工组织才能成为法律承认的慈善组织。这里的一定条件是指以慈善目的设立、履行慈善组织权限且接受新加坡最高法院监督。大多数的义工组织为了获得免税资格和其他优惠,都会申请慈善资格。新加坡《慈善法案》第5条第6款规定:"任何一个未注册、也未被排除在注册之外的慈善团体,其受托人有责任申请注册该机构,并在该机构创立后3个月内递交第5款要求的文件和信息;任何人如果疏于履行本款规定的责任,将是违法,将被处以5000元新元以下的罚款,或不超过1年的监禁,或两者并罚"。"慈善专员可以发布命令,以推动对慈善团体的适当管理以及批准对慈善团体有利的事务"。[②] 正因为如此,研究新加坡义工组织的设立、法律地位、治理结构以及监管等具体制度时,不可避免地要涉及慈善组织的具体制度。

(二)新加坡义工组织状况

新加坡通过慈善革新建立了相对完备的慈善及义工服务立法体系,但"徒法不足以自行",完备的法律还需要科学的社会管理运行

[①] 〔新加坡〕唐罗同:《新加坡慈善事业的发展:新加坡慈善团体公共责任的法律法规体系》,载民政部法制办公室编:《中国慈善立法国际研讨会论文集》,中国社会出版社2007年版,第281页。

[②] 同上书,第282页。

机制来实现。义工服务中介或联盟组织对义工组织的发展起着重要作用。新加坡的中介组织类型包括两类：一类是独立型，一类是综合型。所谓独立型中介组织，会员同质性相当高，基本上是为了某种特殊服务而结合在一起；而综合型的中介组织范围很广，即把各种不同的服务整合在一起，会员性质也各有不同。NCSS、国家慈善和义工中心是综合型中介组织的典型代表，它们对新加坡义工组织的发展具有非常大的推动作用。

NCSS 是由政府创建的隶属于社会发展、青年及体育部（Ministry of Community Development, Youth and Sports, MCYS）的法定机构，其主要目标为建立一个互相关怀且有凝聚力的社会并帮助弱者。这种法定机构是为履行某种特别的任务，经国会讨论并根据有关法案成立的。它不是纯粹的政府机构，但归属某一政府部门领导，并通过该部长向国会负责。凡与社会公共生活、经济发展和社会安全等关系密切需要政府直接加以控制和经营的领域，新加坡普遍采用法定机构这种形式。① 作为新加坡志愿服务改革和减少政府干预的结果，NCSS 逐步成为一个独立于政府的社会服务伞状组织，截至 2011 年底，其会员机构已经超过四百个，这些会员机构选出国家社会福利理事会的董事会 50% 的成员，政府提名会长和其余 50% 的董事会员，由此保证它具有一定的独立性。

NCSS 负责领导和统筹新加坡的社会服务，它的使命是领导和指引社会服务发展、加强社会服务组织的能力，以促进社会服务的策略性伙伴合作关系，其宗旨在于确保每一个人都有机会过着有尊严的生活并在社会上发挥他的潜能。1958 年前的新加坡，其社会服务由各种各样的没有任何协调或支持的个体机构提供。1958 年，新加坡设立福利理事会（SCSS），并以这种伞状组织协调个体社会服务组织、义工和社区支持者间的关系。虽然福利理事会在政策和方案上提供了协调的功能，但就筹款它并没有提供任何帮助。因此，新加坡

---

① 参见莫于川、刘玉新：《新加坡行政法制述略》，载胡建淼主编：《公法研究》（第六辑），浙江大学出版社 2008 年版。

在1983年又设立了公益金(Community Chest)来作为社会服务组织的中心募捐机构以减轻义工组织的募款压力,使义工组织能够有更多的精力投入社会服务。1992年,为了使福利理事会和公益金的组合能够发挥更大的作用,新加坡国会通过一项特殊法律,即《国家福利理事会法》,重组福利理事会,创建了"国家福利理事会"。新加坡国家福利理事会是典型的伞状组织,"伞状组织在志愿部门中的代表性是依靠自身的能力建设、吸引会员而积累起来的,因而这种纽带虽然是宽松的,却是有效的"[1]。它通过自下而上的层层联合,达到全国义工组织相互协调、相互协作,共同完成社会性目标和任务。居于伞顶的NCSS由各种各样的义工组织联盟构成,如儿童和青少年联盟、老人照顾联盟、残疾人联盟、家庭联盟等,各种联盟直接联络、协调各自不同的义工组织。这些机构自身规模很小,但组织的会员体系以及会员本身是伞状组织,从而形成葡萄串一样的结构。如果一个社会组织想进入这些项目领域,就会主动加入NCSS。

NCSS侧重于社会服务的专业性,分类服务、个案服务是国家理事会的工作重点。NCSS的会员包括正式会员和准会员两种。正式会员指的是直接提供社会服务以满足社会需求的组织,而准会员则指那些有积极的兴趣,却不提供直接社会服务的机构。国家理事会对会员收取会费,正式会员收取每年139.10新元或每三年375.57新元的年费,准会员为每年53.50新元或每三年144.45新元。NCSS基于服务、信息和政策优势,为会员提供优质的服务并产生极大的影响力,其制定的规则和要求被会员自觉遵守。NCSS在成立之初由政府财政拨款50%的费用,作为一个拥有伞状组织系统的中介组织,其基本职能就是根据新加坡政府的授权向政府提供社会服务领域的政策建议并为服务组织提供宣传支持。[2]

新加坡国家义工和慈善中心创建于1999年7月,是一个旨在促

---

[1] 王名、李勇、黄浩明编著:《英国非营利组织》,社会科学文献出版社2009年版,第181页。

[2] 〔加〕布莱克·布罗利:《中国慈善立法的观念革新》,载民政部法制办公室编:《中国慈善立法国际研讨会论文集》,中国社会出版社2007年版,第81页。

进和发展跨越所有部门的志愿服务和慈善事业的国家机构。作为第一个一站式中心、催化剂和网络机构,NVPC 的基本功能是促进和提升社会的奉献精神,无论这种奉献是时间、金钱还是实物,它都与非营利组织、企业和公共部门机构形成合作伙伴关系,并通过宣传和网络平台、公众教育计划、资助研究和出版物等方式,促进和加强社会奉献事业建设。不过,NVPC 的性质在 2008 年发生了变化,由国家机构转变为一个非政府组织,并被批准注册为慈善组织,获得了公益机构的资格。

NVPC 的董事会成员由私人、公共和人民领域的代表组成,具体的机构设置见附表1。

表 1 显示:NVPC 由企业发展部、慈善事业部、能力建设部、新加坡关怀部、市场推广与交流部组成。其中,新加坡关怀部主要针对那些愿意奉献时间做义工的人,而慈善事业部主要针对可能没有时间但愿意捐助金钱或实物的人,能力建设、企业发展、市场推广等部门则从整体层面保障了义工服务和慈善事业的发展。

表 1 新加坡国家义工和慈善中心组织结构

CEO				
企业发展部	慈善事业部	能力建设部	新加坡关怀部 (SG Care)	市场推广及交流部
人力资源	网络捐款平台 (SG Gives)	义工与慈善研究	垂直榜(Vertical Kampong)	媒体关系
财政	新的慈善举措	新举措津贴	义工主办机构(Volunteer Host Organisation)参与	社会营销
管理和执行	独立的慈善分析机构	全国志愿服务和慈善奖	骨干义工发展计划	国际关系
孵化枢纽		义工统筹试点	义工参与	扶持非营利组织
义工场所管理		能力建设	机构参与	事件支持
技术解决方案				企业社区投资

(三) 新加坡义工服务政策

基于慈善事业的泛化理解和公共福利发展的需要,新加坡积极推行义工组织慈善化发展政策,以税收减免、抵扣等优惠措施吸引更多的人加入、支持义工服务事业。但是,慈善化的结果却在一定程度上改变了义工组织的运行方式和运行规律,义工组织不再仅仅向社会奉献自己的时间、知识、经验和劳动,更愿意以各种方式募集善款、吸引捐赠,从而获得更大的社会利益和更高的社会公信力。在义工组织慈善化、慈善组织商业化的发展模式中,义工组织的行为模式相对其本质而言,可谓渐行渐远,偏离了义工服务事业发展的目标。2005年以来新加坡不断发生的慈善丑闻、滥用公款等问题,根本的原因就在于这种特殊的义工组织发展模式,这是义工组织的行为偏离宗旨、方式改变本质的必然结果。2011年7月,新加坡慈善总监办公室发布《慈善机构从事商业活动的指导》,对于慈善组织从事商业活动作出了原则性指导:一是慈善组织的主要宗旨是从事慈善事业,若非必要,不鼓励从事商业经营活动,即使从事经营活动,最好也是提供托儿所、医疗服务等关乎公共福祉的活动;二是如果从事其他经营活动,则需成立一个子公司进行运营,避免慈善组织直接参与商业经营活动,这是因为慈善组织从事商业活动,容易导致滥用公众信任牟利;三是慈善组织从事商业活动,不得使风险敞口过大,在确保商业活动不会导致慈善组织蒙受巨大损失风险的前提下,才可从事商业活动。[①]

新加坡推行义工组织慈善化发展政策,能够在一定程度上解决义工服务的资金需求,从而刺激和提升其义工服务能力。然而,义工组织不管以何种方式,其获得资金的目的均在于提供公益服务,离开了公益服务的目的,也就在根本上失去其存在的价值基础。在新加坡义工服务实践中,许多民众以"没有时间"作为不参加义工服务的理由,一些人也经常因工作和家庭负担过重而没有时间参加义工服

[①] 参见《新加坡慈善监管借鉴企业治理模式》,载《公益时报》2011年12月13日。

务活动,①以慈善捐赠替代义工服务,致使义工组织不能有效地获得时间、专业技能、知识和智慧等宝贵资源。针对义工服务慈善化发展存在的问题,新加坡政府积极调整其义工服务政策,其基本思路是分级指导、分级监管,核心内容是强化义工组织指导、完善义工服务激励机制和规范义工组织行为。

NCSS采取各种措施,强化义工组织指导。第一,以项目引导义工组织提供公共服务,以2005年为例,该组织作为推动义工服务事业的法定机构,在公共服务领域提供了包括电脑咨询、早期疗育服务、社区关爱、特殊学校、居家照顾等在内的服务项目134个,以直接资助的方式引导义工组织向公共服务领域投入义工服务。第二,制定义工组织内部管理指南、治理标准,指导义工组织规范运作。NCSS根据这些规范性文件,对义工组织进行"账目规划和审计,以确保财务报表没有实质性错误",为义工组织提供最佳的实践标准。② 第三,NCSS透过其资助成立的社区福利基金直接设立义工组织能力基金,指导义工组织能力建设。

新加坡对义工服务的奖励是系统的、多层次的,对有杰出贡献并有一定的组织才能、愿意在基层组织无报酬任职的义工授予基层领袖称号;新加坡人民协会设有社会服务奖,依据义工每年服务的时间和业绩,分别授予"公共服务奖状""公共服务勋章""公共服务星条勋章",每年国庆节由总统或总理颁奖;对那些为社会、为公益事业作出突出贡献,且服务时间在30年以上的人士,由总统授予最高荣誉太平绅士的称号。这是一种终身的荣誉称号,在社会上享有很高的地位和权利,在子女入学、就医等方面能够优先获得照顾。新加坡富有特色的奖励措施对促进其义工服务事业发展起到了关键作用。这种特殊的社会环境为新加坡积淀了深厚的慈善文化基础,慈善是一种道德的积累,但慈善不仅仅是发乎善良的行为,它也是一项令人

---

① 参见〔新加坡〕唐罗同:《新加坡慈善事业的发展:新加坡慈善团体公共责任的法律法规体系》,载民政部法制办公室编:《中国慈善立法国际研讨会论文集》,中国社会出版社2007年版,第287页。

② 同上书,第283页。

关注、受人监督的系统工程。

在强化义工组织指导、激励机制的同时,新加坡政府积极推进慈善事业改革,增进对慈善组织监管的有效性。改革的主要措施有四点:一是提高慈善委员会的地位,其隶属关系由新加坡国内税务局调整为社区发展和青少年体育部,同时授权教育部、卫生部等六个行业主管部门协助慈善委员会对慈善组织进行监管;二是强化监管职能,由被动调查转为积极审查,如2006年新加坡卫生部聘用专业审计对所属100家慈善机构进行审计并出具报告;三是制定针对包括义工组织在内的慈善组织和民间社团的财务报告准则,规范报告内容、形式;四是加强内部治理,政府要求慈善组织改善内部管理,加强董事会成员的管理作用,强调其尽职义务,注意避免利益冲突。① 2011年新加坡《慈善团体与公益机构监管准则》的颁布,标志着新加坡强化包括义工组织在内的慈善组织监管改革取得了阶段性成果,强化治理、分级指导的监管模式基本形成。

新加坡政府在《慈善团体与公益机构监管准则》(以下简称《准则》)中系统阐述了对慈善团体监管的宗旨:(1) 提高慈善团体效率:透过与有效的慈善团体分享监管和管理经验,提高一个慈善团体本身的效率;(2) 为董事部成员提供指导:目的在于帮助董事部成员执行他们身为受托人(受托为慈善团体利益采取行动的代表)的任务;(3) 加强公众对慈善团体的信心:制定良好监管标准,让慈善团体努力追求,以加强公众对慈善团体的信心。为了满足不同层次、不同规模、不同慈善事业的慈善组织的监管需要,《准则》实施分级指导、分级监管制度,根据慈善团体和公益机构的资格和规模,分成基本Ⅰ级、基本Ⅱ级、强化级与高级四种:(1) 基本Ⅰ级——每年总收入少于5万元的慈善团体②,这一级是2011年为规模较小的慈善团体而设的新级别;(2) 基本Ⅱ级——每年总收入介于5万至1000万

---

① 参见民政部政策法规司编:《中国慈善立法课题研究报告选编》,中国社会出版社2009年版,第43页。
② 慈善团体在过去两个财政年度里,每年总收入必须少于5万元。每年总收入包括所有收入、补助金、捐款、赞助和其他各种收入。

元之间的慈善团体和每年总收入少于 20 万元的公益机构;(3) 强化级——每年总收入 1000 万元或以上的大型慈善团体①和每年总收入介于 20 万至 1000 万元之间的公益机构;(4) 高级——每年总收入 1000 万元或以上的大型公益机构。

《准则》对公益机构和大型慈善团体规定了较多指导原则,这是因为公益机构是向公众募捐的组织,而这些捐款都享有双重扣税优惠,必须具备更高的监督与管理水平。同时,慈善委员会还根据监管准则,制定了监管评估清单,让各级慈善机构和公益团体进行自查。分级指导、抓大放小的目的是在管理好大型慈善组织的基础上,放松对小型慈善组织的规制,促进其发展。

二、新加坡义工组织法人制度

新加坡义工服务立法受英国法影响较大,作为曾经的英属殖民地,普通法在新加坡慈善法的历史中扮演着重要角色,英国法、殖民地方判例及相关殖民当局的有关立法成为其早期慈善事业的主要法律依据。新加坡 1965 年独立建国后即着手强化立法,积极创建自己的法律制度,制定法成为新加坡主要的法律形式。就义工组织而言,新加坡法总体上仍未摆脱英国法的影响,义工服务被纳入慈善法的调整范围,并分别以公司、社团和信托为义工组织的形式,与英国法可谓一脉相承。

(一) 新加坡义工组织立法

新加坡承继了英国法的传统,严格限制社团活动。1889 年,新加坡立法会针对秘密结社活动猖獗的问题,发布了《社团条例》,要求所有社会团体都必须到政府注册,否则即为非法,成员要受惩处。

---

① 大型慈善团体指的是在过去两个财政年度里,每年收入达到 1000 万元或以上的慈善团体。在新加坡大型慈善团体并不一定是公益机构,只有公益机构才能享受特定的优惠,故大型慈善组织和大型公益机构是两个既区别又联系的概念。

第六章 新加坡义工组织法人制度

1947年的《合作社法》授权政府对公开活动的社团进行管理,并要求社团必须领取执照才能进行公共活动。新加坡独立后并没有改变严格管制的态度,1966年,以修订1889年《社团条例》为契机,议会制定了《社团法》。作为新加坡最重要的社会组织管理专门立法,1966年《社团法》确立了社会组织严格管理的原则,它对新加坡社会组织及慈善事业的发展影响深远。该法严格控制和限制注册社团的目的和活动,禁止一切涉及非法或不利于新加坡公共安全、公共福利、公共秩序等目的的组织。社团注册部可以随时要求注册社团提供其认为必要的社团信息、资料、财务报表或书面报告,社团任何管理者都有提供这些信息的义务。

1967年新加坡《公司法》借鉴英国等普通法国家的经验,允许非营利组织以获担保的有限公司形式进行注册,同时严格管控注册公司的目的与活动。1967年新加坡《信托人法》对以信托形式设立的社会组织的投资方式予以限制,并规定所有信托人都必须对其财务收支进行完全、真实的记录。1982年制定了《慈善法》,仿效英国设立慈善委员会负责慈善及义工服务管理的做法。1992年《所得税法》赋予"所得税征收处"评估和征收所得税的权力,慈善组织必须满足相关条件才能获得免税资格。1994年的《慈善法》进一步加强了慈善委员会的管理和调查权,赋予其对慈善机构、义工组织直接干预和许可审批的权力。1997年的《资本利得税法》赋予慈善组织对资本利得的税收豁免。①

新加坡慈善立法在革新前存在立法滞后、管理不严以及法律相对不够完善的问题,不能适应现代社会组织的发展需要。尤其2005年发生的"国家肾脏基金会"②及相关组织丑闻,迫使新加坡政府不

---

① 参见民政部政策法规司编:《中国慈善立法课题研究报告选编》,中国社会出版社2009年版,第144页。

② 2004年4月19日,新加坡《海峡时报》发表了一篇社论《全国肾脏基金会:争议性地领先于时代吗?》(NKF:Controversially ahead of Its Time.),文章声称NKF执行主席的办公室内安装了面板式淋浴器、德国马桶和镀金水龙头,指责NKF对捐款管理不善。该文导致TT Durai先生以及全国肾脏基金会(NKF)以诽谤为由提起诉讼,引发新加坡全国性的慈善信任危机,最终导致NKF的CEO及董事会因这次丑闻而集体辞职。

得不对慈善组织管理上的失误向社会道歉,并许诺立即革新慈善制度,强化有助于慈善组织发展的管理措施。2006年3月,新加坡内政部发布报告认为政府对于慈善事业应尽可能少管,以实现社会自治;同时也强调有限的政府管理必须得到严格执行。根据这一基本精神,新加坡于2007年对《慈善法》进行修改,将分散的管理权限集中于慈善委员会,强调管理部门必须尽职履行对慈善机构的注册和管理义务,采取更加便利的注册、报告和资助流程,同时仍然要求慈善机构承担信息披露及报告、审计义务。

总体来说,新加坡的制定法采用的是相对统一集中的立法模式,《慈善法》作为慈善及义工服务基本法处于中心地位,其综合规定慈善组织和慈善活动的各种制度,包括慈善目的,慈善组织的定义,登记注册制度,慈善组织的权利义务、自治管理、法律责任和罚则等,并在《慈善法》基础上辅以《社团法》《公司法》《信托法》《所得税法》《大型慈善事业管理办法》《国家福利理事会法》等法律,由此建立了相对完善的慈善及义工服务立法框架(详见表2)。

表2 新加坡对慈善部门的立法框架

组织形式	慈善和公益定义	组织结构	资金运营	活动范围限制	募款管理	监督机构	税收优惠
慈善法	慈善法	公司法、社团法、信托法	慈善法、公司法、社团法、信托法	慈善法	慈善法	慈善法	税法

(二)新加坡义工组织注册

新加坡对社会组织实施强制登记制度,任何社会组织合法存在的前提是必须在社团注册局登记注册。新加坡《社团法》第14条规定:"未经登记的任何社团都被认定为非法社团,除非登记官认为该社团完全是在新加坡境外组织的,且从不在新加坡从事任何活动"。在新加坡,登记既是一种义务,也是一种权利。新加坡对义工组织提供了全方位、多层次的登记制度,选择怎样的法律形式是基于利益考虑所作的选择,不仅仅是简单的登记行为。新加坡设立义工组织在形式上可以是社团、信托,也可以是担保有限公司。选择不同的义工组织形式涉及不同的法律依据,新加坡《社团法》《公司法》和《信托法》均可以是设立义工组织的依据。《慈善法》规定:经过注册登记的义工组织可以根据《慈善法》规定向慈善委员会申请慈善资格;义工组织依法取得慈善资格后即成为慈善组织(Charity),可依法豁免缴纳企业所得税,也可以进一步申请取得公益机构(Institution of a Public Character,IPC)资格,以获得更多的税收优惠。

1. 义工组织依据《社团法》注册取得社团资格

《社团法》对社团的定义极为宽泛,除法律明确排除的营利性公司、有限责任合伙、互助性的协会、商会、合作社以及其他互益组织外,社团是指任何性质或者目的具有 10 个或 10 个以上成员的俱乐部、公司、合伙或者协会。① 社团是新加坡民间组织最基础性的一种组织形式。截至 2005 年 9 月 30 日,于社团注册局注册的社团总数为 6202 个,其中贸易与专业类 1080 个,占 17%;文化与社交类 898 个,占 14%;体育类 906 个,占 15%;宗教类 1235 个,占 20%,其他 2083 个,占 34%。

新加坡社团注册局负责所有社团的注册登记。社团注册局(Registry of Societies)为新加坡内务部(Ministry of Home Affairs)下属的一个法定机构,负责依照《社团法》对社团进行注册,其具体职责为执行社团法令和条令、防止不良团体成立为社团、注销不良的注册

---

① 新加坡的法规沿袭英国的法律。1967 年 1 月颁布的《社团法令与条令》(Societies Act & Regulations)对社团的定义是,任何一个有至少 10 名成员、未在新加坡任何成文律法下注册过,无论属于什么性质或以什么宗旨成立的团体,不包括公司与商行、职工联合会、合作社、互助会、学校或学校管理委员会。2006 年《社团法》第 2 条规定,"社团"包括任何性质或者目的、具有 10 个或者 10 个以上成员的俱乐部、公司、合伙或者协会,但是不包括:(一)根据在新加坡生效的与公司相关的成文法登记的公司;(二)根据成文法组成的公司或者协会;(二 A)根据 2005 年有限责任合伙法登记的有限责任合伙;(三)根据在新加坡生效的与商会有关的成文法登记或者被要求登记的商会;(四)根据成文法登记的合作社;(五)根据在新加坡生效的与互益组织相关的成文法登记的互益组织;(六)成员不超过 20 人,只是为了从事使公司、协会、合伙或者各自成员获益的合法经营而成立的公司、协会或者合伙。(六 A)根据《保险法》第二 A 部分制定的外国人承保计划,在新加坡开展保险业务的作为外国承保人的阶层、社团或者协会;(七)根据在新加坡生效的与学校有关的法律组成的学校或者学校管理委员会。

社团、支援执法机构。新加坡社团注册局采取的注册方式有两种:一种是非敏感性的团体,直接采取简易自动注册;另一种是《社团法》规定的涉及宗教、政治、人权等的特种团体,采取普通注册方式。

新加坡义工组织如选择社团的方式注册,只要不属于特种团体,登记申请仅需提交社团拟定的章程复印件并应登记官要求的格式就社团的目标、宗旨或者活动作出说明,登记官在申请人缴纳规定的费用后即直接登记为社团。从实践看,适用简易程序注册社团的申请99%最终会获得注册,[①]除非该社团属于可能被用做非法用途,危害公共安全,违背国家利益或所拟章程在管理和监督方面没有做好充分准备的才会被拒绝注册。义工组织若申请特种社团资格,必须按照普通程序申请注册登记。依据新加坡《社团法》规定,登记官应当对特种社团注册登记的申请进行审查,如果存在下列情况,登记官应当拒绝登记申请:(1)章程不足以提供适当的管理和控制。(2)可能被使用于非法目的或者被使用于有悖于新加坡的社会安宁、福利或者良好秩序的目的。(3)其登记违反国家利益。如存在下列情形,登记官可以拒绝登记申请:(1)申请的特种社团为被依法解散的社团的分支机构;(2)申请登记的特种社团对管理人或财产等问题存在争议;(3)申请登记的特种社团的名称容易导致公众发生错误认识或者与其他社团的名称相同或过于近似、容易产生误解。应当指出的是,新加坡《社团法》将社团区分为敏感性特种社团和普通社团并适用不同的程序,这种经验具有相当的参考价值。简便的登记程序极大地促进了包括义工组织在内的社团的发展。

社团型义工组织非常简单,只要符合法定人数的自然人为了追求共同的公益目标集合,订立书面的章程即可注册登记成立,不具有独立的法人资格,其财产依附于受托人的名义存在。新加坡《社团法》第35条规定:已登记社团可以根据社团法登记的名称起诉或者应诉,且法院在任何诉讼中针对社团作出的判决只能就社团的财产

---

① 参见马宏:《新加坡、香港、深圳民间组织发展比较研究》,http://www.chinanpo.gov.cn/web/showBulltetin.do.id=24785&dictionid=1835,2013年7月2日访问。

为强制执行,不得就社团的高级职员及其成员的人身和财产为强制执行,除非社团作为原告在诉讼中败诉且其高级职员负有责任。这种制度设计使得以社团形式登记的义工组织能够独立于其成员,并拥有一定的独立的财产权,[①]从而避免义工组织的团体托管人免于为社团财务和损失承担个人责任。

2. 义工组织依据《公司法》注册取得"担保有限公司"资格

新加坡的义工组织也可以根据《公司法》以"担保有限公司"形式注册。根据《公司法》,公司的种类可大致分为两种,私人公司和公共公司,私人公司是指股东人数不超过50人的在新加坡境内成立的公司或者在公报上刊登的被豁免的私人公司。公共公司分为两类,即股份有限公司和担保有限公司。担保有限公司是指以国家和公共利益为目的而设立的从事非营利活动的公司。[②] 担保有限公司是普通法系国家特有的一种公司形式,其组织结构、运行机制接近于普通的公司,但是,担保有限公司没有股权资本,只有捐赠人给予的象征性个人担保。义工组织依据《公司法》注册登记为担保有限公司,既可以获得独立的法人资格,也可依法享有有限责任的优惠,其信托人或理事对公司债务承担有限责任。新加坡的大型慈善机构一般都采用担保有限公司的组织形式。

义工组织申请登记为担保有限公司必须满足下述条件:(1) 部长确信拟组建的有限公司是为了提供娱乐服务或有助于推动商业、工业、艺术、科学、宗教、慈善事业、养老金和退休金计划以及其他有益社区的活动;(2) 公司以国家和公众利益为基础;(3) 具有实现其宗旨的财政实力;(4) 根据公司章程,要求公司将其利润或其他收入用于促进特定公益目标的实现并禁止将盈余分配给公司成员。在实

[①] 新加坡《社团法》第35条规定:"没有委托给受托人的社团动产,应当被视为委托给社团的治理机构,并且在所有民事和刑事程序中,应当被视为社团的治理机构的财产"。由此可见社团的财产一般应处于受托人名义之下,但已登记社团未将社团动产置于受托人的,在法律上推定为归社团的治理机构所有。

[②] 资料来源:http://www.acra.gov.sg/Company/Starting_a_Company/Types+of+Companies.htm,2013年7月2日访问。

践中,获得登记的包括义工组织在内的非营利组织一般会同时申请剔除名称中的"有限责任"一词,这样既区别于以营利为目的的公司,也更便于接受社会捐赠。但这一申请须获得财政部长的批准。①

义工组织依据《公司法》申请设立担保有限公司,必须首先通过新加坡公司与商业注册局的网站向其预申请公司名称,申请费为15元新元;公司名称预申请完成后依法提交申请资料,办理担保有限公司的注册登记,注册费用是600新元。除需要特别批准的外,公司在缴纳注册费后立即成立。以担保有限公司为组织形式的义工组织属于法人,在商业注册局进行注册,受其管理,接受其监督。

3. 义工组织依据《信托法》注册取得"信托"资格

新加坡作为曾经的英属殖民地,立法受英国影响很大。信托机构是传统的慈善组织形式。信托以信托契约为基础,信托组织只要发表声明,表明其托管人拥有慈善信托的财产,并明示慈善信托财产不会用于其他目的,就可以合法成立组织。但信托财产以原财产所有人放弃其财产所有权为条件,这种信托制度的特殊性决定了义工组织依据《信托法》设立时,必须要有律师介入提供法律服务,起草、管理信托文件,而且最初信托的财产的托管数量只是象征性的,信托财产可以托管人的追加或接受社会捐赠而有所增加。

义工组织依据《信托法》注册取得信托机构资格,仅仅取得基于信托从事志愿服务的资格,其组织形式为非法人组织。这种以信托形式存在的义工组织与慈善法人相比,最大的不同在于慈善法人是拥有独立主体资格的慈善组织,慈善信托的受托人可以是自然人,也可以是法人,受托人只拥有信托财产权,信托财产独立于受托人自有的财产,也独立于受托人管理的其他信托财产。慈善信托比起慈善法人要受较多约束,慈善信托受托人要受信托协议规定的用途和管理方式的约束。受托人对信托财产的管理以及会计账簿处于法院的严密监督之下,与信托目的存在利害关系的受益人或第三者,可以通

---

① 参见褚松燕:《中外非政府组织管理体制比较》,国家行政学院出版社2008年版,第88页。

过向受托人提起诉讼,获得信托财产的直接执行权,而慈善法人不会受到这些约束。①

新加坡义工组织设立必须依法注册登记,这种严格的强制制度的实行有利于政府对义工组织等非营利组织实施控制,新加坡为义工组织注册登记提供了全方位、多层次的组织形式供其自由选择,这种灵活的制度安排为人们从事志愿服务事业提供了便利。新加坡社会服务理事会对义工组织注册登记的条件、费用在网站上制作了一个总结性表格,展现了义工组织选择不同组织形式的成本与法律文件(见表3)。

表3 新加坡义工组织形式比较

	社团	担保有限公司	信托
注册	注册费在280到480新元之间	所有费用是615新元	需要律师提供法律服务
治理文件	章程	公司备忘录和条款	信托条款、信托声明、信托委托书
资产	以受托人的名义存在	以公司的名义	
最低人数要求	10个成员	一人	
日常开支		大项的日常开支可能需要审计和公司专员负责	

(三)新加坡义工组织结构

新加坡为义工组织在法律上提供了公司、社团和信托三种组织形式,并分别依据《公司法》《社团法》和《信托法》规定的条件和程序取得相应的资格。在这些组织形式中,社团、信托虽然在法律上具有相应的独立的法律地位,拥有从事章程和信托文件规定的业务活动的能力,如已登记社团可以自己登记的名称起诉或应诉、在任何诉讼中针对该社团作出的判决不得就该社团的高级职员及其成员的人

---

① 参见李芳:《慈善性公益法人研究》,法律出版社2008年版,第219页。

身和财产强制执行,但社团和信托均不具有法人地位。同时,从《社团法》的制度设计看,社团的基础关系也是一种信托关系,社团财产以信托方式归受托人所有,没有委托给受托人的社团动产,视为委托给社团治理的机构和社团治理结构的财产。社团董事为受托人,负责执行、管理社团的业务活动。从这一角度出发,新加坡社团和信托应当具有共同的作用机理,其地位应当是在法律上推定为法人地位,但在实践中,社团和信托均不是法人组织。

新加坡义工组织在实践中一般都选择公司为其组织形式,且凡具有慈善机构或公益机构资格的大型义工组织,均须采取担保有限公司的形式,只有规模小的义工组织才有可能以社团形式存在。新加坡法承袭了英国法上的公司观念,任何人不管是否基于营利的目的,均可设立公司,而且公司本身在某种意义上也是一种社团,故义工组织选择公司还是社团为其组织形式,并非基于目的因素的考量,而是基于法律,只是依据不同的法律完成组织的设立以及业务活动。

新加坡义工组织以担保有限公司为组织形式时,其设立和地位等适用《公司法》。依据新加坡《公司法》规定,凡拥有20名以上成员的经营组织,除法律另有规定外,都必须设立为公司。一般情况下,任何人只要提交相应的文件、缴纳规定的费用,都可以在新加坡通过登记设立公司。设立公司必须提交的最重要的文件是公司章程和组织规章。《公司法》规定公司章程必须载明公司名称、公司股本,并表明公司成员承担的是有限责任还是无限责任;公司组织规章是公司的规章制度,其中也有与公司治理有关的规定,如果公司章程和组织规章相冲突,则章程有优先效力。公司章程一经登记,登记官便签发设立通知,宣布公司成立。公司成立最直接的法律效力是公司作为一个法人组织,拥有法律承认的独立身份和此类实体的全部权利能力。公司可以自己的名义起诉或应诉,且可以永久存续直至公司解散。在公司解散时,其成员承担的是有限责任。

新加坡义工组织以公司为组织形式时,其组织结构一般由股东会、董事会和执行董事或高级执行官①组成。新加坡《公司法》关于公司治理,实行公司所有与经营分离原则,公司经营由公司董事负责或者根据公司董事的指令进行,除公司法和章程规定应由股东会行使的权力外,公司董事可以行使全部其他的公司管理权。因此,义工组织的权力机构是由其成员②构成的成员大会或股东会,尽管成员大会或股东会是公司的拥有者,但并不直接参与义工组织运营管理,仅以决议形式行使法律或章程规定的权力。除规模较小的公司外,大多数公司的成员并不参与公司管理,这些公司由董事会来经营和管理,而董事会的董事却并非公司成员。甚至,董事会管理也只是理论上的,因为董事会多数成员并非全职董事,而只是非执行董事。③公司的日常管理将由公司的高级执行官负责,董事会只是起到总体监管的作用,而不参与具体的管理工作。董事被视为受托人,对公司负有信托义务,新加坡《公司法》也规定公司董事在任何时候都应忠实、勤勉地履行其职责。公司管理者或代理人对基于其地位所获得的信息不得进行不正当的利用,以间接或直接的方式为自己或他人谋取利益,或者损害公司的利益。

(四)新加坡义工组织慈善地位

新加坡原则上对义工组织实行强制登记为慈善机构的制度,凡经注册登记的义工组织,只要其仅仅以慈善为目的且围绕章程或其他法律文件规定的特定慈善目的展开活动,必须在其成立后三个月内向慈善委员会申请注册成为慈善组织。④ 依据新加坡《慈善法》,除依据国会制定的特别法律设立的大学、教育机构、医院和宗教组织

---

① 从新加坡《公司法》规定看,高级执行官既可以是董事,也可能是公司聘用的高级管理人员,通常情况下,董事可以行使法律规定应由股东会行使的职权以外的其他所有的公司管理权。

② 新加坡《公司法》使用"成员"或"股东"的概念,"成员"对公司承担有限责任,公司具有独立于其成员之外的身份,在公司解散时,其成员对公司的责任是有限的,因此,新加坡《公司法》上的"成员"与"股东"应当具有相同的法律属性,并非一般意义上的社员大会。

③ 参阅新加坡《公司法》关于公司成立及其后果的相关规定。

④ 资料来源:https://www.charities.gov.sg/charity/index.do,2012 年 5 月 6 日访问。

以及内政部长宣布可以豁免登记的慈善机构外,符合条件的义工组织必须强制登记为慈善机构。

1. 注册机构——慈善委员会

各国对慈善组织的设计有不同的主管机关,新加坡仿效英国的立法模式,不分慈善法人的组织形式和慈善目的,由作为其管理机关的慈善委员会统一管理慈善团体。

新加坡慈善委员会是依据《慈善法》成立的具有一定政府职能的非部委机构,是专职管理新加坡慈善事业的跨部委的慈善工作协调机构。慈善委员会的使命是通过支持和提升慈善事业的管理,以增进公众对慈善组织的信任和信心,帮助慈善组织实现社会价值。慈善委员会包括慈善理事会(Charity Council)和慈善专员(The Commissioner of Charities)两个内设机构,慈善理事会由主席及理事等15名成员组成,其中10名成员既有来自会计、管理、法律等不同的专业领域的第三部门,也有直接从事义工和慈善事业的代表;其余5名成员则来自政府行政部门。慈善理事会主要负责对《慈善法》执行遇到的问题提出建议,也可提议修改《慈善法》以提高慈善部门的内控能力和管理水平。慈善理事会由慈善总监负责处理日常事务,慈善总监办公室(Charity Unit)设在政府的社会发展、青年及体育部(MCYS),其法定职责为:(1)决定一个机构是否是慈善机构;(2)鼓励并推进慈善机构的运作;(3)对慈善机构在经营管理中的明显不当行为或管理不善进行定义与评估;(4)对慈善机构运行中的不当行为提供救济和保护措施;(5)获取、评估、发布与委员会的功能和目的相关的信息;(6)向政府部门提供建议等。慈善总监在每一年度结束时应及时提交年度运营报告给社会发展、青年及体育部,由该部提交议会审议。

2. 注册条件——不一样的"双重许可制"

新加坡《慈善法》对慈善组织的定义为:任何一个机构,无论其是否为法人,只要基于慈善目的而建立,从事慈善事业,隶属新加坡高等法院管辖,则可成为慈善组织。慈善组织的法律定义主要是基于其慈善目的或成立宗旨,新加坡《慈善法》认可的慈善目的包括:

(1)扶贫济困;(2)推动教育事业发展;(3)推动宗教发展;(4)任何惠及社区的其他目的。凡以前各项具体目的是从事志愿服务和慈善事业的组织均可以注册为慈善组织。唯"任何惠及社区的其他目的"在《慈善法》中被进一步细化为:(1)保健事业的提升;(2)公民的进步和社区的发展;(3)推动艺术、文化遗产和科学的发展;(4)推动环境保护的发展;(5)救济那些因为年幼、年长、健康状况不佳、残疾、经济困难和其他原因引起的困苦;(6)推动动物福利的发展;(7)推动有助于提升身体健康的体育事业的发展。除必须具有慈善目的外,新加坡义工组织申请为慈善组织还必须具备:(1)机构必须要有至少三名董事会成员,董事会成员中必须要有两名以上新加坡公民或永久居民;(2)该机构的宗旨必须是有益于新加坡社会公共的。

义工组织注册为慈善机构首先必须要拥有一个慈善委员会名下的独立的会员账号,因此,义工组织在办理慈善登记前,应登录慈善委员会的网站检查其是否拥有会员账号,否则应申请取得会员账号。义工组织取得会员账号后应在慈善委员会网站上提交下列文件:(1)有董事会成员签章的章程。章程必须包含慈善机构设立的目的、管理人员设置、利益冲突处理条款、会员的法定人数、不动产的托管、章程的修改、解散等内容;(2)经过认证的过去三年的财务记录(如果适用的话);(3)今后两年的活动和基金支出计划。慈善委员会对申请文件审核或是根据申请机构的主要活动由相应部门进行辅助审核,如主要活动是教育的由教育部辅助审核,有关社区的由人民协会审核。慈善委员会在审核慈善地位申请时会考虑以下因素:(1)该机构是否和被移除的或拒绝登记的慈善机构有关;(2)董事会成员是否有能力进行管理;(3)是否有足够的政策和计划来保证适当的管理;(4)机构准备的活动能否扩展该机构的慈善目的。凡符合慈善组织设立条件的,依法注册登记为慈善机构,不需要任何费用。依据《慈善法》规定,新加坡慈善委员会审核注册的慈善组织截至2010年12月31日共计2028家,具体类型见附表4。2009年慈善团体上报的财务数据显示,新加坡慈善部门的总收入已达到94亿新元,有 104 个大型慈善机构的年收入在 1000 万以上,这些组织主要是教育机构、卫生机构、志愿性福利机构和宗教机构。收入在 25 万以下的小型慈善机构数量虽然占到总数的 42%,但其收入的贡献还不到 1%。

根据新加坡《慈善法》,义工组织注册为慈善组织,还可以申请登记为公益机构(IPC),以获得捐款可免税的抵扣资格。在新加坡,只有 IPC 的捐赠者才能依法享有个人所得税的抵扣优惠,而不是所有的慈善或义工组织。因此,新加坡对 IPC 的审批比一般的慈善机构更为严格。新加坡法律要求 IPC 的活动必须对整体新加坡社会有益,而不应局限在部门利益或者基于种族、教义、信仰和宗教等团体的利益。IPC 必须由独立的董事会领导,董事会成员至少有一半是新加坡公民。而且,IPC 资格的获得具有固定的期限,通常为五年。慈善组织需要在到期前三个月重新申请审核,经重新审核合格始得延续 IPC 资格。[①]

表4　新加坡注册慈善机构分类统计表

慈善目的	截至 2010 年 12 月 31 日的登记数目	百分比
宗教和其他	1,241	61.2%
社会服务	344	17.0%
保健	127	6.3%
教育	99	4.9%
文化遗产	104	5.1%
社区	84	4.1%
体育	29	1.4%
总数	2,028	100%

应当特别强调的是新加坡慈善委员会对慈善机构的审核享有实质审查权,通过综合、系统地考察申请机构的慈善目的、章程或法律

---

① 资料来源:http://www.ncss.gov.sg/VWOcorner/ipc.asp,2012 年 5 月 6 日访问。

文件来决定是否允许其注册为慈善机构,因此,新加坡慈善委员会有决定一个义工组织能否设立的自由裁量权,而非只进行形式审查。这种先取得社团、担保有限公司或信托的基础地位,再申请慈善地位的设立方式仍属于"许可设立"的范畴。所谓"许可设立",指法人设立时除了应符合法律规定的条件外,还要经过主管行政机关的批准,主管机关依照规定进行实质审查,并作出批准或不批准的决定。不过,新加坡对义工组织的慈善机构申请实施双重许可制,即慈善机构的成立不但要得到政府主管机关许可,还要经专门的登记机构审批和登记。[①] 这种双重许可制并没有制约其慈善及志愿服务事业的发展,这是因为新加坡对义工组织的基础形态规定多样,其最基础的社团形式,登记简便,门槛很低,一经登记便可以展开活动。而慈善地位的登记则由慈善委员会统一管理,既避免了相互推诿,又提高了注册效率。相较于我国义工组织设立必须先征得业务主管机关同意、再由民政部门审查登记取得社会团体法人的规定,最大的差异在于业务主管机关审查同意缺乏内驱力,由此形成的"高门槛"成为制约中国义工服务与慈善事业发展的主要瓶颈。[②]

3. 慈善地位的优惠

义工组织注册登记为慈善机构,其从事公益性社会服务的地位即获得慈善委员会的权威性确认和法律保障。慈善机构在接受慈善委员会监督的同时,也享有要求慈善委员会提供咨询与帮助的权利。不过,义工组织注册登记为慈善机构的最大利益并不是多了一个"婆婆"的庇护,而是能够依法取得各种各样的税收优惠,不仅可以免交多种直接税,还可以从数量可观的间接税中解脱出来。新加坡义工组织热衷于法律登记,最大的诱惑力无疑是慈善机构登记直接获得财政税收的优惠政策,因为依据新加坡《慈善法》,慈善委员会有权要求国内税务局承认并且优待所有注册为慈善机构的组织。需

[①] 参见李芳:《慈善性公益法人研究》,法律出版社2008年版,第120页。
[②] 参见民政部政策法规司编:《中国慈善立法课题研究报告选编》,中国社会出版社2009年版,第28页。

要指出的是，2008年前的新加坡，并非所有注册的慈善机构都享有免税资格，享有所得税的免税资格的前提是慈善机构连续两年用于慈善项目的花费达到年度收益的80%以上；2008年开始，所有注册的慈善机构自2008年起不用遵循80%的规则就可以自动获得所得税免税。对于完全用于慈善目的的财产，可以根据申请和审计免予征收全部或部分的财产税。而对于IPC而言，其能够获得的利益不仅仅局限于税收的直接减免，捐助人向IPC捐款免税的政策为其争取到更多的捐赠利益。

义工组织登记取得慈善地位还意味着能够获得更好的信誉保证。拥有慈善地位的义工组织受到相关法律和管理条例的规范，所有权和管理界限分明。一个慈善团体在法院应诉时，慈善委员会对其慈善地位的认定是决定性的。慈善委员会在网站上公布的义工组织信息不仅增强了公信力，而且在公众寻求慈善帮助和需要义工活动时也明显处于优势地位。

三、新加坡义工组织治理机制

新加坡义工组织的内部治理机制以权力制约和决策监督为核心，以保障组织决策合理、行动高效、运作规范。义工组织无论形式上是公司还是社团、信托，均必须建立完善的治理机制，接受来自政府和社会的监督。

（一）新加坡义工组织内部治理机制

慈善型义工组织与营利性公司的治理机制的内驱力存在根本性差异：公司治理依靠物质利益驱动，而慈善组织依靠的是精神利益的驱动；公司的财产最终归属于股东，对经济利益的追求激励股东、董事和经理关注公司的发展并通过各种机制相互约束，而慈善型义工组织财产的最终归属是不特定的公众，不进行盈余和剩余利润的分配，也缺乏类似于股东的受经济利益驱动的监督群体，即使是"带薪"的管理人员,其薪酬也受到"合理"标准的限制。① 这些都对义工组织、慈善组织的内部治理提出了挑战。

这种差异决定了对慈善型义工组织的监管应当更加关注其内部权力的制约和决策的监督。无论是社团、担保有限公司还是信托,都应当坚持权力制约的机制。由于社团是最基础的组织形式,且门槛最低,因此其相对应的组织内部治理的要求也较低。新加坡《社团法》仅要求社团章程必须记载社团设立的目的、宗旨、资金用途,社团成员资格以及充任高级职员的条件及选举办法、社团治理的规则及其修改方法和途径。担保有限公司因依照新加坡《公司法》注册登记,且依据《慈善法》取得慈善机构的地位,就其法人地位而言,应当属于慈善法人的性质,这种义工组织慈善法人化在制度渊源上应当属于英国法的沿袭。新加坡义工组织依照《公司法》登记注册,故其内部治理结构适用新加坡《公司法》。

一般来说,公司的董事履行其职责时负谨慎勤勉义务,由此类推,在解释上以公司为组织形式的义工组织董事也应当对义工组织负有谨慎勤勉义务。正是基于这种认识,新加坡对公司型的义工组织的内部治理机制安排完全借鉴公司治理的经验。是故,新加坡《慈善团体与公益机构监管准则》规定董事会或理事会或管理委员会为以公司为组织形式的义工组织的内部监督机构,执行董事或总裁发展义工组织的业务开展,②对义工组织具有行政控制权。

1. 董事会的组成与职责

董事会是以公司为组织形式的义工组织的监管机构,执行董事和职员主要负责慈善组织的日常运营。董事会的成员可能同时兼任受托人。慈善组织的章程要求,一个慈善组织至少要有三名董事部成员,董事会成员可以包括董事、管理委员会成员、执行董事和受托人等。按照 SSTI(Social Service Training Institution)的董事会工作职

---

① 参见李芳:《慈善性公益法人研究》,法律出版社 2008 年版,第 147 页。
② See COC: Code of Governance for Charities and Institutions of a Public Character, Singapore: The Commissioner of Charities.

责样本,董事会成员主要设置主席(会长)、副主席(副会长)、名誉秘书、名誉财务等职位。

董事会主席主要职责包括:(1)确保董事会在监管与支援组织时的行动效率,同时监督整个董事会的事务,作为董事会的代言人,而不是职员的行政管理者;(2)通过与执行主管的伙伴关系来完成组织的使命;(3)领导董事会提早达到组织所设定的目标;(4)鼓励董事会在策略规划上所扮演的角色;(5)代表组织与媒体及社群沟通;(6)与执行主管协商议程,达成一致之后,负责主持董事会议;(7)与董事会成员协商之后,向董事会建议,成立工作委员会及委任工委会主席;(8)为委员会物色自愿工作的人士及协调委员会成员的指派,确保每个委员会皆有主席人选,通过与委员会主席保持联系,确保工作进展顺利,确认各个委员会的一些重要建议,向董事会报告,决定执行委员会开会的必要性,并召集会议;(9)邀请前任执行委员会的委员在必要时参加现任执行委员会的会议;(10)通过各种途径去物色执行主管人选,成立遴选委员会,召开董事会议对执行主管进行评估、讨论薪酬或津贴配套等,并将董事会的决定传达给执行主管;(11)与执行主管检讨任何值得董事会关注的议题,并讨论组织所面对的问题;(12)对执行主管的表现作正式的评估,为董事会成员的效率作非正式的评估;(13)确保董事会事务妥当处理,包括会议之前的资料准备、工作委员会的正常运作、董事会新成员的招募与初期的适应安排等;(14)监控财务策划和财务报表;(15)主导整个筹款活动;(16)为组织达成使命的努力程度作一个常年的评估;(17)完成由董事会所委托的其他职务。副主席的主要职责是辅助主席开展工作。

名誉秘书主要负责:(1)确保有关董事会事务的记录完整保存,并有效管理组织内部重要文件的保存系统;(2)掌管董事会的所有会议记录;(3)确保董事会的会议记录按时完成并分发至所有董事会成员;(4)熟悉相关的法律文件、选举程序、组织章程等,在召开董事会议时作适当的提醒。

名誉财务负责:(1)协调处理董事会对财政事务所进行的检讨,

以及针对董事会在履行财务上的职责所需采取的行动;(2)有时必须直接与簿记人员或相关职员一起拟定及实施财务的程序与系统;(3)为董事会提供相关的财政报告,定期向董事会报告有关重要的财政事务、趋势、其他值得关注的事项以及财务状况的评估报告;(4)向董事会建议何时需要进行财务审计,协调与安排年度审计,召集财政委员会、审计委员会与审计师会面;(5)通过财政委员会的运行,确保组织里有一套完整健全的理财系统来处理现金与投资项目,使其达到最大化。

新加坡义工组织董事会作为组织的监管机构,每一个成员具有明确的职责分工,他们分工协作、相互配合,确保组织的健康运行。董事会除了负责遵循慈善团体的监管文件和所有相关法律和条例外,还应该确保慈善团体本身管理得当,对自己的事务负责,以便继续有效运作、受人信赖。董事会成员清楚各自职责、工作的性质、内容,以确保慈善团体管理得当,能够实现目标。董事会所有成员均应以慈善团体的最佳利益为重,作出独立的判断。当董事会成员直接涉及运作角色时,董事会应该考虑并设法解决双重角色风险的问题。

董事会是新加坡慈善组织最重要的机构,直接关系到组织能否合理、合法运作,健康发展。因此,新加坡在实践中实施分级指导制度,慈善组织级别不同,对董事会的要求也有所不同。例如,对于基本Ⅱ级的慈善组织,其对董事会就有特别的要求。新加坡慈善理事会在《慈善团体和公益机构监管准则》中规定:为确保决策过程中的客观性,董事会最好是完全独立的,并且不包括慈善团体的职员。此外,慈善团体职员只有在慈善团体的监管文件清楚允准的情况下才能成为董事部成员,且不得超过董事会成员人数的1/3,不得担任董事部主席。董事会成员直接参与决定或运作事务的慈善团体,应该明确划分董事会成员的角色、职务。对于基本Ⅱ级的慈善组织,《慈善团体和公益机构监管准则》还指出:董事会应该组建专业委员会,分别审查组织的计划与服务,并展开监督。负责财政(或同等职位,如财政委员会主席)的董事会成员至多只能连任四年。财政(或同等职位)卸任后至少间隔一年才能重新受委为财政。董事会也可以规定所有董事会成员的任期,以确保董事会不断更新。从整体上看,分级指导制度对级别越高的慈善组织,对其董事会成员的要求也就越高。

2. 利益冲突的处理

新加坡义工组织的董事会并非纯粹的监管机构,它既承担了一定的管理职能,又负有监管的义务,这种角色重叠现象难免会造成董事会成员利用受信人的地位获取个人利益的可能性增大。尤其新加坡实施的义工组织慈善化、慈善组织商业化的运作模式,利益冲突已经成为困扰新加坡义工组织发展的最大课题。2005年全国肾脏基金会奢靡丑闻以来发生的各种滥用公款、利益输送问题,归根到底就是角色错位引发的利益冲突问题。而新加坡强化义工组织监管的改革的核心也是要解决"利益冲突"。从改革结果看,新加坡慈善理事会2011年修订实施的《慈善团体和公益机构监管准则》建立了处理利益冲突的一般原则,涉及:(1)董事会成员和职员应该以慈善团体的最佳利益为根本行为原则,组织的任何决定、决策以及管理措施均应优先考虑慈善团体的最佳利益。(2)建立公开、透明、合理的管理制度原则,董事会应该清楚制定关于呈报、避免和处理利益冲突的政策和程序,及时公开决策的程序和结果。(3)建立回避制度,有实际或潜在利益冲突的董事会成员或职员应该在第一时间向董事会呈报可能存在的利益冲突,不得参与可能存在利益冲突问题的决策;不管何种级别的慈善组织,董事会成员或职员都不应该参与决定自己的薪酬。

依据《慈善团体和公益机构监管准则》,对于基本Ⅱ级及以上的慈善组织确立了更为严格的标准和程序,慈善团体应该建立书面程序,要求董事会成员和职员尽早向董事会呈报实际或潜在的利益冲突。对下列情形,慈善团体应该具备处理利益冲突的特别程序:(1)当董事会成员在慈善团体可能进行的商业交易或所签署的合同中有任何利益时;或(2)当董事会成员在和慈善团体有业务来往或考虑与之进行联营的机构中有任何利益时;(3)当董事会成员因身为慈善团体的供应商、服务使用者、受益人或职员而有任何利益时。

董事会对涉及利益冲突的事项进行表决时,与表决事项存在明确的或潜在的利益冲突的董事会成员不得参与讨论,也不得参与该事项的投票表决。具有利益冲突的董事会成员应当主动提议退出会议,由其他董事会成员讨论、决定是否需要,以决定可能涉及利益冲突的董事是否回避;董事会决定相关交易或合同的最终原因应该记录于会议记录,在聘用与现任董事会成员或职员有关系的职员时,应该经过组织的征聘、表现评估和薪酬、岗位等人力资源程序。董事会成员或职员应该呈报这类关系并避免在相关事项的处理过程中影响决定。

(二) 新加坡义工组织政府监管机制

在义工组织慈善化、慈善组织商业化的新加坡,调适利益冲突和遏制慈善腐败已经成为其规范志愿服务以及慈善事业正常发展的最根本原则,也是新加坡政府面临的最棘手的问题。这是因为义工组织慈善化、慈善组织商业化的过程形成了组织目标与组织行为的根本性冲突。新加坡政府推动义工组织慈善化、慈善组织商业化的初衷是要解决志愿服务和慈善事业的可持续发展问题,解决其发展过程中始终困扰的资金困难。义工组织慈善化使合法设立的义工组织能够获得更多财税的扶持政策,享受政府税收减免、抵扣的制度优惠,刺激民间捐赠、捐助;慈善组织商业化旨在推动义工组织、慈善组织更好地运作、筹集更多的发展资金。但是,非营利的义工组织或慈善组织却从事着营利性的商业活动,这种行为与目标的背离始终是这类组织不可调和、难以平衡的矛盾。在这种模式没有彻底扭转的情况下,义工组织慈善化、慈善组织商业化背景下的调适利益冲突与遏制慈善腐败最根本的出路只能是强化以政府监管为中心的外部监管,并且这种外部监管应是多管齐下、分工协作的复杂监管系统。从实践看,新加坡对慈善组织的外部监督部门由依据不同的法律(详见附表4)形成的慈善委员会、商业、卫生、税收以及最高法院构成,同时鼓励社会力量参与对义工组织、慈善组织的监督(见表5)。

表5 新加坡对慈善组织的监管机构

组织实体登记	慈善资格认定	运营监督	募款管理	税务
组织形式相关部门,如公司与商业注册局	慈善委员会	慈善委员会、组织形式相关部门,如公司与商业注册局	慈善委员会	税务部

新加坡政府对义工组织、慈善组织的监管包括四个层次的监督与管理:

1. 行为管理

对行为的管理是普遍的法令,适用于所有的自然人和法人,不论他们是代表慈善机构还是非慈善的义工组织。受管理的行为包含游行示威、非法结社、资助政治活动、诽谤以及犯罪行为。对于义工组织、慈善组织而言,凡与志愿服务、慈善事业密切关联的行为包括筹款、交易、竞选及其他政治行为均受到政府严格的监管。

根据新加坡《社团法》规定,任何滥用已登记社团的金钱或者财产的行为都是违法行为,法院根据已登记社团的成员或者登记官的控诉,认为该社团的某一高级职员或者成员,未按照该社团的章程规定占有或者控制该社团的财产,或者非法侵占该社团的财产,或者故意把财产用于不同于该社团章程所表述或者指定的目的的,根据《社团法》的授权,法院认为出于正义的目的,应当命令该社团的高级职员或其成员将社团的财产转交给社团的受托人或者法院指定的其他人,并且偿还那些被非法侵占或者不当使用的财产。接受法院命令的任何人如果未能在命令确定的时间内遵守条款和指示,应当被认定为有罪,处5000元以下的罚金。有意误导或者欺诈他人向第三人提供已登记社团的章程之外的其他任何章程、规定或者其他文件的复印件,冒称这些文件是该社团的现有章程或者假装该社团没有其他章程,或者有意误导或者欺诈他人向第三人提供任何章程并冒称这些章程是某一已登记社团的章程,而事实上该社团未经登记的,应当被认定为有罪,处5000元以下的罚金或者六个月以下的监禁,或者两罚并处。新加坡严禁义工组织、慈善组织与非法社团三合会联系,任何已登记社团只要采用三合会仪式,一律应认定为非法组织。①

2. 依照义工组织的法律形式进行监管

新加坡义工组织因其设立依据不同,政府监管的依据也不相同,义工组织设立依据的法律分别为新加坡《公司法》《社团法》和《信托法》,并分别适用于以担保有限公司、社团、信托为组织形式的义工组织。

新加坡政府管理义工组织或慈善组织的一条重要法则是借鉴公司治理的经验,确认义工组织或慈善组织实施董事会监管责任、要求董事及高级职员应当忠实于义工组织或慈善组织的利益;董事作为受托人,对义工组织或慈善组织负有信托义务;董事履行其职责的行为应当使义工组织或慈善组织的利益最大化等,凡义工组织或慈善组织的董事及高级职员的法律义务,均可以作为主管机关追究其责任的依据。2011年修订实施的《慈善团体和公益机构监管准则》更进一步确认或细化了义工组织或慈善组织的上述义务,并授权慈善委员会对这些组织的董事、高级职员的行为实施监管。

新加坡《社团法》授权社团注册局执行社团法令和条令、防止不良团体成立为社团、注销不良的注册社团、支援执法机构的法定职责,通过年度报告监督注册社团等。同时,《社团法》规定其社区发展和青少年体育部为社团的主管机关,并授权部长在下列情形下可以命令方式解散社团:(1) 任何已登记社团被用于不合法的目的或者有悖于新加坡的社会安宁或者良好秩序的目的;(2) 该社团的登记是通过欺诈或者虚假陈述而获得的;(3) 任何已登记社团被用于与社会的目标和规则相矛盾的目的;(4) 任何已登记社团的章程不足以提供适当的管理和控制,而且该社团没有合理原因在三个月内未能根据登记官签发的要求其修改章程的命令而修改章程的;(5) 已登记的政治社团,章程中没有限制只有新加坡居民才可以取得成员资格的,而且该社团没有合理原因在三个月内未能根据登记

---

① 详细内容参见新加坡《社团法》第19、20、31条。

官要求修改章程的命令而修改其章程的;(6)已登记的政治社团,加入了被登记官认为违背新加坡国家利益的国外其他组织或者与其有联系的,并在三个月内未能让登记官确信其已经按照登记官的要求采取了适当措施终止了这种联系的;(7)已登记社团故意违反社团法规定,或者违反社团章程的。

3. 依照义工组织或慈善组织的合法地位监管

义工组织取得社团资格后如需获得慈善组织地位,必须在慈善委员会注册为慈善机构。取得慈善机构地位的义工组织必须服从慈善委员会的监管。一个慈善团体必须致力于从事遵循其基本宗旨的活动,即对履行章程所列的一个或多个宗旨有直接贡献的活动。而政府要时刻核实慈善组织是否遵守自己创立的使命,做对社会有益的事。例如新加坡《慈善法》在第四章专章规定了慈善机构的财务会计、报告、收益规定,要求慈善机构遵循会计记录的义务,会计记录应包括每天的收入和支出及相关记录、资产和负债表等,并且五年内的记录都要求被保存。《慈善法》同时详细规定了年度财务报告的具体细节和审计等情况,慈善机构资金募集行为直接受慈善委员会监管。

慈善委员会也通过指引的方式规范慈善组织行为,特别是商业化经营行为。新加坡慈善总监办公室2011年7月发布《慈善机构从事商业活动的指导》,对于慈善机构从事商业活动作出了原则性指导:一是慈善机构的主要宗旨是从事慈善事业,若非必要,不鼓励从事商业经营活动,即使从事经营活动,最好也是提供托儿所、医疗服务等关乎公共福祉的活动;二是如果从事其他经营活动,则需成立子公司进行独立运营,避免慈善机构直接参与商业经营活动,防止慈善机构滥用公众信任牟利;三是商业经营不得加剧慈善组织风险。

4. 税务监管

义工组织在取得慈善地位后自动享有豁免所得税的权利,如申请取得公益机构地位,还依法获得双重扣税的资格,这种制度执行的结果涉及国家税收优惠政策的执行效果和防止国家税收流失,因此,新加坡税法授权税务部门介入义工组织、慈善组织的监管。例如

"新加坡提供给个人捐助者相当于应付税款两倍的免税额,即新加坡的个人捐助者可获得40%的免税率,而其可得税率仅20%"①。慈善组织出具的免税凭证,必须经过税务机关审核,因为税务机关具有专门的对经济类活动的审核能力,税务机关的监督往往要比登记机关的监督更为专业和有效。

(三)新加坡义工组织社会监管机制

除政府监管外,新加坡义工组织或慈善组织的外部监管还包括社会监管。事实上,关于如何建立有效的慈善组织监管问题,国际非营利法律中心的研究表明:在国际上90%的慈善组织的违法行为或者更严重的犯罪问题,都不是由政府的监管机构所发现的,而主要是通过内部举报(包括董事会治理和员工内部举报)、媒体报道、竞争对手揭发这三种渠道揭发出来的。② 这一结论也同样为新加坡的实践所证明。NKF事件的揭发和处理在一定程度揭示了新加坡媒体和社会大众监督的力量。NKF事件的导火线是《海峡时报》高级记者写了一篇文章,批评NKF理事长杜莱在办公室装修私人浴室,使用镀金水龙头。杜莱作风强悍,立即向法庭提起诉讼,告报业诽谤。新加坡人素以对政治的冷漠著称,但是NKF事件却激怒了普通的新加坡人,最终迫使政府介入调查。因此,NKF事件的揭露有赖于新闻自由,有赖于社会舆论。可以说,新加坡的社会力量推动了新加坡慈善事业监管改革。

与政府监管相比,社会监督是一种非强制性的监督,它不是依靠处罚而是依靠舆论和"市场"机制,相比行政监督的高昂成本,社会监督是一种更为经济而有效的方式。新加坡也通过制度完善确立了社会监管的地位。在新加坡,任何人在支付了规定费用之后,都可以查阅非政府组织登记官掌握的任何已登记社团的文件,并且可以获得这

---

① 〔加〕布莱克·布罗利:《中国慈善立法的观念革新》,载民政部法制办公室编:《中国慈善立法国际研讨会论文集》,中国社会出版社2007年版,第76页。
② 参见民政部政策法规司编:《中国慈善立法课题研究报告选编》,中国社会出版社2009年版,第44页。

些文件的复印件或者摘要。这些文件的复印件或者摘要,经登记官或者助理登记官的签名和盖章被证明为真实的,在任何法律程序中都将被接受成为证据。监管机构也鼓励慈善机构通过网站等途径向公众公开其主要财务数据,以便公众更好地对其公信力作出评估。

四、新加坡政府的角色定位

新加坡政府实施严格的社会控制和社会管理,对各种民间组织采取疏、堵结合的办法,一方面对各种性质的民间组织,不管其具有何种目的,只要不危害国家利益、不破坏社会善良秩序,本着结社自由的原则,都可以根据《社团法》申请注册登记,取得合法社团资格;另一方面任何未经注册登记的民间组织,不管从事何种性质的社会活动,一律认定为非法社团,坚决依法予以取缔。因此,新加坡人对民间组织的性质极容易区分,凡经注册登记的民间组织,即为合法社团;凡未经注册登记的民间组织,即为非法社团。新加坡在法律上规定,任何煽动、劝诱或者邀请他人成为非法社团成员的人或者协助管理非法社团的人,以及为非法社团的目的从他人那里获得或者试图获得捐款或者资助的任何人,均被认定为有罪。甚至任何打印、出版、分发、出售或者邮送,或者未经合法授权或无合法理由,持有招贴广告、报纸、书籍、传单、画像或者其他任何形式的由非法社团发行或者明显是非法社团发行、代表非法社团的利益或者有利于非法社团利益的文件或者书面材料的,也被认定为有罪。①

新加坡政府在社会管理中倡导全民就业、全民参与的理念,强调就业胜于救济,强调在全民参与中优化社会管理,明晰政府和社会组织各自的职权范围,明确政府在社会管理中的引领和指导角色,庞大

---

① 关于未经注册登记的非法社团坚决取缔的规定,参阅新加坡《社团法》第16、17、18条。即使已经注册登记的社团,如果从事不合法的目的或者有悖于新加坡的社会安宁、福利或者良好秩序目的的,《社团法》授权主管部长以命令方式强行解散社团;此外,根据《社团法》第24条,已经注册登记的社团是以欺诈或者虚假陈述获得注册或者社团被用于与社会的目标和规则相矛盾目的的,主管部长也有权命令解散。

的社会组织是政府实现科学管理强有力的支撑。新加坡政府积极培育民间社会组织,支持和鼓励这些组织独立自主地参与社会事务管理,实现政府社会管理部门与社会管理组织的关系互动和职能互补,重点培育人民协会和志愿者服务与慈善中心。人民协会是政府与人民实现沟通的法定机关,负责经常开展对话活动,解释政府政策,听取居民对政策的意见,把政府的社会管理职能延伸到极细微的社会角落。义工服务与慈善中心除小部分公务人员外,工作人员均为义工,建立了义工关爱和奖励激励机制、民众参与机制。

(一)角色发展——政治文化和国家意识的变迁

义工组织是一支重要的公民社会力量,而政治文化和国家意识的变迁是新加坡公民社会及其组织兴起所必需的结构性因素。[①] 新加坡是一个具有强烈的威权传统的国家,政府主导社会发展、经济进步、政治形式等一切有关国家的事情。公民社会在传统的新加坡没有生存和发展的空间,但是随着国内外政治环境的不断变化,国际政治民主化进程的加快,新加坡公民社会实现了成长和成熟,在客观上推动了新加坡政治民主化进程。

新加坡公民社会经历了从无到有的快速成长过程。殖民时期的新加坡,远未形成一个真正具有主体性的社会。以宗乡会馆为主要组织网络的华人社会是最早的民间组织形式。李光耀执政时期在国家合作主义模式下社团组织大量涌现,对其经济社会发展发挥了一定的作用,但他不主张民主理念,认为新加坡的国情民情不适合搞民主,其社会领域依旧缺乏独立性和自主性。相较于李光耀,吴作栋的执政思想相对开明,他在继承李光耀民本理念的基础上,积极实践西方民主,将民主理念深入新加坡的政治和社会生活领域。他在"21世纪远景计划"中提出政府在社区和公民事务中完全主导的模式需要变迁,公民在建构未来新加坡的工程中应变为积极的参与者,而且

[①] 参见高奇琦、李路曲:《新加坡公民社会组织的兴起与治理中的合作网络》,载《东南亚研究》2004年第5期。

公民的参与关键是公民行动,而不仅仅满足于表达意愿和建议解决方案。① 李显龙的执政更进一步实践了新加坡政治民主化,人民参与政治的机会更多,社会民主程度更高。

国家意识的变迁彰显着强势国家或政府的角色正逐渐向社会退让,这标志着新加坡公民社会组织焕发活力的社会时代来临。以义工组织为代表的志愿性公民组织预测着新加坡公民社会运动发展的方向。义工组织服务的内容广泛多样,从一般性社会服务,如设立热线电话为他人提供社会资讯,参与社区公共教育服务和教习各种课程,到向特殊群体提供人文关怀,如为视觉障碍者读报,为鳏寡老人表演节目,给艾滋病患者提供心理辅导等。义工组织往往以地域、兴趣、年龄、职业等特征把人们组织起来,比如"乐龄计划"、"圣约翰救伤队"、"新加坡宠物俱乐部"等。义工组织有利于将公民的人道主义利他行为长期化、制度化和组织化,便于社会高效利用公民的志愿贡献,增加社会资本,真正实现公民自我服务。公民社会参与和志愿服务的兴起,为传统组织的发展提供了丰富的社会资源和强劲的变迁动力,新加坡政府的角色定位正是在这种社会变迁过程中实现了转换。

(二) 角色定位——从政府主导到政府引导

新加坡政府在推行现代化过程中培育起强大的公共权威,强政府模式极大地推动社会经济的发展和民众生活质量的提高,但政府的强势主导也成为政府与公民社会相互沟通与平等合作的最大障碍。政府习惯于将公民社会行动排除在重要的行政决策之外,使得公民社会极其孱弱的力量无法获得应有的尊重。既存的社会组织或被纳入政府的管理机器,或受政府供养,缺乏独立意识。新生的社会组织自主性较强,与公民紧密联结,但缺乏与政府合作的经验和足够的活动资源,这种强政府模式仍然对其产生决定性影响。"政府主导模式以新加坡为典型"在一定程度上就是强政府模式必然的结果,政府在资金筹措和服务配送中占据着支配性地位,"既是义工组

---

① 参见高奇琦、李路曲:《新加坡公民社会组织的兴起与治理中的合作网络》,载《东南亚研究》2004年第5期。

织主要的财政提供者,又是公共服务的主要提供者,政府直接出面组织义工活动,义工组织起补充或者辅助作用"①。

新加坡政府强势主导并未解决公共领域的社会问题,"政府不是万能的"这种有限政府的观念开始逐步为新加坡政府接受。尤其2005年以来的一系列慈善丑闻,让新加坡政府真正意识到强势主导模式的弊端。新加坡内政部发布报告认为在慈善事业的管理中,政府应尽可能少管,以实现社会自治,但同时也强调有限的政府管理必须得到严格执行。

新加坡在公共领域的角色调整有效地促进了社会组织发展。一方面,传统的国家合作主义框架下的社会组织虽然仍在社会运行中发挥关键作用,但这些社会组织受到政治文化的冲击和政府职能调整的影响,其功能与角色都在不断发生积极的变化;另一方面,义工组织、慈善团体以及其他专业性机构、社会组织积极回应政府改革,并利用大好机遇和可待开发的广阔空间努力发展自己,最终改变政府强势主导的客观环境。上述变化可以从新加坡国家福利理事会等法定机构改革中获得证明。

NCSS具有半官方慈善机构的色彩,作为负责领导和统筹新加坡社会服务领域的法定机构,其管理机构组成人员一半由会员选举产生,一半由政府部门规定。作为慈善组织的注册监管机构的慈善理事会,15个理事会成员中有10个来自社会部门。在机构设置方面,NVPC直接由国家机构转变为在慈善委员会注册的公益机构,具有相当程度的独立性。对这些半官方的慈善机构来说,应积极加强自身能力的建设,减少行政干预的色彩,逐步转换传统的角色并发展为社会中间机构。对政府机构来说,建立慈善理事会,并发布慈善监管准则报告,同时委任一位全职的慈善总监,加大监管审核力度,做到严格按照法律和规章制度办事,彻查违规行为,以保障慈善事业的健康运行,慈善团体的有效运作。新加坡政府在社区建设和管理工

---

① 参见陈建新、杨林琳、资明贵:《试论义工组织在政府治理社区中的作用》,载《华南理工大学学报》2008年第4期。

作中,已经不再直接操办各类社会事业,尽可能借助市场力量、民间组织力量去完成。政府可以为各种义工组织提供资助,为各种民间社团提供咨询、服务,为所有符合条件的慈善组织提供税收优惠。在社会公共领域,政府不干预民众自主管理、不影响社区组织政治中立、不干涉义工组织和慈善组织的合法运营已经成为新加坡政府公共服务政策的原则,新加坡义工组织已经走出了政府主导的时代,正在政府引导下迈入健康发展的新时代。

(三) 角色功能——培育服务型政府

政府的角色定位从主导走向引导,意味着政府角色功能的转变。如果说政府主导模式下,政府像个大家长一样对义工组织进行着控制型管理,那么政府引导模式下,政府的角色功能应是培育和服务。本着培育和服务的原则,新加坡政府作为慈善文化的倡导者、慈善平台的构建者、慈善能力的培育者,做了很多有益的尝试,取得了积极的效果。

1. 慈善文化的倡导者

在新加坡,做义工、做慈善已经成为社会成熟而持续遵循的美好传统。新加坡民众对志愿服务事业、慈善事业维持着持续的热情,新加坡社会慈善的富有成效与新加坡政府的积极倡导和培育有着直接的关系。新加坡政府在慈善文化的建设中,注重运用理念改造民众,营造氛围,激励和引导民众。

新加坡政府重视把慈善文化和传统儒家文化相结合。众所周知,新加坡是一个移民国家,其中70%多是华人,根植在华人文化中的儒家思想对其影响很大。儒家文化重视整体的力量,主张整体的目标和利益应当优先考虑,个人的价值只有在整体中通过相互交往、沟通和承认,才能够得以实现、发挥作用;个人的尊严、荣誉只有在人类群体的关系网络和社会效益中才得以体现,个人在必要时有义务为整体作出牺牲。基于这种儒家文化理念,每个人就必须在恪守自己的责任和义务的同时,以整体为先,重视整体的和谐和效益。这种强调整体利益、社会利益和国家利益高于个人利益,提倡个人的奉献和牺牲精神的观念,是中华民族传统美德的重要表现,也是儒家文化与志愿精神重要的契合点。新加坡政府通过宣传媒介、社会性文明教化活动等途径不失时机地宣传和普及儒家传统价值观念,以此来整合社会秩序、改善社会风气、淳化民风。新加坡政府通过共同价值观的打造,使"国家至上,社会为先;家庭为根,社会为本;社会关怀,尊重个人;协商共识,避免冲突;种族宽容,宗教和谐"的理念深入新加坡民众的精神世界,为其义工组织发展奠定了思想基础。

把义工文化和社区文化相结合也是新加坡的一大特点。在新加坡,最大的义工和慈善组织是人民协会青年运动,简称人民协会。该协会成立于1960年,隶属于社会发展青年体育部,其目的是为了推动社区的发展,促进种族的和谐和社会团结,加强公民与政府的一体感,贯彻政府的施政意图;其宗旨是协助政府,联合民众,克服各种困难,促进人民的和谐共处、社会的安宁繁荣。[①] 时至今日,人民协会已经转化为社区间相互扶助和开展义工活动的载体,呈去政治化发展趋势。新加坡民众俱乐部受人民协会领导,但人民协会只是在精神层面予以激励,通过颁发荣誉性的奖项鼓励他们为民众服务。民众俱乐部的活动经费来源于民间,人力来源于义工的参与,服务对象完全是民众,在基层一线服务的义工,承担了大量的服务邻里、帮助弱者、协调关系等工作。

2. 慈善平台的构建者

新加坡政府最近数年间明确承诺对企业给予慈善捐赠双倍免税的优惠,重视构建慈善平台,为义工组织的发展服务。[②] 对于一个慈善组织来说,慈善资源(包括物质和人力)、信息和资金渠道是其生存发展的命脉。慈善组织"二元化"的发展在任何国家都是难以避免的,一方面大型慈善组织、公益机构由于总体能力强、社会影响力

---

① 参见王芳、李路曲:《新加坡社会基层组织建设的经验》,载《理论探索》2005年第2期。

② 参见〔新加坡〕陈美婉:《新加坡企业产生捐赠的趋势和模式及其在中国企业慈善发展中的应用》,载民政部法制办公室:《中国慈善立法国际研讨会论文集》,中国社会出版社2007年版,第299页。

大,能够获得较多的政府支持和社会捐助,而新兴的慈善组织往往因资源缺乏、社会关注度低,能力提升缓慢。构建公平、合理的慈善平台,改变公共服务领域中社会组织的不平等地位成为新加坡政府努力的方向。新加坡政府通过构建义工招募平台、信息发布平台和资金募集平台,以政府的信誉保证信息的准确性和公正性,改变义工组织与大型慈善组织、义工组织与普通民众之间的信息不对称状态,实现义工组织与社会资源配置的良性互动,在一定程度上提高了义工组织的社会公信力和透明度。

新加坡政府还充分利用现代网络技术发展义工组织和志愿服务事业。第一,政府实施网络注册制度,方便义工组织的设立。例如新加坡政府社团注册局于 2003 年建立了社团注册局电子系统(ROSES);2008 年新加坡慈善委员会作为慈善组织的专职管理机构,强化慈善网站建设,全面公开慈善组织信息,允许义工组织在取得社团或法人资格后,直接通过网络申请取得慈善资格;新加坡国家义工和慈善中心将自己定位为一站式的信息服务中心,不管是个人、团体,非营利组织还是公司等都可在 NVPC 找到自己的入口,为义工组织招募义工和募集善款提供便利。2009 年新加坡国家义工和慈善中心实施 SG Gives 和 SG Cares 项目计划,其基本理念是让志愿服务和社会捐助变得简单。SG Gives 计划是构建一个网络捐款平台,捐赠者登陆 NVPC 或者 SG Gives 的网站,可以直接向自己感兴趣的义工组织、慈善组织捐款。SG Cares 即"新加坡关怀"项目,使更多的人成为义工,为志愿服务事业不断输送人力资源。

3. 慈善能力的培育者

新加坡政府除强化慈善文化建设和构建透明的信息、有效的资金渠道外,也非常注重义工组织能力的培育,关注义工个人能力的培养,讲求团体效率的提升。

新加坡义工组织的人力资源管理深受政府人力资源开发管理思路的影响,并不因为志愿者的志愿性质而放弃教育培训的投入,构建义工培训服务平台,强化义工服务能力和技能培训是新加坡志愿服务和慈善事业发展的重要特色。NVPC 设有专门的能力建设机构,开展义工能力培养研究和开发。他们根据义工长期参与、来自不同行业、不同阶层的特点和提供志愿服务的具体需要,开展一系列组织价值观和服务技能培训。新加坡政府发起和实施的老年志愿计划(RSVP),通过为退休的专业人士提供就业服务,以改变退休人员无事可做的状态,并为义工服务提供新的人力资源。特色培训有助于义工服务技能和综合素质的提高,也有助于义工组织吸引更多优秀的人员,提高组织绩效。

第七章

中国台湾地区义工组织法人制度

义工,在我国台湾地区又称"志工"。①扶危济困、乐善好施一直都是中华民族所奉行的传统美德,在台湾地区,这种文化传统更是在相应法律法规的规范和众多民间团体的践行下发展成一种慈善文化风尚。在台湾,从事义工是一种社会风尚,一种荣誉,义工用自己的爱心和劳动,为他人提供无偿的服务,唤醒了他人的爱心、责任心和公德心,被称为"社会的润滑剂",他们的理念是"有能力为他人服务是一种幸福"。台湾义工组织就是以义工为主的民间团体,其在1987年解除戒严后开始蓬勃发展,成为台湾社会独立发展的民间力量,2001年1月20日台湾颁布"志愿服务法",义工服务与义工组织进入稳定、成熟发展阶段。

一、台湾地区义工组织的演进与特质

据福建省科协组织的"台湾非营利组织考察报告"提供的数据显示:到2010年底,台湾每万人拥有非营利组织数为21.7个,总数达到5万个,登记义工人数近300万。台湾非营利组织数量较多、类

---

① 我国台湾地区民众最早把从事志愿服务的人称为义工,但"志愿服务法"称之为"志工"。不过,即使法律设定了规范的用语,台湾民众仍习惯于使用"义工"的称谓,有时则将"义工"、"志工"交互使用。本章基于研究主题的需要,除介绍或引用台湾地区"志愿服务法"的法律条文外,仍使用"义工"或"义工组织"。

别多样,涉及科技、教育、社会福利、环保、文化、体育、社会救助等各种领域,尤以基于满足台湾民众社会福利需求而成立的社会服务及慈善团体为多。① 这些非营利组织或自己组织义工社团,或为义工运用单位,与台湾志愿服务具有不可分割的关联性,在台湾公共服务领域释放着巨大的社会能量。在台湾,可谓地不分南北,人不分男女,从政府雇员、社会精英、工人农民到青年学生,都能加入相应的义工组织参与义工服务,做义工成为一种"台湾现象"。

(一) 台湾义工组织的演进

台湾义工组织作为一种新兴的社会力量,起源于20世纪80年代非营利组织的形成与发展。从思想渊源看,它与公民社会(Civil Society)②理论在台湾的广为传播有着密切的联系。公民社会理论的基本宗旨是倡导公民更广泛地参与政治、表达和实现自己的意志,促使国家为公民利益和社会利益服务。戈登·怀特(Gordon White)把公民社会定义为"国家和家庭之间的一个中介性的社团领域,这一领域是由同国家相分离的组织所占据,这些组织在同国家的关系上享有自主权并由社会成员自愿结合而形成以保护或增进他们的利益或价值"。③ 公民社会政治思潮,其在台湾的传播为台湾义工组织的兴起与发展积淀了重要的思想基础。纵观台湾地区包括义工组织在内的非营利组织的发展,大致经历了三个不同的时期:

---

① 参见柯少愚等:《台湾非营利组织考察报告》,载《学会》2012年第4期。
② "civil society"一般被译为"公民社会"、"市民社会"或"民间社会",指相对独立于国家、有一定自主性或自治权的社会共同体。上述的不同译法亦具有不同时代语境的特色,形成这种时代语境特色的原因是国家、社会、公民关系的不断发展,如译为"市民社会"更多地指向城市社会,而不能包括广大的农村社会以及农民。译为"民间社会",更多强调公与私、公权与私权的对应性,指代整体上与国家相对应的社会,但民间社会本身具有两种不同的特质:一是同政治国家相分离的封闭的、自利的私人社会;另一则是与国家保持密切联系并"力图变为政治社会"。这种双重属性决定了"民间社会"仍具有相当的局限。"公民社会"则把自利的私人系统剔除,形成与国家政治相呼应的政治存在,公民社会的核心是参与精神。参见郭道晖:《社会权力与公民社会》,凤凰出版传媒集团、译林出版社2009年版,第364—369页。
③ 参见[英]戈登·怀特:《公民社会、民主化和发展:廓清分析的范围》,何增科译,载何增科编:《公民社会和第三部门研究导论》,社会科学文献出版社2001年,第64页。

1. 维权统治的限制期

国民党政权迁台后继续维持着权威统治,虽然其"宪法"规定"人民有结社的自由",但一是实施预防制,人民结社须经政府许可,由主管机关派员指导、监选;二是行政管制,最大限度地限制人民结社,如非专业性社团"同一区域内,同性质同级之人民团体,以组织一个为限"。① 长期处于戒严状态②的台湾地区,社会成员自我组织的意愿和机会遭到强权的压制,获得政府许可成立的社会团体,必须是亲政府、亲执政党的团体,或者明显具有外国背景的团体,前者如当时台湾的"四大国际性社团"——青商会、扶轮社、狮子会、同济会,后者如西方教会的附属机构。这一时期具有真正的非营利组织属性的社会组织大致限于既具有国际背景,也不触及政治敏感线的慈善性质组织,如红十字会、基督教儿童福利基金会等或者不具政治色彩的宗教团体或社会精英分子参加社交联谊活动的俱乐部式组织。

2. 自由结社的黄金期

1980年以后,台湾政治与经济结构发生了重大变化,尤其"解严"带来了民众思想的活跃、参与意识的增强。台湾当局开始逐步放松对民间社会团体的限制,强化民间团体法制建设。台湾地区社会积聚的"社会力"获得巨大的释放,台湾民众组织社团的积极性空前高涨,"社会力"逐步演化、转型为各种非营利组织,或涉及"身份",如劳工、妇女、残疾、原住民;或涉及"福利",如环保、社区、教

---

① 参见台湾地区"非常时期人民团体组织法"第8、13、15条。此法制定于1942年,国民党政权迁台后仍然在台湾地区施行。

② 1948年4月18日,国民党操纵下的国民大会为扩大"总统"权力,通过了"动员'戡乱'时期临时条款",规定总统在动员"戡乱"时期,为避免"国家和人民遭遇紧急危难",或应付财政经济上重大变故,得经"行政院"会议之决议,为紧急处分,不受"宪法"第39条或第43条所规定程序之限制。1949年12月7日,国民党政权迁至台湾,"动员'戡乱'时期临时条款"继续有效。而此前1949年5月19日,时任台湾省主席的陈诚签发"台湾省戒严令",对台湾全境实施戒严,至1987年7月15日蒋经国宣布解严,台湾地区戒严状态持续38年之久,故这一时期被称为"戒严时代"或"戒严时期"。戒严时期,国民党在台湾地区颁行了一系列管制法令,如"戒严期间防止非法集会结社游行请愿罢课罢工罢市罢业等规定实施办法"。戒严期间台湾民众结社自由的宪法权利名存实亡。

育。结社的目的主要是满足愈来愈多元的不同需求,且非营利组织也逐步放弃反抗,寻求与政府体制内的合作。据台湾"内政部"调查资料显示:1988年台湾地区"全国性社团为822个",1996年为2335个,增长了近三倍。这些具有社团法人资格的社会团体涉及11类,前三位分别为:社会服务及慈善团体,其比例由10%增至17%;宗教团体,由2%升至7%;国际团体,比例由13%降至5%。[1] 这些社团法人的"社员"遍及台湾每一个社会领域。与此同时,以一定的财产结合而成的财团法人如各种基金会也在迅速增加,据"基金会在台湾"统计:台湾地区基金会有2000余家,"全国性基金会有779家"。这些财团法人从事包括文化教育、社福慈善、环境保护、医疗保健、经济事务等,[2]台湾非营利组织的发展进入"黄金时代"。

3. 稳定发展的成熟期

台湾放缓自由结社限制引发了非营利组织设立的狂潮。台湾民众或以人聚、自由结社,或以财聚、建立基金。这些非营利组织究竟对台湾社会发展产生何种积极、正面的影响,尚需进一步调查、归纳、评估,但非营利组织设立的动机受人的思想影响而变得复杂多样却是不争的事实。多样化动机驱使下的台湾非营利组织也变得鱼龙混杂,各有不同的生存法则,其对社会影响也各有差异。不过,这种狂热逐渐冷却下来,至20世纪90年代后期,非营利组织发展回归常态,趋于稳定,进入成熟发展时期。非营利组织不仅成为引导民众进行政治参与、社会参与的主要形态,而且在台湾公共政策制定、实施中扮演重要角色,[3]原先不断走向街头与政府抗争的各种社团也与政治团体成功切割,并专心致志从事社会公共服务和公益事业,公民意识、公民精神使台湾非营利组织逐步走向与政府合作、互补、奉献

---

[1] 参见顾忠华:《公民结社的结构变迁——以台湾非营利组织的发展为例》,载《台湾社会研究季刊》1999年12月。

[2] 参见王振寰、瞿海源主编:《社会学与台湾社会》,巨流图书公司2009年9月增订版,第529页。

[3] 参见顾忠华:《公民结社的结构变迁——以台湾非营利组织的发展为例》,载《台湾社会研究季刊》1999年12月。

的良性轨道。

1999年的"9·21大地震"使台湾义工组织在非营利组织中独放异彩,成为台湾非营利组织自发参与治理的典型范例。"9·21"大地震后4小时内,台湾当局尚未采取任何有效行动之时,台湾慈济功德会就组织了义工和医疗团队抵达灾区,迅速开展救援、赈灾、安抚工作,各公益团体纷纷进行募捐,共筹集375亿多新台币;台湾当局尚未想到协调与管理募款的方法时,社会团体就已经自主建立了一个自力的民间赈灾资源监察机构——"全国民间灾后重建协调监督联盟"(后改为"全国民间灾后重建联盟")。①"9·21"大地震本身非常残酷,但台湾民众却在救灾和灾后重建过程中渐渐发掘到自身所蕴涵的巨大能量,一方面对当局的治理能力提出批评,另一方面也为非营利组织赢得了良好的声望。② 尤其台湾民众在"9·21"大地震救灾与重建过程中真正认识到公民社会组织的价值,熟悉其运作技巧,改变了过去对公共事务漠不关心的态度,更多的民众志愿投身于公益事务和志愿服务事业,一个高层次、高度发达的"义工社会"逐渐成形。

(二) 台湾义工组织的特质

台湾义工组织作为非营利组织,具备非营利组织的所有属性,但作为公众自觉参与,无偿奉献社会的重要方式,相较于其他非营利组织更具有利他精神和去政治化、去政府化特质。台湾义工组织在发动公民参与、组织爱心人士助人的同时注重志愿精神的培育与传播,特别强调传统道德文化的回归、重视志愿服务过程中施者与受者的感恩心,强调在服务过程中反思自我、反思生活、反思生命的反省心,使参与者从中获得思考,获得成长,更具有感召力。这也是台湾民众

---

① 参见谢国兴主编:《协力与培力——"全国"民间灾后重建联盟两年工作纪要》,台北"全国灾后重建联盟"2001年版,第10—18页。
② 参见王茹:《台湾的非营利组织与公民社会建构》,载《台湾研究集刊》2004年第4期。

不分阶层、不分地位都积极参与志愿服务社会事业的一个重要原因。①

1. 义工组织的非营利性

义工及义工组织从事志愿服务活动,严格遵守为了公益慈善的目的要求。但是,非营利性的真正含义并不在于不能追求任何利益,也不是说只能无偿奉献,而在于义工组织不能直接向服务对象收取任何费用,且义工组织不得向其成员分派盈余或利益。因此,台湾义工组织为了维持日常运营且更好地提供志愿服务,也有一定的经济性的费用收入,如义工组织通过承包政府公共服务项目获得资助或义工组织向志愿服务运用单位收取一定的费用,都只不过是为了保障利他主义和人道主义宗旨的实现,但不得分配其利润和盈余。

2. 义工组织严谨、规范的组织性

相较于其他任何国家、地区,台湾义工组织的组织性可以说是最严谨、最规范的,这是因为台湾义工组织的组织形式为社团法人或财团法人,台湾"民法典"为义工组织提供了严密的组织构造。作为法人,义工组织的内部组织结构成熟、合理,有独立的法律地位,有完善的内部规章和管理程序,而这些均以台湾"民法典"有关社团法人或财团法人的规定为基础。因此,台湾义工组织是真正严谨和规范的组织。建章立制,开展培训一直是组织建立,实现组织目标,维护组织团结稳定,传递组织文化、价值理念的重要手段和关键环节,义工从事志愿服务必须依托于组织。

3. 义工组织的民间性

义工组织的民间性表现在完全处于体制之外,完全独立于政府。虽然台湾义工组织的资金来源也有政府资助、扶持的部分,但主要依靠向社会募集;台湾义工也有来自于政府的官员或工作人员,但他们在义工组织内部只是义工,不具有其他特殊成分。义工组织的活动完全独立,内部管理不受政府干涉。台湾义工组织与政府的关系仅限于接受政府的外部监督,因而,它不像美国义工组织那样,活动受

---

① 参见林璐:《从台湾志工看志愿精神的传递》,载《慈善》2011年第6期。

政府志愿服务计划制约。

4. 义工组织的自愿性

义工组织的自愿性主要体现于义工服务的自主性与义工参与的自愿性。任何人是否参加义工组织以及参加何种义工组织完全出于自愿,不存在任何直接或间接的强制,如有些国家或地区虽然规定参加义工自愿,但往往将义工服务与一定的考核、一定的奖励联系在一起或者直接规定每年应完成一定的义工任务。台湾义工组织独立自主地安排活动,是一种互信互爱、自我约束、民间主动行动的联合。

(三) 台湾义工组织与宗教因素

台湾义工组织的发展受宗教因素影响非常突出,即使是在义工组织呈多元化发展态势之下,台湾义工组织仍然与宗教文化保持着直接或间接的联系。

受宗教文化影响,台湾民间有着浓厚的"做善事"氛围。"做善事"的基本渠道是做义工、捐善款。相关研究报告显示:台湾约有18%的民众参与义工服务,2009年民间捐款额高达435亿元新台币(将近一百亿元人民币),其中大多数捐给了五家知名度最高的基金会,单是慈济基金会一家就达200亿、另有家扶基金会20亿、世界展望会10亿、善牧基金会和励馨基金会各1亿多,其他200多亿由其他基金会分享。[①] 台湾各界民众捐助的善款已经成为台湾义工组织的主要资金来源。虽然,台湾义工组织的资金也有来自政府的拨款和自营收入(如收取会费或整体为志愿服务运用单位服务获得一定的资金补贴),但这些资金数量相当有限,台湾当局把志愿服务定位为辅助性服务,也不可能像英国政府或美国政府那样拨出巨额资金

---

① 参见《台湾地区民间公益慈善机构考查报告》,http://www.chinavalue.net/Finance/Article/2009 - 7 - 1/183486_2.html,2012年8月2日访问。

支持义工组织的志愿服务。①

台湾义工组织受宗教因素影响的另一表现是相当多的义工组织的设立与教会等宗教组织密切相关。基督教、天主教、佛教等宗教组织会直接举办义工组织,从事志愿服务,如天主教圣十字架疗养院、佛教慈济基金会、(基督教)励馨社会福利事业基金会等。以佛教慈济基金会为例,其创始人证严法师倡导佛教要入世,"菩萨人间化,人间菩萨化"。慈济功德会经过四十年发展,由最早倡导家庭主妇节约、募捐来帮助他人发展到全台湾最大的慈善组织,募捐的善款全部用于救灾和帮扶贫困等慈善事业,每年招募大量的义工从事志愿服务。

(四) 台湾义工组织立法体系

台湾地区义工组织法律体系相当发达、完备。从结构上看,关于义工组织的法律制度分别由普通法、特别法和辅助性行政法规、规章构成,这些法律、法规、规章为台湾义工组织发展提供了强有力的法律支持和制度保障。

1. 台湾义工组织基本法

台湾地区法律要求所有的义工组织必须根据组织性质注册登记为公益法人,台湾"民法典"作为规范法人制度的基本法,也为义工组织的组织形式提供了制度供给,根据台湾"民法典"规定,无论义工组织是以社团形式取得法人资格,还是以财团形式取得法人资格,均必须取得主管机关许可,而后依法办理登记手续。

---

① 以社团法人风信子为例,作为一支"以维护精神障碍者之基本人权、推动其重回社区生活、协助建立自主与自尊的生活模式,并倡议与促进全国精神障碍者的工作权益之保障"为宗旨的义工组织,每年政府拨款不到10%。台湾风信子精神障碍者权益促进协会于1994年11月12日成立,任务如下:(1)倡议与增进精神障碍者之权益与福祉;(2)推广与促进社会大众对精神障碍者的关怀与接纳;(3)协助家属理解与支持精神障碍者;(4)办理精神障碍者人权之提升及劳动、福利权益事项之促进;(5)办理精神障碍者庇护性及支持性就业等相关业务;(6)办理精神障碍者自主性的觉醒教育活动;(7)办理精神障碍者家属之服务及教育活动;(8)与学术、研究单位或其他相关团体合任推动精神障碍者相关研究发展计划。资料来源:http://www.psy.fju.edu.tw/download/20070504-6/0504-1-3b.doc,2012年8月3日访问。

义工组织申请注册登记为财团法人时,除以遗嘱捐助外,应当订立捐助章程。捐助章程应订明法人目的及所捐财产。财团法人登记申请应由董事向其主事务所及分事务所所在地的主管机关提出,主管机关办理财团法人登记应记载目的、名称、主事务所及分事务所、财产总额、受许可的日期、董事、监察人的姓名及住所等内容,如有代表法人的董事及存续期间,应予记载清楚。①

台湾当局各主管机关根据"民法"及其他行政法规要求,均订有相应的行政规章,用以规范包括义工组织在内的非营利组织财团法人的设立许可及监管措施。这些规章主要有下列各项:

(1)内政业务财团法人监督准则

(2)"教育部"审查教育事务财团法人设立许可及监督要点

(3)台湾"行政院"卫生署财团法人准则

(4)环境保护财团法人设立许可及监督准则

(5)"经济部"对经济事务财团法人管理及监督作业规范

(6)"财政部"主管财团法人监督管理准则

(7)"交通部"主管财团法人设立许可及监督准则

(8)农业财团法人监督准则

(9)劳工业务财团法人监督准则

(10)青年辅导事务财团法人设立许可及监督要点

(11)体育财团法人设立许可及监督准则

(12)大众传播财团法人设立许可及监督准则

义工组织选择社团法人时,因主要向社会提供服务,贡献其专业、知识、技能等,且规模较小,故主管机关只需依照"民法典"规定执行即可,各主管机关并未制定相应的规章。台湾"民法典"规定,义工组织申请注册登记为社团法人时,必须先订立社团章程,章程应记载:(1)目的;(2)名称;(3)董事人数、任期及任免。设有监察人的,其人数、任期及任免;(4)总会召集之条件、程序,及其决议证明的方法;(5)社员出资;(6)社员资格的取得与丧失;(7)订立章程

---

① 详细内容参阅台湾地区"民法典"第59至61条。

之年、月、日。登记机关办理登记时除要求提供章程备案外,还必须记载社团法人的目的、名称、主事务所及分事务所、董事、监察人的姓名、住所、财产总额、主管机关许可的日期等内容,具体申请应向主事务所及分事务所所在地的主管机关提出。①

2. 台湾"志愿服务法"

台湾地区志愿服务立法相对较为完备,2001年1月20日,台湾当局颁行"志愿服务法",对台湾地区志愿服务进行了系统的规范。台湾"志愿服务法"计8章25条,涉及总则、主管机关、志愿服务运用单位之责任、志工之权利及义务、促进志愿服务之措施、志愿服务之责任以及经费、附则。

从总体上看,台湾"志愿服务法"制定具有深刻的社会背景。国民党政权迁台即实施戒严体制,最大限度禁锢台湾民众的思想,限制台湾民众的行动,"人民有集会结社的自由"的规定徒有其名。台湾当局曾宣称"戒严只实施了百分之三",但台湾学者却认为应当倒过来说:"戒严只保留给人民百分之三的结社自由",而且这"百分之三"往往还被"非政治化",也就是经由报禁、党禁和对集会游行的禁止,人民的结社根本不具有"公民参与"的意义。② 自20世纪80年代开放"党禁"后,台湾当局迫于民众民主化要求,系统检讨了包括民间团体、社会风气与治安改善在内的各项重大法制,修改、制定了一系列法令,结束了台湾民众的恐怖阴影。以追求自主性、反支配性为核心的民众"社会力"的积聚渐次演化为社会运动。以台湾"全国性社会团体"为例,1988年为822个,1996年为2335个,增长了近两倍,尤其社团结构发生了质的改进,"去政治化""去政府化"成为台湾社团的主流,社会服务及慈善团体之比例由10%增至17%,各种社会组织为适应不同层次的社会福利需求,以非营利组织形态提供社会福利服务蔚然成风。但是,社会组织的过热发展在客观上造成

---

① 详细内容参阅台湾地区《民法典》第46至48条。
② 参见顾忠华:《公民结社的结构变迁——以台湾非营利组织的发展为例》,载《台湾社会研究季刊》1999年12月。

鱼龙混杂、行为失范、管理混乱等问题,造成有限的社会资源浪费和过度消耗。因此,运用法律手段保护义工合法权益、规范义工运用单位行为、明确义工运用过程职责和责任对于规范志愿服务事业发展、提升义工运用质量、节约社会公共服务资源具有重要的意义。

台湾志愿服务立法除"志愿服务法"外,还包括各种与之配套的行政法规和行政规章。截至 2012 年 7 月,台湾当局颁布的行政法规有下列九项:

(1)"志愿服务奖励办法"

(2)"志愿服务证及服务记录册管理办法"

(3)"志工伦理守则"

(4)"志工服务绩效认证及志愿服务绩效证明书发给作业规定"

(5)"志工申请志愿服务荣誉卡作业规定"

(6)社会福利类的"内政业务志愿服务奖励办法"

(7)教育服务类的"教育业务志愿服务奖励办法"

(8)劳工福利类的"劳工志愿服务奖励办法"

(9)原住民服务类的"行政院原住民族委员会推动原住民族事物志愿服务要点"

3. 志愿服务税收减免法

义工组织作为公益法人,依法享有一定的税收优惠。台湾"志愿服务法"并未对义工组织的税收减免优惠进行特别的规定,而是适用一般的公益法人减免之规定。与义工组织税收优惠相关的条款散见下列法律之中,适用的原则是公益性强则免税优惠待遇高,反之则低。

(1)"教育文化公益慈善机构或团体免纳所得税使用标准"

(2)"所得税法"

(3)"遗产与赠与税法"

(4)"平均地权条例"

(5)"印花税法"

(6)"加值型及非加值型营业税法"

(7)"娱乐税法"
(8)"房屋税条例"
(9)"土地税减免条例"
(10)"土地税法"
(11)"使用牌照税法"
(12)"关税法"

二、台湾地区"志愿服务法"

台湾地区"志愿服务法"作为全球第二部集中规范志愿服务的专门法律,在一定程度上参考了颁行于 1996 年的西班牙《志愿服务法》,[①]反映了人民参与社会活动,共同担负社会公共服务的立法成果。台湾"志愿服务法"第 1 条规定:"为整合社会人力资源,使愿意投入志愿服务工作之国民力量做最有效之运用,以发扬志愿服务美德,促进社会各项建设及提升国民生活素质,特制定本法"。从这一规定可以看出,"志愿服务法"的立法目的是整合和最有效地运用社会人力资源,借以实现弘扬志愿服务精神、提升民众素质和促进社会建设的立法目标。较之于西班牙《志愿服务法》"以推动及便于公民团结参与公、私立非营利组织之内部志愿服务活动为宗旨"的目标描述,这种目标定位更准确、到位,不易造成任何法律层面的歧义。

(一)台湾志愿服务与义工

台湾地区"志愿服务法"第 3 条对志愿服务的概念进行了法律界定,所谓志愿服务,即指"民众出于自由意志,非基于个人义务或法律责任,秉诚心以知识、体能、劳力、经验、技术、时间等贡献社会,不以获取报酬为目的,以提高公共事务效能及增进社会公益所为之

---

① 西班牙国会 1996 年 1 月 15 日通过了《志愿服务法》,这是世界上第一部关于志愿服务的专门的法律。该法计四编 16 条,分别规定了总则、义工、义工与入会组织的关系和促进志愿服务发展的措施。

各项辅助性服务"。这一概念在本质上揭示了志愿服务的本质,即志愿服务的自愿性和无偿性。

1. 志愿服务自愿性

志愿服务必须自愿,是否从事志愿服务以及从事何种志愿服务均由民众自由意志决定。真诚的品格、奉献的精神是支撑志愿服务的道德基础,也是志愿服务"自下而上"蓬勃发展的社会基础。"秉诚心以知识、体能、劳力、经验、技术、时间等贡献社会"这一概括高度展现了志愿服务的精神世界。

志愿服务是一种自主选择的结果,不能以强制、胁迫或任何其他方式直接或间接使任何人从事志愿服务。但这一解释并不意味着志愿服务是绝对自由意志的体现,也不意味着志愿服务均体现行为人的真实意思。在许多国家或地区的志愿服务法律制度中,志愿服务往往也带有一定的强制或限制,如德国法要求符合服兵役条件的人可以选择为一定的志愿服务替代服兵役,类似的规定还有各种各样的表现,但这并不能解释为志愿服务可以违背自由选择的本质,事实上,它仍然是行为人在服兵役与志愿服务两者之间选择的结果。同样,志愿服务也意味着行为人所从事的服务并非基于个人义务或法律责任,因此,家庭成员相互间的照顾、帮扶不属于志愿服务的范畴,保姆基于家政服务合同所产生的法律责任,使其对服务对象所为的服务也不属于志愿服务,个人自觉做好事同样不属于志愿服务。志愿服务作为一项事业,应当由一系列的社会组织完成,而不能靠个人的单打独斗。关于这一点,西班牙《志愿服务法》在界定志愿服务的概念时,特别强调单独、偶发或在公、私立非营利组织之外,基于家庭、友谊或睦邻原因执行的志愿服务工作应排除在外,而且,任何情况下,志愿服务工作皆不得取代有报酬的工作。[①] 自由意志永远只能是选择的结果,有选择即有自由意志。

2. 志愿服务无偿性

志愿服务是无偿的,不以获取报酬为目的。报酬在汉语中的解

[①] 参见西班牙《志愿服务法》第3条关于"志愿服务的概念"的相关规定。

释是使用别人的劳动、物件等而付给别人的钱或实物。义工以其知识、体能、劳力、经验、技术、时间等向他人提供服务不以获取报酬为目的,这构成了义工服务与劳动服务关系的本质区别。在劳动服务关系中,一方提供劳动服务是为了获取劳动报酬;另一方接受劳动服务必须支付对价(报酬)。这里的对价是指双方当事人认可的相当的代价。从某种程度上看,对价是协商的结果,也是以劳动服务换取劳动报酬的标准。正因为志愿服务不以获取劳动报酬为目的,换言之,为他人提供服务,贡献自己的知识、经验、技能却不图回报,不追求相对应的对价,就是一种利他、助人的行为。因此,志愿服务排斥任何带薪的劳动或工作关系。但是,志愿服务不以获取报酬为目的,是否意味着义工提供服务绝对不能接受服务对象任何的钱或物?对于这一问题,必须阐明的是一条原则,即志愿服务无偿原则。无偿与有偿是一对矛盾的概念。有偿即为有代价或有报酬的,有偿是以劳动或服务换取相当的回报为基础。志愿服务以无偿服务为原则,即意味着义工从事的志愿服务不能要求接受服务的人支付同样服务或劳动所蕴含的劳动价值,不能要求接受服务的人支付相当的报酬,但并不完全排斥接受一定的回馈或金钱。在美国《义工保护法》中,义工即指"为非营利性组织或政府机构服务,不收取任何报酬(实际发生费用的合理补偿或津贴除外)或者作为主任、主管、理事以及直接服务者每年不超过 500 美元的补偿性价值的个人"。[1] "不超过 500 美元"可以说是一个任意确定的标准,但"补偿性价值"却是义工本质的法律定性,这意味着志愿服务不以获取报酬为目的,但如果接受服务的人自愿对义工给予一定的补偿性价值,只要不超过一定的限度,应当也是允许的且不违背志愿服务无偿性的属性。另外,一定的限度应当解释为明显低于同等社会服务所需的报酬标准。补偿性价值必须是基于接受服务的人的自愿,任何索取、强要等非基于自愿而收取的任何费用,即使再小也属于违反志愿服务无偿性的行为。此外,志愿服务不以获取报酬为目的,揭示的是志愿服务的无偿性,当

---

[1] 参阅 1997 年美国《义工保护法》。

义工受组织派遣接受义工运用单位使用时,义工组织向义工运用单位收取一定的费用应当不在禁止之列,这是维持义工组织正常运转、保障志愿服务可持续发展的关键。

台湾"志愿服务法"第3条对义工的界定为"志愿服务者(以下简称志工):对社会提出志愿服务者"。这种定义相当令人费解,抛开义工、志工究竟有何差别不说,就剩下"志愿服务者:对社会提出志愿服务者",即义工就是志愿服务者,是对社会提出志愿服务的人。这里使用"提出"一词相当不准确、不规范。相较而言,西班牙《志愿服务法》第5条规定更容易理解、接受,义工即出于自由意志保证从事志愿服务工作的自然人,理由是西班牙《志愿服务法》将义工限于自然人,排斥了法人或组织成为义工的可能性,因为义工是以自己的知识、能力、技能、经验等服务于社会;同时肯定了义工是自愿的,义工服务是一种无私的奉献。

台湾"志愿服务法"对志愿服务的范围没有明确的法律界定。不过,在解释上,台湾学者习惯以台湾地区"内政部"人团法第八章第39条关于"社会团体系以推展文化、学术、医疗、卫生、宗教、慈善、体育、联谊、社会服务或其他以公益为目的,由个人或团体组成之团体"的规定确定志愿服务的范围。

(二) 台湾志愿服务的主管机关

志愿服务涉及文化、学术、医疗、卫生、宗教、慈善、体育、联谊、社会服务或其他以公益为目的的整个公共领域,是一个综合性系统工程。在传统的国家关系中,公共服务领域中的各项事业均属于政府固有的领地,属于政府应当承担的公共责任范畴。政府可以通过相应资金支持、进行公共基础设施建设等方式让渡公共服务领域并交由社会组织承担,如英国政府即与义工组织、社会性企业等非营利组织建立起合作伙伴关系,公共服务由义工组织承担。但政府在任何条件下均不得放弃公共服务领域,因为作为政府公共责任,向社会成员提供公共服务是政府的法律义务。志愿服务既然以公共服务为对象,政府当然应当统一管理、规范、监督志愿服务活动,以期社会成员获得高质量的社会服务。

台湾地区"志愿服务法"明确了志愿服务的主管机关。志愿服务的主管机关"在中央为内政部;在直辖市为直辖市政府;在县(市)为县(市)政府",由此,台湾当局各级行政机关为志愿服务的主管机关。但因志愿服务涉及公共服务几乎所有的部门,完全由"内务部"或县市地方政府主管,难免会发生力不从心的现象。因此,"志愿服务法"根据每一个义工组织所从事志愿服务具体领域的差异和政府具体职能部门的关系,确立义工组织的主管机关,凡"涉及各目的事业主管机关职掌者,由各目的事业主管机关办理"。应当说,台湾关于志愿服务主管机关的制度设计相当合理,各级政府作为主管机关负总责,具体职能部门具体执行办理;当义工组织所从事的志愿服务涉及两个或两个以上的目的事业时,由政府统一协调。这种制度设计既方便了义工组织设立,调动了民众参与志愿服务的积极性,又能够避免政府主管部门互相扯皮、相互推诿。

"志愿服务法"对主管机关的职责进行了具体而明确的规范,其第4条第2款规定:主管机关主管"义工之权利、义务、招募、教育训练、奖励表扬、福利、保障、宣导与申诉之规划及办理"。主管机关与目的事业职能机关的具体权责划分为主管机关主管从事社会福利服务、涉及两个以上目的事业主管机关之服务工作协调及其他综合规划事项;而目的事业主管机关则从事具体的主管事业范围内的志愿服务,"凡主管相关社会服务、教育、辅导、文化、科学、体育、消防救难、交通安全、环境保护、卫生保健、合作发展、经济、研究、志工人力之开发、联合活动之发展以及志愿服务之提升等公众利益工作之机关"。显然,台湾地区各级政府负责志愿服务宏观发展的综合规划,协调各职能部门相互间关系;各级政府的具体职能机关负责处理本部门涉及的志愿服务工作。主管机关及目的事业主管机关应置专责人员办理志愿服务相关事宜;其人数得由各级政府及目的事业主管机关视实际业务需要定之。为整合规划、研究、协调及开拓社会资源、创新社会服务项目相关事宜,得召开志愿服务会议。对志愿服运用单位,应加强联系辅导并给予必要之协助。①

(三)台湾志愿服务运用单位的职责

"志愿服务法"使用了"志愿服务运用单位"的概念,并定义为"运用志工之机关、机构、学校、法人或经政府立案团体"。运用是根据事务的属性加以利用,志愿服务运用单位也就是根据义工特点加以使用的单位,这些单位包括机关、机构、学校、法人或经政府立案(备案)的团体。对志愿服务运用单位作如此理解似乎并没有错误,也是法条所要表达的信息。问题是志愿服务实践中,对义工的使用应当包括两种情况:一是义工群体结社组成义工组织,这些义工组织本身直接开展志愿服务活动,如社团法人风信子精神障碍者权益保护促进会,招募义工、扩建农场、直接从事帮助精神病患者再就业,此类义工组织本身即为志愿服务运用单位;另一是某些公益性非营利组织,这些组织本身并不是义工组织,但可以依法招募义工,从事志愿服务或者提供志愿服务岗位,由义工提供公共服务。故台湾地区"志愿服务法"第6条规定:"志愿服务运用单位得自行或采联合方式招募志工,招募时,应将志愿服务计划公告";第7条规定:"志愿服务运用者应依志愿服务计划运用志愿服务人员"。"志愿服务法"对志愿服务运用单位的义工运用程序、职责等内容作了细致的规范。

1. 志愿服务运用单位使用义工规则

从"志愿服务法"规定看,义工运用单位可以自行招募义工或采用联合招募方式,吸收义工参与志愿服务,其前提条件是必须制定志愿服务计划。依照志愿服务计划使用义工是一项法律原则。没有制定志愿服务计划并公告,不得招募义工,当然也不得运用义工从事志愿服务。依据"志愿服务法"第7条,志愿服务运用单位的志愿服务计划的内容应包括志愿服务人员之召募、训练、管理、运用、辅导、考核及其服务项目,并"在运用前,检具志愿服务计划及立案登记证书影本,送主管机关及该志愿服务计划目的事业主管机关备案,并应于

---

① 参见我国台湾地区"志愿服务法"第4至5条。

运用结束后两个月内,将志愿服务计划办理情形函报主管机关及该志愿服务计划目的事业主管机关备查;其运用期间在二年以上者,应于年度结束后两个月内,将办理情形函报主管机关及志愿服务计划目的事业主管机关备查"。志愿服务运用者为各级政府机关、机构、公立学校的,免于运用前申请备案;此外,志愿服务运用者之章程所载存立目的与志愿服务计划相符者,也免于运用前申请备案。免于备案审查的志愿服务运用单位应于年度结束后两个月内,将办理情形函报主管机关及该志愿服务计划目的事业主管机关备查。志愿服务运用单位没有按规定办理备案或备查时,志愿服务计划目的事业主管机关应不予经费补助,并作为服务绩效考核之参据。

主管机关及志愿服务计划目的事业主管机关受理前项志愿服务计划备案时,其志愿服务计划与本法或其他法令规定不符者,应即通知志愿服务运用单位补正后,再行备案。

台湾"志愿服务法"关于志愿服务运用单位的上述规定确立了严格规范的义工使用规则:(1)制定志愿服务计划;(2)公告志愿服务计划;(3)志愿服务计划备案;(4)志愿服务计划的补正、再备案;(5)义工招募;(6)义工运用。

2. 志愿服务运用单位的职责

职责的基本含义是职务与责任。从法学理论看,职责应当是基于某种岗位、职务所引发的法律上的义务以及基于这种义务可能产生的法律后果。台湾"志愿服务法"确立的志愿服务运用单位的职责包括下列各项:

(1)对义工实施教育训练。志愿服务是义工无偿地贡献知识、体能、劳力、经验、技术、时间等给受服务者的活动,但服务的质量如何却关系到对受服务者合法权益的保护。志愿服务运用单位对义工进行教育训练,不仅有利于提高志愿服务工作品质,熟练服务技能,提升服务质量,而且有助于维护受服务者的合法权益,确实改善受服务者的生存环境、物质生活条件以及获得相应的慰藉和感受。志愿服务运用单位对义工的教育训练包括基础训练和特殊训练。依据"志愿服务法"的规定,基础训练教材由"中央"主管机关审定,特殊训练由各目的事业主管机关或各志愿服务运用单位依其个别需求自行订定。

(2) 合理、适当地运用义工。志愿服务运用单位应依照义工的工作内容与特点,确保义工在符合安全及卫生的适当环境下进行服务。

(3) 督导义工服务,规范义工行为。志愿服务运用单位应提供义工必要的信息,确保义工服务能够满足受服务者的服务需求。对于某些特殊的、需要具有专业资格的志愿服务,必须保证从事这种特殊服务的义工具有专门执业证照。志愿服务运用单位对所使用的义工的服务活动及服务质量必须指定专人负责督导,对提供志愿服务的义工应发给志愿服务证和服务记录册。

(四) 义工的权利、义务

义工组织作为一个公益法人组织,其根本宗旨是不计报酬、服务社会、奉献爱心。因此,整合资源、构筑平台,让社会弱势群体真正感受到社会的关怀和帮助是义工组织存在的价值基础。台湾地区之所以义工组织发达、义工人数众多、志愿服务的社会风貌令人折服,是因为台湾已经形成了良好的志愿服务文化,义工既不再是不用付费的廉价劳动力,义工组织也不再是少数人作秀的道场,尊重劳动、尊重义工、扶贫济困、服务他人已经成为一种社会风尚,把义工置于组织之上、把义工利益摆在首位是台湾志愿服务文化最核心的内容,也是台湾"志愿服务法"构建合理的权利体系的社会基础。

"志愿服务法"第 14 条以列举的方式概括了义工在志愿服务关系中所具有的权利。这些权利同时也构成了主管机关、目的事业主管机关或者志愿服务运用单位的义务。从本条规定看,台湾义工在志愿服务过程中享有下列权利:

1. 接受教育训练的权利

义工秉诚心以知识、专业、技能、经验等贡献于社会,相较于其本职工作,毕竟未接受过系统的职业训练,而且,义工服务社会涉及文化、教育、社会福利、环境保护等各个领域,需要满足不同的、多元的、多层次的需求。对义工实施必要的教育训练,既可使义工更好地开展志愿服务,也是对受服务者的关心与爱护,是受服务者合法权益保护的需要。台湾"志愿服务法"把接受教育训练作为义工的首项权利,并同时确认主管机关、目的事业主管机关具有教育训练的职责,志愿服务运用单位为提升志愿服务品质、保护受服务者的合法权益,也具有教育训练义工的义务。义工教育训练包括基础教育训练课程和特殊训练课程,"志愿服务法"第9条明确规定,为提升志愿服务工作品质,保障受服务者之权益,志愿服务运用单位应对义工办理基础训练和特殊训练,基础训练课程由"中央"主管机关定之;特殊训练课程由各目的事业主管机关或各志愿服务运用单位依其个别需求自行订定。作为一种职责,主管机关、志愿服务运用单位如果未对义工实施必要的教育训练,即构成相应的失职和义务的违反,应当承担相应的法律责任,这种责任情形可能因不同的法律适用形成不同的后果。

2. 基本人权受保护的权利

"志愿服务法"列举的义工的第二项权利为"一视同仁,尊重其自由、尊严、隐私及信仰",这种表述方式让人感到相当别扭,但"一视同仁"却传达着社会平等的法律精神。从权利的指向看,对义工的自由、尊严、隐私以及信仰的尊重属于基本人权的范畴。所谓人权,就是人人自由、平等地存在和发展的权利。人权的本质特征和要求是自由和平等,其实质内容和目标是人的生存和发展。没有自由、平等作保证,人的尊严权、隐私权和信仰自由也就失去其存在的条件。从义工权利的角度看,义工群体是一个特殊的社会群体,他们以无偿方式服务于社会,体现的是人类普遍具有的仁爱之心。目前社会发展的结果却是人们更多地呈现逐利的品格,"天下熙熙皆为利来,天下攘攘皆为利往",以至于"亲朋道义因财失,父子情怀为利休"。在这种社会情境下,无私奉献的义工难免被人们报以异样的眼光。因此,台湾"志愿服务法"把"一视同仁,尊重其自由、尊严、隐私及信仰"作为义工的权利,并非要拓展权利的范畴,而是对义工基本权利的重申。

3. 劳动安全权

义工在向社会无偿服务的过程中，其人身安全和健康应当获得社会的充分重视和法律的应有保护。义工参与的劳动与其他劳动一样，不可避免地会遭受来自于自然和社会方面的危险或风险威胁，因而，躲避风险，寻求安全保障，就成为人类近乎恒定的心理需要。无论是自然的风险，还是社会的风险，有些是无法躲避的，但大多数风险尤其是社会风险都可以通过合理的制度安排予以化解或转移。因此，"志愿服务法"规定义工有权"依据工作之性质与特点，确保在适当之安全与卫生条件下从事工作"，同时确认志愿服务运用单位"应依照志工之工作内容与特点，确保志工在符合安全及卫生之适当环境下进行服务"，通过这种权责配置确保义工的人身安全与健康免受志愿服务过程中可能发生的危险因素的侵害。

4. 劳动知情权

"志愿服务法"规定义工有"获得从事服务之完整信息"的权利。这在解释上应当属于知情权的范畴，即义工从事志愿服务应当有知道与自己劳动或服务相关的全部信息的权利。只有及时、准确了解有关信息，才能更好地去行使其他的权利，安排好相关事务，从而有效保护自身利益和安全。从理论上看，台湾义工"获得从事服务之完整信息"的权利应当包括：(1) 知悉志愿服务计划；(2) 服务场所可能存在的影响其健康与安全的危险因素、危害后果以及应当采取的防护措施；(3) 受服务者或者服务岗位的具体信息，包括但不限于其基本信息、特殊要求、服务时间和服务地点等。为了保证义工确实能够"获得从事服务之完整信息"，"志愿服务法"确认志愿服务运用单位应向义工提供必要的信息，主管机关应当派专人督导落实。

5. 参与权

义工依法享有"参与所从事之志愿服务计划之拟定、设计、执行及评估"，从而能够准确理解自己所从事的志愿服务活动的社会价值以及自己完成的情况。"志愿服务法"还规定，"志愿服务运用单位对于参与服务成绩良好之志工，因升学、进修、就业或其他原因需志愿服务绩效证明者，得发给服务绩效证明书。"由此，义工有权要求志愿服务运用单位根据义工提供的志愿服务的评估结果出具证明,并根据评估、考核结果对成绩优异的义工实施奖励。

从比较的角度看,台湾"志愿服务法"借鉴和吸收了西班牙《志愿服务法》的经验,由此显得更为精炼和合理。西班牙《志愿服务法》第6条列举规定了义工下列八项权利:(1)接受入门或常态性信息、训练、引导、支持,以及必要的有形工具并行使指派之职务;(2)一视同仁,尊重其自由、尊严、隐私及信仰;(3)积极参与入会组织的活动,并依照其适用章程或规范,协助计划之拟定、设计、执行与评估;(4)享有因从事志愿工作直接造成的意外及疾病的平安保险;(5)履行工作时支出的费用可以核实报销;(6)拥有证明其义工身份的识别证件;(7)根据工作的性质与特点,在适当的安全与卫生条件下从事活动;(8)因其贡献的社会价值,获得尊重与肯定。上述规定(2)与(7)项与台湾"志愿服务法"的规定完全一致;第(1)、(3)项则被台湾"志愿服务法"糅合、分解为接受教育训练,获得从事志愿服务的完整信息以及参与所从事的志愿服务计划的拟定、设计、执行及评估等三项权利,由此避免了西班牙《志愿服务法》出现的权利的交叉与重叠现象。西班牙《志愿服务法》本条第(4)、(5)、(6)、(8)各项在台湾"志愿服务法"中并没有被纳入义工权利的范畴,在立法技术上或被列为志愿服务运用单位的职责如第(6)项,或被作为一种倡导性措施如第(4)及第(8)项。这种处理技巧可能与台湾志愿服务发达程度有关,也可能与志愿服务在台湾公共服务体系中被定位为辅助性服务有关,尚待进一步研究。

台湾"志愿服务法"在明确义工权利的同时,也对义工的义务进行了法律上的设置,具体包括:(1)遵守伦理守则的规定;(2)遵守志愿服务运用单位制定的规章;(3)参与志愿服务运用单位所提供的教育训练;(4)妥善使用志工服务证;(5)义工提供服务时应尊重受服务者之权利;(6)对因服务而取得或获知的讯息负有保守秘密的义务;(7)拒绝向受服务者收取报酬;(8)妥善保管志愿服务运用单位所提供之可利用资源。相对于义工的权利,台湾"志愿服务法"对义工的义务规定较为简单。这种制度设计在根本上与志愿服务的特殊性相关联,法律更多地侧重于义工权利的保障和社会对义工服务提供的各种优惠措施与激励机制,如此有利于吸收更多的人参与社会公共服务,形成良好的、奉献的社会风尚。①

三、台湾地区义工组织法人结构

依照台湾地区法律,义工组织必须依法登记为法人。从立法及义工组织的运作实践看,台湾义工组织法人形态的选择呈社团法人和财团法人"二元并存"的结构模式。社团法人性质的义工组织内部运作机制主要借鉴公司治理经验,财团法人性质的义工组织则更多地参考了信托法等关于基金会立法的相关制度。台湾当局对不同类别的义工组织分别指导、分类监管,这在一定程度上为对包括义工组织在内的非营利组织划分提供了良好的现实和制度保障,提高了义工组织的运行效率和外部监督标准。

(一) 二元构造:台湾义工组织的法人制度供给

台湾地区民法为其义工组织提供法人制度的供给。法人作为进行社会活动的重要主体,是具有民事权利能力和民事行为能力,依法能够独立享有民事权利和承担民事义务的组织,这种组织既是自然人实现自身特定目标的手段,也是法律技术的产物,它的存在从根本上减轻了自然人社会交往的负担。② 台湾法律并无专门的"非营利组织"的法律术语,也无义工组织之法律名词,即使在"志愿服务法"中,义工组织也只是使用了"志愿服务运用单位"统称,③但这并不会

---

① 参见朱希峰:《"遍地是志工"——台湾社会福利服务中的志愿服务》,载《社会福利》2007年第2期。
② 参见王利明:《民法》,中国人民大学出版社2007年版,第97页。
③ 我国台湾地区"志愿服务法"第3条使用"志愿服务运用单位"来统称义工组织,并定义为"运用志工之机关、机构、学校、法人或经政府立案团体",其第3章第6条至第13条则对"志愿服务运用单位之职责"进行了系统的规范。故法律层面的台湾义工组织应当称为"志愿服务运用单位"。不过,习惯的力量并不是简单的法律约束,也不是法律能够轻易改变的,台湾社会仍然非常普遍地使用"义工"而不是"志工","义工组织"而不是"志愿服务运用单位"。

第七章 中国台湾地区义工组织法人制度

影响对义工及义工组织法人制度的研究。义工组织作为"志愿服务运用单位",究竟以何种组织形式构建"志愿服务运用单位"仍属于民法之主体法律制度的范畴。

王泽鉴教授对台湾地区的法人制度作过完整的逻辑划分。台湾"民法"对于法人的划分标准或依设立依据,或依结合方式,或依组织目的。这些标准的建立具有内在的逻辑联系和逻辑顺序。在台湾"民法"中,凡以公法为组织成立依据的法人为公法人,如政府、地方自治团体(包括省、市、县市等地域团体);与之相对,凡以私法为依据组织成立的法人为私法人,"民法上的法人属之"。① 民法确立私法人的类型时最优先考虑的是私法人结合的基础,不同的结合基础决定了不同的制度需求,目的范畴只是结合基础的下位因素。故台湾"民法"以结合方式为标准将私法人区分为社团法人与财团法人,社团法人为人的结合体,故必须有人的结合基础,公司作为典型的社团法人,必须具有两个或两个以上的股东,法律只有在例外情形下允许一人公司的存在;财团法人为财产的结合体,财产是其依法成立的基础条件。故社团法人不可无人,财团法人不可无财。

不过,基于目的差异,结合台湾地区民法、人民团体法、宗教法规和相关特别法的规定,台湾社团法人与财团法人可以为进一步的逻辑划分。社团法人按照其是否具有营利目的,可划分为营利性的社团法人和非营利性的社团法人。② 非营利性社团法人按照其公益属性的程度,还可以区分为"公益性的社团法人"和"中间性社团法人",前者如社会服务与慈善团体,后者如宗亲会、校友会、同乡会等

---

① 参见王泽鉴:《民法总则》,北京大学出版社 2009 年版,第 125 页。
② 台湾地区"民法典"第 45 条规定:"以营利为目的之社团,其取得法人资格,依特别法之规定",第 46 条规定:"以公益为目的之社团,于登记前,应得主管机关之许可"。由是观之,社团法人如以营利为目的,设立条件由特别法规定,如公司为营利性社团法人,关于公司的设立条件适用台湾"公司法"规定;对于以公益为目的的社团法人,台湾采许可制,应征得主管机关许可,反映台湾对公益目的的社团法人的控制要比以营利为目的的社团法人严格得多。

互益性团体。① 财团法人依据发起人及财产设立的目的归属,也可进一步划分为一般性的财团法人、特殊性质的财团法人和政府捐资成立的财团法人。一般性的财团法人,如民间社团依民法和相关主管机关许可设立的各种公益性的基金会。特殊性质的财团法人,如依"私立学校法"设立的私立学校,依"医疗法"设立的医疗机构,依"宗教法"设立的宗教团体,依各种社会福利法规设立的社会福利机构等。政府捐资设立的财团法人,如海峡交流基金会等。此外,台湾某些特别法也有涉及社团法人的规制,如"人民团体法"将社团法人分为三种类型:(1) 职业团体,②包括工商业团体(如各种类型的商业同业公会)和自由职业团体(如律师公会、会计师公会等);(2) 社会团体,系以推展文化、学术、医疗、卫生、宗教、慈善、体育、联谊、社会服务或其他以公益为目的,由个人或团体组成之团体;(3) 政治团体,即所谓的政党。针对财团法人,虽然没有类似于"人民团体法"这样的专门立法,但有关部门也出台了行政法规,如"各部会之财团法人监督准则",并有相应的特别规制基金会运作的行政规章。关于台湾各类型法人的详细关系如下图所示:③

```
         ┌ 社    ┌ 营利性的社团法人(如公司)
         │ 团    │
         │ 法    │                   ┌ 公益性的社团法人(如慈善团体等)
         │ 人    └ 非营利性的社团法人 ┤
  私法   │                           └ 中间性的社团法人(如宗亲会、同乡会等)
  人   ──┤
         │ 财    ┌ 一般性的财团法人(一般的公益基金会)
         │ 团    │
         │ 法    ├ 特殊性质的财团法人(如私立学校、医疗机构等)
         └ 人    │
                └ 政府捐资设立的财团法人(如海峡交流基金会等)
```

台湾民法关于法人制度的法律类型的构造,满足了台湾地区不

---

① 台湾地区"民法典"并无中间性法人的类型,仅仅根据社团法人的设立目的区分为营利性社团法人和非营利性社团法人。但非营利社团法人的目的仍有所差异,且营利与公益也非完全对立的概念,故非营利性社团法人存在完全利他与部分利他、部分互助的客观状态,如各类宗亲会,其存在完全不以营利为目的,属于非营利社团法人,但其存在只是为特定的人服务,为宗族成员相互救济、帮助,具有一定的利他性。故理论上,往往把这种互益性社团法人归入中间性社团法人。

② 参见台湾"人民团体法"第35、39、44条。

③ 参见陈南华:《台湾非营利组织税收制度及其启示》,载《涉外税务》2006年第5期。

同性质、不同目的、不同层次、不同类型的社会组织的法人制度供给的需要。从实践看,台湾义工组织既有基于共同价值观、自由选择结合而成的从事志愿服务的社团组织,也有以一定财产结合为基础,通过财团运作招募义工、从事志愿服务的社会组织。因此,台湾"民法典"关于法人制度中的法人二元供给反映了志愿服务领域的组织构造,满足了义工组织多元法人形态的需求,也为义工组织的内部治理、行为规范奠定了良好的法律基础。

(二) 台湾义工组织治理结构

从理论上看,治理与管理不同,治理侧重于政策的决定和组织目标的自我认定,而管理更加偏好日常组织事务的处理和组织计划的具体执行。义工组织治理需要创造组织结构与程序,并通过这种治理架构和程序监督组织的运行,对利益关系人负责。从制度层面看,台湾尽管已经形成了以"志愿服务法"为核心的志愿服务法律体系,但这些法律中涉及义工组织内部治理的规定相当少。台湾义工组织的法人治理完全依据其"民法典"以及关于社团法人与财团法人的相关特别法规定,因此,讨论台湾义工组织的法人治理结构必须立足于台湾社团法人和财团法人的治理结构。

1. 社团法人的治理结构

台湾多数的义工组织均以社团法人为其组织形式。义工组织作为社团法人,人既是其成立的基础,也是社团法人从事志愿服务的载体。依据台湾地区"民法典""人民团体法"以及相关特别法规定,义工组织作为"以推展文化、学术、医疗、卫生、宗教、慈善、体育、联谊、社会服务或其他公益为目的,由个人或团体组成之团体",其法人治理架构为会员大会、理事会与监事会。[①] 会员大会由全体义工组成,

---

[①] 社团法人机关的称谓较为复杂,台湾"民法典"规定社团法人由董事为执行机构,监察人为专门监督、检查机构,但台湾有关社团法使用理事、监事的名称。实践中,社团法人机关有设董事及董事会、监事及监事会的,也有设理事及理事会、监事及监事会的。在借鉴公司制治理经验的过程中,台湾义工组织的机关还因为是否采用公司制变得有所不同。

为义工组织最高权力机关,有权决议章程变更、理事及监事任免、监督理事及监事职务的执行以及有正当理由时开除义工的会员资格。由于义工组织社团法人章程必须记载组织的目的、宗旨以及志愿服务范围和计划,把章程修改、变更纳入会员大会的权限,其实质在于弘扬社团法人的人合本质和义工的参与精神。"志愿服务法"规定义工享有参与志愿服务计划的拟定、修改、设计和执行的权利就是这种立法精神的体现。理事会具体负责志愿服务计划的执行、考核与评估工作,直接领导义工组织开展志愿服务活动;监事会行使监督、检查权,对义工组织志愿服务计划的执行情况实施监督。理事会、监事会对会员大会负责、受会员大会监督。

会议运行机制是保障义工组织健康运营的关键,它包含权限与程序两方面的内容。义工组织会员大会由理事长召集,每年至少召开一次,会议必须有过半数以上义工出席才能召开,凡涉及社团法人章程的订立和更改,会员除名,理事、监事选任与罢免、财产处分等的重大事项必须有出席会员的 2/3 以上通过,其他事项过半数通过即可。会员大会作为社团法人最重要的决策机构,明确开会条件、流程,临时会议的召开,既保障了会员的合法权益,又调动了会员参与社团法人工作的积极性,是保证社团法人有序健康发展的核心制度。为防止理事专权或懈怠履行职务,影响义工组织运转,台湾法明确规定理事不为召集会员大会时,监事也可召集。如有全体会员 1/10 以上请求,表明会议目的及召集理由,请求召集时,理事应当召集。

依据台湾法规定,会员大会可以委托投票,以方便义工会员行使权利,但是,理事会议、监事会议或者理监事联席会议召开时,理事、监事必须亲自参加会议,不得委托他人代理,连续两次无故缺席,视同辞职。对于监事、理事这样严格的规定,避免社团领导阶层忽视自己的职责,徒具虚名,致使社团活动停滞或瘫痪。

台湾法重视对义工组织领导层的约束,对会员的依法管理只是为了保障社团法人活动目的性的展开,对作为义工组织领导阶层的理事、监事的制度约束则是防止义工组织变质。作为社团法人,台湾法要求理事、监事必须由会员选举产生,以保障会员的自身权益。为了更好地促进社团法人活动的开展,法律规定了理事长由常务理事选举产生,且只能连任一次,以保证社团领导层的新陈代谢,避免"垄断"或对个别领导人的过度依赖。

2. 财团法人的治理结构

义工组织以财团法人作为组织形式,均基于一定的财产捐助或遗嘱捐助。这类义工组织通常仅为特定的捐助目的而存在,只不过捐助目的指向特定的志愿服务而已。捐助章程是决定义工组织存在和发展的基本法律文件,也是义工组织申请财团法人登记的基础要件。依据台湾"民法典"的相关规定,以遗嘱捐助设立财团法人不受订立章程的限制,但登记时必须提交遗嘱备案。义工组织作为财团法人,其组织及其管理方法由捐助人以捐助章程或遗嘱确定,但捐助章程或遗嘱所定的组织不完全或者重要管理方法不具备时,法院可依主管机关、检察官或利害关系人申请,为维持财团法人的目的或保存其财产,变更财团法人组织。由此观之,以财团法人作为义工组织的组织形式,相对自主,法律对其限制也较少,且基本依据仍为台湾"民法典"关于财团的规定,对财团法人之监督则受到各目的事业机关制定的监管规章约束。[1]

台湾财团法人形态的义工组织的治理结构由捐助人[2]、董事会、监事会构成。捐助人在台湾财团法人中地位相当特殊,捐助人订立章程,以确立捐助财产的目标、运用、管理方法,明确财团法人的组织机构及其运营方式,但捐助人并不参与财团法人的管理。因此,财团法人设立登记事项包括董事姓名及住所,设有监察人的,登记监察人姓名及住所;除捐助章程或捐助遗嘱备案外,并无捐助人登记事项。但财团法人的实际运作始终处于捐助人控制之中,"家庭式治理的董事会"对于台湾财团法人的运行如影随形。捐助人不仅可以组织不完全或重要管理方法不具备为由申请法院变更组织,

---

[1] 参见罗昆:《财团法人制度研究》,武汉大学出版社2009年版,第140页。
[2] 台湾法没有规定捐助人可以参与财团法人的治理,且财团法人机关也无捐助人的设置。但捐助人对于财团法人运营始终居于控制地位,而这种控制地位的形成则是捐助章程。鉴于捐助人对财团法人的实际控制,特将其列为治理结构。

而且董事在财团法人治理过程中如有违反捐助章程行为时,也可以申请法院宣告其行为无效。捐助人控制是台湾财团法人治理的一大特色。

财团法人运营以特定的公益服务为目的,董事会为财团法人的决策与执行机关。董事会并不直接处理财团法人的日常事务,而是聘任经理人负责组织的运营与管理,董事会实际扮演的是监督角色,批准与检查管理者的计划与执行,确认依董事会的决策意志运用组织的资源,防止管理者的投机行为,以达成组织的使命、维护组织的声誉。监事会在财团法人运营过程中固守监察职能,既要监督董事会决策确保其满足捐助章程或捐助遗嘱确定的宗旨,也要监督管理者具体的运营行为是否合理、合法,以维护组织健康发展。对于义工组织来说,义工不再是组织的构成员,也不能像社团法人那样在会员大会行使组织机构成员的选举权限,义工加入财团法人,更多的是对财团法人追求志愿服务事业价值的认同,是基于向社会贡献自己的知识、经验、技能的志愿服务精神。

3. 公司制治理机制的借鉴

在最近数年间,台湾义工组织治理开始导入公司治理结构。公司治理结构的实质是公司内部的一种组织框架,用于解决人与人之间的利益冲突。诚如亚当·斯密所指出的,"在钱财的处理上,股份公司的董事为他人出力,而私人合伙的伙员,则纯是为自己打算。所以,要想股份公司董事们监视钱财用途,像私人合伙伙员那样用意周到,那是很难做到的","疏忽和浪费,常为股份公司业务经营上难免的弊端"。① 公司治理结构就是要建立一种贯穿于整个公司统制过程,运用私权力主导公司运营方向、建立机制以确保对公司行为进行管制的组织结构,其核心是以董事会为主建立公司内部机构的相互约束、相互制衡。

把公司治理结构引入义工组织治理,就是要建立一种能够使义

---

① 参见〔英〕亚当·斯密:《国民财富的性质和原因的研究》(下卷),郭大力、王亚南译,商务印书馆1996年版,第187页。

工组织规范、健康、发展的运行机制。这种机制首先要根据公司治理结构的框架建立起义工组织治理结构。无论是财团法人还是社团法人的义工组织，组织内的机构均应相互协调、相互平衡，以权力制约权力、以权力监督权力。因此，台湾义工组织在社团法人以会员大会为最高权力机构、以理事会执行组织决策、以监事会监督组织行为，义工组织内部机构权力分配与设置完全按照公司治理结构方法；在财团法人，虽然不存在会员大会，但捐助人权限的赋予将迫使财团法人董事、监事切实履行各自的职责，贯彻组织设立的宗旨与目标。相较而言，以社团法人为组织形式的义工组织，其内部治理结构更接近于公司治理结构，制度也相对更为完善。这种义工组织的内部机构如前所述包括会员大会、理事会、监事会、经理或执行官。会员大会作为义工组织的最高权力机构，主要行使任免理事、监事的职权。理事会作为最高决策机构，负责义工募集、组织义工重大活动、筹集善款等事项，台湾义工组织的理事会一般由15人组成。监事会负责对理事会和执行官的活动进行监督，尤其是对善款的筹集、运用中理事、执行官的渎职行为进行监督。台湾义工组织的监事会一般由5人组成，因此理、监事会的组成一般有20人左右，但规模较小的组织人数可能相对减少。执行官类似于公司的经理，负责组织日常的管理工作，总体协调组织各地区、各部门的资金、义工的调度，当发生公共突发事件时往往起到组织"代言人"的作用。而以财团法人为组织形式的义工组织没有会员大会，一般按照捐助遗嘱或捐助章程的要求，选任相应的理事、监事。当然，义工组织运行也会受到外部利益相关者的监督，如政府部门、组织的捐赠人、义工服务活动的受众群体和一般的社会公众。

（三）台湾义工与义工组织的关系

在台湾法中，义工为志愿服务的提供者，也即秉诚心以知识、体能、劳力、经验、技术、时间等贡献社会、不以获取报酬为目的自愿服务的人。义工与义工组织的关系因其组织形式不同而有所差异，各义工组织因所从事志愿服务领域的差异，对义工的要求也不尽相同。

不过,从台湾法律规定看,凡年满 16 周岁、身体健康、愿意从事志愿服务的,均可以申请获得义工资格,并根据自己的兴趣、爱好、特长等综合因素,自由选择参加义工组织。

1. 义工的加入与退出

义工加入社团法人义工组织的方法有二:一是自由结社,二是自愿加入。义工以自由结社方式组成社团法人,参与设立的义工成为义工组织原始会员。原始会员基于结社取得社团法人的社员资格,以奉行组织宗旨、遵守组织章程为前提条件。基于自愿加入取得义工组织成员资格的义工,因参加不同组织形式的义工组织,其地位有所不同。在台湾,凡非营利组织几乎都会组织自己的义工团体,凡自愿加入社团法人义工组织的义工,均依法取得义工组织的社员资格。以社团法人台湾消费者保护协会义工团为例,它由社团法人台湾消费者保护协会设立,直接隶属于台湾消费者保护协会,并以协助协会进行市场调查、拓展组织会务、申诉案件处理、提升及促进消费者权益所举办的各项活动为主要目的,①义工只要奉行其保障消费者权益、提升消费者地位、推广消费者教育的宗旨,即可申请加入。凡申请加入的义工经其义工团委员会审核认可后报经理事会通过,即可获得义工团社员资格。一般来说,义工无论是原始社员还是以自愿加入方式取得资格的社员,都不需要签订协议以明确各自的权利义务关系,社员与义工组织之间的关系以组织章程、组织准则为准。

义工加入财团法人义工组织的方法是应聘。由于财团法人义工组织基于财产设立的特殊属性,其工作人员无论是高级管理人员还是一般工作人员,也无论其为带薪员工还是无偿服务的义工,均由财团法人通过法律规定的方式招募。义工自愿加入财团法人义工组织,只能在其招募义工时以应聘的方式取得义工资格。故台湾"志愿服务法"规定:"志愿服务运用单位得自行或采联合方式招募志

---

① 《台湾消费者保护协会义工团组织准则》由台湾消费者保护协会义工团制定,计 5 章 16 条,包括总则、职责、权责、组织、附则等内容,该义工团隶属于社团法人台湾消费者保护协会。资料来源:http://www.cpat.org.tw/cpat/model_index.cfm.CONSULATENO = 08,2012 年 8 月 3 日访问。

工,招募时,应将志愿服务计划公告。集体从事志愿服务之公、民营事业团体,应与志愿服务运用单位签订服务协议"。以财团法人华山社会福利慈善事业基金会为例,其主持的"寻找守护天使"的志愿服务计划,以为三失(失能、失依、失智)老人免费到宅服务为目标,向社会公开招募义工。[①] 义工应聘加入财团法人义工组织时,必须与财团法人义工组织签订志愿服务协议,对服务的时间、地点、岗位以及服务补贴、保险等服务过程中的权利义务关系进行明确的约定。即使是义工组织整体参与财团法人义工组织的义工计划,加入其志愿服务时,也必须与其签订志愿服务协议,以明确相互间的权利义务关系。

台湾义工加入义工组织并不以一家为限,义工视自己的时间、精力、条件以及自己的志愿服务精神,可以同时加入多家义工组织。台湾法禁止义工组织通过内部规章、规则限制义工兼职或兼任多家义工组织的行为,凡义工组织章程或准则限制义工为一家或一家以上的义工组织提供志愿服务的,该条款无效。义工退出义工组织的情况也因财团法人义工组织与社团法人义工组织的不同而有所差异。义工退出财团法人义工组织的依据是其与财团法人义工组织签订的志愿服务协议,并根据协议约定的条件、方式结束相互间的志愿服务关系;义工退出社团法人实行自由原则,原则上义工可以随时申请加入,也可以自主选择退出时间和退出方式。不过,义工违反社团法人义工组织的章程或准则时,义工组织可以经过适当的程序予以除名,除名也属于退出的范畴。

2. 义工培训机制

凡是法律规定的涉及公共利益的机构在台湾都可以申请使用义工从事志愿服务。义工组织开展志愿服务时应当向目的事业主管机关申请立项,经审核批准后开始招募、面试、签约、培训等程序,最后才能上岗服务。为了提升志愿服务工作的质量,保障受服务者的权

[①] 参见财团法人华山社会福利基金会:《"寻找守护天使"义工招募》,http://www.elder.org.tw/about2.htm,2012年8月2日访问。

益,义工岗前培训是非常重要的环节。"志愿服务法"明确规定义工的培训课程分为基础训练和特殊训练两类。基础训练的内容由志愿服务主管机关确定,包括"志愿服务的内涵,志愿服务的伦理,自我了解及自我肯定/快乐志工就是我(前述两项任选一课),志愿服务经验分享,志愿服务法规之认识,志愿服务发展之趋势"等共六课,每课2小时,计12小时。特殊训练内容由各目的事业主管机关确定,如社会福利类义工特殊教育训练课程由台湾"内政部"规定,包括"社会福利概述,社会资源与志愿服务,人际关系、说话艺术、团康活动(前述三项任选一课),志愿服务运用单位业务简介,志愿服务工作内容说明及实习,综合讨论——集思广益论方法"等共六课,每课2小时,计12小时;教育类义工的特殊训练课程则由台湾教育行政部门制定等。基础训练和特殊训练都由志愿服务运用机构组织实施。[1]

四、台湾地区义工组织的外部关系

台湾义工组织经社区化发展已经形成了"点、线、面"格局。义工是社区网络的"点",义工组织是"线",社区自治则是"面",以社区活动为基础构成台湾公益慈善事业整体。这种运作模式以"慈济功德会"最为成功。社区化义工服务运作的结果使义工服务分布广、服务范围大、信息传播快、小团体运作反应迅速。台湾义工组织社区化运作不仅有利于提高抵御各种自然灾害的能力,在短时间集结巨大的能量展开最有效的救援行动,而且其平常的关怀左邻右舍、参与清扫、废物回收、照顾贫困家庭的方式也有助于形成出入相友、守望相助的社区氛围,很好地发挥了社会辅助性系统的功能。

---

[1] 参见朱希峰:《"遍地是志工"——台湾社会福利服务中的志愿服务》,载《社会福利》2007年第2期。

（一）台湾义工组织与政府的良性互动

台湾义工组织经过二十余年发展后逐渐回归理性的轨道,而不像草创之初那样动辄游行示威、抵制政府,去政治化发展、去政府化发展让台湾义工组织真正成为自愿从事志愿服务事业的民间组织,成为台湾社会公共服务的辅助性系统。台湾义工组织与政府之间的关系,既不是合作伙伴关系,也不是控制与被控制关系,而是一种以志愿服务为纽带的良性互动关系。

1. 政府对义工组织发展的"疏"和"导"

台湾当局在其民主化发展的进程中抛弃了威权统治,取而代之为有限的政府控制。就义工组织而言,台湾没有采取新加坡式的严格管制,而是实施温和的登记许可,对义工组织活动实施报备审核制度。同时,台湾当局强化志愿服务立法,完善义工组织运行机制,以法律约束政府与义工组织的行为,有效地推动了台湾志愿服务事业发展。

政府作为义工组织的主管机关,对义工组织活动实施监管。从总体上看,台湾当局对义工组织发展采取的是"疏"而不是"堵",是"导"而不是"管"。为了实现政府对义工组织的有效监管,台湾"志愿服务法"明确规定"中央"政府和地方政府为志愿服务事业的主管机关,根据志愿服务涉及文化、教育、环保、体育、社会福利、社会救助、残疾帮扶等几乎所有的公共服务领域且这些不同的志愿服务领域可能存在不同的政府职能主管机关的特点,"志愿服务法"同时确认政府目的事业机关也为志愿服务的主管机关,以防止政府各职能部门相互扯皮、相互推诿,阻滞义工组织设立、懈怠志愿服务监管现象的发生。台湾当局为顺应社会发展要求,调整行政机构设置:"中央"政府"内务部"增设社会司,专职履行"中央"政府对涉及两个以上目的事业的志愿服务活动的协调、编制综合性志愿服务发展计划、推进义工教育培训制度;地方各级政府社会局设立社会工作室,志愿服务、社会工作和少年福利是其主要职能。凡主管相关社会服务、教育、辅导、文化、科学、体育、消防救难、交通安全、环境保护、卫生保健、合作发展、经济、研究、义工人力的开发、联合活动的发展以及志愿服务的提升等公共利益工作的机关为目的事业主管机关,主管机关主管义工的"权利、义务、招募、教育训练、奖励表扬、福利、保障、宣导与申诉的规划及办理"。台湾当局的政府职能与行政机构调整以及主管机关与目的事业主管机关的职责划分与协调,为促进义工组织发展、推进志愿服务事业营造了良好的社会环境和发展环境,对引导、规范和监管义工组织活动发挥了重要作用。

台湾对义工组织实施"双轨制",即义工组织首先由业务主管机关核定设立许可,再由法院负责法人登记,以取得法人地位。台湾当局通过政府内设机构调整,延伸职能范围,对义工组织设立实施"疏""导",规范其活动,监管其财务。这种积极的"疏""导",形成了颇具特色的"双轨制",无论是义工组织设立的许可、审批,还是法人章程、捐助契约、捐赠遗嘱备案,都有明确的职能机关主管其事,归属明确、义务法定、协调专属,设立义工组织根本不会发生找不到"业务主管机关"的问题。台湾义工组织最终由法院统一负责法人登记,可直接纳入法人体系,分别承担不同的法人责任,直接促进了民间组织的规范化。

2. 政府对义工组织的补助与扶持

现代社会发展要求政府必须转换社会治理模式。这是因为社会发展导致公共服务需求多元化,由此形成公共治理主体和公共服务供给者多元化,政府向社会提供的公共服务产品已经无法满足多元化的社会需求。义工组织以其个性化、普遍化的社会服务能够满足不同层次、不同群体、不同领域的多元化社会需求,这是义工组织存在的社会价值基础,也是义工组织逐渐发展为政府在公共服务领域最有力助手的关键。政府愿意在公共服务领域让权,与包括义工组织在内的非营利组织共同承担公共物品和准公共物品的供给职责,其根本原因就在于此。政府基于这种互补关系,在公共服务领域与非营利组织实现合理分工与协作,一方面,允许义工组织保持相对的独立性和自主性,另一方面为促进这种分工与协作可持续发展,也必须对义工组织活动费用给予必要的补助与扶持。①

台湾当局对义工组织的补助与扶持,除税收优惠政策外,还表现为直接的资金补助和宽松的资金筹集渠道。台湾义工组织的目的事业主管机关的一项重要职责就是考核义工组织活动、审查义工组织志愿服务计划,根据每一个义工组织的业绩确定政府的资金补助标准。根据2001年修订的"内政部推展社会福利服务补助作业要点",补助分为一般性补助和政策性补助两类。政策性补助视需要另行规定;一般性补助为经费补贴,标准最高可达整个志愿服务项目总经费的70%。补助项目主要包括教育训练、奖励表扬、服务和观摩活动、联系会报、宣导推广、义工服务背心、因特网系统建文件费及因特网终端机及调制解调器等。义工组织申请政府补助,如为政府举办的单位,向业务主管机关申请;如属民间机构,则向当地社会局申请,最后由台湾"内政部"核办。② 而宽松的资金募集渠道是任何义工组织均可申请向社会募集经费,凡募集资金数额达50%以上的为公募,不足50%的为私募。凡向包括义工组织在内的非营利组织捐赠款物的,依法享受相应的税收优惠,以鼓励社会民众积极捐款捐物。

3. 政府对义工组织的监管

台湾地区政府对义工组织的监管包括设立许可、登记备案、活动审批和财务审核等内容。其中设立许可、登记备案与活动审批已经在前述内容中阐述,兹不再赘述。这里重点介绍台湾当局对义工组织财产运用及财务审核方面的监管。

"9·21"大地震突显政府救灾应急能力的不足,而大批民间捐款的资金来源与流向不清,也暴露了政府对包括义工组织在内的非营利组织监管存在严重的问题。1999年12月20日,台湾"内政部"通过"劝募条例"草案,试图弥补"9·21"赈灾捐款使用监管无能的

---

① 参见程昔武:《非营利组织治理机制研究》,中国人民大学出版社2008版,第223页。

② 参见朱希峰:《"遍地是志工"——台湾社会福利服务中的志愿服务》,载《社会福利》2007年第2期。

状态,但该草案未能在台湾"立法院"通过。2005年台湾"新闻局"募得4亿元的南亚海啸捐款,超过八个月仍未拨交慈善组织,引起台湾民众的一片哗然。2006年4月25日台湾"立法院"三读通过了"公益劝募条例",规定劝募团体应于劝募活动所得财物使用计划执行完工后30日内,将其使用情形提经理事会通过后公告及公开征信,连同成果报告、支出明细及相关证明文件,呈报主管机关备查,由此建立了极具"台湾特色"的义工组织二元财务信息报告制度。[①]

社团法人义工组织的财务管理与监督除受台湾"人民团体法"规范外,台湾当局还制定了"社会团体财务处理办法",明确要求义工组织应每年编造预算、决算报告,提经会员(会员代表)大会通过,并请报主管机关核备;决算报告应先送监事会审核,并将审核结果一并提报会员(会员代表)大会讨论通过。同时,"社会团体财务处理办法"对于义工组织的会计年度、会计基础、会计报告与会计科目、会计账簿、会计凭证、预算决算的编审、财产管理、财务及会计处理、财务人员及财务核审等进行了详细的制度设定。根据"社会团体财务处理办法",社会团体的会计年度以历年制为准,从1月1日起至12月31日止。记账原则是平时采用现金收付制,年终结算时采用权责发生制。报备核审的文件基本上包括当年度工作计划与收支决(预)算的相关报表,如资产负债表、收支决(预)算表、现金出纳表、财产目录、基金收支表以及工作报告等;当社会团体的决算金额达新台币1500万元以上者,得委请会计师签证。至于申报期间,社会团体应于年度开始前两个月由理事会编造年度工作计划及收支预算表,提经会员(会员代表)大会通过后,于年度开始前报请主管机关核备;此外,社会团体亦应于年度终了后两个月内由理事会编造当年度工作报告、收支决算表,连同现金出纳表、资产负债表、财产目录及基金收支表,送监事会审核,监事会出具审核意见书,送还理事会,提经会员(会员代表)大会通过后,于3月底前报请主管机关核备。

---

① 参见官有垣、陈锦棠、陆宛苹:《第三部门评估与责信》,北京大学出版社2008年版,第338—339页。

财团法人义工组织的财务管理与监督因组成条件为财产而非个人,不能有自主意思,故为维护不特定人的公益与确保受益人的权益,台湾对财团法人义工组织财务监管更为严格。(1)基本原则,财团法人义工组织财务监管的规则由目的事业主管机关制定。概括台湾各目的事业主管机关的相关规定,会计年度多采用历年制,从1月1日至12月31日。记账原则以权责发生制为基础,以实际发生作为收入和费用的标准。平时会计事务的处理被要求设有会计制度,并报请主管机关备查。报备核审的文件包括业务计划书、经费预算和决算的相关报表如资产负债表、收支余额表、基金余额变动表、现金流量表、主要财产目录以及工作执行报告书等。(2)核查签证,关于期末财务报表是否应经过会计师签证,各主管机关的规定及标准并不一致。原则上依"行政院"所颁订的教育、文化、公益、慈善机构或团体免纳所得税适用标准的规定,财产总额达新台币1亿元以上或当年度收入总额范围从500万元至3000万元以上的教育、文化、公益、慈善机构或团体,其本身及其附属作业组织的所得均免纳所得税者,应委托经财政部核准为税务代理人的会计师核审签证申报。(3)申报期间,有关预算与决算申报的期间,各主管机关几乎都要求财团法人应于年度前一至三个月期间内,拟具和申报预算及业务计划书,向主管机关报备审核;年度结束后也是在一至三个月期间内申报决算,除非有会计师审核而得以延迟。

(二)台湾义工组织与捐赠者的关系

社会捐赠是台湾义工组织主要的资金来源。因此,台湾义工组织与捐赠者之间关系的确定主要基于捐赠行为。捐赠行为也称公益捐赠行为,是指自然人、法人或其他非法人组织为发展社会公益事业或不特定的受资助人利益而作出的无偿给付财产的行为。从实践看,台湾义工组织的捐赠人有两类:一类是财团法人义工组织的设立人的捐赠或者遗嘱捐赠的执行人为遗嘱捐赠者所为的捐赠,这类捐赠行为的结果是直接导致义工组织的设立;另一类是自然人或者民间社会组织、企业向已经成立的义工组织(社团法人或财团法人)所为的财产捐赠。

基于设立财团法人义工组织的目的而为捐赠行为的捐赠人对财团法人是否享有权利并非取决于捐赠行为,而是取决于捐赠章程或者捐赠遗嘱,捐赠人对财团法人是否具有法律上的权利,完全由捐赠章程或者捐赠遗嘱决定。从实践看,捐赠人并不参与财团法人管理,但可以捐赠章程确立捐助财产的目标、运用、管理方法,明确财团法人的组织机构及其运营方式。这也当然包括捐赠人可以捐赠章程规定,获得一定介入财团法人运营的权限,如以捐赠章程规定担任财团法人的理事或监事;遗嘱捐赠者也可以在捐赠遗嘱中指定遗产的执行人或者指定执行人在财团法人中担任一定的职务。捐赠人没有在捐赠章程中规定参与财团法人的内部管理的,则不得干预财团法人义工组织内部管理。

但是,为了保障捐赠者利益,确保捐赠财产运用符合捐赠章程确定的宗旨、目标,确保捐赠财产用于特定的公益事业,各国法律一般均赋予捐赠者对财团法人义工组织必要的监管权。捐助人不仅可以组织不完全或重要管理方法不具备为由申请法院变更组织,而且董事在财团法人治理过程中如有违反捐助章程的行为,也可以申请法院宣告其行为无效。台湾财团法人义工组织的家庭式治理结构实际上就是捐助人控制。

社团法人义工组织的捐赠人在法律上也对捐赠资金或财产的使用拥有一定的监管权。在实践中,捐赠人捐赠的资产可能多种多样,如现金、抵押现金、投资、材料、物料、设施或公共物品的使用权、个人收藏等。但无论其以何种形式进行捐赠,其捐赠行为都是捐赠人为公益目的或资助不特定的社会成员而向义工组织作出的捐赠意思表示,经接受捐赠的义工组织的接受行为,而成立的双方法律行为。捐赠人有权就其特定的捐赠财产指定特别的用途,如用于义工的福利、义工组织办公设施的购买或只能在某一特定服务区域使用等。义工组织作为受赠人,理应满足捐赠人的意愿,特别是当捐助人为其捐助资产指定了特别用途时,应严格遵守关于资产用途的意愿。如果义工组织未能按照约定的用途使用捐赠资产,在法律上构成对捐赠人意愿的违反,捐赠人有权请求受赠人实现或请求有关主管机关督促义工组织实现捐赠资产的目的。

五、台湾地区义工组织的税收减免

台湾地区采取分税立法模式,缺乏统一的税收法,有关税收的法律计有12部,如"所得税法""遗产与赠与税法""平均地权条例""印花税法""加值型及非加值型营业税法""娱乐税法""房屋税条例""土地税减免条例""土地税法""使用牌照税法""关税法"以及"教育文化公益慈善机构或团体免纳所得税适用标准"等。因此,台湾针对包括义工组织在内的非营利组织的税收减免优惠的条款散见于各种税法,且根据非营利组织的公益化程度以及对社会贡献的大小,实施税收优惠政策。概括地说,包括义工组织在内的非营利组织公益化程度越高,享受的税收优惠也就越多;对社会贡献越大,享受的税收优惠也就越多。

(一)"所得税法"的附条件税收减免

基于台湾"所得税法"第4条第11款关于"教育、文化、公益、慈善机构或团体,符合行政院规定标准者,其本身之所得及附属作业组织所得免税"之规定,台湾义工组织作为无偿从事社会公共服务领域的利他性组织,依法享受税收减免的优惠政策并无问题。但台湾所得税减免是附条件的,即必须是符合"行政院"规定的减免标准且属于教育、文化、公益、慈善机构或团体。这意味着义工组织能否享有所得税免除取决于义工组织本身的性质。社团法人义工组织直接从事公益性社会服务,依法免除所得税在法律上没有疑问;财团法人义工组织往往受到设立目的限制,可能会产生不同的结果。不过,"行政院"的"教育、文化、公益、慈善机构或团体免纳所得税适用标准"(以下简称"适用标准")确立了包括义工组织在内的非营利组织是否适用免税的标准。这些标准包括:(1)依法设立;(2)不分配利润及剩余财产给捐赠人或其关系人;(3)不经营与其创设目的无关的业务;(4)收支记录完全,财务保管与运用符合规定;(5)主要捐赠人及该人的配偶及三亲等以内的亲属担任董、监事比例不超过1/3;(6)与其捐赠人,董、监事间无业务上或财务上的不正常关系;(7)用于与创设目的有关的活动支出应达到的比例限制。从这些条件看,财团法人义工组织是否免税尚须根据具体情形判断。在实践中,各种财团法人设立的义工组织或者捐赠人设立的义工组织均具有独立的法人资格,一般都能享受所得税免除的优惠。

(二)商业所得的税收减免

台湾法允许非营利组织通过"附属作业组织"从事商业活动并获得经营性收入,以期非营利组织获得可持续发展的能力,但非营利组织通过"附属作业组织"获得的经营性收入原则上必须缴税。所谓"附属作业组织"就是由非营利组织控制,具有独立核算能力的组织,当它与非营利组织合并申报所得税且符合"适用标准"的要求时,就能与非营利组织享有同样的税收待遇。在台湾具体的税务实践中,非营利组织即使"附属作业组织"获得经营性收入,一般也难以向其征收。如作为税收主管机关,台湾地区"财政部"曾以解释函令的方式允许非营利组织的商业所得扣除该组织其他非商业项目收不抵支部分后,如有余额,才对余额征税;若无,则该部分商业所得就不征税。这种做法就义工组织而言具有相当的正当性。

(三)台湾义工组织的捐赠扣除

大多数国家或地区对义工组织的捐赠人均采取一定的优惠措施,以鼓励社会民众支持义工组织发展。比较普遍的做法是在合理的范围内,捐助公益组织(而非互惠性组织)的个人与商业实体,对该款项享有税负扣除额或税款抵扣优惠。台湾地区对义工组织的捐赠人的税收优惠也大致如此,其"营利事业所得税法"规定:个人和营利事业对于教育、文化、公益、慈善机关或团体的捐赠总额最高不得超过综合所得总额 20% 和 10% 的限额内扣除;"遗产与赠与税法"则规定"遗赠人、受遗赠人或继承人在被继承人死亡时,捐赠给已依法登记设立为财团法人组织而且符合行政院规定标准的教育、文化、公益慈善、宗教团体及祭祀公业的财产不计入遗产总额"等。在具体的扣除方法上,直接将符合条件的捐款从应纳税所得额中扣除,这样做直接影响到捐赠人应纳税所得额所处的征税级距,所得越高的人受益越大,对鼓励高收入者慷慨捐赠具有刺激作用。

总体上看,台湾当局义工组织实施较为宽松的税收征管政策,如不强制要求义工组织必须办理税务登记、义工组织的发票使用并未纳入统一的发票体系等,即使是对义工组织实施税收违章处罚,也显得较为宽松、宽容。

第八章
中国香港地区义工组织法人制度

  义务工作在香港有着悠久的历史。香港民众素有"慈善为怀"、"乐善好施"的传统,早在19世纪,由热心公益的华人群众创办的东华三院、保良局以及其他各种社会组织秉承慈善为怀的精神,自行筹集经费,招募义工,开展包括紧急救济、医疗、殡葬和妇孺保护等社会服务。这些社会组织不仅为香港慈善事业奠定了牢固的社会基础,也为义工服务发展创造了社会条件。如今,"市民参与义工服务已转变成融入社会和回馈社会的一种具体表现",[①]高达90%的香港社会福利服务是由义工组织等志愿团体负责提供的,[②]香港已经形成了政府与社会组织相互合作、社工与义工相互协助的多元和完善的社会公益服务体系。作为大陆"义工"一词的发源地,香港政府非常重视义工组织的社会公共服务功能,通过制定公共服务政策、编制社会公益发展计划购买公共服务以及直接资助等方式,积极主导和支持义工组织参与社会公共服务。义工组织作为一种"我为人人、人人为我"的民间社会组织,已经成为连接政府与民众的桥梁,成为香港政府发展社会福利、改善和提高香港社会公共服务的基本渠道。

---

  ① 参见韩洁湘:《香港慈善事业发展的法律制度》,载民政部法制办公室编:《中国慈善立法国际研讨会论文集》,中国社会出版社2007年版,第163页。
  ② 参见方敏生:《香港慈善事业的法律框架及其特色》,载民政部法制办公室编:《中国慈善立法国际研讨会论文集》,中国社会出版社2007年版,第172页。

一、香港地区义工运动与义工组织

(一) 香港义工与社工

与绝大部分国家、地区不同的是,香港社会公益服务领域活跃着两支基本的力量:一是社工,即社会工作者,是指以助人自助为宗旨运用专业化的工作手段和方法,直接面向社会成员开展社区工作、社会福利、社会互助以及社区矫治等活动的人;另一是义工,即义务服务工作者,指自愿、无偿贡献自己的知识、技能、经验和智慧从事社会公共服务的人。香港政府极为重视这两支基本力量的整合与协调工作,构建以"社工带领义工"的运作模式,实现了社会服务力量的和谐发展。

社工是活跃于香港社会福利领域的专业职业,是一种必须经过严格的资格认证的职业。香港对社工采取强制注册管理,未注册登记的人不得从事社工工作。依据《社工注册条例》,注册社工资格必须符合下列情形之一:具有社会工作专业学位或具有社会工作文凭的,或者没有认可的社工学历但已从事社会服务工作满10年的,以及虽然没有认可的社工学历但正担任社工职位的。[①] 目前香港注册社工有13000名,98.3%的注册社工具有社会工作专业学位或者社会工作文凭。香港社工一般从属于各个社会服务机构,在开展社会服务过程中,政府和社会工作机构是合作伙伴关系,并形成了以政府为主导、以民间社会工作机构为主体、社工广泛参与的良性运行和发展机制。社工在政府主导下通过社会服务机构完成社会服务,既可以代表民众反映诉求,也可为政府排忧解难、化解各种社会矛盾,较好地解决了政府、社会工作机构和社会公众之间的关系。香港政府

[①] 1997年6月6日生效的《社会工作者注册条例》为了强化监管机制,监察社会工作者素质并最终达成保障服务使用者及公众利益的目标,明确规定任何不是名列注册记录册的人士无权使用"社会工作者"的名衔或其他相关描述的称谓。该条例授权香港社会工作者注册局依据这些法定条件,独立负责社会工作者认证注册登记工作。

对社工职业群体实行法制化管理,政府不直接干预、介入社工活动,而是为社工提供各种制度并监督制度实施,除《社会工作者注册条例》外,香港社会工作者注册局还制定并颁布了《注册社会工作者守则》《纪律程序》《评核准则及认可学历》等政策法规,对社工的职业道德、专业水平、工作范畴以及权益保护等进行了较为系统的规范。

社工与义工虽然都从事社会公共服务活动,但两者却存在相当大的区别:社工作为一种专业职业,依法享有获得服务报酬的权利,即社工是受薪人员,而义工则是自愿地无偿向社会贡献自己的时间、精力和技能、智慧的人,没有任何劳动服务报酬;社工在法律上要求必须具备一定的专业知识和技术,义工从事公共服务活动虽然也需要一定的经验和技能,但法律并无限制性规定。在香港,无论是政府官员还是普通市民,是儿童还是老人,都可以义工身份参与义工服务,没有阶级、年龄、性别之分。根据香港义工局的数据显示,香港有超过60%的人参加过义务工作。相对于强制注册的社工,义工的注册则是多样化的,既可以在义务工作发展局注册,也可以在其他的义工社团注册,甚至不注册都可以从事义务工作、服务社会。

香港社工与义工实行联动机制,即所谓的"社工+义工"模式。凡有义工存在的地方,就一定会有社工,这种密切联系说明了香港推行的"社工+义工"模式是一种社工与义工相互促进、共同发展的良性互动模式,其核心是社工管理并指导义工服务。从香港义工服务实践看,社工对于提升义工素质、强化服务技巧、规范义工行为发挥了不可替代的重要作用。作为社会服务的专业、职业工作者,社工推动了香港多元的、社会化的慈善服务事业建设。

1. 培训和区分义工,提高义工服务质量

香港社会公益服务相当部分由义工无偿提供,但无偿并不意味着低质,因为义工服务是政府社会福利服务的构成部分,对于义工服务的对象而言,与其说接受义工服务,还不如说是在享受福利服务。不断提升社会福利服务质量、向服务对象提供优质服务是义工服务的基本目标。香港社会机构和社会团体招募义工的甄选和联系由社工负责,义工从事公益服务活动的岗前培训也由社工负责,社工为义工开展专门化培训,介绍义工服务的相关管理和考核制度以及社会服务理念和服务内容,这有助于加深义工对社会服务的理解。同时,社工根据义工特长和社区服务内容对义工分类,以满足不同的服务需求和义工特长的发挥,既便于社区义工服务专门化,也更容易落实职责、提升质量。

2. 社工在义工组织中承担管理职能

香港在20世纪60年代发展义务工作的初期,缺乏社工参与管理,主要是热心义工兼顾管理工作。80年代以后,大学社会工作专业的毕业生越来越多,而且这些毕业生大多参加过义工服务,由他们开展义工服务管理与协调工作,具有独特优势。目前,香港社会福利署、义务工作发展局的专业岗位管理人员大多是"注册社工",而诸如路德会服务处、游乐场协会等社会组织,其管理骨干也由"注册社工"充任。社工从事义工组织的管理活动,除了具有专门的管理技能、管理时间外,最重要是能够将社会工作价值观融会贯通于义工组织,使扶助弱势群体、促进社会公平成为组织永不偏离的使命。

3. 社工带领义工策划和开展社会服务活动

香港社工对于义工服务的指导、辅导职能,近年受到特别的重视。因为参加义工服务,是每一个公民的权利。也就是说,"如果我想做好人,社会应该提供机会"。除了专业要求特别强的义工组织、义工项目可以设置较多限制之外,大多数义工组织应该是对民众开放的。由社工指导、管理义工,有助于保障受助者获得良好的服务。香港许多社会工作者,在职业时间内指导本机构的义工服务,在业余时间还参与义工组织活动,指导义工服务。"除了少数社工是具体从事专业性很强的服务之外,大多数社工应该是用60%的时间指导义工服务,用40%的时间自己开展服务"。

4. 社工对义工服务的考核评估

香港社会工作者特别重视"督导"工作,就是从专业角度对服务活动进行辅导、提出要求、促进改善;同时通过评估分析,提供让社会、公众了解的评估报告。香港比较正式的社会服务团体、义工组织,每年都提供《年报》等材料,供社会各界查阅,其中,"财务报告"和"评估报告"是社会最关注的。"财务报告"涉及政府资助和社会捐助的资金实用去向,是否符合法规,是否产生效益;"评估报告"涉及机构、社团提供的义工服务是否符合社会需求,是否产生有益于受助对象的效果,是否对社会有好的影响,同时是否有利于义工的充实与发展等,由社工指导和帮助义工组织做好评估工作,能够获得社会各界的信任,赢得持久发展的社会基础。

(二) 香港义工组织演进

香港开埠之初,受教会在英国社会生活中的核心地位影响,其志愿机构人员来自教士与修女,主要承担救济和救助工作。除此之外,香港的社会贤达人士志愿创办慈善机构来提供社会救助性的服务,如东华三院、保良局、儿童游乐场协会(即现在的香港游乐场协会)和儿童会(即现在的儿童群益会)。1937 年,香港救济联会(即现在的香港社会服务联会)成立,肩负起协调和推动志愿机构工作的责任。"二战"后的香港因移民人数不断攀升、人口激增导致严重的住房、就业、教育、医疗、卫生等问题,引起一些国际性救援组织和海外教会的关注,许多国际义工组织在香港设立机构,除紧急救济工作外,开始提供规模性的老人、妇女、儿童和残障人士社会服务,由此形成了早期香港义工服务和义工组织。[①]

1965 年香港政府发表了第一份社会福利服务白皮书,重点阐述了社会福利服务未在香港全面推行的原因以及厘定香港政府所应承担的责任,但白皮书并没有清楚地阐明政府与志愿机构间的关系,只是明确志愿机构存在的价值在于吸收善款和商讨社会福利资源分配事宜。这份白皮书引发社会对政府的强烈批评。1966 年香港爆发大规模的社会骚动,迫使政府改变对社会福利服务的态度,认识到"要防

---

① 参见香港东井圆佛会:《从浅谈香港慈善事业的发展看东井圆佛会的公益活动》,载上海市慈善基金会、上海慈善事业发展研究中心编:《志愿服务与义工建设》,上海社会科学院出版社 2007 年版,第 249 页。

止再有社会骚动事件发生,便要采取严厉措施来克服目前社会结构上的瑕疵",方法是提供较佳的受教育和就业机会,改善居住环境,增加青年福利和康乐设施,以便让更多的青年参与社会事务。1968年,香港社会服务联会成立了义工服务咨询委员会和义工服务部。

1970年,香港社会福利署资助成立了负责发展义工服务工作的专门性独立机构——义务工作协会。所谓义务工作是指各种由个人或团体自愿地贡献其时间及精神,在不为任何物质报酬的情况下,为改进社会而提供的服务。① 志愿无偿从事社会福利服务的人员被称为"义工",由此诞生了"义务工作者"登记制度,香港义工服务事业得以有序地展开。香港义务工作协会致力于通过推动义务工作,缔造一个相互关爱的社会,其基本职能为与社会各界建立伙伴关系,合力推动义工及义工组织参与社会福利服务事业、提供优质的义工服务,具体的核心工作包括义工转介服务、为希望提供服务的市民安排义务工作、为需要义工协助的机构寻找合适的人选,推动持续有效的义工服务。1981年7月,义务工作协会正式更名为"义务工作发展局"(简称义工局),在承接义务工作协会职能的基础上,更加侧重义工服务的监察和制度供给,创建大型的义工服务计划如"抗非典义工大队""亲子义工推广计划"和"黄金岁月退休人士义工计划"等,并加强与有关国际义工组织合作,参与国际义工组织合作与交流。同时,香港义工发展局设立义工培训及拓展中心,举办不同类型的训练课程,提供组织和管理义工的专业顾问服务,每年对具有突出贡献的义工及义工组织颁布嘉奖状。经过二十多年的发展,香港将义务工作的讯息传送到社会的每个角落,得到了来自社会各个阶层的广泛响应,参加义务活动的市民占香港总人口的20%,大约在100万人左右。② 50年来,香港义工服务已经从单一的救助

---

① 参见韩洁湘:《香港慈善事业发展的法律制度》,载民政部法制办公室编:《中国慈善立法国际研讨会论文集》,中国社会出版社2007年版,第163页。

② 截至2013年3月31日,香港义工运动参与机构为2414个、登记义工人数为1072572人,服务总时数在2010年即高达22084846小时。资料来源:http://www.volunteering-hk.org/tc/aboutvs/vs_intro,2013年4月20日访问。

施舍转变为具有专业技能和多元化的社会福利保障服务系统,义工服务处于世界领先水平。

(三) 香港义工运动

香港义工运动即由社会福利署发动的全港性开展义工服务的运动。香港沦为英国殖民地之际,也是英国民众摆脱教会神权控制之时,英国民众受教会神权抑制的个性获得释放的同时极大地彰显了自由主义精神。人们普遍认为教会与社会一样,都是由人所组成,并由人自由自愿地建立某种互动的契约。自由民主精神不单应用于政府及教会组织,也应落实于互相照顾的福利工作,每一个社会成员相互之间应该互相帮助,而且社会弱势社群的需求应该透过人类互助的精神和行动而得到满足。香港义工服务"人人为我、我为人人"的精神正是承继了这样一种自由、民主、互助、互惠的思想内核。[①] 人们从事义务工作既是服务社会的精神需要,也是自由选择、乐善好施的个性使然。参与义务工作是体现人人平等、互助互爱、互相学习的精神,表达爱心、关怀、分享的积极行动,尽公民责任,贡献及回馈社会。义务工作提供了一种有效的途径,让社会上不同阶层的人士参与社会建设,最终达到彼此相互关怀、融洽相处的氛围。[②]

回归祖国后的香港,积极致力于义工服务事业的发展。1997年9月,香港社会福利署成立义务工作统筹课,创建系统的义工服务平台,推动义工服务,如建立义工服务数据计算机系统,设立义工服务专线电话咨询系统,义工运动万维网及推行全港性的宣传及推广活动。1998年香港政府社会福利署顺应社团和民众的呼吁,连同香港社会服务联会及多家非政府组织,共同发起一场全港性的义工运动。为了规范和支持义工服务活动、持续推进义工运动发展,1999年9

---

① 参见陈婉玲:《民国〈合作社法〉的孕育与影响》,法律出版社2010年版,第48—49页。
② 资料来源:http://www.volunteering-hk.org/tc/aboutvs/vs_intro,2013年4月20日访问。

月,香港社会福利署设立了义工运动督导委员会(于 2003 年更名为推广义工服务督导委员会),并将义工运动委员会的秘书处设在了义务工作统筹课,由政府提供支持与服务。委员会的目的包括:(1)把"义工"概念活泼化、趣味化和多元化,把义工服务改造为民众日常生活的一部分;(2)加强宣传工作,让更多市民认知义工对社会作出的贡献;(3)争取更多不同行业的支持和参与,学生和青少年、工商企业和各类型的社区组织将会是其首要的推广对象。为了向学生及青少年、工商机构和地区社团推广义务工作,委员会还另外成立了学生及青少年、工商机构、社团三个义务工作推广小组以及一个义工服务推广及宣传小组,共同推动义工运动的蓬勃发展。同时,香港社会福利署在辖区的 11 个分区都成立了推广义工服务地区协调委员会,配合推动全港性的义工运动,根据各区的不同特点,制定并推广义工服务策略,协调地区的资源,增加地区上的响应。

义工精神是以互惠为基础的"利他精神"和"利己精神"的结合,是公民相互支持和关爱的体现,它有利于公民的道德建设和社会团结基础的扩大。义工精神提倡社会团结和互助,并以对社会弱势群体关爱、服务的方式塑造人类社会的仁义精神,有助于促进民众间的团结与合作,建立普遍认同的公民道德体系。

(四)香港义工组织类型

香港义工组织的发展走的是一条中间路线,既不依附政府,也不完全是民间自主开展,而是一种"政府统筹支持,社团自主管理,公众广泛参与"的三位一体的发展模式,这种模式使得香港义工组织成为政府与公众之间的桥梁与枢纽,能够有效地调和、化解公众与政府之间的矛盾,共同推进香港义工服务事业发展。

香港义工组织种类繁多、分布范围广泛,遍及各行各业。从总体上看,香港义工组织可具体区分为三种类型,即专门性义工组织、开展义务工作的非专门组织以及应急性义工组织。

1. 专门性义工组织

香港社会的特点是公民社会组织发达,各种社会团体、民间机构种类繁多，它们多从事一定的社会福利公益事业，各种义工组织则分散在各种社团之中。作为专门性义工组织，香港社会福利署义工统筹课、义务工作发展局和香港青年协会负责提供义工服务事业的支持、保障、协调和统筹、管理工作，它们并不直接从事义工服务，却是香港义务工作的枢纽性组织。

香港义工发展局是由早期的自主服务社团——义工协会发展而成的非政府组织，1970年正式成为专门性的义工组织，以支持和保障义工组织开展服务为其基本职责，目前已经成为协助政府、协助社会统筹义工服务事业的专职机构。义工发展局拥有个人会员5000人，团体会员六十多个，拥有一支20000人的义工队伍，其协调开展的义工服务项目涉及所有的公共事业服务领域。

社会福利署义工统筹课是社会福利署于1997年9月在正式推行义工运动前夕成立的组织，其主要工作是作为政府的代表来倡导和推动义工事业，透过建立义工服务数据计算机系统、义工服务专线咨询系统以及义工运动万维网，推动全港性义工服务宣传和推广工作。同时，义工统筹课在全港12个行政区成立义工服务地区协调委员会，配合推动全港性的义工运动，并针对各区域的特殊情况制定义工服务推广策略。①

香港青年协会是香港最具规模的非营利青年服务机构，它专门成立"青年义工网络"，管理和协调青少年的义工服务，拥有超过12万人的青年义工队伍。香港青年协会的宗旨是为青少年提供专业而多元化的服务及活动，使青少年各方面都能获得均衡的发展。香港青少年协会特别为青少年而设的U21青年网络会员制的专业服务，为全港青少年及家庭提供支援及有益身心的活动。

社会福利署义工统筹课、义务工作发展局、香港青年协会义工网络对义工服务事业的统筹、支持、协调、引导，极大地促进了香港义工服务的发展，由此奠定了香港义务工作的特殊地位。

---

① 参见韩洁湘：《香港慈善事业发展的法律制度》，载民政部法制办公室编：《中国慈善立法国际研讨会论文集》，中国社会出版社2007年版，第169页。

2. 开展义务工作的非专门组织

义务工作作为一项全港性的全民参与活动,其义工组织自然还分散在各种数以千计的社会团体之中,如具有代表性的香港社会服务联会、香港救世军、香港东华三院、香港游乐场协会、梅夫人妇女会等。这些社会组织在 20 世纪 80 年代前均称为"志愿团体",既有长期从事义工服务的宗教机构、社会团体,也包括新兴的非营利组织,它们活跃于家庭辅导服务、各种青少年服务、长者服务、康复服务以及社区发展等公共领域,并逐渐从以"行善"和"做好事"的方式转变为以专业道德价值、专业知识和技巧为基础的工作模式,以理性态度和方法,解决个人、家庭和社会的问题,不同程度地参与和推动了香港义工服务事业。① 应当特别指出的是,香港大多数的宗教机构开展义工服务时并不宣传宗教教义,宗教信仰与义工服务被严格区分,维持了义工奉献社会、服务社会的价值观念的纯洁性,这也是各国普遍遵守的义工服务去政治化、去宗教化的基本准则。

3. 应急性义工组织

香港应急性义务组织较多,如民众安全服务队、医疗卫生服务队等,以应付突发事件或者灾害性事件为主要服务特色。香港应急性义工组织发达的主要原因是地域因素,香港处于沿海地带,经常受到台风、洪水等影响,自然灾害较多,民众素有应急性自救与互救的传统,而且香港作为国际化城市,经常积极主动参与其他国家或地区的灾害救援工作,这些应急性救援和救济服务在大多数情况下都是由义工组织提供的。

香港应急性义工组织具有严密的组织体系和高效的应急处置能力。以香港民众安全服务队为例,该组织的前身是 1938 年成立的"防空救护队",1949 年港英当局重建"民防辅助队伍",其民众安全服务队"由战时的民防部队,逐渐演变为既能在灾害中救危扶伤,又能在社会活动中提供支援服务的多元化辅助队伍",民众安全服务

---

① 参见方敏生:《香港慈善事业的法律框架及其特色》,载民政部法制办公室编:《中国慈善立法国际研讨会论文集》,中国社会出版社 2007 年版,第 173 页。

队由"民安队指挥中心"和"行政及支援部"等构成,前者下辖各区域中队及特遣中队、紧急救援中队、攀山救援中队、山岭搜索中队;后者下辖人力资源中队、器材中队、通讯中队、运输中队、福利中队、民安队乐队、民安队训练学校、部队训练中队、新队员训练中队。民众安全服务队以"救急扶危、服务社会"为宗旨,受《民众安全服务队条例》这一专门立法保障和规管,隶属于香港政府,接受政府与社会资助,其运作模式为专职人员与义工合作管理的模式,每一个高层管理岗位都设置"职员+义工"的方式。[①]

香港民众安全服务队主要从事四类活动:(1)紧急救援服务,不论是香港地区还是中国内地、其他国家发生自然灾害时提供专业救援服务,如山野搜索及抢救行动、水灾救援、台风袭港期间的候命出动服务以及防止山火任务;(2)大型活动的保障服务,香港政府及公益机构举办重大活动时,民众安全服务队派出队伍进行维持秩序、预防意外、应急救援准备的服务;(3)特殊公众场所安全服务,如协助出入境管理处进行安全服务,特别是在非典期间、新型流感期间提供预防性服务;(4)队员训练服务,定期举办训练活动,提升队员的应急救援能力。

二、香港地区义工组织发展路径

20世纪70年代,香港政府发表社会服务白皮书,提出建立政府与非政府机构的"伙伴"关系,确立社会服务必须由政府与非政府机构共同负责的发展理念,经费以政府支持为主,民间筹措为辅;服务则以民间参与为主,政府提供为辅,由此奠定了香港政府发展义务工作实行社会与政府互动合作的基调。[②] 政府原则上不参与、不干预义工组织运作,而社会机构、社会团体则持积极的与政府合作的态

---

① 资料来源:http://www.cas.gov.hk/sc/welcome.html,2012年5月5日访问。
② 参见孙婷:《政府责任视阈下的香港志愿服务发展》,载《山西师大学报(社会科学版)》2011年第6期。

度,发展多元化义工服务,以满足多层次、多类型的民众需求。义工组织在发展过程中一方面积极谋求与政府的合作,争取政府经费扶持,如它们开展义工服务时以政府社会服务计划为依据,制定组织义工服务目标、义工项目;另一方面强化与不同的义工组织间的配合、协作,对特定的社会问题展开合作、凝聚合力、造福社会。

(一)香港义工组织运作模式

香港社会对义工服务的宣传并没有强烈的政治色彩,对义工精神的诠释也只是一句源自于合作精神的"人人为我、我为人人"的自助、助人精神,这种朴实的思想定位折射的是人格平等的博爱、人道主义的正义,是中国社会传统的"仁者爱人"的善良品性。香港义工服务在实践中逐步探索出一条属于自己的运作模式,即"政府支持、社团自主发展、公众参与"的三位一体模式,使义工服务成为香港民众最乐于参加的社会活动。

1. 民众广泛参与义工活动

香港民众义工活动首先表现为义工数量的大幅增加。1998年开展全港性义工运动以来,义工队伍逐渐庞大,香港社会福利署注册的义工人数达107万人,占香港总人口近1/7,即每7个香港人中就有一个为注册义工,而分散于社会各组织中担任义工的人数更远远超过注册人数;香港从事义工服务的社会组织超过2000家。注册义工涉及各种年龄结构和身份结构,涉及各种职业和专业,能够充分满足多元化的社会服务需求。① 其次,香港义工队伍正在向着年轻化、精英化、专业化发展。全港性义工运动使得社会关于义工的认识有了质的飞跃,过去香港普通民众普遍认为义工是少数好心人所涉足的事情,甚至认为义工事业是年龄较大、无所事事的人才会从事的服务,社会中高层管理人员、精英人士、社会名流、职业经理或专业人士极少参与义工服务。但义工服务昭示的互助、助人的合作精神使更

---

① 资料来源:http://news.163.com/11/0822/10/7C2ASS5N00011229.html,2012年5月5日访问。

多人重新审视义工行为,"人人为我、我为人人"正在成为所有香港人的价值观念。香港大学2009年的一份相关调查指出,香港义工构成日益呈现出较年轻、学历较佳、收入较好的情况。其中,有52%义工为全职雇员,有47.1%的义工具有大专、大学或以上学历;25.4%义工的月薪达到1.5万元以上;有49.4%的义工是经理或专业人士。① 义工队伍年龄结构的变化表明香港义工队伍已经走上年轻化的轨道,也反映了香港义工队伍成员结构和组织机构的优化,公务员、企业领袖、职业经理、社会精英以及专业人士逐步成为义工队伍的生力军。

2. 香港义工服务覆盖对象广泛,形式丰富多样

香港义工服务对象并不仅仅局限于老人、孩童等一般社会弱势群体,其活动辐射的范围涉及各种特殊对象如失足少年、残障人员,甚至是赌徒、酒鬼、囚犯等。全港性义工运动进一步扩大了义工服务的范围,环保服务、辅导服务以及技能培训等也逐步成为义工活动的领域。同时,义工服务也不再局限于那些需要拯救、需要帮助的群体,对香港义工服务而言,哪里需要帮助与协助,哪里就可以开展义工活动。香港义工活动遍布社区、学校、工商企业单位、政府部门等。从事义工服务的社会组织与香港政府、专业社会工作机构保持着良好的合作关系,义工服务与社会工作相结合,使香港的社会福利服务有了更广泛的社会和群众基础,有效地扩大了社会服务的覆盖面,提高了社会服务质量,对培养香港民众特别是青少年的公德意识、奉献精神和社会责任感有着独特的积极作用。

3. 香港义工服务社会认同度高

香港义工对社会公益服务所为的奉献赢得了普遍的尊敬,人们从义工服务中体会到社会对弱势群体的帮助和对社会公平正义的期待,并希望所有的香港社会成员,尤其是公务员、议员、社会贤达名流积极参与义工服务,义工已经成为香港社会文明进步、和谐发展的标

---

① 参见唐晶:《香港义工名播世界——香港义务工作发展局行义40年后顾》,载《公益中国》(社会与公益版)2010年8月。

志性群体。香港义工事业之所以有着如此高的公众参与率和如此深入人心的义工文化与精神,究其原因主要有:(1) 香港的义工教育从青少年时期抓起,这就使得很多人在青少年时期就有了义工的概念,并在长大后致力于为香港社会服务;(2) 义工提供了一条有效的途径,让社会上各个不同阶层的人士积极参与社会建设,最终达到相互关怀、彼此融洽、和谐相处的社会状态;(3) 香港人逐渐体会到义务工作在经济及社会贡献方面的价值,义工良好的发展现状鼓励着香港人更加努力地从事义工服务。同时,义务工作也是个人和团体追求自由选择、尊严、关怀和分享的根基,借此表达着人与人之间的关爱、善意并能充分发挥潜能,使人们能更好地履行对社会的种种权利和义务、妥善应付社会中遇到的各种挑战。

(二) 香港义工组织立法架构

香港关于义工组织并无统一的立法,在香港法律中也没有使用义工组织概念,甚至香港法律也没有慈善团体或慈善组织的正式名称。在香港法律中,慈善和团体是分别处理的,即"慈善"可以由"团体""组织""公司"等法人身份承办,[①]因此,凡以慈善为目的依法注册成立的社团组织、非营利公司或法团,均为一般意义上的慈善团体。同时,香港法律对慈善的定义并不是由慈善法或团体法确立的,而是承袭了普通法国家的法律传统,由税法定义。从香港《税务条例》第88条规定看,凡属公共性质的机构或信托团体,如其成立的宗旨纯粹为慈善用途及其活动主要为该等宗旨而进行,则可获得豁免缴税。所谓"慈善用途"的宗旨被定义为:(1) 救助贫困;(2) 促进教育;(3) 推广宗教;(4) 除上述之外其他有益于社会而具慈善性质的宗旨。特别应当指出的是,其第(4)项宗旨必须有益于香港社

---

① 参见方敏生:《香港慈善事业的法律框架及其特色》,载民政部法制办公室编:《中国慈善立法国际研讨会论文集》,中国社会出版社2007年版,第175页。

会,才能被认定为慈善。① 由香港《税务条例》第88条规定可以看出,香港法中的慈善范畴既包括捐赠行为,也包括服务行为,任何组织只要以慈善为宗旨,从事救济贫困、帮残助弱等有益于香港社会的行为或活动,均属于慈善范畴,因此,香港义工组织只要向税务机关申请,均可认定为慈善团体。香港义工组织通常以各类非专门义工组织形式存在,其根本原因即在于此,而讨论香港义工组织立法,必须基于慈善立法的视野。

香港关于义工组织的立法主要涉及义工组织的组织形式、义工组织促进以及义工组织行为规范等内容。

1. 义工组织形式立法

香港关于义工组织形式的立法主要包括《公司条例》《社团条例》,特殊情况下还可能涉及《注册受托人法团条例》。香港义工组织大多选择担保有限公司和社团为其组织形式。

根据香港《社团条例》规定,义工组织若申请成立社团,申请文件须有三名干事签署,内容包括:(1)社团名称;(2)社团宗旨;(3)社团干事资料;(4)社团主要业务地点的地址以及社团拥有或占有的处所的地址。只要满足前述条件,义工组织成立社团的申请一般都会获得批准,政府对社团的控制仅为防止欺诈及三合会,因此,"以最简单的方法,为这些团体登记,使其可以按照法例的要求正式运作。除非团体从事非法活动,登记机关一般不会过问团体的业务和工作。这一简单的法律要求配合香港的法治传统,实际上鼓励了结社自由"。②

香港《公司条例》为义工组织以担保有限公司为组织形式提供了法律依据。义工组织申请设立担保有限公司必须提交的资料包括公司章程、董事资料、有股本及无股本成员以及注册股本等。所有以担保有限公司为组织形式的义工组织每年必须向香港公司注册处为

---

① 参见方敏生:《香港慈善事业的法律框架及其特色》,载民政部法制办公室编:《中国慈善立法国际研讨会论文集》,中国社会出版社2007年版,第174页。
② 同上书,第175页。

"周年申报"。

当一个慈善信托是以义工服务为目的时,该慈善信托即为义工组织的形式。因此,香港义工组织也可能采用慈善信托的组织形式。香港《注册受托人法团条例》为义工组织选择信托形式提供了法律依据,尤其香港的信托在法律上具有法团地位,而香港法中的法团具有独立的法人资格,[①]这使得香港法具有自己的特色。在许多普通法国家中,信托最多只是被视为法人,而在同样具有普通法传统的新加坡,社团和信托均无法人资格。因此,香港法赋予社团、信托独立的法人地位,满足了义工组织、慈善团体等民间社会组织的多元化的法人需求。

义工组织不管是社团、公司还是以信托形式存在的法团,如果需要成为慈善团体,必须依据香港《税务条例》申请税收豁免资格。在法律上,任何义工组织只要注册成立,均可正式运作,是否获得税收豁免资格并不妨碍其慈善团体的性质;同样,义工组织能否成为慈善团体,并不取决于关于其有关慈善宗旨的订立,而取决于是否在义工服务实践中贯彻、实施其宗旨,即使获得慈善团体资格、享受了税收豁免,如果税务机关发现其没有实践该宗旨,也会依法取消其税收豁免资格。

2. 义工组织促进立法

香港不存在统一的促进义工组织发展的法律、法规,但香港法不乏鼓励社会力量、民间组织从事义工服务的法律条款,只是这类旨在促进义工组织发展的法律条款散见于不同的法律而已。正如前文所指出的那样,香港的《公司条例》《社团条例》以及《注册受托人法团条例》为义工组织提供了多元化的组织需求,并以最简单的设立条件和程序便利民众设立义工组织、从事公益服务,折射了香港法鼓励民众结社的自由精神,促进民众成立义工组织服务社会。同样的促

---

① 参见李颖芝:《促进与规管:关于管理香港慈善组织的法律框架的概观》,载民政部法制办公室:《中国慈善立法国际研讨会论文集》,中国社会出版社2007年版,第182页。

进义工组织发展的法律精神还体现在《税收条例》关于慈善团体的定义和税收豁免资格、豁免范围的规定之中。当义工组织被认定为慈善团体时,也就增强了自身的经费筹集和资金运作能力,而香港《税收条例》关于税收豁免范围和幅度的规定,显示了香港政府鼓励向包括义工组织在内的慈善团体捐赠的财务政策倾向,其具体规定将在相关内容中详述,而"香港存在着一个有利促进慈善组织运作的法律框架",[①]这是毋庸置疑的事实。

3. 义工组织规范立法

香港法律对义工组织的规范既包括义工组织内部治理机制的制度供给,也包括义工组织行为规范的制度供给。香港《公司条例》为香港义工组织提供了最广泛使用的治理规则,简便便捷的公司设立条件和程序,特殊的非营利目的的担保有限公司形式,为义工组织运用公司内部治理机制创造了法律环境;《社团条例》《注册受托人法团条例》也均以不同方式对社团或信托型义工组织设立、运营行为提供约束机制。

(三)香港义工组织制度建设

香港发达的义工服务由组织形式不同、数量众多的社会机构、社会团体提供,其义工组织分散于各种不同的社团和法团之中,如香港义务工作发展局拥有个人会员5000人,团体会员六十多个,属下义工近两万人。这种客观情况决定了香港政府必须建立有效的管理机制和完善的制度供给,才能有序统筹全港的义工服务活动。为推动香港义工组织积极、健康、持续发展,香港政府对义工组织实施了包括注册登记、义工培训以及奖励措施在内的各种措施,强化义工组织制度建设。

1. 香港义工组织强制注册制度

香港民众参与社会福利服务的基本途径是取得义工资格。香

---

① 参见李颖芝:《促进与规管:关于管理香港慈善组织的法律框架的概观》,载民政部法制办公室编:《中国慈善立法国际研讨会论文集》,中国社会出版社2007年版,第188页。

港设有义工登记制度,凡是愿意从事义务社会服务工作的民众,均可以到社会工作机构登记成为"义务工作者"。虽然义工登记不如社工注册那样具有严格的法律限制条件,登记也不是民众从事义工服务的前提条件,但经过登记的义工,会由社会工作机构协调从事各类社会服务,如照顾社区老人和残疾人、青少年学习和心理辅导等各类活动中心的服务工作、大型福利活动的现场服务和后勤工作、实施各种"爱心行动"计划、从事社会福利募捐和开展福利事业的宣传工作等。因此,香港义工登记制度是一种相当灵活、宽松的制度,其目的在于让更多的民众选择适合自己的方式参与社会服务。

与义工自愿登记不同,义工组织却实行强制注册制度。当然,这种强制性要求并不意味着政府对义工组织实施了过多的控制与干涉,相反,义工组织只要在政府管理部门注册登记,即为合法团体。强制注册的目的在于政府可以有效地协调义工组织活动,而不是要强化义工组织管理,换言之,义工组织获准注册后,在从事社会服务活动过程中如遇到困难,可以请求政府支持,政府也会施以援手,因此,香港义工组织强制注册制度在一定程度上强化了义工组织的归属感和使命感,直接推动了义工组织的发展壮大。

2. 义工培训制度

岗前培训是义工胜任相应的社会服务的前提,香港义工能参与全方位的社会服务,得益于规范化、专门化的义工强制岗前培训制度。义工自愿向社会奉献自己的时间、精力、专业和技能,但其服务对象却非常广泛、复杂,既可能是老、病、残、障人士,也可能是其他特殊的社会群体如未成年人或社会不良成员,这些人的心理承受能力以及对人、对事、对物的看法都不能用一般简单的心态去理解和看待。义工必须面对不同的服务对象,客观上要求义工应具有极强的适应性和高超的沟通技巧。

香港义工技能培训工作主要由义工组织和学校承担。学校负责对在校学生的专业培训,香港高校都设有社会工作系和社会工作课程,其毕业生不断为义工组织补充新鲜的血液,直接带动义工活动的专业化发展。同时,香港高校开设义工服务课程,承担义工技能培训的任务。义工组织则承担着香港民众义工服务的岗前技能培训的任务,义务工作发展局专门设立了义工培训及拓展中心,负责为义工或任用义工机构举办多元化的各类义务工作持续培训课程、义工专才特约培训、具体服务项目技巧等。培训及拓展中心也十分注重与大学和培训机构合作,借助专业人才推出义工服务管理课程。普通市民要当义工,义工推广机构就会给予他们合适的指导和培训。① 除义务工作发展局以外,许多香港社会机构或社会团体也提供义工培训课程,并建立了义工智能培训。香港完善的义工服务培训体系为提升义工素质和信心、向服务对象提供优质的服务奠定了坚实的基础。

香港义工培训主要涉及人际关系、技术性或专门技能训练以及义工管理训练,②培训内容由义工组织根据义工服务的对象决定,从基本概念到服务技能、从沟通交流技巧到专业服务方法,均属于义工培训的范畴,负责义工组织的专业社工则负责具体的支持和指导。义工完成培训课程和培训内容时,培训机构对其考核或者颁发证书以确认其培训效果。对于经过培训的义工人员,培训机构还会对其进行考核或者颁发证书来认可其培训的效果。香港政府规定凡年满15周岁或以上、有志投入义务工作及提高义工服务素质的人士,都有机会参与义工智能培训,完成个别项目课程,便可获取有关课程的出席证明信,修满指定学分及服务时数,便可获发 VQ(Volunteer Quotient,优质义工)奖项,③这不仅是对义工专业技能的认可,也是对其作为的一种嘉奖。

3. 香港义工奖励制度

香港社会赋予义工极高的地位,并以多种激励手段,鼓励民众积

---

① 参见刘新玲、谭晓兰:《国外及我国香港地区志愿服务培训机制研究及启示》,载《中国青年研究》2010年第10期。
② 参见李泽培:《政府要放手让民间去做》,http://www.oeeeee.com/a/20110105/959887.html,2013年7月17日访问。
③ 参见郭观:《大音希声,大象无形——小议香港的义工文化》,载《世界知识》2010年第11期。

极参与义工服务。除"太平绅士"这一古老的头衔制度外,各义工组织每年对表现优异的义工进行激励,其中,香港义务工作发展局于2005年创设的"香港杰出义工奖"最典型、最具影响力。"香港杰出义工奖"每两年评选、颁奖一次,除选出杰出义工及义工团体外,更特别增设企业奖,以表扬企业在推动义务工作方面的卓越贡献和成就,它极大地提升了香港民众的义工服务精神,促进了义务工作的持续和优质发展。2009年4月,由两届15位香港杰出义工奖得主发起组成的"香港杰出义工会"正式成立,它成为义工之间经验分享和理念交流的平台,进一步弘扬了义工服务的精神。香港义工组织对义工的激励形式也相当丰富,如香港佛光道场于2010年举行的义工大会暨杰出义工颁奖礼上,共有82人获金奖,106人获银奖,117人获铜奖。

香港政府对义工服务精神表现出强烈的认同和支持。社会福利署每年都会开展义工评选、嘉奖、宣传、推广活动,鼓励社区、社团、企业、个人参与义工服务。推广义工服务督导委员会以义工每年累计的服务时数为标准,签发由"义工总领袖"行政长官夫人及社会福利署署长连署的嘉许状。委员会每年都会筹办义工嘉许典礼,表彰义工对社会的贡献。这些奖励措施既体现了政府对义工服务的鼓励和肯定,也使义工增强了投入义工事业的荣誉感。

(四)香港义工组织资金运作

义工组织作为一种公益性社会机构,需要有充实的资金保障其组织持续运营和不断发展。从实践看,香港义工组织经费充足、资金来源多样化,既有政府财政支持,也有社会公众捐款,甚至还可以自办实体创收。

香港政府的资金支持是义工组织最重要的经费来源。香港政府对义工组织进行资金支持的措施是多方面的,一是财政拨款,香港政府对绝大多数的社会机构、社会团体均有直接财政资金支持,如香港义务工作发展局除接受社会捐款外,每年接受政府过亿元财政资金,即使规模较小的义工组织,也可以从义务工作局获得间接的财政经费;二是香港政府购买义工组织的社会服务,每一个义工组织每年完成一定的义工服务定额,经过社会福利署义工督导委员会考核合格,政府即拨给相应的服务经费;三是政府依法提供税收优惠政策,鼓励社会公众直接向义工组织捐款,凡对义工组织捐款的个人或企业,均可获得相应的税收减免。

不过,香港义工组织经费来源主要部分并不是政府资金,而是社会公众捐款。① 香港民众可通过电视、报纸、杂志以及网络等各种渠道了解各种义工组织,积极支持义工组织筹款活动,不管是地铁、火车站出入口还是过街天桥、巴士站台或者码头,经常会看到从儿童到老年各个年龄段的募捐者的身影。义务工作发展局主要的筹款方式是"买旗"。作为香港慈善机构筹款的一种模式,义务工作发展局邀请大量义工在街上向市民募捐,并将一枚贴纸贴在捐款者衣服上,防止重复捐款。香港乐施会以"乐施之友""乐施米"、"乐施毅行者""乐施卡"等多种灵活的筹款方式获得大量的社会捐款,通过88000名"乐施之友"每人每月通过银行账号自动转账来完成捐款,每年能够筹款9000万港币;通过"乐施米"活动每年大概筹资200万港币,几乎所有的香港人都会购买"乐施米"来支持义工事业;乐施会在街头甚至网上都设有乐施会商店,香港的知名艺人和民众都会捐赠自己的物品用于销售,至2007年底乐施会公众筹款达到1.7亿元。②

香港义工组织严格控制经费使用,确保最大限度地用于需要帮助的人。第一,香港政府对义工组织资金运用进行引导,建立义工组织经费运作和财务责任的最佳安排,如2004年11月香港社会福利署颁行《慈善筹款活动最佳安排参考指引》供慈善机构自愿

---

① 香港义工组织一般都可以募捐筹款方式拓展财政来源,但香港法例第228章《简易程序治罪条例》第4(17)(i)条规定,任何人士或机构为慈善用途在公众地方组织、参与或提供设备以进行任何筹款活动,或售卖徽章、纪念品或类似对象的活动,或为获取捐款而交换徽章、纪念品或类似物件的活动,需要向社会福利署署长申请许可证,但如非在公共地方募捐如慈善步行、慈善电影首映、慈善晚宴等,则无须许可。

② 参见《香港乐施会的筹款经验》,http://www.amityfoundation.org.cn/old/article/view1131.aspx,2013年7月17日访问。

遵守;①第二,义工组织内部制定各种旨在增加成本效益的措施,以降低行政经费和筹款开支,如制定内部政策、指引及措施;第三,引进项目管理机制,推行项目经理负责制,有些义工组织还建立预算核算机构,对项目所有的预算进行复核和控制,确保资金效用最大化;第四,建立资金使用监管组织,定期审核资金运用结果;第五,引进外部监管力量,委托会计师事务所等社会力量或以政府监管方式控制资金运用。以香港乐施会为例,乐施会在义工服务实践中逐步形成了资金运用的三重审核机制,即外部审核、内部审核以及政府审核。②外部审核是指乐施会每年都会委托专业的会计师行,按照香港会计师公会颁布的核数准则,审核乐施会的财务报表。核数师每年就乐施会的财务报表提供独立意见,并评核其所编制的财务报表是否能真实而公平地反映乐施会的财政状况、减除开支后的所余收入概况及现金流量状况等。内部审核是乐施会内部审计小组提供内部程序分析,令乐施会更有效地评估及改善风险管理措施、监控架构及管理程序。内部审计小组直接向财务及审计委员会汇报。根据香港《税收法例》,乐施会作为政府免税机构,应接受香港税务机构对资金运用情况进行查核。香港乐施会的审核机制有力地强化了资金运用的政策和程序,确保组织管理措施的实施。③

香港义工组织资金运用保持了极高的开放性与透明度,香港民

---

① 香港社会福利署《慈善筹款活动最佳安排参考指引》是一个不具有法律效力的指引性文件,确立了慈善筹款以及善款运用的21项守则,涵盖了捐款人的权利、筹款活动的运作和财务责任等基本内容,其中,捐款人有权按照捐款金额获得正式收据、知道筹集善款的目的以及要求查阅慈善机构最新年报和经审核的财务报表;慈善机构有关募集活动的信息必须真实,应停止向认为募捐活动构成骚扰或不必要压力的人募捐和不应以佣金制度聘用筹款人员;慈善机构必须以负责任并符合适用的法律规定和有关的操守或专业责任的方式,处理各项财务事宜。该指引一方面协助慈善机构加强所有捐款活动的透明度和公众问责性,另一方面协助公众人士在捐款前作有根据的决定,成为一位聪明的捐献者。香港义工组织在性质上为慈善机构,故该指引同样适用于义工组织。参见韩洁湘:《香港慈善事业发展的法律制度》,载民政部法制办公室编:《中国慈善立法国际研讨会论文集》,中国社会出版社2007年版,第169页。
② 资料来源:http://oxfam.org.hk/sc/useofdonations.aspx,2012年10月8日访问。
③ 参见薛惠元、曾小亮:《香港乐施会营运经验及对内地慈善组织的借鉴》,载《长沙民政职业技术学院学报》2010年第4期。

众一般都可以通过各种渠道查询到自己所捐款项的运用情况。同时，义工组织为了提高民众的信赖度，也尽可能地公开自己的义工服务开展情况以及资金使用状况，每笔善款最后去向均一目了然。正是如此高度的信息畅通与透明度，才保证香港义工组织运行的高效率，保护了香港民众对公益事业的高度热情。也正因为这份透明度，民众才会信任义工组织，放心地将自己的捐款交到义工组织手中让其支配。

三、香港地区义工组织法人制度

义工组织在现行香港法框架中，其法人形态包含了信托团体、社团、公司以及根据单行法例成立的法团。① 香港人对法人形态的指称受其表达习惯和法律传统影响，往往与大陆的表述习惯不太一致，似乎更喜欢把法人称为"团体"或"法团"。"团体"一词较为容易理解，凡由一定的人结合成组织，即可谓"团体"，如香港《注册受托人法团条例》把"团体"（Bodyofpersons）定义为"因习俗、宗教、亲属关系、国籍、地区利益或本土利益而联结在一起的任何社群或者为任何慈善目的而成立的任何团体或社团"。"法团"一词相对较为少见，《汉语大辞典》把"法团"解释为"法人"，梁启超在《史学之界说》中自注为"凡民间之结集而成一人格之团体者，谓之法团，亦谓之法人"。香港《注册受托人法团条例》则把"法团"（Corporation）定义为"按照本条例的条文成立为法团的受托人及其职位继任人"，换言之，任何团体或慈善组织基于信托而成为受托人或其职位继任人时即为受托人法团，具有独立的法律地位。香港现行法中的法团是指受到一定的香港法例约束的团体或机构，也即具有独立地位法人的组织。

---

① 参见方敏生：《香港慈善事业的法律框架及其特色》，载民政部法制办公室编：《中国慈善立法国际研讨会论文集》，中国社会出版社2007年版，第174页。

(一) 香港法人制度

"法人"一词最原始的功能在于说明团体的法律地位,即具有法律人格的社会组织。"多人合并成一个独立法律人格的观念,从希腊到罗马、欧洲大陆再到英国,绵延不绝。最初,在英国这种永久性的独立团体限于宗教、市政和慈善社团,它们的存在获得了国王的许可。"[1]1896年德国民法典采用了普鲁士邦普通法典的法人概念,法人逐步成为现代民法最核心的概念之一。但是,"各国政治、经济和文化条件的不同以及法律传统的差异,法人制度的内容也不完全一致"。[2] 法人的概念范畴在立法技术处理上有着极大的区别,如大陆法系国家在立法实践中通常对公司法人予以明确的概念界定,却不再用民法典为法人规定一个明确的定义。英美法系国家尽管也采纳了法人制度,却也同样没有一个统一的法律上的概念。从法律实践看,法人最常用的功能仍然是团体或组织的法律地位,无论是由人的结合形成的集合体,还是基于一定财产结合而成的集合体,其被赋予法人地位,仅仅在于证明团体和组织在任何特定时间、特定情形下,均区别于作为其成员的自然人,独立地享有民事权利、承担民事义务,且不受自然人属性制约,可以永久性延续。

香港法承继了英美法系的法律传统,没有统一的民法典,香港法人制度的规定散见于各种衡平法与普通法之中。

香港沿袭了英国法人组织的基本分类,即单独法人和团体法人。单独法人是指依特别许可方式成立的法人组织,即指香港回归前英皇室所属的公司及公共信托基金等组织。根据英国不成文法,英国王室通过行使习惯法所赋予的皇家特权,可以授予法人组织特许证,特许证上盖有国玺,规定公司的性质、特权和权力,同时肯定其为法人组织。这类法人组织的特点是其成员有继承的资格。团体法人又

---

[1] 〔英〕刘易斯·D.索罗门、阿兰·R.帕儿米特:《公司法人:实例与解释》,阿斯本法律与商业出版社1999年版,第7—8页。
[2] 参见江平:《民法学》,中国政法大学出版社2000年版,第126页。

称为法人团体,是一般公司的存在形式。团体法人是法人概念延伸的产物,"法人概念的外延从原来的教会日益扩大到广泛的世俗领域。法人的内涵也日益丰富了。法人不是天生的而是人为的,成立法人必须获得国王的特许,并以共同图记而行动,起诉或应诉;法人是不可见的、无形的、永存的;它不会受到伤害、殴打或监禁。这样它既是一个人又是一个名称,简而言之,它是拟制的人"。① 香港团体法人可分为由政府特许成立的法人团体和根据法律规定由有关政府部门批准成立的法人团体两类。由政府特许成立的法人团体一般是由议会特别法例(或立法机关颁布的特别条例)特许成立的。这种组成法人组织的方式一般只用于发展公共事业,如成立大学、理工学院、建设铁路等等。它们根据国会的特别法例或香港立法机关的特别条例组织起来。它的好处是特别法例或条例可以赋予有关特定的组织所需要的权力,例如香港地下铁路公司,它可以依据发展需要强制征购土地。而经批准成立的公司又可以分为由政府拨资、非营利性的公营公司,经立法部门批准授予特许经营权的法定公司,以及根据《公司条例》经注册而成立的注册公司三类。其中,最常见、最重要的公司类型是注册公司。② 在香港,根据《公司条例》注册成为法人组织的公司,这一方式是成立具有法人资格商业组织最普遍的方式,为社会或慈善事业的非商业机构也可以通过这一方式注册成为法人组织。③

香港所有的注册公司都被分为私人公司和公开公司两种形式。私人公司并非一般意义上的私营公司。香港《公司条例》第29条第1款所称的私人公司,是指"其组织细则载有任何下列一项或多项规定的公司,(1)限制转移股权者;(2)股东名额限制为50名者(不包括公司现有的雇员以前之雇员);(3)禁止向公众人士募股或募债者"。由此观之,香港《公司条例》中的私人公司泛指股权式的封闭

---

① 参见张乃和:《近代英国法人观念的起源》,载《世界史》2005年第5期。
② 参见张学仁主编:《香港法概论》(第三版),武汉大学出版社2006年版,第256页。
③ 参见李泽沛主编:《香港法律大全》,法律出版社1992年版,第210页。

公司,不可以挂牌上市,也不可以向社会募集资本,股权不得自由流转。香港《公司条例》对私人公司的目的没有限制,不管社会组织是否以营利为目的,均可以申请注册为私人公司,故香港私人公司经常被各种社会机构、社会团体以及非营利的福利机构采用为组织形式。依据香港法例,任何机构、团体若注册为私人公司,即受《公司条例》约束,不得再援引、适用《社团条例》。同时,公司注册官如果认为私人公司成立的目的可疑,如以私人公司替代曾经被拒绝注册或曾经为社团注册登记但被除名的社团时,可以暂时停止该私人公司的注册手续。香港特别行政区长官会同行政机构的注册官将某一注册公司除名,同样,被除名的注册私人公司也不得以《社团条例》取得社团法人资格。

(二) 香港义工组织法人地位

香港义工组织在现行法律框架下,既可依《公司条例》注册登记为私人公司,也可依据《社团条例》注册登记为法人社团,无论是私人公司还是法人社团,香港义工组织均可依法取得法人资格,依法获得独立享有权利、承担义务的法律地位。此外,香港义工组织也可依信托或特别法令成立法团,获得法人资格。

1. 义工组织的法团地位

香港《公司条例》规定"任何一名或多于一名的人士,可为任何目的而藉在一份组织章程大纲(须以中文或英文印制)上签署其名字,并藉遵从本条例中关于注册的其他规定,成立一间具有法团地位的有限法律责任公司或无限法律责任公司"。这一规定清楚说明任何人可以任何目的在遵守《公司条例》的前提下注册登记取得法团地位,而不管其是以追求股东利益最大化的营利为目的,还是以奉献社会、服务社会的公益为目的,公司设立不限以营利为目的,为社会团体、社会机构甚至宗教组织以注册公司为组织形式创造了法律条件。香港义工组织是富有爱心和向社会奉献自己的知识、劳动、技能、经验和智慧的社会团体,当然可以自由选择以公司形式取得法团地位,获得从事义工服务的能力。唯依据香港《公司条例》,注册公司必须符合法定的条件,这些条件包括有一名或一名以上的董事股东、所有股东必须超过18周岁、具有一定的注册资本并缴纳注册资本厘印税等。任何公司均具有自然人的身份以及自然人的权利、权力及特权。在不限制前款的原则下,任何公司均可作出其章程大纲、任何成文法则或任何法律规则所准许作出的任何事情。公司章程为香港公司最基本的行为准则,必须记载公司设立的宗旨,且公司权力受章程记载的宗旨约束,任何公司不得经营其章程大纲没有授权经营的业务,亦不得作出其章程大纲没有授权作出的事情;而且若任何公司的章程大纲或章程细则明确地将任何权力排除或变通,则该公司不得在违反该项排除或变通的情况下行使该权力。任何公司的任何成员均可提起法律程序以制止作出任何违反前款的作为,但该公司的任何以前的作为如产生任何法律义务,则任何人均不得就将会为履行该法律义务而作出的任何作为提出该等法律程序;任何公司的任何作为(包括向该公司或该公司作出的财产转让)并不会仅因该公司违反条例规定而无效。① 上述规定表明:香港义工组织可依法选择公司形式注册登记取得法团地位,但必须遵守香港《公司条例》。

2. 香港义工组织的社团地位

香港《社团条例》的立法宗旨是规范社团注册、禁止某些社团运作,是社会团体、社会机构取得社团法人资格的基本法律。香港对社团组织管理呈现出明显的逐步宽松的发展态势。1949年的《社团条例》赋予政府广泛而严峻的权力,严格控制各种合法成立的社团活动,禁止和取缔各种非法社团。1961年修订后的《社团条例》在一定程度上放松了社团注册管理,对某些社团可以豁免注册,相对于修改前除纯粹以宗教、慈善、社会或娱乐用途成立的社团外,任何组织与团体均需在社团注册处注册,任何未注册或者注册未获批准注册的社团均属非法的规定,社团管制有一定的松动。但1961年香港《社团条例》增加了许多新的措施,强化社团活动和社团干事的管制,包

---

① 参见香港《公司条例》第5条5A第1、2款,5B第1、2、3款之规定。

第八章 中国香港地区义工组织法人制度

括扩大条例的适用范围、扩大注册官批准和管制管理权力、加重社团及社团干事的刑事罚则。1992年修订的《社团条例》把依合法目的成立的社团违规行为,与"三合会"①或其他不法组织违法行为加以区分,原来的注册制度也改为了知会制度。不过,香港警方仍然保留着广泛的管制及监察社团的权力。社团负责人成立社团时若不知会警方,仍属违法;警方仍然可以要求社团提供其活动资料,政府仍然有权基于"损害香港安全或公众治安或秩序"的理由禁止某社团继续存在。修订后的《社团条例》包含了一项通知制度:任何社团均需向社团事务主任提供本社团的名称、宗旨、干事的姓名及地址,由社团事务主任保存一本社团名单,供公众查阅。如果社团事务主任合理地相信任何社团的运作或继续运作会对香港的安全、公众安宁或公共秩序造成损害,便可以向保安司建议发出命令,禁止该社团运作或持续运作下去。1997年回归后修订的香港《社团条例》对注册社团延续了香港注册管理逐步放松的态势,但仍保留了政府对社团活动的管制权——值得注意的是,香港所有社团仍受香港形式法律的规限。

香港的社会团体、社会机构大多直接或间接地从事义工服务,义工组织作为一种社会组织,如需取得社团资格,必须办理注册登记。香港《社团条例》第5条规定:"任何本地社团均须于其成立或根据第2(2B)或第4条被当作成立后一个月内,以指明的表格向社团事务主任申请注册或豁免注册。"义工组织社团资格注册申请必须由三名干事签署,具体内容包括社团名称、宗旨、社团干事资料以及社团主要业务地点的地址和社团拥有或占用的每个地方或处所的地址。如义工组织隶属于某一合法成立的社会团体或社会机构,必须在其作为分支机构成立后一月内以指明的表格向社团事务主任申请注册或豁免注册,义工组织为分支机构的注册申请也必须由社团的

---

① "三合会"为历史上著名的反清秘密组织,始于清朝康熙、雍正年间。现在实质上的三合会已经不存在,由于很多华人黑社会组织根源都可以追溯到清朝的洪门三合会,因此现在一般用来泛指由华人组成的黑社会犯罪组织。

三名干事签署,内容包括隶属社团的名称、义工组织名称,如宗旨与隶属社团不同,还必须载明其宗旨、分支机构干事资料以及分支机构主要业务地址。香港社团事务主任可注册任何社团或分支机构,在《社团条例》赋予的权限范围内,社团事务主任如果相信任何社团或分支机构是纯粹为宗教、慈善、社交或康乐目的而成立或者相信其为纯粹成立以作为乡事委员会或由乡事委员会组成的联会或其他组织,有权豁免该社团或该分支机构注册。社团事务主任如豁免任何社团或任何分支机构注册,有权以指明的表格发出豁免证书。社团事务主任在咨询保安局局长后,也有权拒绝任何社团或分支机构注册或拒绝予其豁免注册。不过,从香港《社团条例》规定看,社团事务主任合理地相信其拒绝社团注册或拒绝豁免注册的理由必须是:(1)基于维护国家安全或公共安全、公共秩序或保护他人的权利和自由所必需的;(2)当申请注册的社团或分支机构是政治性团体,并与外国政治组织或中国台湾政治性组织有联系。① 因此,香港义工组织只要保持其非政府组织属性,远离政治且保持完全为社会公益服务的目的,在一般情况下均能获得社团注册。

3. 香港义工组织注册受托人法团地位

香港义工组织也可依 1997 年修订的《注册受托人法团条例》取得法团资格。香港《注册受托人法团条例》订立的宗旨就是方便某些团体、社团及社群委任的受托人以及慈善组织的受托人成立法团。香港义工组织所从事的义工服务以慈善为目的,属于慈善组织范畴。香港《注册受托人法团条例》所称的慈善目的是指满足下列各项的任一项目的:(1)济贫;(2)促进艺术、教育、学术、文学、科学或研究的发展;(3)提供准备以治愈、减轻或预防影响人类的疾病、衰弱或

---

① 参见香港《社团条例》第 5 条 5A 第 1、2 款。对于政治性社团或分支机构而言,其联系是指(1)该社团或该分支机构直接或间接寻求或接受外国政治性组织或中国台湾政治性组织的资助、任何形式的财政上的赞助或支援或贷款;(2)该社团或分支机构直接或间接附属于外国政治性组织或中国台湾政治性组织;(3)该社团或分支机构的任何政策是直接或间接由外国政治性组织或中国台湾政治性组织厘定;(4)在该社团或分支机构的决策过程中,外国政治性组织或中国台湾政治性组织直接或间接作出指示、主使、控制或参与。

伤残或者照顾患有或受困于影响人类的疾病、衰弱或伤残的人,包括照顾在分娩前、分娩中及分娩后的妇女;(4) 促进宗教发展;(5) 教会目的;(6) 提高社会公德及促进市民的身心健康;(7) 对社会有益但不属于前列指明的其他目的。任何团体或慈善组织如获得受托人(人数不得少于3人,也不得超过7人)的委任,均可向注册处长申请受托人法团注册证书。义工组织依法获得受托人法团资格,即可依法从事以慈善为目的的义工服务。

4. 特殊法团地位

香港社会团体或社会机构还可以根据特别法令获得特殊法团资格,这些特殊法团依法同样从事义工服务,如根据《香港明爱法团条例》《保良局条例》《东华三院条例》等特别法例,以法团形式成立义工组织。

综上所述,香港义工组织的法律形式包括:依据《公司条例》成立的义工法团;根据《社团条例》成立的义工社团;根据《注册受托人法团条例》等法规成立的义工信托团体以及直接依据香港法令成立的特别义工组织法团。截至2007年12月,全港5123个义工组织中,不同法律形式的慈善组织分布情况为:法团3680个、社团626个、信托406个、其他411个。[①] 依据《公司条例》和《社团条例》成立的义工组织法团或社团,具有独立的法人资格,它们是香港义工组织最主要的存在形式。在香港,作为法人团体,义工组织拥有自己的名称,香港所有法院可以并且必须使用该名称进行起诉与被起诉。同时,作为法人团体的义工组织都订有自己团体的章程,章程中规定本组织的行为宗旨以及法团成立时的组成人员和事务决策方式等。与其他法人类似,作为法人团体的义工组织也须独立地行使权利并履行义务,在违反法律时,独立地承担法律责任。

---

① 香港法律改革委员会所辖的慈善组织小组委员会于2011年6月16日发表"慈善组织"咨询文件。资料来源:http://www.hkreform.gov.hk/tc/news/20110616.htm,2011 – 06 – 16,2013年7月17日访问。

（三）香港义工组织的独立性

香港义工组织无论是作为私人公司还是社团法人，均具有独立的法律人格，即使是作为受托人法团或特别法团，不具有独立的法人资格，也具有信托目的或在特别法令限制内具有相应的权利能力和行为能力。义工组织在法律上完全独立，自主决定义工服务的开展，不受香港特区政府干预。

香港政府与义工组织维持着密切的合作关系。从发展的角度看，政府与社会组织相互间关系经历了一个渐进的对抗、管制和合作的过程。创立期的社会组织一般具有去政府化、去政治化属性，但是，政府基于社会管理者的角色定位，把社会组织纳入社会管理范畴，确保社会组织发展符合国家、社会发展的方向。香港政府对社会团体、社会机构的态度也不例外。以强化注册登记为内容的香港《社团条例》，历经修订，不断协调政府与社会团体、社会机构的关系。1997年后的香港义工运动，彻底改变了过去香港政府在发展义务服务时，重其使用、轻其支持，重其付出、轻其资助的状况，借鉴英国政府与志愿组织关系的成功经验，确立了政府与义工组织之间的全新关系。

香港政府与义工组织之间受英国法律、社会传统的影响，采取典型的合作发展模式。目前，香港社会服务已经形成了以政府为主导、社会组织为主体、义工广泛参与社会公共服务的良性运行和发展机制，社会公共服务特别是社会福利保障服务主要由以义工服务为中心的社会组织供给。政府与义工组织合作发展，其结果是直接推动了政府和义工组织相互间各自发挥自己的资源优势，共同开展公共服务。一方面，政府将社会公共服务交由社会组织承接，由于义工组织自愿无偿向社会提供义工服务，可以满足不同层次的不同需求，降低了政府集中提供社会服务的成本；另一方面，政府对义工组织提供的义工服务进行考核、评估，给予相应的资金扶持，在一定程度上缓解了义工组织经费困难问题，为义工组织提升服务质量、强化服务技能提供了物质保障。因此，香港政府与义工组织合作发展模式概括起来就是政府出钱,义工组织出力,政府作为经费提供者,而义工组织作为服务提供者,政府不干预义工组织的运行和业务活动,只负责义工组织社会服务的制度供给,即政府主导作用主要表现为制定政策,编制发展计划,颁布实施考评指标,负责宏观管理与指导,通过向非政府社会工作机构购买公共服务、直接资助等方式支持义工组织发展。

四、香港地区义工组织的法人治理

香港义工组织的法人治理机制因其依据不同的法例而有所区别,在一般情况下,公司为义工组织普遍采用的组织形式,故公司治理机制在义工组织运作过程中获得广泛的应用,重视权力制约和监督、强化制度建设、加强服务考核和评估,是香港义工组织法人治理的核心。

(一)香港义工组织架构

香港义工组织的内部架构取决于两个基本要素:一是设立依据,另一是章程及其细则。香港义工组织形式相当灵活多样,有以社团为组织形式,也有以法团为组织形式。依据不同的法律法令创设的义工组织具有不同的内部组织架构,不同义工组织章程及细则的差异化也在一定程度上决定着义工组织的内部运行机制。

依《公司条例》创设义工组织时,义工组织的组织形式为私人公司,义工组织虽然无须严格地按照公司治理机制确立自己的组织架构,但原则上仍应采用公司的股东会、董事会和监事会的分权与制约的机构运行机制。从实践看,义工组织以私人公司为组织形式时,由义工大会为权力机构,董事会或执行董事负责业务执行,监察委员会负责监督组织的业务开展,特别是财务运用。

依《社团条例》注册登记的香港义工组织,其内部组织机构完全取决于章程及其细则,香港《社团条例》仅要求其成立必须由三名干事联署。实践中依《社团条例》成立的义工组织一般由理事或理事会负责行使权利、执行组织业务运行,如属重大事项,则由义工大会以多数决的方式决定,同时,香港义工组织一般均有监察人和监察委员会从事业务执行监督及缴费运用监督,有业务拓展委员会,负责拟定组织活动计划、业务发展计划、义工招募计划以及宣传推广工作。

依据《注册受托人法团条例》设立的义工组织,其内设机制则与信托法律文件有着直接的关系,其具体运行机制则按照信托原理建立。

对于那些专门、独立的义工组织而言,其内部机构设置严密、分工精细,职、权、义配置合理。以香港义务工作发展局为例,其运作架构由两个层次组成:一是掌握最高权力的管理委员会,主要承担领导管理职能,进行工作决策、计划、组织、监督和控制,着重于重大问题的研究和重要活动的决策,成员主要由政府官员、社会贤达、普通社会人士和专职成员组成,委员会不做具体事务,大部分甚至全部成员由非专职人士组成;二是日常工作机构,香港义务工作发展局设有董事会,董事会的人员以及组成在其章程中都有所规定。董事会下设小组委员会与总干事。小组委员会下分为三个工作小组,分管财务及行政、筹募及推广、策划及服务。总干事下设两个服务总监与独立的财务及行政经理。其中,一位服务总监下设义工培训及拓展经理和筹募及推广经理;另一位服务总监下设义工服务经理和义工计划经理,具体负责处理日常工作和组织常规活动,直接对义工安排工作和具体承办各项活动。这样的分工使义工局在开展工作时有了最大的自由度,又避免了义工资源的浪费。

香港义务工作发展局的内部组织架构具有相当的代表性和典型性,大多数专门独立的义工组织均采取这种方式。这些内部组织机构主要从事两类工作,一是分管行政与财务工作,另一是分管具体的义务工作。具体义务工作机构的基本职责主要包括宣传推广、义工培训、义工服务、义工计划。香港义工组织无论是法团、社团,还是信托、特别法团,作为一个在法律上独立的社会组织,具有严密的内部组织分工,义工服务活动的开展有着严格、系统的活动流程,从宣传推广、义工招募、培训到义务活动策划、义工服务实施,其组织性、系统性、计划性都是义工组织能够顺利开展各项义务服务的根本之所在。

(二) 香港义工组织与义工的关系

义工是义工组织的细胞,也是义务服务最主要的力量,直接承担义工服务的任务。香港除对义工组织实施注册登记外,也对义工实施注册制度。不过,义工注册制度非常宽松,既可以由义工发展局注册,也可以由各义工组织自行注册,且即使没有注册,也不妨碍义工从事义工服务。义工经义工组织注册,即取得该义工组织会员资格,既有权参加义工组织的专业培训、岗位培训,也有义务接受义工组织对其参加专业培训的评估,只有评估合格的义工,才可参加义工服务。

香港义工组织相互间有着密切的联系与合作,任何一个义工组织的工作场所均摆放不同义工组织的资料,对不同专业、不同技能和不同兴趣的义工,可以相互推荐,以发挥义工的专业特长。香港义工及义工组织按社区的需要、组织的专长及服务方针,开展不同的义工项目,它们互相配合,发挥不同的作用,各义工和义工组织就像机器中不同的齿轮,各自运作、互相带动,持续而稳定地发展。以香港义务工作发展局为例,为了更有系统地组织义工参与服务,义工局作为独立、专门的义工组织,特别成立了"香港义工团",并设个人会员及团体会员,欢迎有意参与义务工作的人士和团体加入。义工局会为会员提供服务咨询、义工培训、交流活动、福利保障和嘉许等等,以期香港义工团的会员在服务过程中不断成长并提升服务技巧,为服务对象提供优质及持续的服务,使"香港义工团"成为优秀义工服务团队的标志。个人或团体,只需填交"香港义工团"会员申请表格,并交纳会员费,经义工局审核后便可成为香港义工团会员。

义工与义工组织间以义工服务合同为基础构建相互间的权利义务关系。义工组织招募义工,对有意参加组织的义工进行登记注册,并对其进行专业培训。义工加入义工组织且以义工组织名义从事义工服务时,在法律上义工的加入行为与义工组织注册行为构成了一个具有约束力的合意,以这种合意为基础形成了相互间的权利义务关系。因此,义工与义工组织间的法律关系是使用人与被使用人的关系。结合替代责任和义工、使用人组织的公益性,义工侵权行为的责任承担可具体为:(1) 义工在服务中侵害第三人的,使用人承担替代责任,在义工故意或重大过失或违反公序良俗的情形时,使用人可以对被使用人——义工行使部分追偿权。(2) 义工在服务中,受第三人侵害的,由第三人承担赔偿责任;第三人下落不明或没有赔偿能力时,义工可以向作为使用人的义工组织请求赔偿。值得指出的是,义工从事义工服务时遭到不法侵害有权要求赔偿,而不应当是补偿,不仅仅是因为义工服务是一种公益行为,象征性的补偿不足以弥补义工受到的损害,而且因为自然人个体相对于社会化的组织而言,更应当优先受到保护。(3) 因意外事故致使义工遭受损害的,使用人应当承担赔偿责任。[①]

(三) 香港义工组织准入制度

香港义工组织或以社会团体、社会机构的形式存在,或以私人公司、慈善组织形式发展,但不管是什么形式,强制注册都是香港义工组织管理的重要内容。从实践看,作为香港义工组织设立依据的《公司条例》《社团条例》《注册受托人法团条例》等法律、法令迭经修订,社会组织准入门槛越来越低,政府监管的重心逐步转向动态的过程监管和结果监管。同时,香港政府素有鼓励结社的传统,义工组织注册制度简便、灵活。香港法律对具有公益目的的慈善组织和社会组织的设立程序和条件的规定比较宽松,尤其对拟设立的社会组织的经费和成员几乎没有任何要求。[②] 如依据《公司条例》第21(1)条规定,凡有证明提出,令公司注册处处长信纳一个即将组成为有限公司的组织,其组成的宗旨是促进商业、艺术、科学、宗教、慈善或为

[①] 参见杨波、蔡峰华:《义工行为侵权责任制度研究——以义工行为法律关系为基础》,载《法学论坛》2004年第3期。

[②] 参见方敏生:《香港慈善事业的法律框架及其特色》,载民政部法制办公室编:《中国慈善立法国际研讨会论文集》,中国社会出版社2007年版,第175页。

了其他具效益的宗旨,并拟将其利润及其他收入的任何部分用于实践其宗旨,且拟禁止向其成员支付任何股息,则处长可借特许证,指示该组织可注册为有限法律责任的公司。在香港注册有限责任公司最低虚拟注册资本为1万元港币,且无需验资,政府只需收取资本金千分之一的厘印税(相当于国内的印花税);同时需有至少一名年满18岁的股东。香港《社团条例》规定慈善社团设立无需注册资金,仅需三名干事,其中至少一位须为香港居民。社团事务主任如信赖任何社团或分支机构纯粹以宗教、慈善、应酬为目的,有权豁免该社团或分支机构注册。①

相对而言,香港政府对依据《社团条例》创立社团法人的监管要比依据《公司条例》创立私人公司来得宽松。凡依据《公司条例》注册成立的社会团体或社会机构,必须定期提交资产负债表、董事会构成人数及变动情况、每年度股东大会的决议文本、公司收支情况等文件,而对依据《社团条例》成立的社团法人却没有类似的规定。从监管方式看,香港政府对大部分的社会组织如基金会、社团、法团的运作及服务直接干预较少,更多的是在购买服务时予以考核、评估,从而制约包括义工组织在内的社会团体、社会机构的业务活动。

五、香港地区政府的功能定位

香港社会福利署作为特别行政区的代表,对香港义工事业的蓬勃发展发挥了重要作用。从总体上看,香港政府对积极推进义工服务的社会团体、社会机构经历了一个包容、理解、支持、合作的发展过程,逐步确立了包含着对义工组织引导、统筹、合作、监管等在内的多元化、综合性的社会福利事业发展策略,对义工组织实施全面的合作伙伴关系以及全方位的支持和帮助。这种蕴含合作精神的发展策略

---

① 香港社团事务主任统一负责社团注册工作,可以注册任何社团或分支机构。依据《社团条例》第5条规定,除基于国家安全、公共秩序以及社会善良风俗等原因拒绝社团或分支机构的创立申请外,一般情况下均会作出准予注册的决定。

使香港义工事业始终保持着积极、持续、健康、务实的发展态势。可以说，如果没有香港政府的社会政策引导、没有相应的法律和制度保障、没有宏观的监督与规范以及没有财政的大力投入，香港的义务工作就不可能得到健康、有序的发展。① 香港义工事业的发展与香港政府在义工事业发展中的功能和角色定位具有重要的关联性。

（一）香港义工立法的推动者

香港受英国法律传统影响，形成了良好的法治社会基础。英国是最早对包括义工服务在内的社会慈善事业进行独立、统一立法的国家，其1601年颁布实施的《慈善法》是世界上第一部慈善法。1997年回归后的香港特别行政区也把提升社会福利服务水平、推动义工服务作为政府的重要工作，持续开展全港性义工运动，积极探索义工服务立法，为义工事业的存在和发展奠定坚实的法律基础和理论依据。

不过，香港没有对义工服务实施统一立法，有关香港义工及义工组织的地位、职责、服务对象构成、服务经费保障等法律、法令，散见于香港各种成文法例之中，除香港《公司条例》《社团条例》和《注册受托人法团条例》外，还积极开展各项特别立法，推动义工服务事业发展。1984年，香港颁布了规定刑事罪犯从事义务工作的《社会服务令条例》，条例规定凡符合法律规定的刑事罪犯可以通过义工服务工作替代或附加于其他刑罚，条例对代替刑罚的条件、作出社会服务令的权力机关以及享有社会服务令的刑事罪犯在进行义务工作过程中的义务和责任都作了细致而具体的规定。香港《社会服务令条例》开刑事罪犯从事义工服务立法之先河，其经验逐步被其他国家或地区所借鉴，也是香港政府致力于义工事业的重要特色，具有重要的意义。《社会服务令条例》拓宽了义工服务工作的人员范围，对部分刑事罪犯强制参与义工服务，既扩大了义工服务的队伍，也使得这些罪犯在义工精神感召下洗心革面、重新做人；同时，让刑事罪犯以

---

① 参见苏学愚：《试行救助服务的政府购买，推进救助管理社会化——借鉴香港社会工作经验》，载《湘潮》2009年第9期。

义工服务代替或附加于其他刑罚,有助于罪犯改造,防止互相影响。香港许多义工从事义工服务的方式之一就是协助政府改造刑事罪犯,使其尽快融入社会,让刑事罪犯参与义工服务,能够以义工奉献精神感染刑事罪犯尤其是青少年罪犯。香港《梅夫人妇女会法团条例》《圣母兄弟会法团条例》《葡侨教育及福利基金法团条例》等特别法令,不仅明确了义工组织法人团体的法律地位,赋予义工组织一定的权利和义务,而且也为义工组织开展活动和进行工作创造了良好的法律环境,使他们能够在法律规定的范围内充分发挥自身能力,更好地为社会提供优质服务。

香港政府还积极推动义工服务奖励立法,从而为促进香港义工事业发展,推动义工队伍专业化、规范化提供了完善的法律和制度环境。1997年5月香港颁布《太平绅士条例》,继承了英国的太平绅士传统,[①]从《太平绅士条例》规定看,现阶段的香港太平绅士的主要职能是巡视监狱、羁留中心以及医院、感化院和老人院等,通过巡视和接受投诉以确保这些部门的有效管理和合理服务,确保不会有任何人被不公平对待或被剥夺合法权利。太平绅士既是对公共服务作出贡献的人士颁授的一种荣誉,也是一种对德高望重的社会人士委任的社会职责,具有极高的社会地位。

(二)香港义工事业的支持者

香港社会福利署作为特区政府机构,利用各种社会资源和政府资源优势,不断制定各种义工方案和义工服务推广计划,积极充任各义工组织联系的桥梁,促进义工事业蓬勃发展。如香港社会福利署实施的长者关爱计划,以社区为中心建立长者支持服务队,通过举办

---

① 香港的太平绅士制度源于英国,英文名称为 Justice of the Peace,简称 JP。太平绅士制度是英国于16世纪前创设的一套旨在维护社会秩序的司法辅助制度,回归前的香港太平绅士由香港总督根据《英皇制诰》第14条规定,委任对香港社会有"重大贡献之人士"协助政府维持社会治安。香港太平绅士每年委任一次,人数从50人至80人不等,目前香港的太平绅士约有1500人左右,香港政府最近一批委任的太平绅士有82人。资料来源:http://news.sina.com.cn/c/2012-06-30/083024687330.shtml,2012年8月25日访问。

不同类型的义务工作,关爱和帮助社区长者。长者支持服务队除对愿意接受义工服务的60岁及以上老人定期探访慰藉、提供情绪支援外,还对独居或缺乏家人照顾、缺乏社区支援网络、健康欠佳、有经济困难、居住环境欠佳、不能正常使用社区资源的老人给予帮助。① 从总体上看,香港特区政府采取了各种措施支持其义工服务事业的发展。

1. 香港政府对义工服务精神的支持

香港政府在实践中努力通过多种途径大力倡导义工精神,支持义务工作,营造良好的社会氛围,鼓励公众积极参与义务服务工作。基于香港社会和经济发展的需要,香港政府与社会团体进行协调,制定和修改香港义工发展的各项计划,颁布并实行各项有关义工服务的法规、法例、规章以及考核评估指标,规范政府、义工组织和社会公众在义工事业中的权利、义务关系。义务工作发展局作为专门、独立的义工组织,对义工服务进行宏观管理、统筹与指导,受到特区政府的强力支持。2010年香港政府在其《施政报告》中就明确提出"香港青年服务团"计划,鼓励青年积极参与,向内地贫困地区提供较长期的服务。② 社会福利署每年都会开展义工评选、嘉奖、宣传、推广活动,鼓励社区、社团、企业、个人参与义工服务。推广义工服务督导委员会按义工每年累计的服务时数为标准,签发由"义工总领袖"行政长官夫人及社会福利署署长连署的嘉许状。委员会每年都会筹办义工嘉许典礼,表彰义工对社会的贡献。

2. 香港政府对义工组织的财政支持

香港政府每年向义工组织提供数百亿财政资金,发展义工服务

---

① 香港长者关爱计划是一项大型的综合性的以社区为基础开展的义工服务计划,旨在建立服务社区、守望相助、和谐关爱的新型社区,解决老人居家养老的社会问题。目前,全港共有40支关爱服务支持队,为4万老人提供居家养老义工服务,形成了良好的社会效果。参见香港社会福利署:《关怀长者工作方案》,http://www.jyq.gov.cn/sqjs/ShowArticle.asp.ArticleID=5569,2012年9月25日访问。

② 香港政府对义工事业的支持还在于营造良好的尊敬义工服务、支持义工事业的社会氛围,香港社会福利署每年对具有突出贡献的义工组织和成绩优异的义工实施精神奖励,社会福利署推广义工服务督导委员会每年开发不同的义工服务计划,鼓励不同阶层的市民、团体、企业参与义务工作;香港义工领袖由特别行政区行政首长夫人担任。

事业,维持和提升社会福利服务水平。以合作伙伴关系为基础,香港社会福利署与包括义工组织在内的社会团体、社会机构甚至企业组织签订各种各样的社会服务协议,并向各服务组织提供资金资助,仅2010—2011年度,社会福利署给非政府机构约2625个服务协议单位的预算资助高达87.771亿美元,资助领域主要包括安老服务(32.2%)、康复及义务社会服务(32.6%)、青少年服务(14%)、家庭及儿童福利(10.3%)、社会福利志愿(8.9%)、社区发展(1.5%)、违法者辅导服务(0.5%),并预留8.208亿美元,用于向私营机构、非政府机构以及义工组织购买福利服务。[①] 香港义务工作发展局能够有效、持续地开拓义工服务,也得益于政府大量的经费支持,政府资助资金占义务工作发展局每年1000万港币的财政预算的40%,且还可以接受过亿元的政府资助。[②] 同时,香港政府还对社会兴办的慈善机构提供租金、差饷、地租津贴等。[③]

除了直接拨款外,香港政府对义工组织的财政支持还表现为税收豁免政策。香港《税务条例》第16D及第26C条规定,应课薪俸税、个人利息课税或利得税的个人或业务捐款人,可将在课税年度的评税基期所作出的认可慈善捐款申请扣除,总额最高可达应评税人入息或利润的35%,但捐款总额不得少于100万元。[④] 香港税务机关对慈善捐款的用途及申请免税设置了非常透明的程序,确保税收公正。

[①] 根据香港社会福利署网站资料整理。
[②] 资料来源:http://epaper.oeeee.com/H/html/2011-01/05/content_1272496.htm,2012年8月25日访问。
[③] 参见孙婷:《政府责任视阈下的香港志愿服务发展》,载《山西师大学报(社会科学版)》2011年第6期。
[④] 所谓"认可慈善捐款",是指捐款人捐给获得豁免缴税的属公共性质的慈善机构或慈善信托作慈善用途的款项或指捐赠给政府作慈善用途的款项。在香港,慈善团体并不等同于志愿或非牟利团体,慈善团体必须纯粹为慈善用途而设立,慈善用途认定的依据是麦纳顿勋爵(Lord MacNaghten)在T. Special Commissioners V. Pemsel (3TC 53)一案关于何为慈善用途的判决,该判决确认慈善用途包括救助贫困、促进教育、推广宗教以及其他有益于社会而具慈善性质的宗旨。

3. 政府购买义工组织的服务产品

香港政府将大部分的社会服务工作交由社会组织完成,政府则与社会组织建立各种各样的合作伙伴关系,直接向这些社会组织购买或委托服务,义工服务也不例外。尤其最近数年间,香港政府对义工组织的支持正在从补贴型的财政投入转变为购买型的财政投入,政府不再直接管理、干预社会组织承接社会福利事务,而是给予社会组织和机构极大的自由空间,购买其服务,最大限度地追求义工服务产品的优价、优质。香港民政部门通过政府购买模式,由公共部门和政府作为顾客和委托人,同那些能够真正提供公共服务的组织(包括义工组织)签订合同。这一制度成功引入民事关系中的合同概念,以合同双方当事人协商一致为前提。在社会公共服务合同外包中,香港民政部门的首要职责是确定社会需要何种社会服务,以此为基础与社会组织签订合同,并监督合同的履行。社会组织按照合同履行相应的社会服务后,由政府根据合同约定支付报酬。这种政府购买形式减少了权力单向性、强制性、僵硬性因素,增加了灵活、合意的成分,大大提高了其实现性与成功性。

(三)香港义工组织运作的监督者

香港政府对义工组织的发展以不干预、不阻挠的态度统筹和支持义务服务工作,促使社会机构、社会团体多元化发展义工服务事业。但是,不干预和不阻挠并不就意味着放任不管、听凭其自由发展,而是积极推进和强化义工组织自主管理、独立从事义工服务。[①]从一定意义上说,这种相对灵活、宽泛的自主发展促进了香港义工服务事业的繁荣。香港政府对义工组织活动的监督集中于制度供给和结果考核,即政府提供系列的包括义工组织创立、活动、质量考核在

[①] 香港社会福利署与接受津贴的社会团体签署服务协议或合约,一方面让慈善团体按服务协议或合约的内容提供服务,另一方面社会福利署也会依照服务协议或合约的规定监管这些团体举办和提供的社会福利服务。参见韩洁湘:《香港慈善事业发展的法律制度》,载民政部法制办公室编:《中国慈善立法国际研讨会论文集》,中国社会出版社2007年版,第164页。

内的法律制度,辅之相关的指引、流程、指南等具体办法,引导义工组织自觉遵守;同时,各种考评、考核制度的落实使成绩优异的义工及义工组织获得各种精神和物质奖赏,直接推动了义工组织的规范化运作。实践证明,香港政府以监督者的姿态对义工组织的监管是有效的,既没有破坏义工事业自由、开放、迅速、多样化的发展态势,也没有压制义工组织自主管理、自由发展的空间,直接推动义工组织向着效率、透明、积极、合法的方向健康发展。

1. 义工组织创立监督

在香港,判断某一组织是否是义工或慈善组织,其关键并不在于它的法律形式,而在于有关组织或活动的宗旨在法律意义上是否具有义工或慈善性质,且是否获得实际的、一贯的执行。香港法律对义工组织的设立程序和条件有着不同的制度供给,义工组织可依《公司条例》《社团条例》《注册受托人法团条例》以及各种不同的特别法,分别取得私人公司、社团法人、信托以及特别法团的组织形式。但不管是何种形式的义工组织,均必须以慈善为目的,其组织必须具备促进救助贫困、促进教育、推广宗教以及其他有益于社会且具有慈善性质的宗旨,同时义工组织的章程及细则明确规定其全部财产或者取得的任何收入均必须用于义工服务的实践,禁止向董事、受托人、理事等义工组织机构管理者支付报酬、薪资。

2. 税收豁免的监督

依照香港《税收条例》,凡属于第 88 条所指的"属公共性质的慈善机构或慈善信托"都有资格享受税收豁免,义工组织则从属于慈善机构或慈善信托。慈善捐款的扣除不是任意的,而是有严格限制的,公民的捐赠能否获得一定比例的税收豁免,关键在于其捐赠是否是享有免税地位的义工组织进行的。因此,义工组织免税地位的确立直接关系到其自身和捐赠人的切身利益。香港税务机关负责对义工组织免税地位的资格进行审查、监督。这种免税资格监督在一般情况下四年一次,但税务机关认为有必要时可以进行更频繁的复查或提前复查。税务机关进行复查时,通常会向这些机构发出问卷,并要求于一个月内填报和交还,同时必须提交其账目、年报、其他文件及资料,以核实其宗旨仍属于义工性质,其活动也符合明示的宗旨,不合格者将被撤销资格。税务机关根据复查结果即时更新获得豁免缴税的机构名单。

3. 义工组织筹款活动监督

香港政府实行筹款牌照许可证制度,对在公共场合进行的慈善筹款进行监管。目前的监管主体主要有社会福利署、影视及娱乐事务管理处、事务环境卫生署等部门。[①] 义工组织如果要在公众地方举行慈善募捐活动,必须先向社会福利署申请并取得"公开筹款许可证"。根据香港《简易程序治罪条例》第4条,社会福利署在签发许可证之前要对该筹款活动是否符合该组织的宗旨进行查实,而义工组织也应该就有关场地获得相关管理机构的批准,否则将被视为违法,并要接受刑事法律的处罚。同时,社会福利署、香港会计师公会及廉政公署等也主动制定了许多非强制性的事务指引如社会福利署制定的《慈善筹款活动内部财务监管指引说明》等,供相关进行慈善筹款活动的人士参考。

4. 服务质量的监督

香港政府遵从"小政府、大社会"的治理理念,香港社会各项服务领域80%的工作都由非政府组织(包括义工组织)提供,形成了政府主导、多方参与的局面。香港目前并没有统一的义工监督部门,而主要是由社会福利署、民政事务局、教育局及食物环境卫生署等部门根据其职能范围对管辖下的义工组织的服务质量和表现进行相应的监督。在社会福利领域,政府将80%左右的服务项目交给慈善组织经营,向包括义工组织在内的社会组织购买服务,接受政府资助的义工组织必须受社会福利署的监管。自2000年起,社会福利署对接受其资助的社会组织,确立了整笔拨款资助制度

[①] 参见李金玉、金博:《香港慈善组织法治监管机制及其启示》,载《湖北社会科学》2011年第11期。

和服务表现监察制度。[①] 整笔拨款制度是政府对受资助服务机构由以前的实报实销制度改为每年一次性给予一定的拨款,受资助机构自负盈亏的制度。这一制度在原有的基础上大大提高了政府问责水平和机构的运行效率。此外社会福利署还设立了包括基本服务规定、服务素质标准、服务量标准和服务成效标准在内的服务表现标准,并专门制作了《服务表现评估手册》。

[①] 参见《社会福利署服务表现评估办法》,http://www.swd.gov.hk/tc/index/site_ngo/page_serviceper/sub_assessment/id_performanc/,2011-10-07,访问日期:2012年8月25日。

代结语
义工组织法人制度的构建

义工组织法人制度在我国供给并不充分,现行法框架内的社会团体法人和非企业法人虽然能在一定程度上解决义工组织法人化问题,但其制度设计针对性不强。从实践看,社会团体法人是用以满足需要登记的社会团体(如各种学会、协会等)的需求而创设的法人形式;民办非企业法人主要针对利用非国有资产兴办的医院、博物馆等法人资格的登记。这两种法人对义工组织均存在相当的不适应性,进而影响到义工组织法人地位的获得。"他山之石,可以攻玉。"有关义工组织法人制度的研究既不能完全囿于我国现行法的框架和内容,应当充分汲取各国(地区)关于义工组织法人制度的供给经验,也不能离开各国(地区)义工服务的实践,否则,难以获得真正有价值的结果。正是基于这种认识,选择并系统讨论英国、美国、加拿大、德国、日本、新加坡以及我国香港、台湾地区义工组织的发展状况、法人制度以及政府监管、优惠待遇等问题,既拓宽了义工组织法人制度研究的视野,也从中获得了构建我国义工组织法人制度的启示和思路。

一、义工组织法人形态的选择

影响义工组织的法人形态供给的因素是一个综合的、复杂的系统,它可能是民族的、道德的、文化的、宗教的、政治的或法律的等任何一个或数个因素作用的结果。对于有些国家来说,义工组织可能受到文化或宗教因素影响多些,如美国人继承了英格兰人的乡治品质和宗教精神,其义工组织扎根于移民文化的合作互助精神,"不论年龄大小,不论处于什么地位,不论志趣是什么,无不时时组织社团";①一些国家的义工组织受到法律传统、法律文化的影响更加强烈,如大陆法系国家法律习惯于把公司用于以营利为目的的私人组织,义工组织不能以公司形式获得法人资格,英美法系国家法律则普遍把公司作为义工组织的法人形式;有些国家义工组织的法人形态供给甚至可能只是受到某些突发的自然事件的影响,最典型的就是日本特定非营利活动法人,从某种意义上看,是阪神大地震催生了1998年《特定非营利活动促进法》,直接导致特定非营利活动法人形态的创设,而此前的日本只是把义工组织纳入公益法人范畴。正因为如此,义工组织法人形态的选择并不完全是法律的选择,也可能是某种社会方式的选择。一个国家义工组织的法人形态往往与国家的法律传统、社会文化、民主政治进程有着密切的关联性。

(一)义工组织法人形态供给

大陆法系与英美法系国家在义工组织的法人形态供给上表现出明显的差异性。英美法系国家为义工组织提供了灵活多样的组织形式,包括非营利社团、公司、商业工会、特殊事业团体、信托、慈善公司等,除非营利社团、信托外,其他均为法人形态的组织形式。

英国法上的义工组织,其法人形式有公司、商业工会、特殊事业团体以及慈善组织。英国法提供了股份有限公司和有限(担保)责任公司两种形式,义工组织在实践中经常选择的组织形式是有限(担保)责任公司,因其从事公益活动,在法律上属于慈善的范畴,需要享受政府提供的优惠政策,因此,义工组织选择有限(担保)责任公司为组织形式时,同时受公司注册机构和慈善委员会双重管辖。

---

① 参见〔法〕托克维尔:《论美国的民主(下)》,董果良译,商务印书馆1993年版,第635页。

2006年英国《慈善法》修订时创设了慈善公司,义工组织选择慈善公司为组织形式时,可直接向慈善委员会申请注册,不受英国公司法约束。义工组织选择商业工会为组织形式从事义工服务的,适用英国《工业及互助组织法》,由金融服务管理局登记注册,而以特殊事业团体为组织形式时,必须根据其国会特别法案或者皇家特许令适用特别程序注册登记。不过,因商业工会和特殊事业团体设立程序繁杂,英国义工组织在实践中极少采用。

美国义工组织的法人形态是公益法人。美国法上的非营利法人区分为公益法人、互益法人和宗教法人三种,[①]义工组织除依据《非营利法人示范法》取得公益法人资格外,也可依特别法获得法人资格,如美国国家和社区服务公司,其设立依据和法人资格均为《国家与社区服务法》,美国和平队为海外义工服务组织,其设立依据为《和平队法》,这些依据特别法成立的具有法人资格的义工组织,虽然是政府以"出资人"或"主办者"身份主导或创办的,但其性质仍然是非营利法人中的公益法人。

加拿大义工组织的形式有非公司社团、公司和信托,其中非公司社团也是正式的义工组织,但不具有法人资格,信托在法律上并非法人的组织形态,却被视为具有法人地位的组织形式。公司是加拿大义工组织最普遍组织形式,加拿大民众设立公司以达成一定的经济或社会目标是其应有的权利,加拿大法确认"一个或多个法人、一个或多个自然人,除未满18周岁、无民事行为能力或已经破产的自然人外,均可设立公司"。加拿大义工组织以公司为组织形式时,必须以联邦或省公司法为依据注册登记,获得法人地位,并可依法申请核准为慈善组织,取得慈善法人资格。

与英美法系国家灵活多样的义工组织法人形态相比,大陆法系

---

① 公益法人是指为了公共或者慈善目的组织起来的任何法人;宗教法人是指主要或者只是为了宗教目的而组建的任何法人;互益法人是指公益法人、宗教法人以外的任何非营利法人。应当说,对非营利法人在法律上为进一步细分是极其必要的,同样是非营利组织,有的以公益或慈善为目的,有的以宗教为目的,还有的以组织成员互惠互利为目的,把不同目的的非营利组织作为非营利法人同等地享受税收优惠并不合理。

国家义工组织的法人形态供给相对统一,而且在英美法系国家普遍为义工组织所选择的公司法人形态,在大陆法系国家则被严厉禁止。

德国法把法人形态区分为社团和财团两种基本形态,其中社团以人的结合为成立基础,以其成立的目的为标准,被细分为营利社团和非营利社团,前者称营利法人,后者称公益法人;财团以捐赠财产为基础且为依一定目的而存在的财产集合体,财团可因设立依据差异而划分为公法财团和私法财团,也可因目的不同而区分为公益财团和私益财团等。德国义工组织不能采用以营利为目的的营利社团为组织形式,也即意味着义工组织不能采用公司形式获得法人资格,除依特别法外,非营利社团几乎成为德国义工组织的唯一组织形态。德国法中的非营利社团包括登记社团和未登记社团两种,凡"在社团住所所在地的初级法院的社团登记簿上登记注册"的社团为登记社团,否则即为未登记社团,社团因登记注册获得权利能力,具有法人资格。德国法对义工组织没有实行强制登记注册制度,因此,实践中的德国义工组织以登记社团和未登记社团存在的各占一半。但义工组织若需获得免税资格、享受政府税收优惠政策,则必须登记注册获得法人资格。德国法上的财团也可能成为其义工组织的法人形态,但因义工组织多因人的结合而成立,故即使是公益财团,也只能是义工组织非典型的法人形态,多为义工运营组织。

日本法以法人的设立目的为标准,把法人区分为营利法人和公益法人,凡以营利为目的、依商事公司设立的条件成立的法人为营利法人;凡以公益为目的且获得主管机关许可成立的法人为公益法人。① 日本法中的营利法人和公益法人的划分并不周延,营利与非营利相对立、相矛盾,非营利组织在日本法中的法人供给包括公益法人、特别法人、特定非营利活动法人和中间法人四种类型,其中也多有交叉的成分,如特定非营利活动法人可能是公益法人,也可能是中

---

① 日本《民法典》第33条确立法人设立的基本准则,非依法不得设立。这里的法既包括民法典,也包括其他特别法。在特别法优于一般法适用的规则之下,日本《民法典》所为的一般规定在一定意义上只具有示范意义和一般规则的机能,在法律和社会实践中,审时度势而生的特别法具有更强的生命力。

间法人，这在一定程度上反映了日本法人制度混乱的状况。同时，日本法把公益法人进一步区分为社团法人和财团法人，社团法人是"以一定目的结合起来的人的集合体"；财团法人是"以一定的目的出资、以聚集的财产，为公益目的而进行管理运营的团体"。日本义工组织的法人形态在1998年《特定非营利活动促进法》颁布前多为公益法人中的社团法人，其后则为社团法人中的特定非营利活动法人。2002年6月日本国会颁布了《一般法人法》《公益法人法》以及相关法完善法，标志着日本已经完成了公益法人制度改革任务，日本义工组织逐步被甄别、确认为"增进公益"的公益法人，但许多义工组织尚处于未甄别状态，不能享有国家对公益法人提供的优惠。

义工组织法人形态在我国本土化实践中也各呈异彩，两岸三地对于义工组织法人制度的供给受到不同法律文化和法律传统的影响，在本土化实践中形成了法人形态迥异的格局。

香港作为历史上英国殖民地，承袭了英美法系的法律传统，其义工组织法人供给呈现以公司形态为主、多元法人形态并存的格局。香港义工组织取得法人资格的一般途径为依据《公司条例》注册私人公司、获得法团地位，或者依据《社团条例》注册登记获得社团资格，还可以根据《注册受托人法团条例》注册为受托人法团。在特殊情况下，香港义工组织还可以根据香港特别法令成立特殊法团，如香港明爱、保良局和东华三院，均为香港最著名的社会机构和义工组织，成立依据分别是《香港明爱法团条例》《保良局条例》《东华三院条例》。

我国台湾地区沿袭了国民党时期的"中华民国"法统，遵循的是大陆法系的法律传统。台湾法基于法人成立的基础，把法人划分为社团法人和财团法人，社团法人不可无人、财团法人不可无财。同时，台湾法结合本土化实践，基于法人成立目的的差异对社团法人和财团法人进一步进行逻辑区分，社团法人根据是否具有营利目的，细分为营利性社团法人和非营利性社团法人，非营利社团法人根据公益性程度，又分为公益性社团法人和中间性社团法人；财团法人依据发起人及财产设立的目的归属，划分为一般性质的财团法人、特殊性质的财团法人和政府捐资成立的财团法人。台湾义工组织的法人形态包括财团法人和社团法人,是典型的二元法人构造,在理论上属于公益性社团法人和一般性质的财团法人,解决了非营利法人公益化程度的差异化问题,在一定程度上克服了税负优惠过程中的社会不公问题。

大陆法人类型由 1987 年实施的我国《民法通则》创设,机关法人、事业单位法人、企业法人以及社会团体法人构成我国法人的基本分类。这些颇具中国特色的法人类型,只不过是对经济体制改革初期形成的尚未充分展开的法律主体的确认,正因为如此,以创设目的和业务范围为标准,《民法通则》将法人分为企业法人与非企业法人。企业法人之称谓为我国民法的创新,是指依法设立的被赋予法人资格的营利性经济组织;[①]非企业法人则指不以营利为目的从事非经济活动的法人,包括机关法人、事业单位法人和社会团体法人,涉及国家行政管理、社会政治、经济、文化、教育、卫生和体育等各种事业和社会活动。[②] 我国义工组织在现行法框架内的唯一法人形态供给就是社会团体法人。

(二)我国义工组织法人制度检讨

作为义工组织唯一的法人形态,社会团体法人的制度设计对义工组织具有极大的不适应性。许多义工组织游离于合法与非法之间的灰色地带,在某种意义上就是这种不适应性的必然结果。尽管对社会组织管理制度改革已被纳入国务院机构改革和职能转变方案,行业协会类、商会类、科技类、公益慈善类和城乡社区服务类等社会组织可直接登记,义工组织创设过程中的双轨制,也将因《社会团体登记管理条例》(以下简称《条例》)的修订而退出历史舞台,但社会团体法人对义工组织的适用性仍有相当的检讨空间。[③]

[①] 参见尹田:《民事主体理论与立法研究》,法律出版社 2003 年版,第 171 页。
[②] 参见李双元、温世扬:《比较民法学》,武汉大学出版社 1998 年版,第 122 页。
[③] 参见陈婉玲:《论义工组织法人化的制度障碍》,载《福建行政学院学报》2012 年第 4 期。

第一,社会团体法人资格取得的难易程度往往取决于每一个社会组织离政治核心价值与公权力的亲疏程度。人民团体、艺术团体以及各类主流职业团体、宗教团体或因其直接服务于政治核心价值,或围绕政治活动的统战需要,或这些团体的构成员或多或少掌握一定的权力资源,其取得社会团体法人资格并无法律障碍。义工组织作为由不同专业、不同职业背景的人群构成的纯民间组织,既与政治核心价值保持一定的距离,[①]也不愿意与国家权力体系保持过于密切的联系,这在客观上导致其对社会团体法人的制度供给的不适应性。

第二,社会团体法人将导致国家扶持、鼓励义工组织发展政策落实困难。我国《民法通则》按照是否具有营利目的为标准,把法人区分为企业法人和非企业法人。企业法人系以营利为目的从事生产和经营活动的法人组织,最为典型的形态是公司;非企业法人则指不以营利为目的,基于特定的目的和事业而设立的法人组织,包括机关法人、事业单位法人和社会团体法人。这种过于简单、笼统的法人分类不能准确揭示各种法人组织的属性,甚至掩盖了某些法人组织的真正目的。以事业单位法人为例,对于各种政府举办的学校、医院而言,事业单位法人既满足了它们独立从事教育、医疗事业的要求,也与其非营利目的相契合。但私立学校、私立医院从事教育、卫生事业只是其实现营利目的的手段而已,它们以事业单位法人形式登记则显牵强。判断法人是否存在营利目的,有两项基本标准,一为是否存在资本运用,另一为是否向其成员分配盈余或利润。以营利为目的的企业法人以资本运用并使其获得增值为常态,以向其成员(股东)分派盈余(红利)为目标;非企业法人只有必要的经费,没有资本运用,同时也不进行盈余分配,组织解散时剩余财产归国家或集体所

---

① 如许多义工或义工组织尽管乐于助人、扶贫帮困,向社会无偿提供服务,但却非常不愿意被称为"学雷锋"或"雷锋精神",自认为应当与政治保持一定的距离。参见上海市慈善基金会、上海市慈善事业发展研究中心编:《志愿服务与义工建设》,上海社会科学院出版社2007年版,第24—27页;赵海东:《一个义工团体的成长烦恼》,载《中国青年报》2011年7月5日第3版。

有。由是观之,将私立学校、医院确认为民办非企业法人也不妥当。同样,社会团体法人为非营利组织,但非营利组织涵盖范围极为广泛,如各类宗教组织、宗亲组织、同学会、同乡会、各类协会、商会、学会等其性质或共益或互益,或为公益、或为他益,这些组织的公益化程度有着明显的差异,国家对各种非营利组织扶持、鼓励政策的依据应当是组织的公益化程度,公益化越高,受到扶持、鼓励的力度应当越大;公益化程度越低,扶持、鼓励的力度也就越低,否则,必然会造成社会分配不公平。把义工组织与宗亲会、同学会、同乡会等非营利组织等同起来,一概归为社会团体法人的做法并不科学,也不合理。

第三,以社会团体法人为义工组织的法人形态会造成其法人化困难。一般的社会团体或组织均有特定的目标群体,成员人数众多,满足社会团体法人成立的条件并不困难,但社会团体法人成立条件对义工组织而言,却可能成为义工组织法人化的桎梏。以人数和费用为例,《条例》规定成立社会团体应有50个以上的个人会员,在某一区域内具有共同价值观,自愿向社会奉献自己的知识、经验、技能和智慧的义工达50人并非易事,即使结社意识强烈的德国,其规定的社团登记的人数也只有7人,两者相差七倍之多。更何况即使愿意做义工,但公益领域涉及范围极为广泛,涉及帮贫、助残、文化、教育、生态环境保护等等,成立义工组织人数要求过高,既不利于其专业化发展,也不利于提高义工服务质量。我国现阶段义工组织"万金油"式的状况在一定程度上也是人数要求过高的必然结果。同时,对于义工而言,有的是爱心,缺的是金钱,《条例》关于有合法的资产和经费来源,至少应有3万元以上的资金的规定也使得许多义工组织望而止步,人为地阻断了人们结社行善之路。

(三) 社团与财团二元构造:义工组织法人形态最优选择

上述分析表明:以社会团体法人作为义工组织法人形态存在制度性的缺陷,不利于推进社会组织创新和公民社会建设,也不利于实现真正的社会公平。对义工组织的法人形态供给必须以法人制度改革和创新为基础,如何构建能够满足义工组织需求的法人制度,值得理论界深入探究。作为一种舶来的社会组织,义工组织法人形态供给在境外有着丰富的实践经验,我国应当在立足于本土化实践的基础上,借鉴、吸收各国或地区成功的立法经验,确立具有中国特色的义工组织法人形态。

从法人形态供给整体看,英美法系与大陆法系国家存在巨大的差异,形成了两种完全不同的法人系统。英美法系国家义工组织以公司或慈善公司为基本的法人形态,在特殊情况下依据特别法令也可以采用特殊的法人形态;大陆法系国家为义工组织提供的基本法人形态为社团法人和财团法人,日本虽然冠之以特定非营利活动法人,但仍以社团法人或财团法人为其基本的法人类别。相对而言,大陆法系国家义工组织法人形态相对统一、简约,英美法系国家义工组织则较为灵活、多元。问题是各国义工组织法人形态究竟哪些能够满足我国义工组织的发展要求?对义工组织法人制度的构建而言,我们应当作出什么样的选择?

公司是英美法系国家义工组织最常见的法人形态,英国、美国、加拿大诸国莫不如此。从实践看,义工组织以公司作为法人形态,其优势有二:一是组织机构健全、运营规范,这是因为公司经过数百年发展,具有成熟的运营机制和制度规则,借用"三权分立"的国家权力运行模式,公司的股东会、董事会、监事会分权运行,相互配合、相互制衡,既保证了公司对市场的适应性,又最大限度地维护了公司及股东的利益;同时,公司活动以章程为基本行为规则,在遵守法律规则的基础上充分反映股东的集体的自由意志。二是活动经费困境获得有效的缓解。义工组织以公司为法人形态,即成为英美法上的社会企业(Social Enterprise),①以市场机制从事公益性事业,可以从事一定的经营活动,这种经营活动只要所得的利润不用于或主要不用于向其成员分派,即为法律所允许。因此,义工组织采取公司制运

---

① 社会企业的概念兴起于英国,泛指以市场机制从事公益性事业活动的企业,它可以从事一定的经营活动,但所有经营活动获得的利润的主要目的不是用于红利分派,而在于发展章程规定的公益事业,这构成社会企业与私人企业最主要的区别。

营,可以利用自己的优势从事一定的收费活动,以解决义工服务活动资金困难的问题。但是,公司在我国现行法框架内是一种企业法人,是以追求公司利益最大化的方式实现股东利益最大化,换言之,公司存在的价值在于满足投资人追求资本利益,以营利为目的作为公司质的规定性,成为义工组织以公司运作的最大障碍。

大陆法系国家对义工组织法人形态的供给是社团法人和财团法人,其中尤以社团法人最为普遍。从大陆法的实践看,这些国家法人形态划分的基础是法人的目的,即一个法人组织究竟追求什么,它涉及国家对法人组织的基本政策,并为人们认识不同法人的本质提供一个客观的标准。国家对不同性质的法人如公法人和私法人实施不同的政策,营利法人和非营利法人是私法人最重要的法人分类,凡以营利为目的、追求私人利益最大化的法人,即为营利法人;凡不以营利为目的的法人即为非营利法人。在大陆法系国家,公司是典型的营利法人,并成为人们的一种根深蒂固的观念。义工组织如果以公司为法人形态,必将造成组织的本质属性与法人形态的质的规定性的内在冲突,容易使人们对义工组织的公益的、非营利的法律性质产生误会,因此,大陆法系国家无一例外,严格禁止义工组织以公司形式获得法人资格,并严格禁止义工组织从事经营活动。

社团法人的机理与我国社会团体法人相近,均基于宪法规定的社员结社自由的权利。然而,社会团体法人的制度设计完全是为计划经济时代以及改革开放初期所形成的各种社会团体保留的一种法人形态。从本质而言,各社会团体在法律或事实上的地位既非完全平等,其政策标准也非完全统一,由此造成其取得社会团体法人的难易程度大相径庭,如导论所述,离政治权力、主流价值观越近,社会团体法人资格的获得越容易,反之则不然。因此,凡各种学会、协会性质的社会团体登记为社会团体法人既有明确的业务主管机关,也能够获得业务主管机关支持,相当多的学会、协会的会长、副会长、秘书长均由现任或离任的政府官员担任。而宗亲会、同学会、校友会等取得社会团体法人资格的难易程度或取决于其家族的影响力,或取决于其校友、同学的社会地位,且经常面临被取缔的危险。由此而言,社会团体法人与社团法人仍有质的差异,社团法人在尊重人的尊严的基础上尊重每一个公民的差异化、个性化发展,强调自由、平等和尊重;社会团体法人与人的尊严、个性化发展没有太大的关联性,更强调对核心价值观的服务,对社会稳定、和谐的维护。

从总体上看,我国以立法方式确立义工组织社团法人与财团法人的二元法人构造是切实可行的,一方面,这种二元法人构造可以满足义工组织或以财聚、结成财团从事义工服务,或以人聚、结成社团从事义工服务的需求,灵活的法人形态可以真正实现有钱出钱、有人出人,形成社会公益服务的合力,达成义工组织发展与规范统一的目标;另一方面尊重我国现行法律传统,因为具有中国特色的社会主义市场法律体系在总体上遵循的是大陆法系法律传统,而社团法人与财团法人为大陆法系私法人的基础性分类,引进社团法人和财团法人类型既满足义工组织等社会组织法人形态的需要,对我国现行法律制度又具有很强的适应性。我国台湾地区义工组织社团法人和财团法人的二元构造积累了相当丰富的经验,也为大陆引进社团法人和财团法人制度提供了可借鉴的经验。

二、义工组织法人成立的条件

义工组织作为一种民间社会组织,其创立不管是英美法系还是大陆法系国家,均以法律形式确立一定的条件,只有符合法律规定条件的义工组织,才能获得法人资格。

(一) 境外义工组织的成立条件

英美法系国家对义工组织法人成立条件并无统一的立法,散见于成文法或习惯法。在英国,任何法人的设立,取得国王的默示和明示是绝对必要的,申请设立法人必须具有自己的名称和机构,对于义工组织而言,其获得慈善法人资格在法律上的条件是仅仅出于慈善目的,且履行其作为慈善组织权限时必须接受最高法院监督。美国法上义工组织设立的条件包括必须具备合法的目的、有包含"禁止分配"描述内容的章程或章程细则、董事会及董事为无经济利害关系的多数人和履行注册备案程序。从一定意义上看,英美法系国家灵活、宽松的创立条件是其社会组织发达的重要原因。

相较而言,大陆法系国家对义工组织创设条件规定得更为具体、明确。德国法规定义工组织作为社团存在时必须具备两个条件,即社员应有七个以上的自然人或法人,并就章程的内容达成一致意见。但义工组织要成为登记社团、获得法人资格,还必须对全体社员大会通过社团章程的决议以及董事会任命决议进行公证。对于义工组织章程,德国法规定其内容必须合法,且必须记载社团的目的、名称以及住所。日本法对特定非营利活动法人规定的创设条件包括六项:(1)以公益为目的;(2)不以营利为目的;(3)会员自愿加入或退出,不得赋予不当条件;(4)不得参与宗教或政治活动;(5)会员人数不得低于10人;(6)非为暴力团体或其成员所成立的团体。

此外,各国法同时还规定了义工组织获得法人资格的程序要件,但义工组织是否需要登记以及是否取得法人资格,在不同的国家有着不同的要求。新加坡法要求任何社团必须登记,任何未经登记的社团均为非法组织,属于应当取缔的对象,登记是新加坡义工组织成立的法定程序;德国法基于结社自由的宪法性权利,任何人都可以结成社团,登记只是社团获得权利能力的条件,未经登记的社团为无权利能力社团,不具有独立的法人资格,无权利能力社团可以从事章程范围内目的活动,但如发生第三人责任,即按照合伙组织处理;英国法确认义工组织有选择适合其需要的组织形式的权利,自然人、法人或非法人都可以从事义工服务,义工组织选择不同的组织形式,其登记依据的法律有所不同;日本法义工组织在1998年前纳入公益法人范畴,其成立必须取得主管官署许可,1998年后设立的义工组织被纳入特定非营利活动法人范畴,实行最为宽松的认证制,义工组织成立应到主管官署取得认证。不同国家对义工组织成立是否需要登记持不同的态度,最严格的是新加坡,义工组织未登记即为非法;最宽松的是德国,登记只是法人资格取得的条件,不影响义工组织的创立。

（二）我国现行义工组织成立条件及其局限

从《条例》第10条规定看,我国义工组织作为社会团体法人,其成立必须遵守宪法、法律、法规和国家政策,不得反对宪法确定的基本原则,不得危害国家的统一、安全和民族的团结,不得损害国家利益、社会公共利益以及其他组织和公民的合法权益,不得违背社会道德风尚,不得从事营利性经营活动。任何一个拟成立的义工组织,若在章程或设立过程中包含或存在上述目的或行为,在解释上当然不能依法取得社会团体法人资格,除此之外,义工组织成立社会团体法人尚需具备以下六项条件:

1. 义工组织必须有50个以上的个人会员

因《条例》适用所有的法律未明确排除的社会团体,且各社会团体具有异质性,故该条例关于社会团体的人的要求为"有50个以上的个人会员或者30个以上的单位会员;个人、单位会员混合组成的,会员总数不得少于50个人"。义工组织作为社会团体,其会员为义工,因此至少应拥有50名以上的义工。相较于德国为7人、日本为10人,英、美诸国因以公司为义工组织法人形态没有特别的人数限制而言,我国义工组织登记成立社会团体法人,其会员人数可谓最严格,政府的解释是"会员过少,成立的社会团体就不具有一定的广泛性、代表性"[①],近乎苛刻的人数限制,不仅抬高了义工组织的设立门槛,降低了义工服务专业化水准,而且拼凑起来的法定人数也会因缺乏共同价值观,造成义工队伍滥竽充数,大量存在的僵尸义工就是其负面效果的真实写照。义工组织会员人数多寡,与其代表性、广泛性无关,降低义工组织获得社会团体法人资格的人数限制,将有助于义工组织创设。

2. 有规范的名称和相应的组织机构

各国法律确认的义工组织成立条件并没有名称必须规范的要

[①] 参见国务院法制办政法司、民政部民间组织管理局编著:《〈社会团体登记管理条例〉、〈民办非企业单位登记管理暂行条例〉释义》,中国社会出版社1999年版,第30页。

求,如德国法仅要求义工组织章程必须记载其名称,且社团的名称应与同一地域或者同一乡镇内业已注册的其他社团的名称有明显的区别。"规范的名称"是否具有法律规定的判断标准,这是一个应当考虑的问题。《条例》第 10 条第 2 款规定:社会团体的名称应当符合法律、法规的规定,不得违背社会道德风尚。社会团体的名称应当与其业务范围、成员分布、活动地域相一致,准确反映其特征。全国性的社会团体的名称冠以"中国""全国""中华"等字样的,应当按照国家有关规定经过批准,地方性的社会团体的名称不得冠以"中国""全国""中华"等字样。本款规定对于义工组织来说,只有前半段具有法律上的规范意义,其后半段缺乏现实性。义工组织名称应当遵循公序良俗,"不得违反社会道德风尚";应当"与其业务范围、成员分布、活动地域相一致,准确反映其特征"。然而,这种过于笼统的规范标准,对义工组织名称规范并无太大的意义,却使行政机关审查决定义工组织名称是否规范时拥有相当大的自由裁量权,[1]以名称不规范拒绝义工组织登记成为了一种法律上的可能性。

关于"相应的组织机构"更是缺乏具体的法律依据。换言之,义工组织究竟应当设置哪些机构?其内部机构的权限应如何分配?分别应当按照什么程序工作?法律并没有对这些问题给予明确的规定。《条例》只是在第 14 条规定社会团体筹备工作时,提到了会员大会或者会员代表大会、执行机构、负责人和法定代表人,对于义工组织而言,这条规定并无实际意义,实践中义工组织机构负责人称谓五花八门,诸如队长、团长、主席、理事长等等,就是缺乏相应法律规定的结果。没有相应的法律规定,却要义工组织成立必须具备"相应组织机构"的条件,这种立法要求既不合理,也不严肃。从境外实践看,法律一般对义工组织的机构设置、权限以及运行程序均有相应的规定,如德国法规定义工组织社员大会为权力机构,董事会为义工组织必设机关,董事由社员大会任免,负责义工组织运行,同时,义工

---

[1] 参见葛云松:《论社会团体的成立》,载《北大法律评论》1999 年第 2 辑,第 712—745 页。

组织还可以章程设置特别代理人。我国香港、台湾地区法律也规定义工组织机构由理事会、义工大会和监事或监事会构成,义工组织各机构依据法律或章程规定行使职权、履行义务。因此,我国现行法及义工组织实践在客观上要求必须以法律形式明确义工组织的"相应的组织机构"以及这些内设机构具体的职权配置等内容,以规范义工组织健康发展。

3. 有固定的住所

"有固定的住所"是任何法人成立的一般要件,其立法目的在于开展法人活动和接受管理。在法律解释上,义工组织不论是拥有所有权的房屋,还是租赁或借用房屋,都可以作为法律所要求的固定住所。唯义工服务实践中存在网络义工组织现象,这种网络义工组织是否需要注册登记为社会团体法人,又或是否需要固定的住所?这些问题值得深入考察。网络义工组织在虚拟空间建立固定的联系群,基于义工服务需要,在网络空间招募义工,在约定的时间和地点,集中开展义工服务活动。从总体上看,义工组织无论是现实的还是虚拟的,最终均必须提供义工服务,以虚拟空间为依托建立义工组织虽然以奉献知识、爱心、技能、经验为目的,但其涉及特定的服务对象或不特定的公益服务,而其所提供的服务行为有可能损害特定的或不特定的人的利益,它在客观上要求义工组织必须从虚拟空间走向现实社会。从规范的角度出发,应当限制网络义工组织活动,对以网络义工组织名义从事义工服务造成特定或不特定第三人利益损害的,应明确相关责任分配和承担主体,因此,法律可明确规定任何未经合法登记的组织,不得以义工组织名义从事活动,否则,由其发起人和行为人承担责任。

4. 有与其业务活动相适应的专职工作人员

义工组织作为社会团体法人,应当有与其业务活动相适应的专职工作人员,这一条件意味着义工组织的工作人员不可以全部为兼职人员。所谓"专职工作人员",官方解释是"社会团体根据其业务活动的需要及规模、经费、财产状况,应配备相应数量、专业知识结构、工作经验的专职工作人员,以保障其业务活动的正常开展。社团专职工作人员主要是指专门从事社团工作,由社团自有资金解决其工资、保险和福利待遇,没有其他正式工作的人员"①。依此解释,专职工作人员也即正式工作的人员,这种"正式工作"既存留于人们的传统观念,也可以从工资、保险和福利待遇的来源获得诠释,而与工作时间的长短没有直接关系。因此,判断义工组织有无专职工作人员,最重要的标准就是义工组织是否以自有资金支付其工作人员的工资、是否以自有资金为其工作人员购买保险以及是否以自有资金解决其工作人员福利待遇。

关于义工组织配备的专职工作人员还必须"与其业务活动相适应",这是一个逻辑思维相当紊乱的规定。既然"有与其业务活动相适应的专职工作人员"为社会团体法人的成立条件,即意味着社会团体法人成立前必须满足这一条件,由此,就必须在筹备阶段聘用正式的专职工作人员,而筹备中的社会团体法人是否具有聘用正式的专职工作人员的能力在法律上仍存在相当大的疑问。问题还在于"与其业务活动相适应"的专职工作人员被解释为数量上足以进行业务活动以及在能力上足以胜任业务活动,在缺乏资格标准和业务活动实践的筹备阶段,又如何甄别其正式工作人员能力上的胜任和数量上的满足呢?再结合活动资金3万元的条件,恐怕现实中的义工组织连社会团体法人创立都不能完成。

5. 有合法的资产和经费来源

《条例》关于社会团体法人成立的物质条件包括两方面的内容,一是必须有合法的资产和经费来源,这是对《民法通则》关于社会团体法人必须有合法的资产和经费来源规定的重申,社会团体法人尤其是义工组织不得从事经营活动,在解释上既包括其本身不得举办经营性收费活动,也包括不得兴办经济实体获得上交利润,合法的资产和经费来源主要是会费、捐赠、政府资助等。当然,合法的资产和经费来源只须明确记载于章程,并非要对其资产和经费来源进行实

---

① 国务院法制办政法司、民政部民间组织管理局编著:《〈社会团体登记管理条例〉、〈民办非企业单位登记管理暂行条例〉释义》,中国社会出版社1999年版,第31—32页。

质的合法性审查。如果义工组织成立后有非法获得资产、经费的行为，应当属于政府监管问题。另一是活动资金，"全国性的社会团体有10万以上的活动资金，地方性的社会团体和跨行政区域的社会团体有3万元以上的活动资金"，但在法律上对活动资金究竟应体现为何种财产形式，缺乏明确的规定和解释。对义工组织而言，活动资金3万元的门槛要求似乎不高，但也足以让许多民间草根组织望而却步。义工组织申请登记时必须缴足活动资金，而不能像资产和经费来源那样仅须记载于章程。

6. 有独立承担民事责任的能力

作为社会团体法人成立的条件，"有独立承担民事责任的能力"的规定令人费解。一方面，社会团体只有依法取得法人资格，才能获得以自己的名义独立地享有权利、承担义务的能力，换言之，社会团体只有取得法人资格，才能"有独立承担民事责任的能力"，而本项规定为社会团体的成立条件，也即社会团体获得法人资格前，就应当"有独立承担民事责任的能力"也就是登记机关有权以不符合法律规定的"有独立承担民事责任的能力"为由拒绝其登记。对于这种有违基本逻辑关系的条件，官方解释是"它是对社团法人应具备的几个条件的概括，具备了前面几个条件，独立承担民事责任就有了基础。可以这样说，独立承担民事责任，是社团法人成立的核心条件。这个核心条件，又以社团法人需要具备的其他条件为基础"。① 如此解释，似乎是要强调社会团体承担民事责任的物质基础，即需要有一定的财产，而财产问题已经单独列出一项，清晰、明了，以更加笼统的语言加以重复，其立法含义显得更为模糊。

---

① 正如我们在导论分析的那样，社会团体法人与社团法人虽然较为接近，但并非同一概念，我国社会团体法人更接近于大陆法系国家中的非营利的社团法人。而立法者对这种区别似乎不以为意，或者说完全没有注意到这种区别。作为《社会团体登记管理条例》的起草、审查、修改者，反复混用社团法人和社会团体法人概念的现象时有发生，十分令人遗憾。

（三）我国义工组织成立条件的修正

总体来说，《条例》第10条关于社会团体法人成立条件的规定内容非常模糊、逻辑关系混乱，既缺乏可操作性，也可能成为社会组织获得法人资格的障碍。具体到义工组织，有些条件不清楚，如规范的名称和相应的组织机构；有些条件相当苛刻，如50名会员的要求；有些难以实现，甚至完全不可能，如有与其业务活动相适应的专职工作人员；而有些模糊不清，如有独立承担民事责任的能力。在这种不合理、不现实、不清楚的现行法框架内，义工组织依法登记获得社会团体法人资格的困难可想而知，我国义工服务实践中，大量义工组织游离于灰色地带，在根本上是法制度供给缺陷造成的。

从促进社会管理和社会组织创新出发，在现行法框架内法人类型尚难突破的前提下，我国应当及时修改《条例》，减少义工组织获得社会团体法人的成立条件的限制，具体地说，《条例》第10条第1款修改为"成立社会团体法人，应当具备下列条件：（一）有10个以上的个人会员或5个以上的单位会员；个人会员、单位会员混合组成的，会员总数不得少于15个；（二）有规范的名称和相应的组织机构；（三）有固定的住所；（四）有发起人共同签署的、符合法律规定的章程"。《条例》第10条第1款第4、5、6项的相关规定，应当予以删除。

三、义工组织获得法人资格的程序

依照现行法规，任何一个义工组织要获得社会团体法人资格，必须向其业务主管单位提出筹备申请并经其审查同意才能依法向登记管理机关申请登记，登记管理机关经审查依法予以登记，义工组织始获得社会团体法人资格。这种登记和管理的"双轨制"，让社会组织无法摆脱对政府部门的依赖，更难以"依法自治"。因此，修订、完善扶持社会组织规范化发展的法律法规，在中国实行社会组织"注册制"改革呼声高涨。根据党的十八大和十八届二中全会关于深化国务院机构改革和职能转变的精神,2013年3月14日,第十二届全国人民代表大会第一次会议批准通过了《关于国务院机构改革和职能转变方案的决定(草案)》,方案提出:"重点培育、优先发展行业协会商会类、科技类、公益慈善类、城乡社区服务类社会组织。成立这些社会组织,直接向民政部门依法申请登记,不再需要业务主管单位审查同意。民政部门要依法加强登记审查和监督管理,切实履行责任"。由此,《条例》规定的义工组织获得法人资格的程序包括主管机关审查程序和登记机关登记程序的"双重管理"体制有望破解。

(一)主管机关前置审查程序之反思[①]

根据《条例》第9条规定,社会团体的成立必须首先向业务主管机关提出筹备申请并经其审查同意。

业务主管机关负责社会团体筹备申请、变更登记、注销登记前的审查,监督、指导社会团体依法开展活动、负责年度审查的初审等行政管理事务。从《条例》第6条第2款规定看,国务院有关部门和县级以上地方各级人民政府有关部门、国务院或者县级以上各级人民政府授权的组织,是有关行业、学科或者业务范围内社会团体的业务主管单位。从实践看,业务主管单位的确定主要是根据活动范围以及业务范围来确定,它包括两类:一是登记机关的管辖范围,即全国性社会团体由中央政府各业务主管单位主管,地方性社会团体则由地方各级政府的业务主管单位管理;二是各专业社会团体由各级政府职能部门主管,如原先的法学社会团体由司法行政机关管理、住建部主管建设方面的社会团体等。除此之外,也有社会团体业务活动不便由政府部门管理的,即授权有能力进行资格审查和业务指导的其他组织主管,如全国侨联经民政部和国务院侨办授权管理华侨类社会团体等。受委托而作为业务主管单位的,范围非常广泛,有事业

---

① 参见陈婉玲:《制度困境的破解:义工组织生存不适及改善》,载《福建论坛·人文社会科学版》2012年第11期。

单位、社会团体甚至企业。①

业务主管单位同意是社会团体获得法人资格的前置性程序,任何一个社会团体如果不能正确地找到业务主管单位,根本不可能合法成立社会团体。尽管义工组织创设过程中业务主管单位的前置性审查对义工组织发展的制约将有可能得到缓解,各地在实践中已经有直接登记的先例,但我们认为业务主管机关审查同意且对社会团体负监督、指导、管理之责的制度设计并非一无是处,因为制约社会团体特别是义工组织注册登记的障碍并非是表象中的双轨制,而是业务主管机关怕担责任、相互推诿。假如彻底取消业务主管机关的审查同意程序,对社会团体特别是义工组织的监督管理完全委诸登记机关,各种社会组织因缺乏有效的监督、指导和管理,其乱象将不可避免。

从实践看,各种行业、学科或者业务范围内的社会团体如以业务主管机关审查同意为前置程序,并不会发生这些社会团体找不到对应的业务主管机关问题,而且这些社会团体更愿意依附于相应的业务主管机关,因为没有业务主管机关,他们就成了没娘的孩子,也就失去了开展各种业务活动资金和费用的来源。真正找不到业务主管机关的社会团体往往是公民自组织体,这种自组织体或难于管理或服务于特定群体利益,容易偏离核心价值目标,给业务主管机关添加额外的负担,业务主管机关由此不愿意或直接不同意这类自组织体的成立。对于义工组织而言,因其扎根于服务社会、奉献社会的义工精神,且因民众参与社会公益具有去政府化、去政治化倾向,其业务活动繁杂、服务动机互异、组织良莠不齐,长于服务、疏于管理,既可能因公益服务活动跨越不同部门,致使地方各级政府相互推诿、不愿承担业务主管机关的责任;也可能因其业务活动不能归结或对应于任何政府职能部门,致使其无法确定业务主管机关。

要克服这种政府职能部门互相推诿或无法确定的状况,并不一

---

① 参见葛云松:《论社会团体的成立》,载《北大法律评论》1999年第2辑,第712—745页。

定非取消主管机关审查同意的前置程序不可,只要对这种前置审查程序的制度设计稍加修改,即能达成克服其缺陷的目标。在这方面,我国台湾地区提供了相当成功的经验,依据其"志愿服务法"第5条规定,主管机关在"中央"为其"内政部";在直辖市为直辖市政府;在县(市)为县(市)政府。凡涉及各目的事业主管机关职掌者,由各目的事业主管机关办理。主管机关即各目的事业机关主管义工的权利、义务、招募、教育训练、奖励表扬、福利、保障、宣导与申诉之规划及办理。以地方各级政府为义工组织主管机关,政府负责协调、解决义工组织的目的事业机关,则义工组织活动社团法人资格既不会发生主管机关推诿、无法确定的状况,又可以对义工组织实施有效的监管、指导。

《条例》规定国务院和县以上地方各级人民政府的有关部门为相应的社会团体的业务主管机关,而没有将县以上各级政府直接纳入业务主管机关范畴,让社会团体自己找业务主管机关,而不是政府指定相关部门为业务主管机关。这种制度设计的缺陷对义工组织而言无疑是致命的。不仅如此,《条例》对社会团体筹备申请应提交的文件以及业务主管机关审查标准、内容没有明确的规定,由此也为业务主管机关审查过程中任意作出不同意决定埋下伏笔。

(二) 登记机关登记程序

《条例》为社会团体获得法人资格设置了严控死守的程序门槛,其第9条还规定:申请成立社会团体经业务主管机关审查同意后,发起人应当向登记管理机关申请筹备;第12条规定登记管理机关在收到第11条规定的全部有效文件之日起60日内,作出批准或者不批准筹备的决定。不批准的,应当向发起人说明理由。这些规定表明《条例》为登记管理机关设置了两次审查程序,如果连同业务主管机关对社会团体成立的筹备审查和同意审查,《条例》为社会团体成立设置的程序控制可谓达到极致,义工组织游离于灰色地带成为常态,也就不是一件新鲜的事情了。

社会团体的成立必须经登记管理机关登记。所谓登记管理机关,《条例》第 6 条规定:国务院民政部门和县级以上各级人民政府民政部门是本级人民政府的社会团体登记管理机关,并按第 7 条规定确定登记管理机关的级别管辖。登记管理机关负责社会团体的成立、变更、注销的登记,年度检查以及对社会团体的违法行为的行政处罚等事务。

社会团体的发起人应依法向登记管理机关申请筹备,申请筹备社会团体应依据《条例》第 11 条规定提交相应的文件,这些文件包括:(1) 筹备申请书,内容包括住所、活动资金数额、活动地域、经费来源、会员数量、宗旨、业务范围、筹备发起人及拟任负责人情况等;(2) 业务主管机关的批准文件;(3) 验资报告、场所使用权证;(4) 发起人和拟任负责人的基本情况、身份证明;(5) 章程草案。

结合义工组织创立实践,暂且将章程排除在外,前各项筹备申请须提交的文件形成困扰的问题有三:一是会员数量,依《条例》规定,义工组织的会员数量应不低于 50 人,如果这里的会员数量指的是明确加入义工组织的义工人数,义工组织在筹备申请之时就必须拥有正式义工 50 人,条件极为苛刻;但如仅仅为发起人估计招募的义工数量,则任意性极大。二是验资报告及场所使用权证,姑且先不考虑义工组织普遍存在的资金困难问题,《条例》要求筹备申请之时而不是登记之时,义工组织就必须提供验资报告和场地使用权证明,具有明显的不合理性,不仅造成资金的闲置和场地成本的浪费,而且可能为义工组织带来更大的损失风险,即使是以营利为目的的企业,法律也仅要求其登记之时提供验资报告和场所使用权证明。三是发起人及拟任负责人基本情况在解释上需经本人所在单位人事部门出具审核意见并盖章。既然出具审核意见,所在单位人事部门就存在同意或不同意的态度问题,[①]但发起人或拟任负责人从事义工服务已经

---

① 《条例》颁行后,民政部于 1998 年 11 月 3 日发出《关于清理整顿社会团体审定和换发证件工作的通知》,要求"社会团体的负责人应当经过所在单位人事部门和业务主管单位审核后,再由社会团体按其章程规定的民主程序产生",由此可见义工组织发起人和拟任负责人的基本情况不仅需要其所在单位进行证明,更需要所在单位人事部门同意,这显然超越了《条例》规定的范围。

超越其单位业务范围,与出任一般社会团体如法学会、专业协会负责人会产生一定的社会影响力不同,义工组织发起人和拟任负责人并不能给其单位带来荣誉,也不能提升其地位的影响力。如果发起人或拟任负责人没有正式工作单位或所在单位人事部门不同意出具审核意见或者出具不同意担任义工组织发起人或拟任负责人,就可能影响义工组织的登记。

《条例》关于社会团体章程内容的规定,对义工组织也具有一定的不适应性。从其第15条规定看,章程应当包括:(1)名称、住所;(2)宗旨、业务范围和活动地域;(3)会员资格及其权利、义务;(4)民主的组织管理制度、执行机构的产生程序;(5)负责人的条件和产生、罢免的程序;(6)资产管理和使用的原则;(7)章程修改的程序;(8)终止程序和终止后资产的处理;(9)应当由章程规定的其他事项。从立法意旨看,章程内容属于义工组织共同意思范畴,应由其全体成员共同协商确定,但《条例》仅仅要求章程应当规定民主的管理制度,在解释上指组织机构由义工组织章程自行规定,但《条例》仅在第14条提到会员代表大会、执行机构、负责人和法定代表人,这种粗线条规定导致实践中的义工组织内部机构设置混乱不堪。

登记管理机关收到发起人成立社会团体申请后,对其提交的申请文件进行审查。审查分为形式审查和实质审查。形式审查主要查验申请材料是否齐全,有无遗漏以及材料有无明显错误;实质审查主要从宏观上判断申请成立的社会团体有无必要,如成立的宗旨、任务以及社会基础等,审查的内容包括其名称是否同其业务范围、成员分布、活动地域相一致,社会团体的日常办事机构场所是否落实,以及有无必要的活动经费和正当的经费来源等,其核心是验证申请人提供的资料的真实性。

(三)拒绝登记的法定情形

登记管理机关根据形式审查和实质审查的结果,决定是否批准其筹备申请。从《条例》规定看,凡申请筹备的社会团体具有下列情形之一的,登记管理机关有权决定不批准其筹备申请。

1. 社会团体的宗旨、业务范围不符合《条例》第 4 条规定

《条例》第 4 条规定:"社会团体必须遵守宪法、法律、法规和国家政策,不得反对宪法确定的基本原则,不得危害国家的统一、安全和民族的团结,不得损害国家利益、社会公共利益以及其他组织和公民的合法权益,不得违背社会道德风尚。社会团体不得从事营利性经营活动"。从立法宗旨看,本条彰显的是对国家利益和社会公共利益的捍卫,符合各国维护国家主权、社会稳定、民族团结的惯常做法。不过,对于义工组织而言,本条规定有两点值得研究:一是义工组织必须遵守"国家政策",在解释上应当指国家的基本政策范畴,如国家鼓励民众参与公共事业服务政策等,还应当是公开的、透明的"国家政策",而不是未公开的、不透明的内部政策,这是法治精神的基本要求;另一是"不得从事营利性经营活动",这里包含了两个关键词,即"营利性"和"经营活动"。"营利性"是一种行为的法律属性,其本质在于资本的运用且最终向股东或成员分配红利或利益,义工组织从事的是公益服务活动,因此,其行为在性质上是非营利的,是故各国法律均规定其不得以营利为目的。但非营利并不意味着不能从事任何收费服务活动,也不意味着绝对不能以对价支付的方式开展义工服务活动,如承接政府项目而获得政府资金支持。因此,义工组织不得从事"营利性"活动是指义工组织不得向其发起人和成员分配盈余,而不是指不得从事收费性有偿服务。"经营活动"则是一种行为状态,指的是一种有组织、有计划、经常性的活动,义工组织的经常性活动是义工服务活动,不包括为募集活动经费举行的偶然活动。

2. 在同一行政区域内已有业务范围相同或者相似的社会团体

行政区域是国家实行分级管理而划分并设立相应国家机关的区域,目前主要有省、地、县、乡四级区域。从《条例》关于登记管理机关的规定来看,所谓同一行政区域在解释上应当指登记机关所管辖的区域,不应当包括乡、镇一级的行政区域。而业务范围相同一般指社会团体的名称、性质、宗旨、任务等相同或基本相同,相似则指社会团体名称虽然不同、人员构成也有差别,但实际业务活动属于同一领

域的情况。《条例》授权政府采取积极的社会干预政策,立足于从经济发展与社会进步的需要出发,统筹规划,合理设计,不能盲目设置,防止社会团体的成立过多过滥,无序发展。在实践中,社会团体设立必须有利于物质文明和精神文明建设,适应改革开放政策的需要,有利于促进国家某项事业发展,在业务领域内具有代表性。[①] 登记管理机关不仅对在同一行政区域内设置相同或相似的社会团体不予核准,而且对各种校友会、同学会、同乡会、宗亲会等联谊性社会团体一般也不予批准。义工组织虽然不属于登记管理机关明令禁止或限制设立的社会团体,但此项不予批准的情形对义工组织设立仍构成一种法律障碍,若不同的乡、镇、街道设立相同和相似的义工组织,登记管理机关即使不基于代表性和广泛性的理由予以限制,也可能基于同一行政区域内已有业务相同或相似的社会团体的理由而不予核准。

3. 发起人、拟任负责人受到剥夺政治权利的刑事处罚或者不具备完全民事行为能力

《条例》对社会团体的发起人或拟任负责人资格限制也是各国社团立法的通例。正在或曾经因刑事处罚被剥夺政治权利的人不得出任或拟任社会团体的发起人或负责人,是因为依法结社权或者说结社自由是宪法规定的政治权利。问题是被剥夺政治权利在刑法上往往具有一定的期限限制,《条例》规定正在或曾经受到刑事处罚被剥夺政治权利的人不得为社会团体的发起人或拟任负责人,显然改变了刑法上剥夺政治权利处罚的期限限制,存在明显的以下位法修改上位法的问题,其效力有待商榷。至于不具备完全民事行为能力的未成年人或者精神病人不得担任社会团体的发起人或拟任负责人,也是各国相关立法的基本要求,因为无论是社会团体发起人还是拟任负责人,均需为一定的法律行为,这将超越这些不具有完全民事行为能力人的认知能力。但《条例》对社会团体的发起人或拟任负

---

① 参见葛云松:《论社会团体的成立》,载《北大法律评论》1999年第2辑,第712—745页。

责人的资格限制远不止如此,如其第 14 条第 2 款规定社会团体的法定代表人不得同时担任其他社会团体的法定代表人,其依据为何不得而知。而实践中,社会团体发起人或拟任负责人受到了更多的限制,如各级党政机关的在职县处级以上的领导干部,原则上不得兼任社会团体领导职务,甚至政治倾向也成为可能的资格限制条件,这种限制对义工组织的发起人或拟任负责人来说过于苛刻。

4. 申请文件弄虚作假或存在法律、行政法规禁止的其他情形

根据《条例》第 14 条规定,经登记管理机关批准筹备的社会团体,应当在登记管理机关批准筹备之日起六个月内召开会员大会或会员代表大会,通过章程、产生执行机构、负责人和法定代表人。筹备期间不得进行筹备以外的活动。社会团体筹备完成后应当向登记管理机关申请登记,申请登记应提交的文件包括章程、业务机关同意登记的文件、理事会和常务理事会的组成名单以及登记管理机关认为应当提交的其他文件。登记管理机关自收到登记申请和文件后 30 日应完成审查工作,作出准予或者不准登记的决定。对于符合《条例》要求的社会团体,应准予其登记并发给《社会团体法人登记证书》;登记管理机关决定不予登记时,应当将不予登记的决定通知申请人。申请人不服登记管理机关的不予登记决定的,可依法提起行政复议或者提起行政诉讼。

四、义工组织的运营

从法人制度构建的角度看,运营主要解决的问题是义工组织机构设置和权利义务配置问题,具体内容包括义工组织的内设机构及其职权划分、义工组织的权利义务关系以及作为义工组织构成员义工的权利义务。只有科学、合理地解决上述问题,义工组织才能健康、有效和可持续地发展。

(一) 义工组织机构

从立法例看,义工组织机构在各国实践中有所不同。英美法系

国家因其公司并不限于以营利为目的,故义工组织可以公司形式获得慈善法人资格,其组织机构与营利目的的公司基本相同,由会员大会、董事会和监事会构成,分别行使决策权、经营权和监督权;也可依特别法成为非营利目的的公益法人组织,其机构设置有理事会和董事会,理事长、秘书长的产生方式、举行会议时间、地点及方式由章程约定,董事会及董事负责义工组织运营。大陆法系国家法律严格限定公司必须以营利为目的,故义工组织不得以公司为自己的组织形式,其对义工组织的法人形态供给是社团。社团的组织机构包括社员大会和董事会,如德国法中,董事会为具有法人地位的义工组织的必设机构,任何一名董事都有负责义工组织运营之责,对外代表义工组织,社员大会对董事、董事会行为在法律限定内有撤销权;日本法中的义工组织机构由理事会、会员大会和监事构成,会员大会为义工组织权力机构、理事会为运营机构、监事为监督机构。因此,各国法对于义工组织的组织机构在法律上均有相应的制度供给。

我国义工组织的组织机构应如何构建在法律上并不明确,《条例》仅在第14条提到会员大会、执行机构、负责人等概念,实践中的义工组织机构呈现相当混乱的状态。为保障义工组织健康发展,在法律上应当明确义工组织内部自治机构由理事会、监事会和义工大会构成,并相互监督、相互协调:理事会负责义工组织日常事务处理,如义工管理,捐赠受理,物资管理以及义工服务项目收集、筛选、实施等,重大服务项目实施应当获得义工大会同意;监事会为义工组织的监督部门,主要职责为监督理事会的日常工作,具体内容包括定期向义工大会汇报理事会工作情况,监督义工组织捐赠资金的使用及存储情况,汇报理事会义工服务项目的收集情况,调查义工服务的社会反馈情况;义工大会为义工的最高权力机构,主要职责是对组织的纲领、章程的制定、实施以及对于义工组织活动情况的监督和发展方向的决策。义工组织实行法人自治制度的基础是民主集中制,奉献爱心、服务社会、合作互助应当成为义工组织及其构成员的基本价值观。

义工作为义工组织的构成员必须具有一定的资格限制,这是因为义工以自己的专业素养与专业技能无偿向社会提供服务,义工资格限制是其胜任一定的专业服务的基本条件,如向残疾、病患者提供无偿护理的义工组织,其义工应当具有一定的护理知识;同时,义工必须为具有完全行为能力的成年人,无不良信用记录,依法注册取得义工资格。义工加入义工组织是否要缴纳一定的费用,实践中存在不同的做法,如香港义工组织均有一定的缴费要求。从效果看,义工加入义工组织缴纳一定的年费,既可以增加义工组织的活动经费,促进专业义工培训内容的开展,增强义工组织的社会服务能力,也可以促进义工组织队伍稳定,减少利用义工组织捞取虚名的状况发生,避免造成组织内部涣散。但是,义工参加义工组织的年费只能是象征性的,且必须有明确的额度限制,否则容易滋生收费牟利以及挫伤公民参与社会服务的积极性。

(二)义工组织权利义务

目前,我国正在推进社会团体登记管理改革,义工组织设立监管即将为过程监管所替代,这使得设立中的义工组织及其发起人的义务在法律上相当多地获得免除,义工组织只要满足社会团体法人的设立要件,无须经过业务主管机关审查即可依法取得社会团体法人资格,因无法找到挂靠和管理的业务主管机关而活动于灰色地带的状况也将得到根本性扭转。义工组织作为独立的社会团体法人,可以自己的名义独立地享有权利、承担义务。但是,义工组织独立的社会团体法人地位并不足以保证其获得良好的生存和发展环境,更不意味着已为义工事业合法有序的发展带来了组织保障。要使义工组织健康有效地发展,必须依法建立以义工组织权利义务为核心的发展机制。①

1. 义工组织有权要求政府依法给予奖励、支持和保护

义工组织不同于一般的社会团体法人,其向社会特定的群体或特殊的服务对象提供的无偿服务在性质上属于公共服务产品,其存

---

① 参见汤璐、陈婉玲:《政府职能担当与义工组织规范化发展》,载《重庆社会科学》2012年第9期。

在的价值既不是追求本团体的特殊利益,也不是为了其构成员义工的群体利益,义工组织以义工形式提供的社会公益服务在总体上构成国家的社会公共服务的一部分。义工组织社会公益服务的特殊性决定了它应当与国家提供社会服务一样享有特殊的政策支持和政策补贴。从公民社会建设角度出发,国家也需要越来越多的社会组织为其分担社会公共服务,提高国民整体社会福利水平。因此,国家对于义工组织采取积极的政策导向,给予义工组织财政补贴、税收减免以及其他激励机制,有利于引导义工组织积极健康地发展。

2. 义工组织有权接受社会捐赠、捐助

义工组织为非营利性的公益社会团体,依法不得从事任何形式的营利性经营活动。然而,义工组织维持正常的公共服务需要一定的费用支出。因此,依法确认义工组织有筹集善款的权利是其可持续发展的必然要求。义工组织接受的捐赠、捐助既可以来源于境、内外的慈善机构、个人,也可以来自国家的公权部门,如地方政府基于本地区公共服务需要,对特定的义工组织注资或购买义工组织服务。此外,政府也可以通过义工组织活动的考核,对参与社会服务成绩突出的义工组织实施经济奖励,促进义工组织良性发展。不过,无论是公权部门注资、奖励,还是境、内外慈善机构或个人的捐赠、捐助,均不得以限制义工组织活动自由为目的。

3. 义工组织有权对义工参与社会服务实施指导、监督和管理

义工组织向特定的群体、特定的对象无偿提供社会服务必须通过义工的具体活动实现,义工的劳动与服务质量与水平直接关系义工组织的形象与社会评价。义工组织对义工的劳动与服务实施培训与指导,既是义工组织的权利,也是义工组织的义务,而义工组织对义工劳动与服务进行管理与监督,则是其作为独立的社会团体法人自我管理、自我约束的应有之义。

义工组织依法承担的义务应当包括一般义务与特殊义务。从现行法律看,社会团体必须遵守宪法、法律、法规和国家政策,不得危害国家的统一、安全和民族的团结,不得损害国家利益、社会公共利益以及其他组织和公民的合法权益,不得违背社会道德风尚等,这些构

成了义工组织的一般法律义务。不过,义工组织作为以公益为目的的社会组织,还必须依法承担由其性质和任务决定的特殊义务,包括:(1) 义工组织不得从事营利性经营活动;(2) 义工组织依法必须承担义工培训、教育以及提高义工服务技能的义务;(3) 义工组织接受社会捐赠、捐助的款物不得向义工分配;(4) 义工组织对义工无偿提供公益性劳动与服务过程中的侵权行为承担赔偿责任。

(三) 义工组织外部关系

义工组织虽然存在内部成员互助协作的可能,但其最主要的任务是向特殊的社会群体或对象无偿提供劳动与服务。义工组织的外部关系主要涉及三个层次的法律关系:

1. 义工组织与政府主管机关的关系

义工组织作为独立的社会团体法人,依法独立享有权利、承担义务。政府与义工组织的关系应当定位为监管与服务的关系。一方面,每一个义工组织所提供的扶贫帮困、照顾残疾、病患者以及参与公益社会服务均构成国家公共服务和公共福利的一部分,政府应当为义工组织活动提供必要的服务,如提供公共服务平台,解决义工组织所需的服务信息;另一方面,政府对义工组织活动负有依法规范、监管的责任。从总体上看,政府监管活动主要包括:(1) 政府有权审核义工组织运行状况及对义工资格进行审查,以保证义工组织资质优良、合法独立以及义工服务质量;(2) 具体工作内容的检查,监督义工组织的信息公示内容;(3) 对义工组织实施年检,保证其公益性的无偿服务价值的实现;(4) 对义工组织接受的捐赠款物使用实施监督;(5) 对从事营利性活动的义工组织的处罚;(5) 鼓励义工组织参与资源稀缺的社会服务项目。

2. 义工组织与捐赠、捐助人的关系

义工组织依法不得从事营利性的经营活动,这在客观上决定了义工组织只能通过接受社会捐赠、捐助获得支撑其公益性服务活动的费用,因此,义工组织依法有权接受社会捐赠、捐助,而且捐赠人不限于国内的慈善机构、企业、个人和其他社会组织,也包括国际慈善机构、境外企业、外国人和国际组织,甚至也应当包括政府部门的注资和政策补贴。义工组织对捐赠、捐助款物必须建立独立财务审核制度和登记管理制度,保证捐赠款物用于捐赠人指定的用途;国家应对捐赠、捐助款物给予政策支持,依法免除捐赠款物所涉税项,如关税、所得税、营业税以及个人所得税等,鼓励和支持社会各界对义工组织捐赠款物。① 应当指出的是,个人、企业或社团捐赠慈善或公益事业,本身也是实现社会财富第二次分配的方式,西方国家对于社会力量或社会组织介入财富分配有比较完善的制度保障,慈善基金会、公益基金会等社会组织对公益性社会团体的捐赠、捐助在客观上实现了税收分配无法实现的功能,保障了社会中弱势群体的利益,抚慰了因初次分配不公平带来的社会创伤。

义工组织与捐助者法律关系包括:(1)妥善保管、合理使用、尊重捐赠者意志制度,捐赠物资的管理最重要的是权责明确,并保证有效的监督。将每个职权分散到义工组织的各个部门,实现三方相互监督是较合理的方式,义工组织在接受捐赠者捐赠时,应开具书面捐赠证明。(2)义工组织应妥善保管、合理使用捐赠物资。理事会向义工大会负责;义工大会向捐赠者负责。(3)义工组织应尊重捐赠者的捐赠意志。有定向捐助的,应定向捐助;没有定向捐助的,应合理使用。(4)捐赠物资使用重大事故赔偿制度。义工组织在使用捐赠者捐赠物资时造成物资的丢失、损毁、滥用、贪污情形时,捐赠者可向义工组织求偿,义工组织应作出相应赔偿。义工组织可向造成事故的当事人追偿。(5)捐助物资使用的报告反馈制度。义工组织在使用捐赠物资时,应及时向捐赠者报告及反馈,并在民政部门网站进行相应的捐赠内容公开,义工服务内容反馈和公示。报告反馈由义工组织理事会完成。不及时进行反馈及公开的,民政部门可在年检时给予不通过的处罚,限制义工组织活动。

3. 义工组织与服务对象的关系

义工组织向服务对象(受助者)无偿提供服务是其存在的社会

---

① 参见刘剑文、熊伟:《税法基础理论》,北京大学出版社2004年版,第27页。

价值,然而,义工与受助人之间究竟存在何种劳动关系是义工组织立法必须解决的问题。从最高人民法院的司法解释看,义工与受助人之间既非劳动合同关系,也非普通合同关系,至于义工与义工组织之间的关系,司法解释使用了"帮工人"概念[①],也同样不尽合理。义工在实践中的权益既不受劳动法的保护,又没有相应的义工权益法的保护。虽然义工组织在具体操作中可以义工意外伤亡保险使义工的权益获得一定的补偿,但义工保险与一般的工伤保险相比,补偿水准相差很大,无法实现完全的救济。[②] 而义工在接受义工组织派遣对受助者提供服务过程中产生的侵权责任更应当引起法学界的高度重视,因为义工群体自愿无偿地服务于社会,其自身合法权益如果不能予以合理的救济,公民参与社会管理与社会服务的积极性将会被严重挫伤。我们认为义工服务于社会的法律责任问题,应区分不同的情形分别加以规范:(1) 义工在义工服务期间过失造成第三人权益损害的,由义工组织承担赔偿责任;(2) 义工在义工服务期间故意或者重大过失造成第三人权益损害的,由义工组织同义工承担连带赔偿责任,义工组织可向肇事义工追偿;(3) 义工在义工服务期间过失造成义工组织物质权益侵害的,义工不承担赔偿责任。(4) 义工在非义工服务期间(不含前往义工服务路程中)造成第三人或者义工组织的权益损害的,按照相关法律承担相应的民事赔偿责任。

至于义工在提供公益服务过程中遭受不法侵害或意外伤害,也应当区别不同的情况,保护义工的合法权益:受助者或者第三人在义工服务期间不法侵害义工的人身与财产造成义工权益损害的,依法应承担侵权损害赔偿责任,这在法律上并无疑问。唯义工所受的不法侵害发生于接受义工组织派遣的公益服务过程,并不同于普通的劳动合同关系,如果加害人有赔偿能力,则义工权益能够在法律上得到弥补与恢复;如果加害人无经济来源或不具有赔偿能力,义工组织

---

① 参见陈曼莉:《浅议志愿者侵权责任承担》,载《法学研究》2009 年第 7 期。
② 参见贾秀芬:《奥运志愿者损害赔偿的法律责任》,载《体育学刊》2008 年第 15 期。

是否应当承担赔偿责任？从法律解释看，义工接受派遣的公益性服务，应当处于义工组织的被使用人地位，作为被使用人履行职务过程遭受不法侵害，义工组织显然具有使用人的责任，应当对义工承担赔偿责任。不过，义工的损害是由加害人的加害行为造成的，因此，义工组织有权在承担赔偿责任后向加害人（受助者或者第三人）行使代位求偿权；义工在接受派遣的公益性服务期间因意外事故、紧急避险等非人为因素造成其权益遭受损害的，如2010年玉树地震，香港义工黄福荣在抗震救灾的义工服务过程中牺牲，义工组织也应当依法对义工所受到的损害承担责任，这种责任究竟是补偿责任还是赔偿责任在理论仍有探讨的价值。

附　录

一、美国 1997 年《联邦义工保护法》

在以与义工有关的活动为基础的民事诉讼中给予义工、非营利组织和政府机构相应的保护的一部法案。

美利坚合众国参议院和众议院召开会议并颁布：

第一章　名　称

此法案称为《1997 义工保护法》。

第二章　调查结果与目的

（a）调查结果。——国会发现并且声明——

（1）由于义工可能要面对追究其责任的诉讼，导致他们提供志愿服务的积极性减弱了。

（2）因此，许多非营利的公共或私人组织以及国家机构，包括义工协会、社会服务机构、教育机构、公民活动项目在内，都受到了义工从董事会和其他岗位的退出所带来的不利影响。

（3）相应的，这些机构对社区的贡献也就减少了，造成一些原本在义工的参与下可以举办的活动数量的减少并且成本增加了。

（4）因为联邦基金资助的那些有益的和节省成本的社会服务活

动中,有很多是全国性的,极度依赖义工的参与,且代表了一些最成功的公私合作关系,因此联邦立法的一个合适的主题是,通过阐明和限制义工在参与志愿活动时所承担的个人责任风险来保护志愿工作的开展。

(5)义工和非营利组织所提供的服务和物品会被从事州际贸易的私人机构所取代。

(6)由于较高的责任成本和缺乏保证的诉讼成本,义工和非营利组织,需要通过州际保险市场,花费更多的购买保险的成本以覆盖他们的活动范围;而且

(7)之所以说联邦立法的一个合适的主题是阐明和限制义工在参与志愿活动时所承担的责任风险,原因如下:——

(A)由于义工对于轻率、武断和反复无常的诉讼所产生的理所当然的担忧而造成了全国范围性的问题。

(B)美国公民所依靠的,联邦政府给予资助、免税以及其他优惠的大量社会项目都依赖于义工的服务。

(C)由于政府缺乏提供这些社会机构与义工所能提供的服务的能力,因此为了联邦政府的利益,政府鼓励志愿服务机构的持续运作和义工们的贡献。

(D)(i)对义工的责任进行改革会促进物品与服务的自由流通,减轻州际贸易的负担,并且维护了受宪法保护的正当程序权利;而且

(ii)因此,对义工的责任进行改革符合美国宪法第1章第8节第3款,以及宪法第14修正案的规定。

(b)目的。——此法案的目的是增进社会服务受益人和纳税人的利益,并且通过改革法律规定的方式来保护非营利组织和政府机构的义工免受滥用责任追究的损害,从而维持以义工的贡献为基础的项目、非营利组织以及政府机构运行的有效性。

第三章 优先适用和州不适用的选择权

(a)优先适用。——如果州法与本法不一致的话,则本法优先

于州法,除非州法对义工或者在非营利性组织或政府机构中从事服务的任何类型的义工的责任提供额外的保护。

(b) 关于不适用的州的选择权——如果根据该州制定法律的要求,某州制定了一条法令,则本法案不适用于在州法院提起的针对义工且双方当事人均为该州公民的民事诉讼,该法令包括——

(1) 引用本款规定的特权;

(2) 宣布在特定的时间内,该州内的民事诉讼不适用本法案;

(3) 不包括任何其他条款。

第四章 对义工承担的法律责任的限制

(a) 义工的责任保护。——除了本条(b)和(d)款所规定的情形之外,在下列情况下,非营利组织和政府机构的义工在代表非营利组织和政府机构时因行为或疏忽所造成的损害,一律不予以追究——

(1) 义工的行动或疏忽时所发生的行为属于非营利组织或政府机构的义工的职责范围之内。

(2) 如是合适或必要的,在损害发生的州内的活动或行为中,义工持有该活动或行为的证明、执照,或者得到适当的授权,并且义工执行的活动或行为属于非营利机构或政府机构义工的职责范围之内。

(3) 损害的产生不是由于故意或构成犯罪的不当行为、严重疏忽、不顾后果的不当行为,或者是对受害者的权利及安全的存心且公然的不重视;并且

(4) 产生损害的原因不是义工在使用或驾驶某机动车辆、船只、飞机或其他工具时没有遵照政府对此机动车辆、船只、飞机或其他工具的驾驶员的规定——

(A) 拥有驾驶执照;或

(B) 持有保险。

(b) 有关义工对组织或机构所担负的责任。——本条的任何内容不适用于非营利组织或政府机构对其义工提出民事诉讼。

(c) 对于机构或实体的法律责任不产生任何影响。——本条的任何内容都不适用于该非营利组织或政府机构对任何个人所造成的损害所应承担的责任。

(d) 义工的责任保护的例外事项。——如果州法律把义工的责任限制在以下情况的一种或数种中,可与本条的内容不一致:

(1) 一项州法律要求非营利组织和政府机构遵循风险管理程序,包括对义工的强制性训练。

(2) 一项州法律规定机构或组织应对其义工的行为或疏忽承担与雇主对其员工的行为或疏忽一样的责任。

(3) 一项州法律规定如果在一位州或地方政府官员根据州法律或地方法律提出民事诉讼的时候,不适用本法的责任限制。

(4) 一项州法律规定在只有非营利组织和政府机构给因其机构义工的行为而受到损害的个人提供充分的经济补偿的情况下,才适用该责任限制。充分的经济补偿可能是在一定限制范围内的保险、相对多的涵盖风险并行机制、同等资产,或者其他可选择的能够保障提供给受害者一定数目的损失补偿的方式。不同种类的责任的不同标准应当明确具体。

(e) 义工行为的惩罚性赔偿的限制。——

(1) 基本规定。——义工在从事属于其所在的非营利组织或政府机构的义工职责范围内的行为所造成的损害,都不能处以惩罚性赔偿。除非有清楚且有力的证据证明义工带来损害的行为是故意或构成犯罪的不当行为,严重疏忽、不顾后果的不当行为,或者是对于义工行为的受害者的存心的并且公然的不重视的行为。

(2) 解释。——第一自然段并不给予针对惩罚性赔偿的诉讼创造理由,同时如果联邦法律或州法律将进一步限制惩罚性赔偿,本法也不能优先于这些法律。

(f) 责任限制的例外。——

(1) 基本上。——在以下的情况下,义工责任的限制不适用于下列不当行为:——

(A) 构成暴力犯罪(暴力的定义见美国法案第 8 章第 16 条)或

者构成国际恐怖主义犯罪并且被告已经在法庭中被宣告有罪(国际恐怖主义的定义参见第18章第2331条);

(B) 构成仇恨犯罪(此词定义依照仇恨犯罪统计法案(28 U.S.C 534 note));

(C) 已被适用的州的法律定义为性侵犯,并且被告已在法庭上被宣告有罪;或

(D) 被告已经被发现触犯了联邦或州的民权法下的不当行为;

(E) 被告在作出不当行为时是在酒精或者毒品的影响下(根据适用的州的法律)。

(2) 解释。——这一款的任何内容都不能影响到(a)(3)或(e)的内容。

第五章 非经济损失的责任

(a) 基本规定。——在任何一件针对义工的民事诉讼中,义工如果在执行其非营利组织或政府机构的义工职责范围内的任务,义工对非经济损失所应承担的责任应由(b)款来决定。

(b) 责任的数量。——

(1) 基本上。——如果被告是义工,义工只需要承担与被告所承担的责任直接成正比的非经济损失的数量(根据第(2)款决定)。法庭将根据前句所确定的数量对每一个被告作出单独的裁决。

(2) 责任的比例。——为了确定作为义工的被告所应负担的非经济损失的数量,事实判断者将决定被告对于原告所受的损害的责任的比例。

第六章 定 义

对本法案而言:

(1) 经济损失。——"经济损失"一词的含义是因损害造成的金钱损失(包括工资损失或其他与就业有关的收益、医药费损失、替代服务损失、死亡损失、安葬费用、商业或就业机会损失)。损失应大到适用的州的法律所允许的损失弥补。

(2) 损害。——"损害"一词定义为物质损失、非物质损失、经济损失和非经济损失。

(3) 非经济损失。——"非经济损失"一词定义为身体和精神上的疼痛、痛苦、不便、伤残、精神上的极度痛苦、缺陷、失去生活动力、失去社会和同伴、失去联盟（而非内部服务损失）、享乐能力受损伤、名誉受损，以及其他任何非金钱的损失。

(4) 非营利组织。——"非营利组织"一词定义为——

(A) 任何一个在1986国内税收法案第501(c)(3)节、第501(a)节不需纳税，并且不进行任何在犯罪统计法案(28 U.S.C 534 note)第一章第(b)(1)子章中所定义的仇恨犯罪的机构；或

(B) 为了公共利益，主要为了慈善、公民、教育、宗教、福利、健康等原因而运作的非营利组织，并且不进行任何在犯罪数据法案(28 U.S.C 534 note)第一章第(b)(1)子章中所定义的仇恨犯罪的机构。

(5) 州。——"州"一词在此法案的用法中包括各州，哥伦比亚地区、波多黎各、维京群岛、关岛、东萨摩亚、北马里亚纳群岛，还有任何美利坚合众国的领土或所有，包括任何一个州，领土，以及所有的政治分支。

(6) 义工——"义工"一词意为个人在为非营利组织和政府机构服务，并且不领取以下——

(A) 补偿（合理的退还或事实上花费的成本的补贴除外）；或者

(B) 任何取代补偿的物品，每年等于或多于$500，这对包括作为领导者、官员、信托人和直接服务的义工在内而言。

第七章 有 效 时 期

(a) 基本上。——此法案在通过之日90日后起效。

(b) 适用。——此法案适用于任何针对义工的行为或是疏忽而导致的损害的主张，但是该主张和该行动或疏忽都必须在有效日期起始之后。

二、日本《特定非营利活动促进法》

第一章 一般规定

(宗旨)
第1条
本法的目的是,通过赋予从事特定非营利活动的组织法人地位等手段,促进志愿者从事的特定非营利活动以及其他由公民无偿进行的有利于社会的活动的健康发展,从而促进公共福利的进步。

(定义)
第2条
Ⅰ.本法所称"特定非营利活动",是指附录中列明的以促进多数不特定人的利益为目的的活动。

Ⅱ.本法所称"特定非营利活动法人",是指以从事特定非营利活动为主要目的,符合下列各项条件,并且依据本法设立为法人的组织:

(一)符合以下的两项要求,并不以营利为目的的组织:

1. 没有对社员资格的取得和丧失规定不合理的条件;
2. 领取报酬的负责人员不超过负责人员总数的三分之一;

(二)事业活动符合以下各项条件的组织:

1. 所从事的活动不以宣传宗教教义、举行宗教仪式或者教育和发展信徒为目的;
2. 所从事的活动不以推广、支持或者反对某一政治主张为目的;
3. 所从事的活动不以推举、支持或者反对某一公职(指《公职人员选举法》(1950年第100号法律)第3条规定的公职。以下相同)的某个候选人(包括将来的候选人)、某一个公职人员或者某个政党为目的。

第二章　特定非营利活动法人

第一节　通　则

（原则）

第 3 条

Ⅰ．特定非营利活动法人不得从事为了特定个人、法人或者其他组织的利益的活动。

Ⅱ．特定非营利活动法人不得为一个特定的政党所利用。

（名称的使用限制）

第 4 条

除特定非营利活动法人外，任何其他组织不得在其名称中使用"特定非营利活动法人"的字样或者任何其他可能与此混淆的文字。

（收益活动）

第 5 条

Ⅰ．特定非营利活动法人可以从事以取得用于特定非营利活动的经费为目的的活动（以下简称"收益活动"），但是该收益活动不得影响非营利活动的进行。

Ⅱ．收益活动的账目必须与该特定非营利活动法人所从事的特定非营利活动账目互相独立，并且作为特别账目管理。

（住所）

第 6 条

特定非营利活动法人的住所是其主事务所所在地。

（登记）

第 7 条

Ⅰ．特定非营利活动法人应当根据内阁法令的规定进行登记。

Ⅱ．前款规定应当登记的事项，登记完成后方可对抗第三人。

（《民法》的准用）

第 8 条

《民法》（1896 年第 89 号法律）第 43 和 44 条准用于特定非营利活动法人。

(政府主管机关)

第9条

Ⅰ. 特定非营利活动法人的政府主管机关是该特定非营利活动法人的主事务所所在地的都、道、府、县知事。

Ⅱ. 在二个以上都、道、府、县有事务所的特定非营利活动法人,由经济企划厅厅长作为政府主管机关,不适用前款规定。

第二节 设　　立

(设立的认证)

第10条

Ⅰ. 特定非营利活动法人的设立人,应当根据内阁府令(对于不适用第9条第2款规定的特定非营利活动法人,为都、道、府、县的法令;以下相同,但是第26条第3款和第44条第2款除外)提出申请以及下列文件,并且必须取得设立认证:

(一) 章程。

(二) 关于负责人员的下列文件:

1. 负责人员名册(指关于每个负责人员的姓名、住所或者居所的名册);

2. 每位负责人员的同意任职信,以及内阁府令所规定的证明其住所或者居所的文件;

3. 每位负责人员作出的关于其不属于第20条规定的范围并且将不违反第21条规定的誓约的书面誊本;

4. 领取报酬的负责人员的名册。

(三) 记载了十名以上社员的姓名(社员是法人的,指法人的名称和法定代表人的姓名)及其住所或者居所的书面文件。

(四) 确认按第2条第2款第2项和第12条第1款第3项的规定被遵守的书面文件。

(五) 设立趣旨书。

(六) 发起人名册(指每一个发起人的姓名和住所或者居所)。

(七) 记载有设立特定非营利活动法人的意思表示的会议记录誊本。

（八）成立时的财产清单。

（九）设有事业年度的,关于成立后第一个事业年度的说明。

（十）成立后第一个年度和第二个年度的事业计划(规定了财务年度的,指第一个财务年度和第二个财务年度。下同)。

（十一）成立后第一个和第二个年度的收支预算报告。

Ⅱ．前款规定的认证申请提出后,政府主管机关应当立即将该申请以及以下事项予以公告,并在收到申请之日起二个月内,将前款规定的第 1 项、第 2 项第 1 目、第 5 项、第 10 项以及第 11 项规定的文件备置于指定地点,供公众查阅：

（一）提出申请的时间；

（二）申请中的特定非营利活动法人的名称,法定代表人姓名,主事务所所在地,以及章程中规定的目的。

（章程）

第 11 条

Ⅰ．特定非营利活动法人的章程应当记载以下事项：

（一）目的；

（二）名称；

（三）从事的非营利活动的种类以及与该非营利活动相关的事业活动种类；

（四）主事务所和其他事务所所在地；

（五）关于社员资格的取得和丧失的事项；

（六）关于负责人员的事项；

（七）关于会议的事项；

（八）关于财产的事项；

（九）关于会计的事项；

（十）关于拟从事的收益活动的种类和其他细节的事项；

（十一）关于解散的事项；

（十二）关于章程修改的事项；

（十三）公告的方法。

Ⅱ．成立时的负责人员应当在章程中列明。

Ⅲ．如果章程中关于本条第 1 款第 11 项说明的事项的规定为，剩余财产归属于一个组织，该组织必须是一个特定非营利活动法人或者下列组织中的一种：

（一）中央政府或者地方公共机构；

（二）依据《民法》第 34 条成立的法人；

（三）《私立学校法》（1949 年第 270 号法律）第 22 条规定的学校法人；

（四）《社会福利法》（1951 年第 45 号法律）第 22 条规定的社会福利法人；

（五）《更生保护事业法》（1995 年第 86 号法律）第 2 条第 6 款规定的更生保护法人。

（取得认证的条件等）

第 12 条

Ⅰ．政府主管机关如果认为根据第 10 条第 1 款规定提出的认证申请符合下列条件，应当对其设立进行认证：

（一）设立程序、申请以及章程的内容符合法律法令的规定；

（二）提出申请的特定非营利活动法人是第 2 条第 2 款规定的组织；

（三）提出申请的特定非营利活动法人不是暴力犯罪组织（指《暴力犯罪组织成员不当行为防止法》（1991 年第 77 号法律）第 2 条第 2 款规定的暴力犯罪组织；下同），也不受暴力犯罪组织或者其成员（包括一个暴力犯罪组织下属组织的成员）的控制；

（四）申请中的特定非营利活动法人的社员有十人以上。

Ⅱ．根据前款规定作出的认证或者不认证的决定应当在第 10 条第 2 款规定的期限届满后二个月内作出，但是有正当理由的除外。

Ⅲ．政府主管机关根据第 1 款的规定作出不认证的决定的，政府主管机关应当立即书面通知提出申请的人，并说明不认证的理由。

（成立的时间等）

第 13 条

Ⅰ．在主事务所所在地进行设立登记后，特定非营利活动法人成立。

Ⅱ．特定非营利活动法人进行了前款规定的登记后,应当立即书面通知政府主管机关,并提交表明登记已经完成的登记证书誊本。

(《民法》的准用)

第 14 条

《民法》第 51 条第 1 款(仅限于其中关于法人设立时间的部分)准用于特定非营利活动法人的设立。

第三节　管　理

(负责人员)

第 15 条

特定非营利活动法人应当设置理事三人以上,监事一人以上。理事与监事构成负责人员。

(理事的代表权)

第 16 条

理事在一切事务上代表特定非营利活动法人,但是章程可以限制理事的代表权。

(事务决定)

第 17 条

特定非营利活动法人的事务,由理事过半数决定,但是章程另有规定的除外。

(监事的职责)

第 18 条

监事应当履行下列职责:

(一)监督由理事的业务执行状况;

(二)监督特定非营利活动法人的财产状况;

(三)进行上二项规定的监督活动时,发现了关于业务活动或者财产的不当行为或者违反法律、法令或者章程的重要情况的,向社员大会或者政府主管机关报告;

(四)如果为了提交前项规定的报告,有必要召集社员大会;

(五)就理事的业务执行的状况以及特定非营利活动法人的财

产状况向理事提出建议。

（监事兼职的禁止）

第 19 条

监事不得在特定非营利活动法人中同时担任理事或者工作人员。

（负责人员资格的禁止性条件）

第 20 条

下列人员不得担任特定非营利活动法人的负责人员：

（一）禁治产人或者准禁治产人；

（二）破产人，并且尚未复权的；

（三）曾被判处徒刑或者更为严厉的刑事处罚，并且刑事处罚执行完毕或者停止执行之日起未满二年的；

（四）曾因为违反本法、《暴力犯罪组织成员不当行为防止法》（但第 31 条第 7 款除外），《刑法》（1907 年第 45 号法律）第 204 条、第 206 条、第 208 条、第 208 之 2 条、第 222 条或者第 247 条，或者《暴力行为等行为处罚法》（1926 年第 60 号法律），而被判处罚金的刑事处罚，并且刑事处罚执行完毕或者停止执行之日起未满二年的；

（五）曾任某个已经解散特定非营利活动法人的负责人员，该法人的设立认证根据本法第 43 条被撤销，并且自设立认证被撤销之日起未满二年的。

（对负责人员之间的亲属等关系的限制）

第 21 条

负责人员中，与任何一个负责人员有配偶或者三亲等内的亲属关系者不得超过一人，并且一个负责人员及其配偶或者三亲等之内的亲属的人数不得超过负责人员总数的三分之一。

（负责人员空缺的补充）

第 22 条

理事或者监事的总数的三分之一职位空缺的，应当立即补充。

（负责人员变更的通知）

第 23 条

Ⅰ．特定非营利活动法人的负责人员的姓名、住所或者居所发生变更的,应当立即通知政府主管机关。

Ⅱ. 新的负责人员就任后(但任期届满连任的情形除外),特定非营利活动法人进行前款规定的通知时应当同时提交关于该负责人员的本法第 10 条第 1 款第 2 项第 2、3 目所规定的文件。

(负责人员的任期)

第 24 条

章程中应当规定负责人员的任期。任期不得超过二年,但是不应当禁止连任。

(章程的修改)

第 25 条

Ⅰ. 对章程的修改,应当根据章程的规定由社员大会作出决议。

Ⅱ. 前款规定的决议的通过,应当有二分之一以上的社员出席社员大会,其中四分之三以上的社员同意,但是章程另有规定的除外。

Ⅲ. 对章程的修改,未经政府主管机关认证的,不发生法律效力,但是关于本法第 11 条第 1 款第 4 项(仅限于不涉及变更政府主管机关的情形)、第 8 项和第 13 项规定的事项(本条第 6 款称为"关于次要事项的章程修改")的修改除外。

Ⅳ. 特定非营利活动法人要取得前款规定的政府主管机关的认证,应当向政府主管机关提出申请书、通过修改章程决议的成员大会的会议记录誊本,以及经修改的章程。

Ⅴ. 本法第 10 条第 2 款和第 12 条准用于本条第 3 款规定的政府主管机关的认证。

Ⅵ. 特定非营利活动法人应当在对章程中的次要事项进行修改后立即通知政府主管机关。

第 26 条

Ⅰ. 前条第 4 款规定的涉及变更政府主管机关的章程修改的认证申请,应当通过变更前的政府主管机关向变更后的政府主管机关提出。

Ⅱ. 根据前款规定提出申请的,随同申请一并提交的文件包括

第 25 条第 4 款规定的文件,以及第 28 条第 1 款规定的最近一期活动报告书等文件(对于成立后,这些文件制作完成前提出申请的,指第 10 条第 1 款第(8)项规定的文件;对于合并后,这些文件制作完成之前提出申请的,指第 35 条第 1 款规定的财产清单)。

Ⅲ. 在本条第 1 款规定的情形下,政府主管机关认证了章程修改的,政府主管机关应当立即根据内阁府令,从原政府主管机关接管行政管理工作。

(会计准则)

第 27 条

特定非营利活动法人的会计账目,应当根据本法以及下列原则进行记录:

(一)收入和支出应当以预算为基础;

(二)会计账簿应当根据正式的记账准则进行准确记录;

(三)财产清单、资产负债表和收支计算书必须根据账簿的记载,反映真实的收支状况和财务状况;

(四)会计处理上遵循的标准和程序必须每个年度(如果特设财务年度的,指每个财务年度。第 28 条第 1 款和第 29 条第 1 款相同)互相一致,不得随意变更。

(事业报告书等的保存以及查阅)

第 28 条

Ⅰ. 特定非营利活动法人应当根据内阁府令,在每个年度的前三个月内,制作关于上一年度(特设财务年度的,指上一财务年度。本款以下相同)的一份事业报告书、财产清单、资产负债表和收支计算书(本款、第 29 条和第 43 条第 1 款中统称"事业报告书等"),以及一份负责人员名册(指上一年度中所有负责人员的姓名、住所或者居所的列表),此名册中所有领取报酬的负责人员的名册,以及至少十名以上的社员的姓名(对于法人社员,指该法人的名称和法定代表人的姓名)和各自的住所或者居所(本款以及第 29 条、第 43 条第 1 款中统称"负责人员名册等")。特定非营利活动法人应当在其主事务所保存这些文件,直到下一年度(特设财务年度的,指下一个财务年度)的最后一日。

Ⅱ. 如果社员或者其他有兴趣者要求查阅事业报告书等(在法人成立至制作这些文件期间,指第 10 条第 1 款第(8)项规定的文件;在法人合并到制作这些文件期间,指第 35 条第 1 款规定的财产清单。第 29 条第 2 款的规定中含义相同)、负责人员名册等、章程或者有关认证或者登记的文件(在第 29 条和第 43 条第 1 款中称做"章程等"),特定非营利活动法人应当允许其查阅,但是有正当理由的情形除外。

(事业报告书等的提交和公布)

第 29 条

Ⅰ. 特定非营利活动法人应当根据内阁府令,每年一次向政府主管机关提交事业报告书等、负责人员名册等和章程等(限于经过修改的章程,以及对该修改予以认证和登记的有关文件)。

Ⅱ. 如有请求查阅一个特定非营利活动法人向政府主管机关提交的事业报告书等、负责人员名册等(限于过去三年中所提交的)或者章程等,政府主管机关应当根据内阁府令允许其查阅。

(《民法》的准用)

第 30 条

《民法》第 54 至 57 条、第 60 至 66 条准用于特定非营利活动法人。在准用时,《民法》第 56 条中"法院——根据利害关系人或者检察官的申请"的规定,应当被理解为"政府主管机关——根据利害关系人的申请或者依职权"。

第四节 解散与合并

(解散事由)

第 31 条

Ⅰ. 特定非营利活动法人于有下列事由时解散:

(一)社员大会作出解散决议;

(二)章程规定的解散事由发生;

(三)作为目的事业的非营利活动不可能完成;

(四)没有社员;

（五）合并；

（六）破产；

（七）根据本法第 43 条的规定被撤销了设立认证。

Ⅱ．因为前款第 3 项的规定解散的，在取得政府主管机关的批准后才生效。

Ⅲ．特定非营利活动法人要取得前款规定的批准的，应当向政府主管机关提交说明第 1 款第 3 项规定的事由的文件。

Ⅳ．因为第 1 款第 1 项、第 2 项、第 4 项或者第 6 项规定的事由而解散的，清算人应当在解散后立即通知政府主管机关。

（剩余财产的归属）

第 32 条

Ⅰ．除合并和破产外，特定非营利活动法人解散后的剩余财产于将清算完成通知政府主管机关后归属于章程中指定的人。

Ⅱ．章程中没有规定剩余财产的归属的，清算人可以在得到政府主管机关的批准后，把剩余财产转移给中央政府或者一个地方公共团体。

Ⅲ．没有依照前两款的规定处分的财产，应当归属于国库。

（合并）

第 33 条

特定非营利活动法人可以与其他特定非营利活动法人合并。

（合并的程序）

第 34 条

Ⅰ．特定非营利活动法人的合并由社员大会决议决定。

Ⅱ．前款规定的决议的通过应当获得占社员总数四分之三以上的社员的同意，章程另有规定的除外。

Ⅲ．合并于取得政府主管机关的认证后生效。

Ⅳ．特定非营利活动法人要获得前款规定的批准，应当向政府主管机关提交申请，以及通过第 1 款规定的决议的社员大会会议记录的誊本。

Ⅴ．本法第 10 条和第 12 条准用于本条第 3 款规定的认证。

第 35 条

Ⅰ．特定非营利活动法人在获得政府主管机关的第 34 条第 3 款规定的认证后,应当在收到认证通知之日起两个星期内制作财产清单和资产负债表。

Ⅱ．特定非营利活动法人在获得政府主管机关的第 34 条第 3 款规定的认证后,应当在收到认证通知之日起两个星期内向债权人发出公告。债权人可以在指定期限内提出异议。指定期限不足两个月的,并应当对每个已知的债权人分别发出通知。

第 36 条

Ⅰ．债权人没有在第 35 条第 2 款规定的期限内对合并提出异议的,视为同意合并。

Ⅱ．有债权人提出异议的,特定非营利活动法人应当满足其债权,或者对其提供相当的担保,或者将相当的财产以满足该债权为目的信托给信托公司或者有信托业务的银行,但是合并对该债权人没有损害的,不受上述限制。

第 37 条

合并后设立新的特定非营利活动法人的,由每个合并的特定非营利活动法人选任的人共同制定章程和进行其他有关特定非营利活动法人设立的事项。

（合并的效力）

第 38 条

合并后存续的特定非营利活动法人或者因合并而设立的特定非营利活动法人,对于因为合并而终止的或者多个特定非营利活动法人的权利义务（包括基于该一个或者多个特定非营利活动法人的业务领域的有关行政机关的许可或者行政行为而发生的权利义务）,全部承受。

（合并的时间）

第 39 条

Ⅰ．特定非营利活动法人的合并,于合并后存续的特定非营利活动法人或者因为合并而设立的特定非营利活动法人在主事务所所在地完成登记时,发生效力。

Ⅱ.本法第13条第2款准用于前款规定的登记。

(《民法》的准用)

第40条

《民法》第69、70、73至76条和第77条第2款(限于有关申报的部分)、第78至83条以及《非讼事件程序法》第35条第2款、第36条、第37条第2款和第136至138条,准用于特定非营利活动法人的解散和清算。于此情形下,《民法》中的第77条第2款和第83条规定的"主管机关"应当被理解为政府主管机关。

第五节 监 督

(报告和检查)

第41条

Ⅰ.政府主管机关有充分理由怀疑特定非营利活动法人违反了法律、法规、根据法律法规而为的行政行为或者章程的,可以要求该特定非营利活动法人就业务活动状况或者财产状况提交报告,也可以派遣政府主管机关的官员进入该特定非营利活动法人的事务所或者设施,并检查其业务活动状况、财产状况或者账簿、文件和其他资料。

Ⅱ.政府主管机关根据前款规定进行检查时,政府主管机关应当要求其官员向特定非营利活动法人的负责人员或者有权管理受到检查的事务所或者设施的人士(本款以下简称"负责人员等人"),出示一份说明前款规定的充分理由的文件。负责人员等人要求提交该文件的,应当提交。

Ⅲ.执行前款规定的检查的官员,应当持有表明其身份的证明,并且必须向有关人员出示。

Ⅳ.第1款规定的检查权不得被解释为进行刑事侦查。

(改进的命令)

第42条

政府主管机关认为特定非营利活动法人没有满足本法第12条第1款第2、3项的要求,或者违反了法律、法规、根据法律法规作出的行政行为或者章程的规定,或者其业务活动显然欠缺合理性,可以命令特定非营利活动法人在一定期限内采取必要的改进措施。

(设立认证的撤销)

第43条

Ⅰ.特定非营利活动法人违反了本法第42条规定的命令,并且政府主管机关无法以其他手段达到监督目的,或者特定非营利活动法人三年以上没有提交本法第29条第1款规定的事业报告书等、负责人员名册等或者章程等,政府主管机关可以撤销其对该特定非营利活动法人的设立认证。

Ⅱ.特定非营利活动法人违反了法律、法规,并且显然发出第42条规定的命令也无法期待因此能够发生改进,并且无法以其他手段达到监督目的时,政府主管机关可以不发出第42条规定的命令而撤销设立认证。

Ⅲ.特定非营利活动法人提出请求时,应当尽量就前两款规定的设立认证之撤销在听证日举行公开听证会。

Ⅳ.特定非营利活动法人提出了前款规定的请求,但是政府主管机关不在听证日举行公开听证会的,应当向该特定非营利活动法人书面说明不举行公开听证会的理由。

第六节 其他规定

(信息提供)

第44条

Ⅰ.经济企划厅厅长应当向特定非营利活动法人的本法第9条第2款规定的事务所所在地的都、道、府、县知事,提供本法第29条第2款规定的文件复本(已经根据本款规定提交的除外),以供其审阅。

Ⅱ.本法第9条第2款规定的特定非营利活动法人,应当根据内阁府令,向经济企划厅厅长提交前款规定的文件复本。

Ⅲ.都、道、府、县知事,根据所在都、道、府、县的法令,可以许可他人查阅其依据本条第1款规定收到的文件复本。

(实施细则)

第45条

除本章规定外,关于执行本章规定的程序和其他必要细则,由内阁府令规定之。

第三章 税法上的特殊待遇

第46条

特定非营利活动法人应当被视为《法人税法》(1965年第34号法律)第2条第6项规定的公益法人等组织的一种,适用该法以及其他法律法规中关于法人税收的有关规定。在此情形下,适用该法第37条时,第3款规定的"公益法人等组织"应当被理解为"《特定非营利活动促进法》(1998年第7号法律)规定的公益法人等组织(不包括公司。以下称为'特定非营利活动法人')",同条第4款规定的"公益法人等组织"应当被理解为"公益法人等组织(特定非营利活动法人除外)";适用该法第66条时,该条第1款和第2款中的"普通法人"应当被理解为"普通法人(包括特定非营利活动法人)",第3款中的"公益法人等组织"应当被理解为"公益法人等组织(特定非营利活动法人除外)";适用《特别税务措施法》(1957年第26号法律)第68之6条时,该条中的"那些法人"应当被理解为"那些法人(对于《特定非营利活动促进法》(1998年第7号法律)第2条第2款所规定的法人,限于内阁法令限定为小规模法人者)"。

Ⅱ.适用《消费税法》(1988年第108号法律)和关于消费税的其他法律法规时,特定非营利活动法人应当被视为《消费税法》附录三中列举的法人中的一种。

Ⅲ.适用《地价税法》(1991年第69号法律)和关于地价税的其他法律法令(该法第33条除外)时,特定非营利活动法人应当被视为《土地税法》第2条第6项规定的公益法人等组织的一种,但是在适用依照该法第6条而制定的关于地价税免除的法律法规时,特定非营利活动法人应当被视为该法第2条第7项规定的无人格团体等的一种。

第四章 罚 则

第 47 条

违反本法第 42 条规定的命令者，应当被处以 500000 日元以下的罚金。

第 48 条

特定非营利活动法人的法定代表人、代理人、雇用人或者其他工作人员在该特定非营利活动法人的业务活动中违反了前条规定的，对该特定非营利活动法人和违法的个人都应当处以该条规定的刑罚。

第 49 条

特定非营利活动法人的理事、监事或者清算人有下列情形之一的，应当处以 200000 日元以下的非刑事性罚款：

（一）没有进行本法第 7 条第 1 款规定的内阁命令所要求的登记；

（二）没有提交根据本法第 14 条准用的《民法》第 51 条第 1 款所要求的财产清单，或者在清单中应当包括的事项没有被列入，或者列入的内容不真实；

（三）违反本法第 23 条第 1 款或者第 25 条第 6 款的规定，没有进行通知，或者通知有错误；

（四）没有根据本法第 28 条第 1 款的规定保存有关文件，或者在这些文件中应当包括的事项没有被列入，或者列入的内容不真实；

（五）没有提交本法第 29 条第 1 款规定的文件；

（六）没有制作本法第 35 条第 1 款规定的文件，或者这些文件中应当包括的内容没有列入，或者列入的内容不真实；

（七）违反了本法第 35 条第 2 款或者第 36 条第 2 款；

（八）没有根据依照本法第 40 条准用的《民法》第 70 条第 2 款或者第 81 条第 1 款提出破产宣告申请；

（九）没有根据依照本法第 40 条准用的《民法》第 79 条第 1 款

或者第 81 条第 1 款所规定的公告,或者公告的内容不真实;

第 50 条

违反本法第 4 条的,应当处以 100000 日元以下非刑事性罚款。

附　　则

(施行日期)

1. 本法自通过后一年内,根据内阁命令生效和施行。

(评估)

2. 本法施行后三年内应当对特定非营利活动法人制度进行评估,并根据评估的结果采取必要的对策。

(过渡办法)

3. 对于本法施行后六个月内根据本法第 10 条第 1 款规定提交的认证申请,在适用第 12 条第 2 款规定时,其中的"在两个月内"字样应当被理解为"本法施行后十个月内"。

(《地方税法》的修订)

4. 《地方税法》(1950 年第 226 号法律)应当作如下修订:

第 24 条第 5 款中的"社区组织,以及"修改为"社区组织","政治组织"后增加"以及《特定非营利活动促进法》(1998 年第 7 号法律)第 2 条第 2 款规定的法人"字样。

第 53 条第 2 款第 3 项中的"社区组织,以及"修改为"社区组织","政治组织"后增加"以及《特定非营利活动促进法》(1998 年第 7 号法律)第 2 条第 2 款规定的法人"字样。

第 53 条第 12 款中,"公益法人等组织"之后,增加"(包括《特定非营利活动促进法》第 2 条第 2 款规定的法人)"。

第 72 之 5 条第 1 款中应当增加一项:"(十二)《特定非营利活动促进法》第 2 条第 2 款规定的法人。"

第 294 条第 7 款、第 312 条第 3 款第 3 项和第 701 之 34 条第 2 款中的"社区组织,以及"修改为"社区组织","政治组织"后增加"以及《特定非营利活动促进法》第 2 条第 2 款规定的法人"字样。

5. (《经济企划厅组织法》的修订)

《经济企划厅组织法》(1952年第263号法律)作如下修订:

第4条第10项后增加以下一项:

"(十)之二、执行与实施《特定非营利活动促进法》(1998年第7号法律)有关的行政管理工作,但是委托给都、道、府、县的工作除外。"

第5条第6项之后增加以下一项:

"(六)之二、作为《特定非营利活动促进法》(1998年第7号法律)规定的政府主管机关的职权,以及协助内阁总理汇编、修订和废止该法授权的内阁首相办公室的法令的职权。"

附录(本法第2条)

1. 促进健康、医疗或者福利事业的活动
2. 促进社会教育的活动
3. 促进社区发展的活动
4. 促进文化、艺术或者体育的活动
5. 环境保护活动
6. 灾害救援活动
7. 促进社区安全的活动
8. 保护人权或者促进和平的活动
9. 促进国际合作的活动
10. 促进形成一个两性平等参与的社会的活动
11. 促进对青年的健全培养的活动
12. 对从事上述活动的组织进行行政管理,或者提供与上述活动有关的联络、咨询或者协助的活动

关于《特定非营利活动促进法》的补充决议

(众议院内阁事务委员会1998年3月17日通过)

为促进特定非营利活动的健康发展,特就下列事项所应采取的必要措施决议如下:

1. 就本法的施行,谨记《日本国宪法》所规定的宗教自由、结社自由和表达自由,应当努力保证特定非营利活动法人的独立性得到完全的尊重,努力按照本法以及国会的意旨促进行政管理的公正与透明。

2. 特定非营利活动法人以及为了促进和支持特定非营利活动而制定的税收制度,应当在本法施行后二年内,根据上述活动的实际状况进行评估并得出相应结论。

3. 对非营利活动法人制度,包括根据《民法》第34条建立的公益法人制度的全面评估,应当在将来进行。

4. 对于附录中所列举的12项内容,应当努力予以执行,以将范围广阔的特定非营利活动包括在其中。

5. 在中央各部和机构进行重组时,应当从一个新的视角,对于如何执行本法以及就管辖权的确定建立一个有效的制度进行充分的考虑。

三、新加坡《社团法》[①]

第1条 标题

本法可以被称为:社团法。

第2条 解释

除非另有规定,在本法中:

"助理登记官"是指根据本法第3条指定的社团助理登记官。

"高级职员"是指社团委员会中的主席、秘书和其他成员,而且还包括与委员会主席、秘书和其他成员具有类似职位的人员。

"办公地点"是指一个社团保存财务记录和账目的地点。

"政治社团"包括任何由部长以命令方式宣布为政治社团的

---

① 资料来源:中国社会组织网金锦萍博士翻译的中文法律文本,http://www.chinanpo.gov.cn/1631/21252/newsindex.html,2013年7月23日访问。

社团。

"社团"包括任何性质或者目的、具有十个或者十个以上成员的俱乐部、公司、合伙或者协会,但是不包括:

(一)根据在新加坡生效的与公司相关的成文法登记的公司;

(二)根据成文法组成的公司或者协会;

(二A)根据2005年有限责任合伙法登记的有限责任合伙;

(三)根据在新加坡生效的与商会有关的成文法登记或者被要求登记的商会;

(四)根据成文法登记的合作社;

(五)根据在新加坡生效的与互益组织相关的成文法登记的互益组织;

(六)成员不超过20人,只是为了从事使公司、协会、合伙或者各自成员获益的合法经营而成立的公司、协会或者合伙。

(六A)根据保险法第二A部分制定的外国人承保计划,在新加坡开展保险业务的作为外国承保人的阶层、社团或者协会;

(七)根据在新加坡生效的与学校有关的法律组成的学校或者学校管理委员会。

第3条 登记官与助理登记官的任命

部长必要时可以指定社团的登记官和助理登记官及其办公地点。

第4条 列入附录的社团的登记和拒绝登记

Ⅰ.根据本条规定,登记官应当根据在附录中可以确定的社团(本法中称为特种社团)的登记申请,并收受规定的登记费用,对社团进行登记。

Ⅱ.如果存在下列情况,登记官应当拒绝登记申请:

(一)该特种社团的章程不足以提供适当的管理和控制;

(二)该特种社团可能被使用于非法目的或者被使用于有悖于新加坡的社会安宁、福利或者良好秩序的目的;

(三)该特种社团的申请不符合本法或者其下条例的规定;

(四)该特种社团的登记违反国家利益;

（五）如果是政治社团，其章程没有规定只有新加坡公民才可以取得会员资格，或者它加入了被登记官认为违背国家利益的新加坡境外的其他组织或者与该组织有联系。

Ⅲ．在下列情况下，登记官可以拒绝登记申请：

（一）他认为该特种社团是另一社团的分支机构、成员或者与其有联系，而另一社团根据本法第 24 条或者其他与社团相关的先前成文法的规定被解散，或者曾被拒绝登记。

（二）该特种社团的成员之间就谁担当管理人员、谁来持有或者管理社团的财产等问题存在争议。

（三）登记官认为，该特种社团所要登记的名称存在下列情况：

（1）该名称容易导致公众对该特种社团真正特征和目的发生错误认识，或者该名称与其他社团的名称过于近似，容易使公众和这两个社团的成员发生误认；

（2）与现已存在的社团的名称一样；

（3）登记官认为不适合的名称。

Ⅳ．对登记官根据本条作出的决定不服的，可以自决定作出之日起 30 天之内向部长提出上诉，部长的决定是最终决定。

Ⅴ．登记官应该通过公报的形式，公布他认为合适的根据本条规定登记的所有特种社团的具体情况。

第 4 条 A 未列入附录的社团登记

Ⅰ．如果某一社团不属于特种社团，将根据本条进行登记。

Ⅱ．根据本条提交登记申请，还应当同时提交：

（一）根据本条进行登记的规定费用；

（二）社团拟定的章程的复印件；

（三）以登记官所要求的格式就社团的目标、宗旨或者活动所作出的说明；

（四）登记官要求的其他文件或者需要正确填写的表格。

Ⅲ．登记官应当根据本条第二款规定的社团申请，无需作进一步的询问，就：

（一）在他接受申请的当天登记该社团；

(二)通知申请人他已经收到登记申请并且登记了该社团。

Ⅳ. 登记官应该通过公报的形式,公布他认为合适的根据本条规定登记的社团的具体情况。

Ⅴ. 当登记官认为任何根据本条登记的社团属于特种社团而不应该如此登记时,可以不受本条第3款第1项规定的限制:

(一)登记官应当要求该社团补足根据本法第4条和第4条A所规定的登记费用之间的差额;

(二)根据本款规定登记的社团应该被认为自其登记之日起就是根据第4条的规定登记的。

Ⅵ. 第5款规定的任何内容都不得被解释为阻止部长根据本法第24条规定行使与本条规定的社团有关的权力。

第5条 年度登记的公布

登记官应当在每年的四月一日之后尽快在公报上编写和出版所有已登记社团的名单。

第6条 社团的终止

Ⅰ. 登记官或者助理登记官有理由相信某一已登记的社团已经不存在的,可以在公报上发布通知,要求该社团在通知发布之日起三个月内向他提交该社团存在的证据。还应该以挂号信的方式将通知的复印件邮寄到该社团的办公地点。

Ⅱ. 如果三个月期限届满,登记官确信该社团已经不存在的,可以在公报上发布终止该社团的通知,自通知发布之日起,该社团终止。

第7条 社团的自愿解散

Ⅰ. 任何已登记社团根据其章程的规定准备自愿解散的,应当书面通知登记官,而且应当在该社团解散之日起一周内,向登记官提交一份由该社团的主席、秘书和财务人员或者在该社团中担任相似职位的人所签署的解散证明。

Ⅱ. 登记官收到解散证明之后,如果认为该社团的解散符合其章程的,应当在公报上发布通知,公布该社团终止。

第8条 文件的查阅和经证明的复制

Ⅰ.根据第三款的规定,任何人在支付了规定费用之后,可以查阅登记官或者助理登记官掌握的任何已登记社团的文件,并且可以获得这些文件的复印件或者摘要。

Ⅱ.这些文件的复印件或者摘要,经登记官或者助理登记官的签名和盖章被证明为真实的,在任何法律程序中都将被接受为证据。

Ⅲ.只有被登记官认为是该社团成员的人,才被允许查阅该已登记社团的账目,或者获得这些账目的复印件或者摘要。

第9条 社团的分支机构

Ⅰ.未经登记官的批准,任何已登记社团不得成立分支机构。

Ⅱ.在下列情况下,册官可以拒绝批准已登记社团成立分支机构:

(一)该社团的章程没有规定成立分支机构的;

(二)该社团分支机构的章程表明该分支机构是一个没有充分地置于该社团的控制之下的独立社团。

Ⅲ.任何已登记社团未经登记官事先批准成立分支机构的,该分支机构被视为非法社团。

Ⅳ.对登记官根据本条作出的决定不服的,可以自决定作出之日起30天之内向部长提出上诉,部长的决定是最终决定。

第10条 社团提供的信息和有责任提供社团信息的个人

Ⅰ.登记官或者助理登记官可以随时,以签署通知的方式,命令任何已登记社团向他提供他所需要的与该社团相关的任何信息或者其他文件、账目或者记录。

Ⅱ.已登记社团根据本条第一款规定所承担的义务,对新加坡境内的社团中的任何高级职员、管理或者协助管理社团的人都有约束力。

Ⅲ.如果某一已登记的社团没有遵循根据本条所发出的全部或者部分命令,本条第2款中所涉及的有义务执行上述命令的每个人应当被认定为有罪,处5000元以下的罚金,除非他能够向法院证明他已经尽到了正当谨慎的义务,而且因为他所不能控制的原因未能遵循命令。

Ⅳ. 如果根据本条所规定的命令而向登记官或者助理登记官所提供的信息的任何部分是虚假的、不准确的或者不完整的,提供信息的人应当被认定为有罪,处 5000 元以下的罚金,除非他能够向法院证明他有足够的理由相信这些信息是真实的、正确的和完整的。

第 11 条 社团名称、办公地点和章程的变更

Ⅰ. 未经登记官或者助理登记官的事先书面批准,任何已登记的社团不得:

(一) 变更其名称或者办公地点;

(二) 修改其章程。

Ⅱ. 已登记的社团违反了本条第 1 款规定的,该社团和社团中的所有高级职员应当被认定为有罪,处 3000 元以下的罚金。

Ⅲ. 在本条中:

"修改"包括制定新章程和废止旧章程;

"章程"包括社团成立、所欲追求的或者其资金使用的宗旨和目的;社团成员资格和作为高级职员的资格;指定或者选举高级职员的方法;社团治理的规则以及对上述事项进行修改的方法和途径。

Ⅳ. 对登记官或者助理登记官所作出的拒绝批准变更某社团名称、办公地点,或者拒绝批准修改其章程不服的,可以自决定作出之日起 30 天之内向部长提出上诉,部长的决定是最终决定。

第 11 条 A 登记官可以命令根据第四条 A 的规定登记的社团变更名称或者修改章程

Ⅰ. 如果登记官认为根据第 4 条 A 的规定登记的社团的名称具有下列情况之一的,登记官可以随时通过签署通知,命令该社团在通知规定的时间内将其名称变更为他所认可的其他名称:

(一) 该名称容易导致公众对该社团的真实特征和目的发生错误认识,或者该名称与其他社团的名称过于近似,容易使公众和这两个社团的成员发生误认;

(二) 该名称是不适宜的或者带有侵犯性的;

（三）与现已存在的其他社团的名称一样；

（四）该名称容易给人以下印象：其与政府部门或者其他公共机构有某种联系，或者与其他组织或者个人有某种联系，但事实上并不存在的。

Ⅱ．登记官认为任何根据第4条A登记的社团的章程如果不加修改，将会违背国家利益或者违背新加坡的社会安宁、福利或者良好秩序的，可以随时签发通知，命令该社团在通知要求的时间内，以他要求的方式修改其章程。

Ⅲ．根据第四条A登记的社团未能执行根据本条所签发的通知的，该社团及其高级职员应当被认为有罪，处3000元以下的罚金。

Ⅳ．根据第四条A登记的社团中的高级职员，如果依照本条第4款的规定被追究责任，他可以通过向法院证明他已经尽到了谨慎义务并且未能执行通知是因为他所不能控制的原因所致的来抗辩。

Ⅴ．在本条中，"修改"和"章程"的意思与第11条第3款规定中的意思相同。

第12条　不能担任社团高级职员的人员

Ⅰ．以下人员不得担任社团及其分支机构的高级职员职位：

（一）曾经作为某社团的成员，因其非法使用社团资金而获罪的；

（二）曾经因第1项规定之外的其他犯罪行为，被部长以书面形式宣布为不适宜作为社团的高级职员的，但是事先得到了部长的书面允许的除外。

Ⅱ．违反本条规定的，应当被认为有罪，处3000元以下的罚金或者6个月以下的监禁，或者两罚并处。

第13条　标志旗帜的使用等

Ⅰ．未经登记官或者助理登记官的书面同意，已登记的社团不得使用任何旗帜、标志、象征、徽章或者其他标识。

Ⅱ．对登记官或者助理登记官所作出的拒绝使用某一旗帜、标志、象征、徽章或者其他标识的决定不服的，可以向部长提起上诉，部长的决定是最终决定。

Ⅲ. 在任何情况下,已登记的社团违反第 1 款的规定,使用旗帜、标志、象征、徽章或者其他标识的,

(一) 社团的高级职员;

(二) 负责管理或者协助管理社团的所有人员,

应当被认定为有罪,处 3000 元以下的罚金或者六个月以下的监禁,或者两罚并处。

第 14 条 非法社团

Ⅰ. 未经登记的任何社团都被认定为非法社团,但是如果登记官认为符合下列情况的除外:

(一) 完全是在新加坡境外组织的;并且

(二) 不在新加坡从事任何活动的。

Ⅱ. 任何管理或者协助管理非法社团事务的人应当被认定为有罪,处五年以下的监禁。

Ⅲ. 成为非法社团的成员,或者参加了非法社团的会议的,应当被认定为有罪,处 5000 元以下的罚金或者 3 年以下的监禁,或者两罚并处。

Ⅳ. 违反了本条第 3 款规定的犯罪行为,根据刑事诉讼法应当被认为属于不可保释的犯罪行为和可扣押的案件。

第 15 条 允许在自己的房屋内非法集会的人

Ⅰ. 明知是非法社团或者非法社团的成员,还允许其在自己所有、占有或者控制之下的房屋、建筑物或者场所内举行会议的任何人,应当被认定为有罪,处 5000 元以下的罚金或者三年以下的监禁,或者两罚并处。

Ⅱ. 违反了本条第 1 款规定的任何犯罪行为,根据刑事诉讼法应当被认为属于不可保释的犯罪行为和可扣押的案件。

第 16 条 对煽动、劝诱、邀请他人成为非法社团成员的行为的惩罚

Ⅰ. 任何煽动、劝诱或者邀请他人成为非法社团的成员,或者协助管理非法社团的人,应当被认定为有罪,处 5000 元以下的罚金或者 3 年以下的监禁,或者两罚并处。

Ⅱ．任何对他人施以暴力、威胁或者恐吓,使其成为非法社团的成员或者协助管理非法社团的,应当被认定为有罪,处 5000 元以下的罚金或者 4 年以下的监禁,或者两罚并处。

第 17 条　对为非法社团获得捐款或者资助的行为的惩罚

为非法社团的目的从他人那里获得或者试图获得捐款或者资助的任何人,应当被认定为有罪,处 5000 元以下的罚金或者 2 年以下的监禁,或者两罚并处。

第 18 条　非法社团的出版等宣传

任何打印、出版、分发、出售或者邮送,或者未经合法授权或无合法理由,持有招贴广告、报纸、书籍、传单、画像或者其他任何形式的由非法社团发行或者明显是非法社团发行、代表非法社团的利益或者有利于非法社团利益的文件或者书面材料的,应当被认定为有罪,处 5000 元以下的罚金或者二年以下的监禁,或者两罚并处。与该犯罪行为有关的任何书籍、期刊、宣传册、海报、宣言书、报纸、书信或者其他文件或书面材料都应当被没收。

第 19 条　对滥用已登记社团的金钱或者财产的行为的处罚

Ⅰ．根据已登记社团的成员或者登记官的控诉,地区法院或者治安法庭认为该社团的某一高级职员或者成员,没有按照该社团的章程占有或者控制该社团的财产,或者非法侵占该社团的财产,或者故意把财产用于不同于该社团章程所表述或者指定的目的的,根据本法的授权,法院认为出于正义的目的,应当命令该社团的高级职员或其成员将社团的财产转交给社团的受托人或者法院指定的其他人,并且偿还那些被非法侵占或者不当使用的财产。

Ⅱ．第 1 款所规定的由登记官提起的控诉之外的其他控诉,只有法院认为,在提起控诉之日,提起该控诉的社团成员的财产与该控诉有关,才予以受理。

Ⅲ．受本法第 1 款规定约束的任何人,如果未能在命令确定的时间内遵守条款和指示,应当被认定为有罪,处 5000 元以下的罚金。

Ⅳ．根据第 1 款所作出的命令不应当影响或者阻止针对这些高级职员或者成员的起诉或者其他民事诉讼程序。

第 20 条 对欺诈、虚假陈述和非法使用的处罚

有意误导或者欺诈他人向第三人提供已登记社团的章程之外的其他任何章程、规定或者其他文件的复印件,冒称这些文件是该社团的现有章程或者假装该社团没有其他章程,或者有意误导或者欺诈他人向第三人提供任何章程并冒称这些章程是某一已登记社团的章程,而事实上该社团未经登记的,应当被认定为有罪,处 5000 元以下的罚金或者六个月以下的监禁,或者两罚并处。

第 21 条 推定社团存在的证据

Ⅰ. 根据本法的规定提起诉讼中,如果证明一个俱乐部、公司、合伙或者协会是存在的,那么

(一)除非有相反证据,推定某一俱乐部、公司、合伙或者协会属于本法意义上的社团;

(二)无需证明下列事项:该社团有名称、该社团以特定的名称成立或者该社团以特定的名称被知晓;

(三)除非有相反证据,应当推定该社团由十个以上的成员组成,并且在其对成员数量有要求的时候,都保持十人以上的成员。

Ⅱ. 根据本法的规定所提起的诉讼不受其他成文法规定的限制,为证明某一社团的存在,显示下列事实的证据可以被引用和承认:

(一)有公认的该社团的成员;

(二)由负责人或者任何他人通过任何方式所作的声明,表明该社团已经成立或者存在;

(三)公认该社团存在。

第 22 条 社团的成员资格的推定证据

Ⅰ. 在任何人那里发现某一社团的、与该社团有关的或者意图与该社团有关的任何记录、账户、书面文件、印鉴、旗帜或者标志的,除非有相反证据证明,否则应当推定,此人为该社团的成员;而且除非有相反证据证明,否则也应该推定这些记录、账户、书面文件、印鉴、旗帜或者标志被发现之日,该社团存在。

Ⅱ. 在任何人那里发现某一社团的或者与该社团有关的记录、账户、成员名单或者印鉴,除非有相反证据证明,否则应该进一步

推定此人协助管理社团。

第 23 条 采用三合会仪式的社团被认为是非法社团

Ⅰ. 任何社团,无论其是否经过登记,使用三合会仪式的一概被认定为非法社团。

Ⅱ. 任何被发现占有或者管理或控制任何三合会社团及其分支机构的,或者与三合会社团相关的记录、账户、书面文件、印鉴、旗帜或者标志的个人,无论该三合会社团是否在新加坡内成立,应当被认定为有罪,处 5000 元以下的罚金或者三年以下的监禁,或者两罚并处。

Ⅲ. 违反了本条第 2 款规定的任何犯罪行为,应当根据刑事诉讼法被认为属于不可保释的犯罪行为和可扣押的案件。

第 24 条 部长可以命令任何社团解散

Ⅰ. 当部长发现以下情况时,可以命令社团解散:

(一)任何已登记社团被使用于不合法的目的或者有悖于新加坡的社会安宁、福利或者良好秩序的目的;

(一A)该社团的登记是通过欺诈或者虚假陈述而获得的;

(二)任何已登记社团被用于与社会的目标和规则相矛盾的目的;

(三)任何已登记社团的章程不足以提供适当的管理和控制,而且该社团没有合理原因在三个月内未能根据登记官签发的要求其修改章程的命令而修改其章程的;

(四)已登记的政治社团,章程中没有限制只有新加坡居民才可以取得成员资格的,而且该社团没有合理原因在三个月内未能根据登记官要求修改章程的命令而修改其章程的;

(五)已登记的政治社团,加入了被登记官认为违背国家利益的新加坡国外的其他组织或者与其有联系的,并且在三个月内未能让登记官确信其已经按照登记官的要求采取了适当措施终止了这种联系的;

(六)已登记社团故意违反了本法或者其下条例的规定,或者违反了社团章程的。

Ⅱ. 发布上述命令的通知应当在公报上公布,而且应当以显著的方式张贴在该社团所在的建筑物内。

Ⅲ. 被命令解散的社团自命令发布之时起即被视为非法社团。

Ⅳ. 任何人, 在解散社团命令发布之日, 在该社团中曾担任高级职员的, 自命令发布之日起三年内, 除非有部长的书面同意, 否则不得成为或者被选举为其他社团的高级职员。

Ⅴ. 根据本条第 4 款的规定不享有资格的人, 未经部长书面同意, 成为某一社团的高级职员的, 应当被认为有罪, 处 5000 元以下罚金或者 1 年以下监禁, 或者两罚并处。

Ⅵ. 政治社团适用的名称或者标识与新加坡境外的某一组织的名称或者标识一致的, 应当被视为有足够证据表明该政治社团加入了该境外组织或者与其有联系。

第 25 条　部长根据第 24 条作出命令的后果

Ⅰ. 根据第 24 条对社团解散作出的命令将:

（一）该社团的财产应该立即授予破产管理署署长, 或者其他由部长为清算结束社团事宜的目的在命令中指定的其他官员。

（二）破产管理署署长或者其他官员应当进行清算社团的事务, 在清偿了社团的所有债务和责任、支付了社团清算费用之后, 尚有剩余财产的:

1. 按照部长的指示, 转入统一基金账户;

2. 部长未指示的, 根据社团的章程转给社团的成员。

ⅠA. 为清理社团事务, 破产管理署署长或者其他官员应当具有公司法授予破产管理署署长的所有权力, 便于他们认定债务人财产和清偿债务, 而且公司法的规定经过必要变通, 也适用于本法中社团的清理事务。

Ⅱ. 部长在其认为合适的时候, 出于使社团得以进行自身清理的目的, 可以暂缓适用本条的规定。

第 26 条　治安官的权力

登记官、助理登记官或者治安官、或者经其书面授权的警察有权在任何时候进入任何他有理由相信被用做已登记社团或其成员开会和办公的场所。

第27条 特定案件中的进入权和搜查权

登记官、助理登记官或者治安官,有理由相信某一社团被用于违背新加坡的社会安宁、福利和良好秩序的目的,或者违反该社团在社团登记处、登记官或者助理登记官处备案的章程和宗旨的,不管对方是否合作(必要时可以采取强制措施),有权亲自进入或者书面授权警察进入他有理由相信被用做该社团办公或者开会的场所,有权搜查或者书面授权警察搜查该场所和在场人员或者从那里逃脱的人员,以提取证明该社团被用做上述目的的证据。必要时,可以为此获得协助或者采取强制措施。

第28条 治安官等有权进入召开非法会议、保存记录、账目的场所,有权拘捕人员或者扣押财产

Ⅰ.无论对方是否合作(必要时可采取强制措施),任何治安官或者治安法官或者警衔不低于副督察的警察,有权直接,或者持有授权书或书面命令的情况下,或者授权其他警察进入任何住宅、建筑物或者其他场所,只要他有合理根据认为该场所正在举行非法社团或其成员的会议,或者隐藏、保存或放置非法社团的名册、账目、书面文件、横幅或者标识的,有权拘捕或拟拘捕在场的任何人员;有权搜查该住宅、建筑物或者场所;有权扣押或拟扣押所有的名册、账目、书面文件、标语、文档、旗帜、标识、武器或者他有合理原因相信属于非法社团所有或与其有联系的其他物品。

Ⅱ.上述人员被拘捕或者物品被扣押,将一直持续到他们可以方便地被带到地区法院或者治安法庭进行依法处理。

第29条 登记官和助理登记官有权传唤证人

Ⅰ.登记官或者助理登记官有权传唤任何人,只要他有理由相信该被传唤的人能够就非法社团或者被怀疑的非法社团的存在和运作,或者已登记社团的运作提供信息。

Ⅱ.被传唤的人应当到传唤书指定的时间和地点,提供他所掌握、占有和有权获得的所有与该社团或者被怀疑存在的社团相关的文件材料,并且应当如实回答登记官或者助理登记官可能询问的所有问题。

Ⅲ. 登记官或者助理登记官应当被视为刑法典意义上的公务员,有权主持并审查根据本条被传唤的人的誓言。

Ⅳ. 登记官或者助理登记官经过适当询问确信,根据本条被传唤的人是非法社团的成员,或者拒绝提供信息,或者就非法社团或者被怀疑的非法社团的存在或运作提供虚假信息,认为要求确认该人的身份是适当的,有权在当时当地以他认为合适的方式提取该人的肖像和指印。

Ⅴ. 拒绝服从上述命令的,可以对其采取拘捕和囚禁,直到可以将其方便地带到地区法院或者治安法庭进行依法处理。

Ⅵ. 未能服从上述命令的,应当被认定为有罪,处 1000 元以下罚金。

第 30 条 指控

Ⅰ. 除根据第 28 条的规定被拘捕的以外,除非先获得登记官或者助理登记官的处罚书,否则不得对犯有本法或者其下条例规定犯罪行为的任何人提起指控。

Ⅱ. 根据本法或其下条例规定而在地区法院或者治安法庭所提起的诉讼,可以由登记官或者助理登记官进行,也可以由获得登记官或者助理登记官书面授权的来代理进行。

第 31 条 管辖

Ⅰ. 任何第 14 条第 2 款下的犯罪行为可以由地区法院来受理,地区法院可以根据本条规定通过判决。

Ⅱ. 任何本法其他条文或者其下条例规定的犯罪行为可以由地区法院或者治安法庭来受理。

第 32 条 没收

任何非法社团的记录、账户、书面文件、旗帜、标帜或其他财产应当被没收并交给登记官或者助理登记官。

第 33 条 传唤等

根据本法或其下条例规定签发的任何传唤令、通知或者其他文件,如果是依照刑事诉讼法规定的方式送达的,应当被视为已经合法而有效地送达。

第 33 条 A 附录的修改
部长可以通过在公报上发布通知来修改附录。

第 34 条 条例
Ⅰ．部长可以就下列事项经常制定条例：

（一）规定本法下的社团的登记方式；

（二）规范或者限制已登记社团名称的变更；

（三）规范或限制已登记社团变更办公地点、会议场所，修改已登记的章程或者宗旨；

（四）规定应该由被授权的人依照本法授予的权力行使的方式和条件来行使权力；

（五）规定依照本法可以收取的费用；

（六）规定为执行本法规定而使用的表格；

（七）为执行本法规定一般事项。

Ⅱ．部长在制定本法下的任何条例时，可以规定违反这些条例的人应该被认定为有罪，处 500 元以下的罚金，如果是持续的犯罪行为，处每天 50 元以下的罚金，自行为发生之日起算。

Ⅲ．所有这些规定都应当在公报上予以公布，并且在公布之后及时提交给国会。

第 35 条 适用于已登记社团的规定
以下规定适用于所有已登记的社团：

（一）没有委托给受托人的社团动产，应当被视为委托给社团的治理机构，并且在所有民事和刑事程序中，应当被视为社团的治理机构的财产。

（二）已登记社团可以根据本法登记的名称起诉或者应诉。

（三）对社团也可以适用传唤或者其他法律程序，通过传唤该社团的高级职员，或者将法律文书留置在或者通过挂号信发送到该社团登记的地址等方式来送达。

（四）除非本法第 36 条另有规定，在任何诉讼中针对该社团作出的判决不得就该社团的高级职员及其成员的人身和财产强制执行，而只能就该社团的财产进行强制执行。

（五）任何社团成员，如果根据社团章程，有义务支付捐款却予以拖欠的，或者违背社团章程侵占或扣留社团的任何财产的，或者损害或毁损社团的财产的，可以社团的名义就其拖欠或者因其违法侵占、扣留、损害或者毁坏财产所导致的损失提起诉讼。

（六）任何社团的成员，盗窃、盗用或者挪用社团的任何金钱或者财产，或者故意且恶意毁坏或者损害社团的任何财产的，或者伪造任何交易、债券、金钱票据、收据或者其他有价证券，导致社团的资金损失的，应当被起诉，而且如果被判罪，应当按照作为任何的个人在犯有类似罪行的情况下，而并非作为社团的成员予以惩罚。

（七）如果社团章程未作专门规定，该社团的五分之三以上的当时在新加坡居住的成员可以决定马上或者择期解散社团，就社团财产的处置作出安排，同时根据在社团章程的相关规定，就社团的要求和责任采取措施。社团章程未有相关规定的，以治理机构认为适当的方式采取措施，治理机构的成员或者社团成员之间就此问题存在争议的，应当向高等法院提交争议，高等法院将就此作出其认为合适的命令。

（八）只有当五分之三以上的符合上述居住地要求的成员，在以解散社团为目的而举行的会员大会上，通过亲自或者委托他人投票表达了要解散社团的意愿的，社团方可得以解散。

第36条　费用担保和高级职员的责任

Ⅰ．已登记社团或者代表其利益的任何高级职员，在诉讼或者在其他法律程序中作为原告时，有管辖权的法院如果有可靠的证据显示其有理由相信，当被告胜诉时，该社团或其高级职员无力支付被告的费用的，可以要求原告提供这些费用的担保，并且在提供担保之前，中止所有的法律程序。

Ⅱ．根据本条第1款的规定，社团被要求提供费用担保，但是所提供的担保的数额不足以支付被告的费用的，先就费用担保进行扣除之后，剩余部分在费用可支付之日起的一个月后尚未得到支付的，下列人员将对该社团应该支付的费用部分承担连带责任：

（一）该社团中同意提起诉讼和进行其他法律程序的高级职员；

（二）任何后来成为该社团高级职员的人员，没有采取任何的合理措施来寻求中止诉讼或者其他法律程序的。

Ⅲ．本条适用于 1982 年 9 月 10 日之前或者之后所提起的任何诉讼和法律程序。

第 37 条　豁免权

部长可以自由裁量，以书面形式免除任何根据本法登记的社团在本法的全部或者任何部分的规定下所受的限制。

第 38 条　过渡规定

在本法实施之前根据社团法令的规定登记的社团，应当被视为根据本法登记的社团。

四、西班牙《志愿服务法》

第一编　总　　则

第一条（宗旨）

本法以推动及便于公民团结参与公、私立非营利组织之内部志愿服务活动为宗旨。

第 2 条（适用范围）

本法适用于参与国家或超自治区范围内计划之义工，以及推行上述计划之相关组织。

亦适用于参与推行专属国家职权内工作计划之义工及组织。

第 3 条（志愿服务之概念）

本法视由自然人推行且符合公众利益之整体工作为志愿服务，唯上述工作之推行非基于一项劳动、公职、商业或任何其他有给薪关系，且具备下列必要条件：

（一）具利他及助人之特性；

（二）其从事志愿工作出于自由意志，非基于个人义务或法律责任；

（三）无酬劳，然而在从事志愿工作时产生之花费，得核实报销；

（四）透过私人或公家组织且依据具体计划或方案推行。

单独、偶发或在公、私立非营利组织之外，基于家庭、友谊或睦邻原因执行之志愿服务工作皆排除在外。

任何情况下，志愿服务工作皆不得取代有给薪之工作。

第 4 条（符合公众利益之工作）

依据前条之规定，以下皆视为符合公众利益之工作：救助、社会服务、市政、教育、文化、科学、体育、卫生、合作发展、环境保护、经济或研究之保护、联合活动之发展、志愿服务之提升或其他任何类似性质者。

第二编 义　　工

第 5 条（义工之概念）

出于自由意志保证从事第 3 条及第 4 条明定工作之自然人视为义工。

第 6 条（义工之权利）

义工之权利如下：

（一）接受入门或常态性信息、训练、引导、支持，以及必要之有形工具俾行使指派之职务。

（二）一视同仁，尊重其自由、尊严、隐私及信仰。

（三）积极参与入会组织之活动，并依照其适用章程或规范，协助计划之拟定、设计、执行与评估。

（三）享有因从事志愿工作直接造成的意外及疾病之平安保险。

（四）履行工作时支出之费用，可核实报销。

（五）拥有证明其义工身份之识别证件。

（六）根据工作之性质与特点，在适当的安全与卫生条件下从事工作。

（七）因其贡献之社会价值，获得尊重与肯定。

第 7 条（义工之义务）

义工之义务如下：

（一）履行与入会组织所达成之约定，应尊重组织之目的与规范。

（二）对从事志愿工作时取得或获知之信息保守秘密。

（三）拒绝任何有形之酬劳,可能来自受惠者或与其行动相关之其他人士。

（四）从事志愿工作时,应尊重受惠者之权利。

（五）行事认真,热心助人。

（六）参与组织以具体方式为受委托之工作及职务所订定之教育课程,以及为维持提供之服务质量之常态课程。

（七）从事受委托之工作时,应遵循符合目的之指示。

（八）妥善使用组织之证明文件及徽章。

（九）细心保管组织提供其利用之有形资源。

第三编　义工与入会组织之关系

第 8 条（组织）

拥有义工之组织应为合法设立、具备法人身份、非营利及在本法第 4 条所列符合公众利益之工作范围内推行计划之组织。各部会得在为此目的的编列之专款额度内,补助志愿服务单位或与之签订协约,唯需符合一般补助法规所定之要件且依据透明及平等标准依法办理。

在任何情况下,上述组织皆应：

（一）履行在入会协议中和志工取得之约定。

（二）正式为义工人员加保平安保险,保险内容适合义工所从事工作之特性及环境,且涵盖直接自志愿工作衍生之意外及疾病危险。

（三）负担来自提供服务之花费,并提供义工履行任务所需之工具。

（四）制定适当的内部信息及引导制度,以利义工实行受委托之任务。

（五）提供义工必要之教育训练以正确推行工作。

（六）按照工作之性质与特点,确保义工在符合安全及卫生之适当条件下推行工作。

（七）核发义工服务证书以证明其提供之服务。

（八）登记有关义工人员之加入与退出。

第 9 条(义工之入会)

义工经签订书面协议或约定始完成合法入会手续。上述协议或约定除确定双方关系之利他特性外,内容至少应包含:

(一) 属于双方之整体权利与义务,应遵循本法之规定。

(二) 义工承诺履行之职务、工作及奉献时间。

(三) 为履行其职务所需之教育训练过程。

(四) 约定之有效期限及双方解除关系之原因和方式。

(五) 在同一组织中,义工同时兼具会员身份。

第 10 条(面对第三者之契约外责任)

依据下列规定,组织应为参与其计划之义工,于从事志愿服务工作时造成第三者之伤害及损失负责:

(一) 如为私人组织,依据民法第四册第十六编第二章之规定。

(二) 如为国家一般行政部门及其所属之公共权力单位,依据一九九二年十一月二十六日第三十号公共行政部门之法律制度及共同行政程序法第十编之规定。

第 11 条(法律制度)

从事志愿服务之专属工作时,如义工与组织间产生冲突,由主管当局依据诉讼规范之规定排解。

第 12 条(与公立非营利机关之合作)

义工协助国家一般行政部门及其所属具备法人身份之非营利公共权力单位应遵循本法之规定,且最好透过与私立非营利机构签订协约或协议达成。

第四编　促进志愿服务之措施

第 13 条(促进措施)

国家一般行政部门应鼓励制定办法,以提供志愿服务工作技术援助、教育训练计划、信息服务、倡导及表彰运动。

第 14 条(激励志愿服务)

义工人员依据主管部会规定之要件及范围,在使用国家公营运输工具及进入国家一般行政部门管理之博物馆时,享有折扣或津贴。

此外亦享有志愿行动之促进、肯定及社会评价措施可能规定之其他福利。

第 15 条（志愿服务之认抵）

依据一九九一年十二月二十日第十三号兵役组织法最后条例第 2 条规定之方式，义工之服务年资得产生服兵役之效果。

义工之服务年资经适当证明，得由良心拒服兵役国家委员会裁定其全部或部分折抵替代性社会役之服役时间，唯：

（一）从事志愿服务工作在被认定为良心拒服兵役者之后。

（二）至少连续六个月从事服务，且依据一九八四年十二月二十六日第四十八号良心拒服兵役及替代性社会役规范法及其施行条例规定之条件，加入和司法暨内政部订有实行替代性社会役协约之单位或组织。

第 16 条（服务证明）

由实行服务之组织核发证书俾证明义工所提供之服务，证书上除义工个人及单位之识别数据外，至少应记载：

（一）证明当事人具有义工身份。

（二）义工从事服务之日期、年资及性质。

附 加 条 例

第 1 条（在国外之义工）

以志愿及不支薪方式参与符合本法第 8 条所定必要条件之组织在国外推行之计划者，适用本法之规定。

第 2 条（参与合作发展之义工）

（废除）

第 3 条（志愿服务之认定范围）

在符合本法第 8 条所定必要条件之组织内部，参与推行属于自治区或地方单位权限内工作计划之义工，亦可适用第 14 条及第 15 条之规定。

过渡条例

单1条(组织之调整)

自本法正式生效后,在二年之期限内,拥有义工人员之组织应依本法之规定调整。

最后条例

单1条(适用及施行权力)

授权政府颁布施行本法之必要条例。

附注

附加条例第2条;

因一九九八年七月七日第二十三号国际合作发展法废除条例单一条。

第15条

一九八四年第四十八号法废除。请参阅一九九八年七月六日第二十二号良心拒服兵役及替代性社会役规范法。

五、中国台湾地区"志愿服务法"

第一章 总 则

第1条 为整合社会人力资源,使愿意投入志愿服务工作之国民力量做最有效之运用,以发扬志愿服务美德,促进社会各项建设及提升国民生活素质,特制定本法。志愿服务,依本法之规定。但其他法律另有规定者,从其规定。

第2条 本法之适用范围为经主管机关或目的事业主管机关主办或经其备查符合公众利益之服务计划。前项所指之服务计划不包括单纯、偶发,基于家庭或友谊原因而执行之志愿服务计划。

第3条 本法之名词定义如下:

一、志愿服务：民众出于自由意志，非基于个人义务或法律责任，秉诚心以知识、体能、劳力、经验、技术、时间等贡献社会，不以获取报酬为目的，以提高公共事务效能及增进社会公益所为之各项辅助性服务。

二、志愿服务者（以下简称志工）：对社会提出志愿服务者。

三、志愿服务运用单位：运用志工之机关、机构、学校、法人或经政府立案团体。

第二章　主管机关

第4条　本法所称之主管机关：在中央为"内政部"；在直辖市为直辖市政府；在县（市）为县（市）政府。

本法所定事项，涉及各目的事业主管机关职掌者，由各目的事业主管机关办理。

前两项各级主管机关及各目的事业主管机关主管志工之权利、义务、招募、教育训练、奖励表扬、福利、保障、宣导与申诉之规划及办理，其权责如下：

一、主管机关：主管从事社会福利服务、涉及两个以上目的事业主管机关之服务工作协调及其他综合规划事项。

二、目的事业主管机关：凡主管相关社会服务、教育、辅导、文化、科学、体育、消防救难、交通安全、环境保护、卫生保健、合作发展、经济、研究、志工人力之开发、联合活动之发展以及志愿服务之提升等公众利益工作之机关。

第5条　主管机关及目的事业主管机关应置专责人员办理志愿服务相关事宜；其人数得由各级政府及目的事业主管机关视其实际业务需要定之。为整合规划、研究、协调及开拓社会资源、创新社会服务项目相关事宜，得召开志愿服务会报。对志愿服务运用单位，应加强联系辅导并给予必要之协助。

第三章　志愿服务运用单位之职责

第6条　志愿服务运用单位得自行或采联合方式招募志工，招募时,应将志愿服务计划公告。集体从事志愿服务之公、民营事业团体,应与志愿服务运用单位签订服务协议。

第7条 志愿服务运用者应依志愿服务计划运用志愿服务人员。

前项志愿服务计划应包括志愿服务人员之招募、训练、管理、运用、辅导、考核及其服务项目。

志愿服务运用者应于运用前,检具志愿服务计划及立案登记证书影本,送主管机关及该志愿服务计划目的事业主管机关备案,并应于运用结束后两个月内,将志愿服务计划办理情形函报主管机关及该志愿服务计划目的事业主管机关备查;其运用期间在两年以上者,应于年度结束后两个月内,将办理情形函报主管机关及志愿服务计划目的事业主管机关备查。

志愿服务运用者为各级政府机关、机构、公立学校或志愿服务运用者之章程所载存立目的与志愿服务计划相符者,免于运用前申请备案。但应于年度结束后两个月内,将办理情形函报主管机关及该志愿服务计划目的事业主管机关备查。

志愿服务运用者未依前二项规定办理备案或备查时,志愿服务计划目的事业主管机关应不予经费补助,并作为服务绩效考核之参据。

第8条 主管机关及志愿服务计划目的事业主管机关受理前条志愿服务计划备案时,其志愿服务计划与本法或其他法令规定不符者,应即通知志愿服务运用单位补正后,再行备案。

第9条 为提升志愿服务工作品质,保障受服务者之权益,志愿服务运用单位应对志工办理下列教育训练:

一、基础训练。

二、特殊训练。

前项第一款训练课程,由中央主管机关定之。第二款训练课程,由各目的事业主管机关或各志愿服务运用单位依其个别需求自行订定。

第10条 志愿服务运用单位应依照志工之工作内容与特点,确保志工在符合安全及卫生之适当环境下进行服务。

第11条 志愿服务运用单位应提供志工必要之信息,并指定专人负责志愿服务之督导。

第12条 志愿服务运用单位对其志工应发给志愿服务证及服务记录册。前项志愿服务证及服务记录册之管理办法,由中央主管机关定之。

第13条 必须具专门执业证照之工作,应由具证照之志工为之。

第四章 志工之权利及义务

第14条 志工应有以下之权利:

一、接受足以担任所从事工作之教育训练。

二、一视同仁,尊重其自由、尊严、隐私及信仰。

三、依据工作之性质与特点,确保在适当之安全与卫生条件下从事工作。

四、获得从事服务之完整信息。

五、参与所从事之志愿服务计划之拟定、设计、执行及评估。

第15条 志工应有以下之义务:

一、遵守伦理守则之规定。

二、遵守志愿服务运用单位订定之规章。

三、参与志愿服务运用单位所提供之教育训练。

四、妥善使用志工服务证。

五、服务时,应尊重受服务者之权利。

六、对因服务而取得或获知之讯息,保守秘密。

七、拒绝向受服务者收取报酬。

八、妥善保管志愿服务运用单位所提供之可利用资源。

前项所规定之伦理守则,由中央主管机关会商有关机关定之。

第五章 促进志愿服务之措施

第16条 志愿服务运用单位应为志工办理意外事故保险,必要时,并得补助交通、误餐及特殊保险等经费。

第17条 志愿服务运用单位对于参与服务成绩良好之志工,因升学、进修、就业或其他原因需志愿服务绩效证明者,得发给服务绩效证明书。前项服务绩效之认证及证明书格式,由中央主管机关召集各目的事业主管机关及直辖市、县(市)政府会商定之。

第18条 各目的事业主管机关得视业务需要,将汰旧之车辆、器材及设备无偿拨交相关志愿服务运用单位使用;车辆得供有关志愿服务运用单位供公共安全及公共卫生使用。

第19条 志愿服务运用单位应定期考核志工个人及团队之服务绩效。主管机关及目的事业主管机关得就前项服务绩效特优者,选拔楷模奖励之。

主管机关及目的事业主管机关应对推展志愿服务之机关及志愿服务运用单位,定期办理志愿服务评鉴。

主管机关及目的事业主管机关得对前项评鉴成绩优良者,予以奖励。

志愿服务表现优良者,应给予奖励,并得列入升学、就业之部分成绩。

前项奖励办法,由各级主管机关及各目的事业主管机关分别定之。

第20条 志工服务年资满三年,服务时数达三百小时以上者,得检具证明档向地方主管机关申请核发志愿服务荣誉卡。志工进入收费之公立风景区、未编定座次之康乐场所及文教设施,凭志愿服务荣誉卡得以免费。

第21条 从事志愿服务工作绩效优良并经认证之志工,得优先服相关兵役替代役;其办法,由中央主管机关定之。

第六章 志愿服务之法律责任

第22条 志工依志愿服务运用单位之指示进行志愿服务时,因故意或过失不法侵害他人权利者,由志愿服务运用单位负损害赔偿责任。前项情形,志工有故意或重大过失时,赔偿之志愿服务运用单位对之有求偿权。

第七章 经 费

第 23 条 主管机关、志愿服务计划目的事业主管机关及志愿服务运用单位,应编列预算或结合社会资源,办理推动志愿服务。

第八章 附 则

第 24 条 志愿服务运用单位派遣志工前往国外从事志愿服务工作,其服务计划经主管机关及目的事业主管机关备查者,适用本法之规定。

第 25 条 本法自公布日施行。

参考文献

一、著作及译著类

1. 李芳:《慈善公益法人研究》,法律出版社2008年版。
2. 〔美〕马克·A.缪其克、约翰·威尔逊:《志愿者》,魏娜等译,中国人民大学出版社2013年版。
3. 冯英、张惠秋、白亮:《外国的志愿者》,中国社会出版社2008年版。
4. 郭道晖:《社会权力与公民社会》,凤凰出版传媒集团、译林出版社2009年版。
5. 〔美〕罗伯特·A.沃森、本·布朗:《美国最有效的组织》,彭彩霞、席瑞雪译,中信出版社2002年版。
6. 沈敏荣:《市民社会与法律精神》,法律出版社2008年版。
7. 郭剑平:《社团组织与法律秩序研究》,法律出版社2010年版。
8. 〔波兰〕彼得·什托姆普卡:《信任——一种社会学理论》,程胜利译,中华书局2005年版。
9. 〔英〕安东尼·吉登斯:《第三条道路——社会民主主义的复兴》,郑戈译,北京大学出版社2000年版。
10. 〔德〕西美尔:《货币哲学》,陈戎女、耿开君、文聘元译,华夏出版社2007年版。
11. 资中筠:《财富的归宿——美国现代公益基金会述评》,上海人民出版社2006年版。
12. 王雪琴:《慈善法人研究》,山东人民出版社2013年版。
13. 〔英〕霍布斯:《利维坦》,黎思复、黎廷弼译,商务印书馆1985年版。

14. 〔英〕威廉·布莱克斯通:《英国法释义》(第一卷),游云庭、缪苗译,上海人民出版社 2006 年版。
15. 杨道波:《公益性社会组织约束机制研究》,中国社会科学出版社 2011 年版。
16. 〔德〕斐迪南·滕尼斯:《共同体与社会——纯粹社会学的基本概念》,林荣远译,商务印书馆 2010 年版。
17. 吴敬琏:《现代公司与企业改革》,天津人民出版社 1994 年版。
18. 《英国 2006 年公司法》,葛伟军译,法律出版社 2008 年版。
19. 〔美〕莱斯特·M.萨拉蒙:《公共服务中的伙伴——现代福利国家中政府与非营利组织的关系》,田凯译,商务印书馆 2008 年版。
20. 〔美〕埃里克·尤斯拉纳:《信任的道德基础》,张敦敏译,中国社会科学出版社 2006 年版。
21. 〔法〕托克维尔:《论美国的民主》(上卷),董果良译,商务印书馆 2013 年版。
22. 〔法〕托克维尔:《论美国的民主》(下卷),董果良译,商务印书馆 2013 年版。
23. 〔英〕詹姆斯·布莱斯:《现代民治政体》,张慰慈等译,吉林人民出版社 2001 年版。
24. 江汛清:《与世界同行——全球化下的志愿服务》,浙江人民出版社 2005 年版。
25. 〔美〕詹姆斯·M.伯恩斯、杰克·W.尔塔、托马斯·E.克罗宁:《民治政府:美国政府与政治》,吴爱明等译,中国社会科学出版社 1996 年版。
26. 〔美〕奥利维尔·如恩斯:《为什么 20 世纪是美国世纪》,闫循华等译,新华出版社 2002 年版。
27. 〔美〕理查德·霍夫斯达特:《改革时代:美国的新崛起》,俞敏洪等译,河北人民出版社 1989 年版。
28. 扶松茂:《开放与和谐——美国民间非营利组织与政府关系研究》,上海财经大学出版社 2010 年版。
29. 〔美〕戴维·奥斯本、特勒·盖布勒:《改革政府:企业家精神如何改革着公共部门》,周敦仁等译,上海译文出版社 1996 年版。
30. 冯英、张惠秋、白亮:《外国的志愿者》,中国社会出版社 2007 版。
31. 〔美〕贝希·布查尔特·艾德勒、大卫·艾维特、英格理德·米特梅尔:《通行规则:美国慈善法指南》(第二版),金锦萍、朱卫国、周虹译,中国社会科学出版社 2007 年版。
32. 〔美〕厄尔·R.威尔逊、苏珊·C.卡特鲁斯、里昂·E.海:《政府与非营利组织会计》,荆新等译,中国人民大学出版社2004年版。

33. 廖鸿、石国亮、朱晓红:《国外非营利组织管理创新与启示》,中国言实出版社2011年版。

34. 〔美〕菲利普·科特勒、艾伦·R.安德里亚森:《非营利组织战略》,孟延春等译,中国人民大学出版社2003年版。

35. 〔德〕卡尔·拉伦茨:《德国民法通论》(上册),王晓晔等译,法律出版社2001年版。

36. 〔美〕戴安娜·阿瑟:《员工招募、面试、甄选和岗前培训引导》,王丽娟等译,中国人民大学出版社2001年版。

37. 〔美〕威廉·P.安东尼、K.米歇尔·卡克马尔、帕梅拉·L.佩雷威:《人力资源管理:战略方法》(第四版),赵玮、徐建军译,中信出版社2004年版。

38. 〔美〕罗伯特·L.马西斯、约翰·H.杰克逊:《人力资源管理》(第10版),孟丁主译,北京大学出版社2006年版。

39. 康晓光等:《依附式发展的第三部门》,社会科学文献出版社2011年版。

40. 何勤华、魏琼:《西方商法史》,北京大学出版社2007年版。

41. 龙卫球:《民法总论》,中国法制出版社2002年版。

42. 郭道晖:《社会权力与公民社会》,译林出版社2009年版。

43. 今田忠:《日本的NPO史》,日本行政出版社2006年版。

44. 褚松燕:《中外非政府组织管理体制比较》,国家行政学院出版社2008年版。

45. 王利明:《民法》,中国人民大学出版社2007年版。

46. 王泽鉴:《民法总则》,北京大学出版社2009年版。

47. 罗昆:《财团法人制度研究》,武汉大学出版社2009年版。

48. 〔英〕亚当·斯密:《国民财富的性质和原因的研究》(下卷),郭大力、王亚南译,商务印书馆1996年版。

49. 程昔武:《非营利组织治理机制研究》,中国人民大学出版社2008版。

50. 官有垣、陈锦棠、陆宛苹:《第三部门评估与责信》,北京大学出版社2008版。

51. 陈婉玲:《民国〈合作社法〉的孕育与影响》,法律出版社2010年版。

52. 江平:《民法学》,中国政法大学出版社2000年版。

53. 尹田:《民事主体理论与立法研究》,法律出版社2003年版。

54. 李双元、温世扬:《比较民法学》,武汉大学出版社1998年版。

55. 刘剑文、熊伟:《税法基础理论》,北京大学出版社2004年版。

56. 马长山:《国家、市民社会与法治》,商务印书馆 2005 年版。
57. 李亚平、于海编选:《第三域的兴起——西方志愿工作及志愿组织理论文选》,复旦大学出版社 1998 年版。
58. 上海市慈善基金会、上海慈善事业发展研究中心编:《志愿服务与义工建设》,上海社会科学出版社 2007 年版。
59. 民政部社会工作司编:《社会工作与志愿服务关系研究》,中国社会出版社 2011 年版。
60. 北京志愿者协会编:《走进志愿服务》,中国国际广播出版社 2006 年版。
61. 金锦萍、葛云松主编:《外国非营利组织法译汇》,北京大学出版社 2006 版。
62. 李本公主编:《国外非政府组织法规汇编》,中国社会出版社 2003 年版。
63. 民政部法制办公室编:《中国慈善立法国际研讨会论文集》,中国社会出版社 2007 年版。
64. 日本文部科学省编:《諸外国におけるボランティア活動に関する調査研究報告書》。
65. 日本总务厅行政监察局:《公益法人の現状と問題》,大藏省印刷局 1992 年版。
66. 民政部政策法规司编:《中国慈善立法课题研究报告选编》,中国社会出版社 2009 年版。
67. 王振寰、瞿海源主编:《社会学与台湾社会》,巨流图书公司 2009 年增订版。
68. 谢国兴主编:《协力与培力——"全国"民间灾后重建联盟两年工作纪要》,台北"全国灾后重建联盟"2001 年 9 月 29 日版。
69. 上海市慈善基金会、上海慈善事业发展研究中心编:《志愿服务与义工建设》,上海社会科学院出版社 2007 年版。
70. 张学仁主编:《香港法概论》(第三版),武汉大学出版社 2006 年版。
71. 李泽沛主编:《香港法律大全》,法律出版社 1992 年版。
72. 国务院法制办政法司、民政部民间组织管理局编著:《〈社会团体登记管理条例〉、〈民办非企业单位登记管理暂行条例〉释义》,中国社会出版社 1999 年版。
73. 《外国非营利组织法译汇》,金锦萍等译,社会科学文献出版社 2010 年版。
74. 《国外慈善法译汇》,杨道波等译校,中国政法大学出版社 2011 年版。
75. 莫于川主编:《中国志愿服务立法的新探索》,法律出版社 2009 年版。
76. 王名、李勇、黄浩明编著:《美国非营利组织》,社会科学文献出版社 2012 年版。

77. 王名、李勇、黄浩明编著:《德国非营利组织》,清华大学出版社 2006 年版。
78. 王名、李勇、黄浩明编著:《英国非营利组织》,社会科学文献出版社 2009 年版。
79. 王名、李勇、廖鸿、黄浩明编著:《日本非营利组织》,清华大学出版社 2006 年版。
80. 袁媛、谭建光主编:《中国志愿服务:从社区到社会》,人民出版社 2011 年版。
81. 吴玉章主编:《社会团体的法律问题》,社会科学文献出版社 2004 年版。
82. 刘东华、杨晓雷主编:《公益法律研究》(第一卷),法律出版社 2010 年版。

二、论文类

1. 陈婉玲:《论义工组织法人化的制度障碍》,载《福建行政学院学报》2012 年第 4 期。人大复印资料《政治与社会学》2013 年第 1 期全文转载。
2. 李迎生、方舒:《现代社工、义工事业兴盛的条件与机制——基于西方及中国港台地区的经验》,载《河北学刊》2010 年第 5 期。
3. 张乃和:《近代英国法人观念的起源》,载《世界历史》2005 年第 5 期。
4. 权锡鉴:《论企业法人财产权的完整独立性》,载《东方论坛》1997 年第 2 期。
5. 周江洪、范晓宇:《构建有效的中国公司治理结构——从法学与经济学的角度考察》,载《兰州大学学报(社会科学版)》2001 年第 4 期。
6. 刘俊月、邓集文:《当代国外政府对非政府组织的管理考察》,载《长春市委党校学报》2004 年第 5 期。
7. 徐彤武:《联邦政府与美国志愿服务的兴盛》,载《美国研究》2009 年第 3 期。
8. 王艳蕊:《谁在推动美国的志愿精神》,载《民间》2006 年秋季刊。
9. 王立武:《美国〈联邦志愿者保护法〉述评》,载《工会论坛(山东省工会管理干部学院学报)》2010 年第 5 期。
10. 《美国非营利组织运作和管理的启示与思考——民政部赴美国代表团学习考察报告》,载《借鉴与参考》2011 年第 3 期。
11. 杨恕、续建宜:《美国志愿者运动述评》,载《国际论坛》2002 年第 1 期。
12. 李宗派:《加拿大的志愿工作现况与发展趋势》,载中国台湾地区《志工季刊》第 10 期。
13. 李培林、徐崇温、李林:《当代西方社会的非营利组织——美国、加拿大非营利组织考察报告》,载《河北学刊》2006 年第 2 期。
14. 敖带芽:《德国志愿体系对我国发展志愿组织的借鉴与思考》,载《公共行政与人力资源》2010 年第 5 期。

15. 郑春荣:《德国志愿服务:特点、趋势与促进措施》,载《中国青年研究》2010年第10期。
16. 〔德〕托马斯·莱赛尔:《德国民法中的法人制度》,张双根译、唐垒校,载《中外法学》2001年第1期。
17. 陈惠馨:《德国财团法人制度的发展——以德国民法典及柏林邦财团法为中心》,载《中国非营利评论》2011年第1期。
18. 林淑馨:《日本规范非营利组织的法制改革之研究》,载《东吴政治学报》2004年第19期。
19. 李中华:《协调组合——日本型合作社的语源溯源与发展类型研究》,载《青岛农业大学学报(社会科学版)》2008年第3期。
20. 民政部《日本NPO法律制度研修》代表团、文国锋:《日本民间非营利组织:法律框架、制度改革和发展趋势》,载《学会》2006年第10期。
21. 盐野宏:《论行政法上的"公益"——以公益法人制度改革为契机》,载《宪法与行政法治评论》第5卷。
22. 俞祖成:《日本"新公共性"指向的NPO政策体系分析》,载《中国非营利评论》2011年第1期。
23. 〔日〕野口启示、荒川义子:《救援义工委员会的义工管理》,载〔日〕立木茂雄编:《义工与公民社会》,日本晃洋书房出版社1997年版。
24. 李妍炎:《日本志愿领域发展的契机——以阪神大地震对民间志愿组织起到的作用为中心》,载《中国非营利评论》2008年第2期。
25. 马昕:《日本公益法人改革探析》,载《社团管理研究》2008年第9期。
26. 莫于川、刘玉新:《新加坡行政法制述略》,载胡建淼主编:《公法研究》(第6辑),浙江大学出版社2008年版。
27. 陈婉玲:《制度困境的破解:义工组织生存不适及改善》,载《福建论坛》2012年第11期。
28. 陈建新、杨林琳、资明贵:《试论义工组织在政府治理社区中的作用》,载《华南理工大学学报》2008年第4期。
29. 王芳:《新加坡对儒家文化传统价值观的倡导》,载《晋城职业技术学院学报》2011年第2期。
30. 王芳、李路曲:《新加坡社会基层组织建设的经验》,载《理论探索》2005年第2期。
31. 柯少愚等:《台湾非营利组织考察报告》,载《学会》2012年第4期。
32. 陈曼莉:《浅议志愿者侵权责任承担》,载《法学研究》2009年第7期。

33. 顾忠华:《公民结社的结构变迁——以台湾非营利组织的发展为例》,载《台湾社会研究季刊》1999 年 12 月。
34. 葛云松:《论社会团体的成立》,载《北大法律评论》1999 年第 2 辑。
35. 朱希峰:《"遍地是志工"——台湾社会福利服务中的志愿服务》,载《社会福利》2007 年第 2 期。
36. 陈南华:《台湾非营利组织税收制度及其启示》,载《涉外税务》2006 年第 5 期。
37. 孙婷:《政府责任视阈下的香港志愿服务发展》,载《山西师大学报(社会科学版)》2011 年第 6 期。
38. 刘新玲、谭晓兰:《国外及我国香港地区志愿服务培训机制研究及启示》,载《中国青年研究》2010 年第 10 期。
39. 郭观:《大音希声,大象无形——小议香港的义工文化》,载《世界知识》2010 年第 11 期。
40. 薛惠元、曾小亮:《香港乐施会营运经验及对内地慈善组织的借鉴》,载《长沙民政职业技术学院学报》2010 年第 4 期。
41. 张乃和:《近代英国法人观念的起源》,载《世界史》2005 年第 5 期。
42. 杨波、蔡峰华:《义工行为侵权责任制度研究——以义工行为法律关系为基础》,载《法学论坛》2004 年第 3 期。
43. 苏学愚:《试行救助服务的政府购买,推进救助管理社会化——借鉴香港社会工作经验》,载《湘潮》2009 年第 9 期。
44. 李金玉、金博:《香港慈善组织法治监管机制及其启示》,载《湖北社会科学》2011 年第 11 期。

三、中外文网站类

1. 《香港义工约章》,http://www.avs.org.hk/charter/cht/。
2. 《加拿大社会工作者伦理守则》,http://wenku.baidu.com/view/49038ffd770bf78a6529542b.html。
3. 《汶川地震 中国志愿者元年》,http://city.ifeng.com/cskx/20110224/41396.shtml。
4. 《中国注册青年志愿者总数逾 3000 万》,http://news.xinhuanet.com/politics/2012-12/18/c_114073391.htm。
5. 《深圳注册义工人数已破 35 万,未来 3 年将扩至百万》,http://sz.people.com.cn/n/2012/0723/c202846-17269288.html。

6. 《南昌慈善义工人数两年来翻20倍,涵盖面广泛》,http://www.jxcn.cn/2869/2012-2-21/30186@1045429.htm。
7. 《政府如何"给力"义工组织》,http://epaper.oeeee.com/F/html/2010-11/28/content_1237523.htm。
8. 《唤醒那些僵尸义工》,http://gzdaily.dayoo.com/html/2013-05/10/content_2239510.htm。
9. Jenny Clark, James McHugh, Stephen McKay, The UK Voluntary Sector Workforce Almanac 2011, http://www.tsrc.ac.uk/LinkClick.aspx?fileticket=tBYav7aiQf8%3D&tabid=849.
10. Richard Nixon: Proclamation 4288-National Volunteer Week, 1974, April 20, http://www.presidency.ucsb.edu/ws/index.php?pid=77158.
11. Annie E., Speak Up: Tips on Advocacy for Publicly Funded Nonprofits, Casey, Foundation, http://www.aecf.org/KnowledgeCenter/Publications.aspx?pubguid=%7B6698A49A-80DF-4107-83BE-568DAEE0181A%7D.
12. Barack Obama, Proclamation: National Volunteer Week, 2009, Office of the Press Secretary, The White House, http://www.whitehouse.gov/the-press-office/2011/04/07/presidential-proclamation-national-volunteer-week.
13. Domestic Volunteer Service Act of 1973, http://www.law.cornell.edu/uscode/text/42/chapter-66.
14. National and Community Service Act of 1990, http://en.wikisource.org/wiki/National_and_Community_Service_Act_of_1990.
15. National and Community Service Act of 1990, http://en.wikisource.org/wiki/National_and_Community_Service_Act_of_1990.
16. FEMA:. Citizen Corps: A Guide for Local Officials, 2002, https://www.fema.gov/library/.
17. Office of Volunteers for Prosperity, Volunteers for Prosperity annual Report 2008, http://pdf.usaid.gov/pdf_docs/PDACM414.pdf.
18. 《联邦政府与美国志愿服务的兴盛》,http://crm.foundationcenter.org.cn/html/2012-04/156.html。
19. The Edward M. Kennedy Serve America Act, http://thomas.loc.gov.
20. 王勍:《国外善款咋监督:美国监督与自律并重 德国独立机构严查》,http://news.xinhuanet.com/world/2008-05/30/content_8276201.htm。
21. Creating a Non-profit Legal Person, Translation of the Guide, http://www.regis-

treentreprises. gouv. qc. ca/documents/guides/le-50. c5. 01. 6-v(2007-04). pdf.

22. Directors' Liability: A Discussion Paper on Legal Liability, Risk Management and the Role of Directors in Non-Profit Organizations, http://volunteer. ca/download/file/fid/105.

23. 游志斌:《德国志愿者提升社会管理水平》, http://theory. people. com. cn/GB/n/2012/0806/c49154-18674983. html。

24. 团中央青年志愿者工作部:《德国志愿服务情况报告》, http://article. cyol. com/zgzyz/content/2012-01/12/content_5682210. htm。

25. 〔德〕鲁佩特·格拉夫·施特拉赫维茨:《德国的社团和基金会——服务提供者还是市民社会主体?》, http://www. worlduc. com/e/blog. aspx? bid =29655。

26. 《德国志愿服务情况报告》, http://www. zgzyz. org. cn/content/2012-01/12/content_5528289. htm。

27. 《新加坡慈善监管借鉴企业治理模式》, http://www. gongyishibao. com/News/201112/141647. aspx。

28. 马宏:《新加坡、香港、深圳民间组织发展比较研究》, http://www. chinanpo. gov. cn/web/showBulltetin. do? id=24785&dictionid=1835。

29. 香港社会福利署:《关怀长者工作方案》, http://www. jyq. gov. cn/sqjs/ShowArticle. asp? ArticleID=5569。

30. 香港社会福利署网站:《社会福利署服务表现评估办法》, http://www. swd. gov. hk/tc/index/site_ngo/page_serviceper/sub_assessment/id_performanc/, 2011-10-07。

31. 乐施会官方网站: http://oxfam. org. hk/sc/useofdonations. aspx。

32. 新加坡公司与商业注册局网站: http://www. acra. gov. sg/Company/Starting_a_Company/Types+of+Companies. htm。

33. 新加坡慈善委员会网站: https://www. charities. gov. sg/charity/index. do。

34. 新加坡国家福利理事会网站: http://www. ncss. gov. sg/VWOcorner/ipc. asp。

35. 《从台湾志工看志愿精神的传递》, http://www. xzbu. com/7/view-39297. htm。

36. 《台湾地区民间公益慈善机构考查报告》, http://www. chinavalue. net/Finance/Article/2009-7-1/183486_2. html。

37. 香港义工运动官方网站: http://www. volunteering-hk. org/tc/aboutvs/vs_intro。

38. 网易新闻中心: http://news. 163. com/11/0822/10/7C2ASS5N00011229. html。

39. 《香港乐施会的筹款经验》, http://www. amityfoundation. org. cn/old/article/

view1131. aspx。
40. 《香港义务工作议会主席李泽培：政府要放手让民间去做》，http://www.oeeee.com/a/20110105/959887.html。
41. 香港法律改革委员会网站：http://www.hkreform.gov.hk/tc/news/20110616.htm,2011-06-16。

四、外文论著类

1. Banfield, E. C., The Moral Basis of a Backward Society, New York: Free Press, 1967, p.106.
2. Adrian Sargeant, Stephen Lee, Trust and Relationship Commitment in the United Kingdom Voluntary Sector: Determinants of Donor Behavior, Psychology & Marketing, Vol.21(8), August 2004, pp.613—635.
3. Seligman, Adam B., The Problem of Trust. Princeton: Princeton University Press, 1997, pp.36—37.
4. Lester M. Salamon, Partners in Public Service: Government-Nonprofit Relations in the Modern Welfare State, The Johns Hopkins University Press, 1995, p.193.
5. Richard T. Ingram, Ten Basic Responsibilities of Nonprofit Boards, Nonprofit Goverance & Management Center, 1998.
6. NVPC: Annual Report—LP(2011), Singapore: National Volunteer & Philanthropy Centre.
7. COC: Code of Governance for Charities and Institutions of a Public Character, Singapore: The Commissioner of Charities.